高等教育“十二五”应用型人才培养规划教材

国际商务——

知识与本土化案例

主　编　钟昌标
副主编　傅素英　刘颖男

北京理工大学出版社
BEIJING INSTITUTE OF TECHNOLOGY PRESS

内容简介

国际商务是指商业组织在两个或两个以上的国家或经济体之间进行的以商业为目的的各种交易活动。把国际商务活动作为一门学科进行综合研究，是适应当代经济全球化发展的需要，也是目前世界各国培养高素质、复合型、高级商务专门人才的必然选择。

本教材注重国际商务相关知识的清晰性、完整性，通过大量典型案例，培养学习者充分认识国际商务活动的复杂性、特殊性，并学会在具体的国际商务环境下全面、系统地应用所学知识，自始至终完成国际商务全部活动的能力。本教材主要介绍当代国际商务环境、国际商务的理论政策、国际商务业务活动的类型和国际商务管理决策等方面的知识，全书共14章。

图书在版编目（CIP）数据

国际商务：知识与本土化案例／钟昌标主编．—北京：北京理工大学出版社，2013.9

ISBN 978－7－5640－8163－8

Ⅰ.①国…　Ⅱ.①钟…　Ⅲ.①国际商务　Ⅳ.①F740

中国版本图书馆CIP数据核字（2013）第191880号

出版发行／北京理工大学出版社有限责任公司
社　　址／北京市海淀区中关村南大街5号
邮　　编／100081
电　　话／（010）68914775（总编室）
82562903（教材售后服务热线）
68948351（其他图书服务热线）
网　　址／http：//www.bitpress.com.cn
经　　销／全国各地新华书店
印　　刷／北京泽宇印刷有限公司
开　　本／710毫米×1000毫米　1/16
印　　张／22
字　　数／410千字
版　　次／2013年9月第1版　2013年9月第1次印刷
定　　价／38.00元

责任编辑／梁铜华
文案编辑／武丽娟
责任校对／周瑞红
责任印制／吴晧云

前　言

历史的车轮已经驶入21世纪，全球经济正经历一场深刻且不可阻挡的变革，并迅速改变着人类经济社会的发展进程。中国在改革开放之后也开始融入世界经济体系，特别是2001年加入世界贸易组织，一方面使中国市场成为全球市场的一个重要组成部分，另一方面也为中国企业走向世界市场，开展国际商务活动奠定了制度基础。随着中国企业自身实力的提高和中国国内市场竞争的日益加剧，越来越多的中国企业开始走上国际化经营的道路，未来中国企业的对外贸易和投资将会取得巨大发展，企业的国际商务活动也会更加频繁和深入。

国际商务是指商业组织在两个或两个以上的国家或经济体之间进行的以商业为目的的各种交易活动。把国际商务活动作为一门学科进行综合研究，是适应当代经济全球化发展的需要，也是目前世界各国培养高素质、复合型、高级商务专门人才的必然选择。

本教材关注国际商务相关知识的清晰、完整，通过大量典型案例，使学生充分认识国际商务活动的复杂性、特殊性，并学会在具体的国际商务环境下全面、系统地应用所学知识，自始至终完成国际商务全部活动的能力。本教材主要介绍当代国际商务环境、国际商务的理论政策、国际商务业务活动的类型和国际商务管理决策等方面的知识。全书共14章。钟昌标教授组织了全书的编写工作，拟订大纲的章节目录，并最后统稿。第1章至第11章由傅素英博士撰写，第12章至第14章由刘颖男博士撰写。

由于国际商务在我国的实践正处于蓬勃的发展过程中，本教材在内容和编写形式上难免存在一定的不足之处，欢迎读者提出意见和建议，以便在修订时改正。

编　者

目　录

第一部分　国际商务环境

第一章　全球化与国际商务 …… 003
第一节　全球化 …… 004
第二节　全球化时代的国际商务 …… 009
第三节　国际商务模式 …… 011

第二章　全球政治、法律和经济环境 …… 019
第一节　政治环境 …… 021
第二节　法律环境 …… 025
第三节　经济环境 …… 031

第三章　全球社会文化环境 …… 040
第一节　国际商务中的文化因素 …… 041
第二节　文化差异与国际商务 …… 048
第三节　国际商务中的道德与社会责任 …… 056

第二部分　理论与制度：跨国贸易与投资

第四章　国际贸易理论 …… 065
第一节　重商主义时代 …… 067
第二节　古典国际贸易理论 …… 068
第三节　新古典国际贸易理论 …… 074
第四节　新国际贸易理论 …… 080

第五章　国际贸易政策与壁垒 …… 091
第一节　关税措施 …… 093
第二节　非关税措施 …… 101
第三节　管理和鼓励出口的措施 …… 110

第六章 区域经济一体化与多边贸易体制 …… 119
第一节 区域经济一体化概述 …… 121
第二节 经济全球化与世界贸易组织 …… 127
第三节 欧洲的一体化实践 …… 138
第四节 美洲的一体化实践 …… 140
第五节 亚洲的一体化实践 …… 144
第六节 中东和非洲的一体化实践 …… 147

第七章 国际直接投资与跨国公司 …… 150
第一节 国际直接投资与跨国公司理论 …… 151
第二节 世界经济中的外国直接投资 …… 158
第三节 国际直接投资的主要方式 …… 160

第八章 对外直接投资的母国与东道国效应 …… 166
第一节 对外直接投资的东道国利益与成本 …… 167
第二节 对外直接投资的母国利益与成本 …… 171
第三节 政府政策工具与 FDI …… 172

第三部分 国际金融市场与国际货币体系

第九章 国际金融市场 …… 185
第一节 外汇市场 …… 186
第二节 外汇市场的运作机制 …… 193
第三节 国际货币市场 …… 197
第四节 国际资本市场 …… 200

第十章 国际货币体系与汇率制度 …… 209
第一节 汇率对商务活动的影响 …… 211
第二节 汇率的决定因素 …… 213
第三节 汇率的预测 …… 218
第四节 国际货币体系的演进 …… 220

第四部分 国际商务运作与管理

第十一章 全球战略与组织 …… 241
第一节 目标市场选择 …… 243
第二节 进入国际市场的战略 …… 245

第三节　国际商务的跨国化测度 …… 248
第四节　国际商务战略 …… 251
第五节　国际商务的组织结构 …… 262

第十二章　全球生产与供应链管理 …… 277
第一节　国际物流概述 …… 278
第二节　全球生产战略 …… 280
第三节　信息技术和全球供应链管理 …… 283
第四节　质量管理 …… 287
第五节　供应商网络 …… 290
第六节　存货管理 …… 297

第十三章　国际会计与税收 …… 301
第一节　跨国间主要会计差异 …… 304
第二节　处理国际会计实务 …… 307
第三节　处理国际税收实务 …… 310

第十四章　国际人力资源管理 …… 319
第一节　国际人力资源概述 …… 320
第二节　人员配备策略 …… 323
第三节　培训与管理开发 …… 327
第四节　绩效评估 …… 330

主要的参考文献 …… 339
后记 …… 342

1

第一部分

国际商务环境

第一章
全球化与国际商务

本章提要

1. 国际商务的产生与时代背景——经济全球化
2. 国际商务的含义
3. 国际商务模式

关键术语：

国际商务　全球化　国际商务模式

开篇案例

经济全球化：正在使汽车成为“多国产品”

新华网专稿：芝加哥的一名会计师乔·吕尔曼喜欢美国车，他已经有好几辆美国车，并考虑再买一辆。但是，在辨别哪种车是美国车时，他遇到了问题。他的兄弟刚买了一辆雪佛兰 Equinox，但是，其零件来自中国。他很熟悉肯塔基州制造的日本汽车，但是，买一辆丰田车等于是把利润送给日本。《今日美国报》近日就此刊发一篇题为“如何辨别哪种车更可以称作美国车?”的文章说，汽车生产日益国际化困惑着美国人。

丰田公司在广告中以它在美国设厂越来越多而自豪，可是，为了满足日益增长的需求，它从日本进口的汽车增加了不少。美国的通用汽车公司在电视商业广告中鼓励客户买美国国产车，但是，它最好的多功能车是在墨西哥生产的。

吕尔曼说：“何谓美国车？何谓外国车？我实在弄不明白。”这种辨别上的困难使许多认为“美国制造”是光荣象征的人处于无所适从的窘境。他们认为，购买“美国制造”的汽车意味着给同胞们创造就业机会和支持美国经济。一些美国品牌汽车经销商利用爱国精神激发“购买美国货”的热情。

但是，许多消费者感到越来越困惑。世界不再简单地分成我们跟他们、底特律人跟亚洲人和欧洲人。

经济全球化的今天，所有的汽车制造商都采用别国生产的零部件。通用汽车公司一直是美国工业的象征，但是，连该公司的发言人格雷格·马丁都说：“我们为我们在美国经济中所起的作用感到自豪。然而，我们是一家总部设在美国的全球汽车公司。”

追踪汽车产地及其美国国产零部件含量的政府统计数字说明了无国界汽车工业的尴尬。通过对美国汽车进行的调查发现了下面几个有趣的事实：

在美国制造的外国汽车。在俄亥俄州制造的本田雅阁，其70%的零部件是在美国国内生产的。丰田花冠是在加利福尼亚州的一家工厂里生产的，这家工厂跟通用汽车公司某些型号的汽车生产厂紧挨着。

在国外生产的美国汽车，如福特汽车公司的福星轿车是在墨西哥生产的，只有一半零件来自美国或加拿大。通用汽车公司把其小型雪佛兰HHR运动车和大型Suburban车直接投放美国市场，但是，这两款车也是在墨西哥生产的。雪佛兰HHR只有41%的零件来自美国或加拿大。

著名美国品牌道奇新款Nitro多功能运动车是在俄亥俄州托莱多组装的，该车四分之三以上的零部件是美国或加拿大的。但是，利润却跑到德国去了，因为道奇品牌是戴姆勒—克莱斯勒公司的一部分，而克莱斯勒集团已经宣布要在中国生产供应美国市场的小型汽车。

尽管大家感到困惑，但将近一半接受调查的美国人说，他们仍然要买美国制造的产品。

如果政府能说明哪些汽车最可以称作美国车，那就会使拿不定主意的购车人更容易决定买哪款车。应当在车窗贴纸上标明组装汽车的工厂所在地以及汽车中美国或加拿大零件的所占比例。

许多出售美国国产品牌的汽车经销商正在利用人们的爱国主义热情。

制造商们最近也在利用爱国热情，很典型的是为了使自己的新款Tundra在已经饱和的皮卡市场抢得一席之地，丰田汽车公司大肆吹嘘这款车如何美国化。丰田汽车公司在报纸彩页广告中说，生产Tundra皮卡的得克萨斯工厂“是我们对美国作出贡献的又一个例子”。这则广告说，这家工厂给美国创造了许多就业岗位，并为美国带来150亿美元投资。

通用汽车公司发起“我们的国家”运动进行反击，推销其Chevy Silverado皮卡。

华盛顿一家研究机构的负责人吉姆·多伊尔说，底特律的汽车制造商，每一家为美国创造的就业机会都比丰田汽车公司多。然而，他承认，“人们都想确定美国车的定义，但这很难”。

第一节 全 球 化

国际商务在全世界范围内塑造了一种新的全球化关联（Global Linkage），这种关联把我们身边的一切——包括国家、机构和个人更紧密地联系在一起。全球化关联把贸易、金融市场、技术以及居民的生活水平以一种崭新的方式融为一体。20 世纪 70 年代的世界石油危机已经开始让人们意识到了这一点，而且这种全球化的影响日渐明显，乃至全世界都可以感受到严寒对于巴西及其咖啡生产的影响，墨西哥比索的突然贬值不仅影响美国金融市场，甚至在波兰、匈牙利和捷克也有反响。而美国次贷危机、欧债危机可以说影响了世界每一个角落的股票市场、投资和贸易流动。

同时，国际商务也为生产战略创造了一个新的全球化定位。举个例子来说，在多个国家同时生产汽车的不同零部件，在另一个国家进行组装，最后在全世界各地的市场上销售。这种全球化生产战略以及生产与配送流程的共享在今天已经成为司空见惯的现象。通过全球化供应协议以及研发领域的合作，世界各地的公司紧密地结合为一体。

一、市场全球化

市场全球化是指各国经济逐渐融合，越来越相互依赖。全球化令公司将世界看作一个整体的市场。最初，学者们所说的“市场全球化”这一术语是指全球市场对标准化产品和服务的需求，以及为这些市场服务的世界级大公司的发展。然而，这一术语还有着更为广泛的定义，它还指代各国经济的相互关联性，以及不同国家购买者、生产者、供给者和政府之间越来越多的相互依赖。市场全球化体现在品牌产品和服务在全球范围的生产与销售上。贸易壁垒的减少，互联网和其他技术的应用使国际商务交易变得更加轻松，这些都促使多数国家经济逐渐融合为一个统一市场。

一个公司不必非得是跨国巨头，才能推广自身的市场全球化，并从中受益。比如在美国，90% 的出口企业是雇员不到 100 名的小公司，它们十年以来的出口量占美国出口额的比率持续增长，如今这比率已超过 20%。其中的一个典型是以纽约为基地的生产太阳能电池板的海特克（Chytrid）公司，它每年向 5 个国家出口的销量占其 300 万美元总销量的 40%；另一个典型也是一家纽约公司：B&S 飞机合金（B&S Aircraft Alloys）公司，其出口额占年总销售额 800 万美元的 40%。我国的情形也一样，温州打火机的低价封杀使欧盟各国打火机企业一片恐慌（详见章末案例）就是其中的典型。

当今最具全球化的市场是世界各地普遍需求的工业产品和原材料市场等。其中包括铝、石油和小麦市场；工业产品市场如微处理器市场、电脑存储芯片市场及商用喷气式飞机市场、电脑软件市场。另外，金融资产市场则进行从美国国库券到欧洲债券以及将来会依照日经指数购买的期货或依照墨西哥比索购买的期货的交易。

在诸多全球化市场中，同一行业的企业频繁地在不同国家作为竞争对手相互对峙。可口可乐公司与百事公司（Pepsi Co）的竞争是全球性的，同样，美国福特公司与日本丰田公司也是全球性的竞争伙伴，还有美国波音公司与欧洲空中客车公司。美国卡特彼勒公司（Caterpillar）与日本小松公司（Matsu）在推土机设备方面，日本索尼公司与任天堂公司（Nintendo）以及美国微软公司在可视游戏机等方面都是竞争对手。一旦某公司在没有竞争对手的情况下打入某国市场，它的竞争对手肯定会紧随其后，以免对手赢得更大的利益。这些公司一个接着一个地带来在其他国家的市场里运作得非常有效的资产，包括其产品、运作策略和品牌，形成一个单一的、不断趋同的全球化市场。因此，同一性取代了多元化。在数量不断增加的诸多产业中，谈论“德国市场”“美国市场”“巴西市场”或“日本市场”是没有意义的，因为对于许多企业来说，只有全球市场。

二、生产全球化

生产全球化指的是企业在全球范围的不同地方，利用各国在生产要素的质量和成本方面的差异，寻找货物、服务源头的一种趋势。企业希望借此降低整个成本结构，提高它们所提供的产品的质量和性能，进而能使它们更有效地与对手竞争。例如，美国波音公司的商用喷气式飞机——波音 777，8 个日本供应商为其提供机身、舱门和机翼；1 个新加坡供应商为其提供机头起落架舱门；3 个意大利制造商为其提供机翼风门片；等等。总的来看，波音 777 30% 的配件由外国厂商制造。而波音公司下一机型 787 的制造就更进一步了，价值约 65% 的配件计划给国外公司制造，而其中的 35% 将出自 3 家日本公司。波音公司对外寻找的外国生产伙伴非常之多，其基本理念是，这些供应商在世界上其所属专业领域是最优秀的。供应商遍布全球的好处是可以得到一个更完美的终极产品，它使波音公司在整个全球化的竞争中赢得比对手欧洲空中客车公司更多的飞机订单份额。波音公司也向一些国家发包生产，以增加在该国赢得飞机上相当大的订单的机会。

另一个全球性网络活动的例子是联想 Thinkpad 笔记本电脑。联想公司是一家中国公司，在 2005 年收购了美国 IBM 公司的个人电脑事业部。Thinkpad 品牌为什么在美国设计呢？因为联想公司认为美国是世界上进行基础设计最好的地方。而机箱、键盘以及硬盘驱动则在泰国制造；显示屏和内存在韩国制造；内置无线网卡在马来西亚制造；微处理器则在美国制造。为了决定每个配件的产地，联想公司对每个地点的生产和运输成本都进行了评估。这些配件的成品被运到位于墨西哥的工厂进行组装，再运到美国出售。联想公司把组装厂设在墨西哥，是因为该国的劳动力成本低廉。针对北美市场的市场营销和策略是在美国开发的，因为联想公司认为美国的人员对当地市场的认知度优于其他地区的人员。早期对外寻找制造源头的努力主要局限在制造企业，如美国波音公司和中国联想公司所做的运作。而渐渐地，许多公司利用现代通信技术，尤其是互联网技术，向其他国家的低成本生产商寻找服务源头。互联网使得医院可以向印度寻找放射学方面的服务，在晚上，当美国的医生睡觉的时候，核磁共振造影扫描图像在印度得到分析和解读，因而分析结果在一大早就可以出来。再比如，2003 年的 12 月，IBM 公司宣布要把 4 300 个软件工程师的工作岗位从美国转到印度和中国（软件生产被看作服务活动）。许多美国的软件公司如今聘用印度工程师来维护在美国设计的软件。时区上的差异容许印度工程师在美国工程师休息的同时对在美国编写的软件进行调试测验。印度工程师把修改过的编码经过安全的网络连接传送回美国，以便美国工程师第二天继续进行工作。如此分散价值的创造活动能够压缩时间并且降低开发新软件程序的成本。其他的公司，无论是电脑制造商还是银行，都在对外向劳动力廉价的发展中国家寻找实施客户服务功能的源头，如在那些国家设立客户呼叫中心。

罗伯特·赖克（Robert Reich）是克林顿执政时的劳工部长。他认为，全球化生产这一趋势的结果，使很多行业到底是在生产美国产品、日本产品、德国产品或韩国产品这样的话题变得无关紧要了，比如波音飞机和 IBM。他说，生产活动寻求不同的供应商将导致全球化的产品制造行为，即所谓“全球化产品”。随着市场的全球化，企业必须谨慎，切勿使生产全球化过于极端化。我们在后面的章节中会提到，相对于在全球不同地方实施最理想的分散的生产活动来说，现实中非物质方面的障碍依然存在。这些障碍包括国与国之间官方的和非官方的贸易壁垒、对外国直接投资的壁垒、运输成本及一些与经济、政治风险相关的问题。例如，政府的条例最终限制医院向发展中国家寻求解读核磁共振造影扫描的廉价的放射科专家。

然而，市场全球化和生产全球化会继续发展。现代企业成为这一趋势的重要组成部分，正是这些企业的活动在促进全球化的发展。这些企业在以有效的方式应对它们周围不断变化的环境——它们也应该如此。

三、全球性机构的出现

1. 世界贸易组织

1994 年 4 月 15 日，在摩洛哥的马拉喀什市举行的关贸总协定乌拉圭回合部长会议决定成立更具全球性的世界贸易组织（World Trade Organization，WTO），以取代成立于 1947 年的关贸总协定（General Agreement on Tariffs and Trade，GATT）。

世贸组织是一个独立于联合国的永久性国际组织。该组织的基本原则和宗旨是通过市场开放、非歧视和公平贸易等原则，来达到推动实现世界贸易自由化的目标。它于 1995 年 1 月 1 日正式开始运作，负责管理世界经济和贸易秩序，总部设在日内瓦莱蒙湖畔的关贸总协定总部大楼内。1996 年 1 月 1 日，它正式取代关贸总协定临时机构。与关贸总协定相比，世贸组织管辖的范围除传统的乌拉圭回合新确定的货物贸易外，还包括长期游离于关贸总协定管辖范围外的知识产权、投资措施和非货物贸易（服务贸易）等领域。世贸组织具有法人地位，它在调解成员争端方面具有更高的权威性和有效性。

建立世贸组织的设想是在1947年7月举行的布雷顿森林会议上提出的，当时设想在成立世界银行和国际货币基金组织的同时，成立一个国际性贸易组织，从而使它们成为第二次世界大战后左右世界经济的“货币—金融—贸易”三位一体的机构。1947年，联合国贸易及就业会议签署的《哈瓦那宪章》同意成立世贸组织，后来由于美国的反对，世贸组织未能成立。同年，由美国发起，有关国家协商拟订了关贸总协定，作为推行贸易自由化的临时契约。1986年关贸总协定乌拉圭回合谈判启动后，欧共体和加拿大于1990年分别正式提出成立世贸组织的议案，1994年4月在摩洛哥马拉喀什举行的关贸总协定部长会议上才正式决定成立世贸组织。

该组织作为正式的国际贸易组织在法律上与联合国等国际组织处于平等地位。它的职责范围除了关贸总协定原有的组织实施多边贸易协议以及提供多边贸易谈判场所和作为一个论坛外，还负责定期审议其成员的贸易政策和统一处理成员之间产生的贸易争端，并负责加强同国际货币基金组织和世界银行的合作，以实现全球经济决策的一致性。世贸组织的最高决策权力机构是部长会议，至少每两年召开一次会议。下设总理事会和秘书处，负责世贸组织日常会议和工作。总理事会设有货物贸易、非货物贸易（服务贸易）、知识产权三个理事会和贸易与发展、预算两个委员会。总理事会还下设贸易政策核查机构，它监督着各个委员会，并负责起草国家政策评估报告。对美国、欧盟、日本及加拿大每两年起草一份政策评估报告，对其他最发达的16个国家每4年一次，对发展中国家每6年一次。上诉法庭负责对成员间发生的分歧进行仲裁。

2. 国际货币基金组织（IMF）和世界银行（World Bank）

国际货币基金组织（IMF）于1945年12月27日成立，与世界银行并称为世界两大金融机构。国际货币基金组织的任务是维持国际货币体系的秩序，世界银行的任务是促进经济发展。在它们成立后的60年间，两个机构都以全球经济举足轻重的参与者的形象出现。世界银行是这两个机构中争议较少的一个，它主要集中精力向穷国和现金拮据的政府发放低息贷款，以满足其希望进行基础设施投资的需求（如修建大坝或道路体系）。

国际货币基金组织常被认为是那些遇到经济恐慌、货币相对其他国家大幅贬值的国家最后可以求助的东家。据统计，国际货币基金组织已多次向经济窘迫的国家和政府提供贷款，包括阿根廷、印度尼西亚、墨西哥、俄罗斯、韩国、泰国和土耳其等。不过，国际货币基金组织的贷款附带捆绑条件。作为贷款的回报，国际货币基金组织要求这些国家采取特定的政策以使其陷入困境的经济恢复到稳定增长的状态，这些“条件”引起了很大的争议。

3. 联合国（UN）

联合国是一个由主权国家组成的国际组织。1945 年 10 月 24 日在美国加州旧金山签订生效的《联合国宪章》标志着联合国正式成立。在第二次世界大战前，存在着一个类似于联合国的组织——国际联盟，通常可以认为它是联合国的前身。联合国对所有接受《联合国宪章》的义务以及履行这些义务的“热爱和平的国家”开放。到 2011 年为止，联合国共有 193 个成员国。联合国的宗旨为：“第一，维持国际和平及安全，并为此目的，采取有效集体办法，以防止且消除对于和平的威胁，制止侵略行为或对其他和平的破坏行为，并以和平方法且依正义及国际法原则，调整或解决足以破坏和平的国际争端或情势。第二，发展国际间以尊重人民平等权利及自决原则为根据的友好关系，并采取其他适当办法，以增强普遍和平。第三，促成国际合作，以解决国际间属于经济、社会、文化及人类福利性质的国际问题，且不分种族、性别、语言或宗教，增进并激励对于全体人类人权及基本自由的尊重。第四，构成一个协调各国行动之中心，以达成上述共同目的。”

第二节　全球化时代的国际商务

一、国际商务的定义

国际商务包括一切为满足组织和个人需求而跨越国界进行的交易活动。这些交易可以采用多种形式，各种形式之间往往相互关联。国际商务最主要的类型是进出口贸易和外国直接投资。后者可以采取不同的形式进行，包括建立全资子公司和合资公司。国际商务的辅助类型包括租赁经营、特许经营和管理合同。

国际商务的本质是“跨国界”，最基本的国际商务活动是跨国界的经济交易活动。跨国界交易突出说明了国内贸易与国际贸易之间的区别。而这种具有国际性的事务必然受到一套新的宏观环境要素的限制，服从不同的制度约束，面对由于法律、文化和社会方面的差异而导致的冲突。尽管国际商务活动也需要服从最基本的贸易原则，但是具体运用的方式、复杂性和深度却有着非常深刻的差异。

国际商务的定义还强调了交易的国际性。这一术语意味着它是一种在国际范围内进行的商业行为。正是不断出现的种种变化，使得国际商务不仅仅是一门艺术，同时也是一门科学。作为一种商业艺术，它的成功在很大程度上取决于科学方面的底蕴。如果个体消费者、决策者和商业经营者能够在两个领域均有所建树，那么他们就有可能把国际商务活动的内在要素融入自己的思维和规划当中。他们可以对各种国际商务活动加以分析，并对以下问题进行反思和决策：

我们的思维、商品和服务是否与国际市场相适应?
我们是通过贸易还是投资进入国际市场?
为了迅速适应当地市场，需要对产品进行哪些调整?
全球性的竞争将会带来哪些威胁?
如何抵御这些威胁?

二、企业从事国际商务的原因

在进行国际经营时，企业应该考虑其使命（长期要做什么和成为什么）、目标（完成使命所需要的明确行为目标）和策略（达到目标的方法）。一般而言，企业从事国际商务有以下三大原因：

- 扩大销售
- 获取原料
- 最小化风险

这三个目标应当指导关于是否、在哪里和如何开展国际商务的企业决策。现在我们将对它们一一进行概述。

1. 扩大销售

企业销售取决于两个因素：消费者对其产品和服务的兴趣以及消费者的购买意愿和能力。显然，世界人口远远多于任何单一国家的人口，追逐国际市场，企业可以扩大产品和服务的潜在市场。

一般而言，假定增加额外销售的成本成比例增加，高销售意味着高利润。例如，与增加的收益相比，对多国观众转播体育比赛增加的成本微乎其微，因此体育比赛转播的赞助商愿意付钱向更多的消费者转播。销售的增加是对企业开拓国际市场的极大激励。许多大型企业的销售额一半来自国外，其中许多公司十分有名——大众（总部在德国）、爱立信（瑞典）、IBM（美国）、米其林（法国）、雀巢（瑞士）、施格兰（加拿大）和索尼（日本）。许多小企业也依靠国际市场，小企业（不超过 20 个员工）的出口额几乎占据美国 70% 的出口额，例如阿特克立特公司，生产一种混凝土加工系统，其产品销往澳大利亚、比利时、加拿大、法国、日本、墨西哥、沙特阿拉伯和中国香港地区。许多小企业也为大企业生产零部件，大企业再把这些零部件组装成成品销往国外。

2. 获取原料

生产商和渠道供应商寻找外国生产的产品、服务和零部件，也寻找可在国内使用的外国资本、技术和信息，这样做有时是为了降低成本。例如，体育用品企业主要依赖海地生产的棒球，而海地人甚至不打棒球。获取原料可使企业提高产品质量和区别于竞争对手，在这两种情况下，都可能扩大市场份额和增加利润。尽管企业可能先用国内原料生产产品向国外扩展，但一旦企业在外国经营得当，就会利用外国资源如资本和经验来改善本国经营。例如，雅芳公司利用拉美市场营销经验向西班牙市场渗透。

3. 最小化风险

企业开拓外国市场以利用国家间经济周期的差异，将利润和销售的波动幅度降到最低。在经济衰退时，销售减少或增长比较缓慢；在经济扩张时，销售增长较快。例如，在21世纪初，雀巢在亚洲、东欧和拉美的快速增长弥补了其在西欧和美国较慢的发展。此外，企业通过在不同国家采购同样的产品或零部件，可避免任一国家价格波动或缺货带来的冲击。

许多企业出于防御策略而开展国际商务。这些企业认为，强劲对手可能在外国市场获益，反过来可能会损害其国内利益。例如，企业A担心如果让企业B独自占领某国市场，可能从中获取极大利润，企业B会以各种方式利用这些利润（如加大广告投入或开发更好的产品）去提高国内市场的竞争力。于是企业A就会进入外国市场，而其主要目的是为了阻止企业B获取这些有利条件。

第三节　国际商务模式

在从事国际商务时，私人企业或政府必须决定如何完成这些商业活动，即跨国企业采用什么经营模式，包括商品与服务的进出口和受约束与不受约束的外商投资。每一类还可进一步细分为若干类，如合资企业和管理合同。

一、可供选择的国际商务模式

1. 商品进出口

与其他国际经营模式相比，商品进出口通常是一个国家最普遍的国际经济交易。尤其是小公司，尽管在出口方面大公司更合适（除了进出口，大公司也倾向于采用其他国际经营模式）。商品出口是把实物产品发送国外，商品进口是把产品引进国内。因为人们可以看到这些商品进出一个国家，有时也把商品出口与进口称为可见出口与可见进口。术语“出口”与“进口”多用于商品，而不是服务。当印尼一家工厂把运动鞋发往美国后，对印尼来说这些鞋是出口，而对美国而言则是进口。对大多数国家来说，进出口是其国际收支的主要来源。

2. 服务进出口

服务业是近年来国际贸易增长最快的部分，服务进出口产生非产品国际收入。企业或个人接收支付就是服务出口，企业或个人支付就是服务进口。服务进出口具有许多形式，我们主要讨论以下几种收入来源：

（1）旅游和运输。假定威廉姆斯姐妹搭乘法国航空公司航班去巴黎参加法国网球公开赛。她们向法国航空公司的支付和在法国的开支，对法国来说是服务出口，而对美国则是服务进口。国际旅游与运输是航空公司、运输公司、旅行社和宾馆的重要收入来源，一些国家的经济高度依赖于这些项目的收入。例如在希腊和挪威，他们用自己的船只运输外国货物，创造了许多就业岗位，获得了可观的利润和外汇收入。对巴哈马经济来说，外国人来巴哈马旅游所带来的收入要远比商品出口所带来的收入比例大。

(2) 完成服务。公司在一些服务业——银行、保险、租赁（如迪斯尼电影)、工程、管理服务等——以收费的形式（完成服务所带来的收入）获取收益。例如，在国际上，企业为工程服务支付费用。工程服务通常以交钥匙经营(Turn Key Operation) 的形式完成，如按照合同规定，当工程完成后把它交付给所有者。例如，美国柏克德公司在阿富汗有项交钥匙经营的合同，重建在追击塔利班领导人的行动中毁坏的设施。企业也为管理合同支付费用——一公司为另一公司提供人员履行一般管理或特殊管理职责的安排。例如，迪斯尼公司向在法国和日本的迪斯尼主题公园收取管理费用。

(3) 资产运用。当企业允许其他企业使用其资产时，如商标、专利、版权或专有技术，按照合同（也称许可协议）向其他企业收取使用费。例如，在国际上，运动队准许国外企业在T恤和帽子上使用其专用标识。使用费也来自特许合同，特许是一种商业模式，是一方（授权者）允许另一方（受权者）使用一个商标，而这个商标对授权者意义重大。授权者（如麦当劳）在商业经营中不断帮助其他企业。例如，提供配料、管理服务和技术。

对外国投资的股利和利息支付也属于服务进出口项目，因为它们代表了资产(资本) 运用。

3. 投资

外国投资意味着投资国外以换取财务报酬，如利息和股利。外国投资采用两种方式：直接投资和证券投资。

(1) 直接投资。直接投资是投资者对外国企业控股，这种直接投资也叫外商直接投资（FDI)，这是本书的常用术语。例如，山内溥拥有西雅图水手队的所有权，是日本对美国的直接投资。控股不需要拥有100%的股份，甚至不需要50%的股份。如果一家公司占有小部分股份但剩余股份非常分散，则其他任何所有者都无法有效对抗该公司。如果两家或两家以上企业共同拥有某项FDI企业的所有权，就是合资经营。例如，迪斯尼公司与中国香港特别行政区政府共同兴建的香港迪斯尼主题公园。

为获取某些原料或进入某个市场，企业可能选择FDI。全世界至少61 000家企业拥有超过9 000 000家FDI企业，涉及各行各业——从土里提取原料、种植农作物、生产产品或零部件、销售产品、提供服务等，不是只有大企业才能从事FDI。例如，为配合出口，许多小企业也在国外开设办事处，连同在国外的房产一起构成其 FDI。小企业也收购国外企业，但是，因为大企业拥有大型外国设施并在多国经营，所以大企业 FDI 的价值更高。

（2）证券投资。证券投资是指拥有企业股份但不控股，或对另一方拥有债权。证券投资通常采用两种形式：拥有股票，或以债券、短期票据和长期票据的形式对一家企业或一个国家拥有债权。马尔科姆·资雷泽投资曼联但不控股（证券投资），后来增加了股份变成了直接投资。两种情形都是美国对英国的投资。

外国证券投资对大多数多元化经营的企业非常重要。企业利用证券投资主要是为获取短期财务收益，即在相对安全的情况下使企业资产增值。为获取高收益，企业财务主管在各国以短期投资的形式转移资金。

二、当代国际商务活动的主体——跨国公司

从经济文献看，对于从事跨国生产经营活动的经济组织，有各式各样的名称，如跨国公司或跨国企业（Transnational Corporations or Enterprises，TNC 或 TNE）、多国公司或多国企业（Multinational Corporations or Enterprises，MNC 或 MNE）、国际公司或国际企业（International Corporations or Enterprises）、超国家公司或企业（Supernational Corporations or Enterprises）、环球公司或企业（Global Corporations or Enterprises），甚至称为宇宙公司（Cosmocorp）等，其中使用最为普遍的是跨国公司与多国公司。

1974 年 8 月，联合国经济与社会理事会第 57 届会议上，联合国经理事会决定将各种名称统一为“跨国公司”，并设立政府间的跨国公司委员会和跨国公司中心，作为永久性机构。自此，“Transnational Corporation”成为联合国称呼跨国公司的正式用语并定义为这样一种企业：① 包括设在两个或两个以上国家的实体，不管这些实体的法律形式和领域如何；② 在一个决策体系中进行经营，能通过一个或几个决策中心采取一致对策和共同战略；③ 各实体通过股权或其他方式形成的联系，使其中的一个或几个实体有可能对别的实体施加重大影响，特别是同其他实体分享知识资源和分担责任。

哈佛大学商学院著名的雷蒙德·弗农（Raymond Vernon）教授和小露易斯·T·威尔斯（Louis T. Wells，Jr）还结合发达国家跨国公司的特点提出了他们有关跨国公司的定义：“它们在一个国家设立母公司，并在其他许多国家拥有一些分支机构。这种类型的企业的经营方式，使得它们的分支机构设在不同国家里，但是仍然具有下述特征：① 它们以共同的所有权为纽带而相互联结；② 它们依赖于共同的资源组合，如货币的信用、信息和系统，以及商标和专利；③ 它们受控于某个共同的战略。”

按照不同的分类标准，可以把跨国公司分为以下几类：按跨国公司经营项目的性质，可以将跨国公司分为资源开发型、加工制造型、服务提供型 3 种类型；

按跨国公司的产品种类和经营结构，可以将跨国公司分为横向型、垂直型、混合型3种类型。与其他企业相比，跨国公司有其独特的经营特征，如全球战略目标、全球一体化经营、灵活多样的经营策略、强大的技术创新能力、具有较大的经营风险等。

在当今世界经济中，跨国公司成了世界经济的主角，成了经济全球化的载体。目前全球共有跨国公司6.4万家，拥有87万家海外分公司，掌管着全球1/3的生产，2/3的国际贸易和70%以上的技术转让，80%以上的产品研究与开发，以及90%的对外直接投资。跨国公司的发展推动了各种生产要素在国际间的转移与重新组合配置，扩大了国际直接投资、国际贸易和国际技术转让的规模，促进了世界经济全球化的进程和国与国之间经济合作活动的开展，使各国经济越来越紧密地结合在一起，为世界经济的不断发展和繁荣作出了贡献。

三、国际商务不同于国内商务的原因

上文已经阐明了可供公司采用的国际经营模式，其中一些模式不同于国内经营模式，接下来还将介绍影响企业国际经营的国家因素（企业外部环境）以及原因。企业在没有弄清这些外部环境之前，不宜制定经营策略或执行经营策略。

企业外部经营环境包括自然因素，如一个国家的地理环境，以及社会因素，如政治、法律、文化和经济。企业外部经营环境也包括竞争因素，如供应商、顾客和竞争对手的数量与实力。尽管企业可能要面对不同于母国的地域差异，但企业从一国转到另一国所产生的地域差异极小。

1. 自然和社会因素

企业在国外经营不仅要求经理人具有商业经营方面的知识，还要求其懂得帮助解释这些差异的基本社会科学知识，包括政治学、法律、人类学、社会学、心理学、经济学和地理学。以下将介绍一些能证明企业外部经营环境重要性的自然和社会因素。

（1）政治政策。政治塑造世界商业，因为政治领导人控制着是否和如何开展国际商务。国际商务中的管理者必须了解社会科学并懂得其对国际商务的影响。例如，前美国职业大联盟华盛顿参议员队在古巴拥有一项棒球小联盟的特许权，在古巴与美国外交关系恶化之后该特许权被终止了，但是今天许多古巴棒球队员在美国大联盟打球。又如，大多数国家为抗议南非的种族政策，曾在许多年内禁止南非运动员和体育代表队参与国际比赛。政治争端，特别是导致军事冲突的政治争端，会破坏贸易与投资，即使小冲突也会有长远影响。例如，印尼一旅馆发生爆炸事件，导致国际游客转向其他地方旅游，而且国际投资者也认为在印尼投资有较大风险。

（2）法律政策。国内法和国际法在很大程度上决定了一个进行国际化经营的企业的管理者可以做什么。国内法律在税收、就业和外汇交易这些问题上，对企业在国内和东道国的经营作了规范。例如，迪斯尼公司在中国香港特区建了一个主题公园。香港特别行政区法律规定了如何对迪斯尼公司的收入课税，迪斯尼公司如何把港币兑换成美元，迪斯尼公园内工人的国籍与收入。相应地，美国法律规定如何以及何时对迪斯尼公司来自中国香港的损益做税收处理。以两国签订法律协议的形式存在的国际法，规定了双方如何对企业收益课税。国际法还规定了企业是否可以和如何在某地经营。因为伊拉克不允许武器核查人员进入该国，根据联合国贸易禁令，大多数国家的公司要暂停向伊拉克出售商品。如何执行法律也影响企业的经营。例如，大多数国家的法律规定，未经授权不得使用其他公司的商标和版权，但许多国家的版权法执行力度不够。企业应该清楚国家之间缔结的条约和母国与东道国的法律以及法律的执行力度。

（3）行为因素。人类学、心理学和社会学的相关社会科学部分地描述了人们的社会发展、心理成长、行为和人际关系。通过学习这些科学，管理者可以更好地理解自己所在社会和其他社会的价值观、理念和信仰。例如，尽管职业体育运动已经全球化，但是在不同国家各种体育运动的受欢迎程度存在巨大差别，而且体育运动的规则也不尽相同。美国电影产业在制作电影时，期望电影的相当一部分收入来自国外，但是据了解，体育电影在国际上的表现非常糟糕，因为人们并不关心其他国家或地区的人们的体育运动，所以，电影制片厂调整了体育电影的预算，以使体育电影不再过度依赖国外收入。日本对美国的棒球很感兴趣，因为第二次世界大战后美国占领日本期间棒球开始在日本流行起来。可是，与美国相比，日本社会更看重团结，而美国更看重竞争，这种差异导致了两国间棒球规则的差异：在日本，棒球比赛的最好结果是平局；而在美国，比赛一直持续到有一支球队胜出。

（4）经济实力。经济学解释了为什么一个国家要同其他国家交换产品与服务，为什么在商业进程中资本与人员要在国家间转移，以及为什么一国货币相对于另一国货币具有一定的价值。例如，尽管棒球在多米尼加共和国很受欢迎，但在多米尼加组建一支大联盟棒球队是不可行的，因为组建球队需要有足够多的人支付得起高票价，而在多米尼加这样的人太少。美国比多米尼加更高的收入水平也影响着多米尼加的棒球队员，如 Sammy Sosa 就加入了美国球队。此外，经济学也帮助解释了为何、何地、何时一国生产的产品和服务比另一国便宜；而且，经济学还为测定国际企业对东道国与母国经济的影响和国家政策与条件对企业的影响提供了分析工具。

（5）地理环境。懂得地理的管理者可以更好地决定产地、产量、质量和如何获取世界资源以及开发这些资源的最佳方式。世界资源分配不均造成世界不同地区生产或提供的产品和服务不同。比如体育运动，因为气候原因，与夏季奥运会相比，挪威更适合举办冬季奥运会；除了著名的牙买加雪橇队住在加拿大以外，其他热带国家甚至不参加冬季奥运会；东非运动员在长跑比赛中具有优势，部分原因是因为与其他运动员相比他们可以在高海拔地区训练。对许多国家的企业来说，地理障碍比如巍峨的高山、广袤的沙漠和荒凉的丛林影响了运输和分销渠道；因可能爆发自然灾难和出现不利的气候条件如飓风、洪水、地震、海啸或严寒，在一些地区投资比在其他地区风险更大。这些因素也影响生产要素的可得性和产品价格。例如，21 世纪初新西兰发生的旱灾使新西兰农民缩减了绵羊的养殖量，导致全球羊肉和羊毛的供应不足，进而提高了羊肉和羊毛的价格。此外，世界人口的分布和人类活动对环境的影响，也深深地影响着国际商务。例如，考虑到对热带雨林的破坏，国际社会可能制定法规或向企业施压，要求其改变商业活动地点或方式。

政治、法律、社会、经济和地理环境影响着企业的经营方式和在特定国家经营时需要调整的幅度，如企业如何组织生产、如何销售产品、如何招募员工和如何记账。实际上，外部环境可能影响企业的每项职能，企业经营的调整幅度受到母国和东道国环境相似程度的影响。

2. 竞争因素

除了自然与社会环境之外，每个企业还同时在竞争环境中运作，竞争环境随着产业、企业和国家的不同而不同；相对应地，国际经营策略也要跟着变化。例如，一些行业主要以价格竞争为主，如铜管；还有一些行业主要靠产品差异和创新竞争，如品牌牙膏和最高级的计算机芯片。前者比后者更注重节约成本，如开发更好的设备和经营方法；扩大生产规模以降低平均固定成本；在劳动力和原材料便宜的地方建厂。

企业因产品、策略和所在国家不同，而面临不同的竞争形势。同一行业中的不同企业竞争策略也不尽相同。本田公司比宝马公司更注意成本节约，这就是为什么前者将汽车生产转移到中国以利用低劳动成本而后者没有这样做的原因。另外一个竞争因素是企业的规模和与竞争对手相比所拥有的资源。例如，市场领袖可口可乐比竞争对手（如皇冠）拥有更多的国际选择。可口可乐是市场领袖，其强劲竞争对手百事可乐排第二；但是，在印度可口可乐仅排第三，排在百事可乐和当地一家无醇饮料生产商 Chums up 之后。

竞争环境在国家之间也有所不同。例如，美国市场要比瑞典市场大得多，为分散产品开发与生产的固定成本，和美国相比，瑞典生产者更依赖于外国销售市场。如瑞典公司伊莱克斯在成立之初就得促进出口，比其美国竞争对手通用电气和惠尔浦更依赖于外国家用电器市场。美国市场较大带来的另一个结果是，在分销产品时，外国企业在美国的投资要比在瑞典的投资多，因为在美国有更多的地方可出售其产品。在欧洲国家，重要竞争对手的数量通常是三四个，尤其是零售业，而在美国通常是 10 ~ 20 个。

另一个竞争因素是，在本国和外国市场企业是否面临国际竞争对手或当地竞争对手的竞争。波音和空中客车，在它们试图销售民用飞机的任何地方展开竞争，因此，它们在一国所获悉的对方的信息，对预测对方在另一国的策略与行动非常有用。然而，一家英国杂货连锁店 Escot 在其开展经营的每个国家都要与不同的零售商竞争。

章末案例

温州打火机国际化道路

一个“小不点儿”产品——打火机，从起步到打破由日本、韩国等同行曾垄断国际市场数十年的格局，仅用了10年时间。在这10年里，温州打火机曾向全球发起两轮“冲击波”。

第一轮，20世纪90年代初，温州的打火机厂凭借廉价的劳动力成本、迅捷的仿造工艺，形成了自己的竞争优势。当时，日本产金属外壳打火机的市场售价约30~40美元，而温州打火机仅售1美元！国外同行惊呼：“世上竟有人能做出如此便宜的打火机！”善于捕捉商机的温州人“下手”奇快。1992年，3 000个家庭作坊仿佛在一夜之间齐刷刷诞生。上亿只打火机“涌”出国门，一时间，国际打火机市场四处“温州黑马”奔腾。

第二轮，20世纪90年代中后期，温州一批注重质量的打火机企业抓规模、抓工艺、抓品牌，带着过硬的产品整体出击，在更高平台上再次“鲸吞”国际市场。而冲在最前面的是一头“猛虎”——温州大虎打火机厂。

通过这两轮冲击，温州打火机迫使日、韩80%以上的打火机生产企业或关门歇业，或转而向温州购买打火机，或定牌生产，使日、韩从世界最大的两个打火机输出国变成最大的进口国。目前，温州拥有打火机规模生产企业300多家，年产金属外壳打火机4.3亿只，其中50%的产品打入国际市场。温州已成为世界最大的打火机生产基地。

然而如火如荼的发展势头下的温州打火机，2002年上半年却接二连三地遇到来自欧盟的麻烦。

温州每年生产打火机8.5亿只，出口达5亿只，在欧洲市场占有率达到80%。但是，目前欧洲打火机进口商协会给所有温州打火机生产商当头一棒：欧盟于2002年4月14日表决通过了CR法规，该法规的核心内容是：以保护儿童开启安全为理由，要求售价在2欧元以下（约合人民币15元）的玩具型打火机必须装保险锁。而中国出口到欧洲的打火机，售价基本上都在2欧元以下，欧洲及日本、韩国等打火机生产国，没有2欧元以下的产品。显然，CR法规的通过，针对的只能是中国的打火机，温州作为中国的“打火机之乡”将蒙受巨大打击。此消息传出后，温州打火机企业立即和当地的烟具协会紧急商议对策。针对刚通过表决的欧盟CR法规，温州打火机广大企业表示，我们不改初衷，将继续采取积极行动抵制、反对这一不公平、不合理的做法。

温州打火机遭遇上诉的CR法规，在业内引起极大关注。然而一波未平，一波又起。2002年6月27日，欧盟又正式对中国打火机实施反倾销立案调查。事情的主要起因是温州300家以上打火机企业形成了特有的规模经济，良好的社会分工，极大地降低了温州打火机的成本，从而使得温州打火机以低价杀入欧盟等国际市场。温州打火机低价封杀使欧盟各国打火机企业一片恐慌，从而导致了这次的反倾销风波。

（资料来源：闫国庆，等．国际商务［M］．北京：中国商业出版社，2002.）

讨论题：

（1）利用这一案例，试分析我国企业国际化过程中会遇到的主要问题。

（2）通过这一案例，思考经济全球化对发展中国家经济发展的利弊。

（3）我国企业应如何避免和应对温州打火机企业所遇到的这种局面。

第二章
全球政治、法律和经济环境

本章提要

1. 政治环境
2. 法律环境
3. 经济环境

关键术语：

政府和政党体制　民族主义　政治风险　英美法系　大陆法系　神权法系　习惯法系　混合法系　知识产权　人口与收入　消费结构

开篇案例

中国的商业环境

从1949年至20世纪70年代，中国几乎是实行自给自足的经济，1978年中国制定《中华人民共和国中外合资企业经营法》以利用国内外投资。1979年之后，中国逐步放松经济管制，其中包括对外开放贸易与投资。1978年之后中国GDP每年以高于8%的速度增长，现在中国已经是世界第二大经济体。如果按这种速度发展下去，几十年后中国将成为世界第一大经济体，即使那时人均GDP还落后于许多西方国家。虽然中国的增长速度令人叹为观止，已经使数亿人摆脱贫困，但还有数亿人没有脱贫。

20世纪80年代之后，刺激中国改革的是疯狂涌入的外国企业投资，它们涉及生产项目、出口加工、许可协议和各种服务。不论以何种形式出现，它们都统统被贴上外国直接投资（FDI）的标签。截至2004年，累计在华FDI超过5 600亿美元，这些投资来自世界各地的50多万家企业。2003年中国取代美国成为世界上接受FDI最多的国家。关于未来投资的一个指标——合同利用外资，在2004年增长33.4%达到1 530亿美元。中国企业也开始登上世界舞台，例如中国联想集团收购IBM个人电脑业务，中国家电产品制造商的领头企业海尔在美国南卡罗来纳州建厂。

充满机遇的地方

资金大量涌入使外国企业更加关注中国，使中国机遇更加引人注目。

(1) 市场潜力。中国人口大约为13亿。Monsanto一位发言人这样概括中国的吸引力："你从未见过像中国这样大的市场，涌入中国的商品多得使你无法想象。如果每人每天购买一片阿司匹林，那将是多少啊！"

(2) 市场表现。快速增长的中国经济增加了购买力，进而增加了消费支出。在中国市场上，许多产品处于生命周期的早期或中期阶段。中国在某些领域实现了跳跃式发展，如电信行业，手机用户已超过固定电话用户。

(3) 基础设施。快速的经济发展激励政府增加基础设施投资。中国现在在公路、机场、海港、大坝、电厂和通信网络上的投资超过10 000亿美元。

(4) 资源。中国人才济济，大多受过良好教育，而且工资远远低于许多其他国家——是墨西哥的1/3，美国的1/25。

(5) 战略布局。鉴于中国的增长潜力、市场规模和作为产地的吸引力，企业把投资中国看成全球战略的重要组成部分。

市场实际情况

吸引力大，对应的是在中国开展商业活动好像很困难。中国独特的政治与法律环境使当地的商业程序繁琐而复杂。"出于任何正当意图"都可组建公司的西方思想在中国行不通。在中国做生意首先需要告知政府有关部门——非常详细——自己是谁、要做什么、打算投资多少。投资计划得到相关部门批准后才能开办企业。

毫无疑问，这些情况并非中国所特有。从前，许多政府主导的国家也经历过同样的转变，但是在中国尤为困难，外国投资者称中国的政治和法律环境造成商业程序烦琐，浪费时间，使他们处于不利地位。

发展中的法律体制

1979年之后，中国已经取得很大进步，掀起了有史以来最大规模的立法狂潮。尽管已经取得重大进步，但仍存在许多问题，比如法律漏洞、词句模糊和执行不力。律师莱斯特·罗斯认为修改这些法律需要10～15年时间。唐纳德·克拉克说："看看美国20世纪20年代的法律体制，我们用了80年才使它成为现代法律。"

中国从许多方面表现出法制不健全。如，法律草案多集中在关闭资不抵债的企业上，而不是保护债权人；也没有处理合同纠纷的有效方法；等等。

未来

中国机遇吸引了成千上万的外国企业。尽管如此，许多企业还是遇到一大堆问题，在机遇与挑战的角逐中，未来中国商业环境倾向于机遇还是挑战呢？

许多观察家认为未来中国商业环境的关键是：推选的中国领导层是优秀而务实的还是重新回到理想主义？在这个问题上，中国巨大的经济成就可能使第一个假设成立。如果这样，中国的商业环境将会变得更加一致、透明和公平。在这方面，至关重要的是中国在2002年11月加入了世界贸易组织（WTO），这是一个制定国际贸易规则的国际机构。中国开始改善商业环境，朝着透明、制度化和法律执行有力的方向发展。例如，WTO 协议要求中国阐明和详述其法律体制，公布有关贸易和投资的国内法规。为与 WTO 规则一致，中国政府在诸多领域修改了法律，包括贸易、投资和知识产权保护。实际上，中国需要接受全球贸易规则体系——从低关税、反倾销规定、解除对分配与零售的限制到惩罚侵犯商标与版权的行为。中国也有义务减少贸易和投资政策的省际差异。

中国的 WTO 成员资格使外国企业在中国拥有设立批发、零售、分销和售后服务网络的权利。同样，外国企业不再需要遵照当地要求，接受进口高额关税，向商务部提交包括技术转移在内的投资方案。现在，这些进口合同不再要求经过政府批准，登记即可。重要的是，一些在过去禁止或限制外资进入的领域现在对外开放，从而出现新的机遇。这些领域包括电信、金融、保险、运输、旅游、广告、会计、教育和咨询。许多国企也不再区别对待当地企业和外国企业，相反，在购买商品和服务时，必须运用商业思维。

有人批评中国，说中国在履行许多 WTO 义务时行动迟缓。尽管如此，在加入 WTO 的短期时间内，中国已经放松了管制，并且正在处理困扰国内外商业事务的问题。在面临这些挑战的情况下，外国投资者继续投资中国，就说明了他们看好中国未来的商业环境。

第一节 政治环境

政治环境是指企业进行国际经营所涉及的国家或地区的政治体制，以及在一定时期内的政府政策。政府对环境的影响，是通过政府政策、法令规定，以及其他限制性措施而起作用的。政府对外商的政策和态度，反映出其改善国家利益的根本想法。一国的政治环境直接影响企业的国际商务活动，决定了贸易与投资的难易程度与资金的安全性，以及企业的经营活动及其效果。因此，企业在进入一个国家之前必须尽可能评估该国的政治环境。

一国的政治环境主要包括：政府与政党体制、政府政策、民族主义以及政治风险等。

一、政府和政党体制

1. 政府类型

政府是国家的权力机关和执行机关。世界上多数国家的政府可分为两类：议会制政府和专制政府。在议会制度下，政府经常与公民协商，其政策在某种程度上能够反映大多数人的意见。而在专制制度下，政府政策的制定在很大程度上带有独裁者的意愿。国际企业要注意了解现政府的构成及其对经营和外商的主要政策。政府是保守的、中立的还是极左的？目前的商业政策是鼓励自由经营体制还是鼓励国家所有制？要回答这些问题，还必须考虑执政党的主张。

2. 政党

政府内部的政党体制可以分为四种：两党制、多党制、一党制和一党专制。两党制是由势均力敌的两个政党组成的政党体制。两党各有主张，国际企业要重点研究执政党的主要政策倾向。

在多党制国家，没有一个政党具有独立控制政府的能力，政府由各党联合组成。与两党制相比，多党制的党派联合变化更为频繁，因为联合执政时间取决于各党的协作。

一党制是某一政党占绝对支配地位，其他政党没有机会在选举中获胜。这种情况在刚开始实行议会制的国家比较普遍。随着进一步的演化，这种体制可能转成多党制。墨西哥是一党制的典型例子。

一党专制与一党制不同，它压制或镇压其他党派，它的执政不是通过自由竞争，而是通过军事或政变的手段获取的。一党专制不会发展成为两党制或多党制，而可能成为独裁制。

3. 对政党主张的认识

国际企业对政党主张的认识，要特别注意他们对外商和外国政府的态度。因为企业常被看成是一个国家的代表，它是一个国籍的象征。我们不仅要研究具有代表性政党的基本主张，还要研究整个国家的政党体制，因为每一政党的主张都会对政府的政策起到影响作用。即使是在一党制国家，如墨西哥，其他政党的态度和主张仍很重要。总之，一个企业要想掌握外国政府的政治气候，就必须研究现政府的主张，并且尽可能考虑其政治发展的长远方向。

二、政府政策

政府政策的稳定性直接影响企业经营战略的长期性。尽管政府政策始终处于某种渐变状态，但企业首要关注的是一国对外政策的根本性变化。这种根本变化可以定义为不稳定性。政治环境的不稳定性可以从以下几方面入手分析。

（1）政权的频繁更替。

（2）东道国政局不稳还表现在频繁发生暴力事件、治安混乱和示威游行等方面。

（3）文化分裂是政治不稳定的又一因素。

（4）宗教对立经常是政治动荡的根源。

三、民族主义

尽管政党和政府的更替可能会引起政府—企业关系的不稳定变化，但当今世界影响国际贸易最关键的政治因素应数强烈的经济民族主义。

民族主义认为，一国的经济发展要更多地依靠本国自己的经济力量，要特别维护本国民族工业的发展。有人把这种主义称为忠诚的民族主义或爱国主义。

人们要认清一个基本事实：无论哪一个民族或国家，不管它作过什么保证，也不会容忍外国公司对其市场和经济的无限渗透，特别是在东道国认为外商的决策没有顾及本国的社会经济发展需要时。即使在外国企业较少的美国，国会也颁布了一些条款限制外商的侵入。

民族主义对外国企业的影响，无论在发达国家还是发展中国家都是一样的，只是激烈程度不同而已。但是，所有的东道国都会在其国内控制利润和借贷；控制外商对本国公司的冲击（如削减进口，推动本国产品出口）；控制外资对本国企业的投资规模等。

四、政治风险

1. 政治风险的含义

政治风险是指国际企业在东道国进行生产和营销活动时，因东道国政府采取政治干预而面临的风险。一国的政治政策、政治事件或政治环境可能影响商业环境，从而导致企业失去部分或全部投资价值，或者迫使企业接受低于预期的收益率。

政治风险是风险的一种，它是经济国际化的必然产物。世界经济是世界各国在国际分工的基础上形成的互相联系、互相依赖的有机体系。在当今世界，没有一个国家能够离开国际社会而孤立存在，并发展本国的经济，任何国家都必须参加并且利用国际分工，进行国际交流与合作，扬长避短，寻求发展本国经济的捷径。然而，经济国际化在给各国带来利益的同时，也带来了各种风险。在国际经济中，依然有每个国家的独立主权存在。随着国际经济的发展，不可避免地会使各国主权的现实利益与经济国际化的预期利益产生差异，当这些主权现实利益与经济国际化发展趋势产生冲突之时也就是风险实现之时。显然，这种风险是国际经济中独立国家主权利益不断体现的结果。独立国家主权包括：政治利益、经济利益、法律规范和社会文化传统。只要主权国家存在，这些利益就永远存在。而且只要经济国际化趋势还在发展，国际化程度还在不断提高，这种国际化预期利益与主权国家现实利益的差异就无法消除，这种风险也就不会消亡。所以，国际企业在进入新市场时，需要评估目标市场的政治风险。

2. 政治风险的显著特点

（1）不可预测性。

政治风险的出现往往是突发的，企业对其何时何地发生及其后果、损失等难以准确地预测。

（2）非市场力。

政治风险不是直接由于经济因素而激发，而是由多种政治因素组合产生的风险。如政权更替、政策改变、战争以及暴乱等。

（3）涉及面广，影响时间长。

政治风险一旦出现，会涉及政府的政策、政党的行动纲领、社会安定、政府对外资的态度等，其影响将持续相当长时间。

由于政治风险有上述特点，政治风险的存在使企业的国际经营更具有不确定性。

3. 政治风险的类型

政治风险来自宏观和微观两个方面。宏观政治风险，是由那些广泛而全面的影响在一国的所有外资投资或经营的全局性政治事件或政府行为所引起，如战争、宗教冲突或突然的政府更迭。微观政治风险，则由有选择地影响某个领域的投资和经营活动的行动或事件所造成，构成某些行业或企业特有的风险。例如，出于对国家安全和发展的考虑，东道国要求交通通信企业国有化时，该领域的外国企业就首当其冲受到影响，而其他领域的外国企业则可能没有遭受损失。具体讲，根据政策变化对企业国际经营的不同影响，可将政治风险分为以下几种类型。

（1）没收、征用和国有化。

没收是指东道国政府将外国企业的投资无偿地强行收归己有。征用是指东道国政府强行将外国企业的财产收归己有，但给予一定形式的补偿。在征用情况下，企业是非自愿的，而且补偿金额往往只是投资金额的一部分。国有化是指东道国政府将企业的资产收归国有，由政府接管。国有化的具体措施有：所有权的逐步民族化，提高本国的管理水平，更多的决策权转向本国人，以及产品更多的是在当地生产而不是进口装配等。没收、征用和国有化的区别在于：前两者是东道国政府强迫外国企业交出其资产，但不一定由政府接管，而可能由该国的私人接管；后者则是指东道国强迫外国企业交出资产后由政府接管。东道国政府实行没收、征用或国有化是国际企业面临的最严重的政治风险。

（2）外汇管制。

外汇管制是指一国政府通过法律、法令、条例等形式授权有关金融机构，对境内外汇资金的收付、买卖、借贷和转移，以及本国货币对外汇率所实行的干预和控制措施。东道国实行外汇管制的主要原因是由于外汇短缺，为防止国际收支的严重失衡，维护本国货币对外汇率的稳定，政府不得不进行严格的控制。外汇管制至少在两个方面影响国际企业：一是企业的利润和资本不能自由地汇出东道国；二是企业生产所需的原材料、机器设备、零部件以及其他物品不能自由进口，因为东道国政府限制企业自由买卖外汇。

（3）进口限制。

进口限制是指东道国政府采取的限制进口的各种措施。进口限制的手段分为关税和非关税两种，即所谓的关税壁垒和非关税壁垒。

关税壁垒是指为保护本国产品在国内市场的竞争能力而对进口商品征收的高额进口关税，目的是提高进口商品成本，削弱其竞争能力，阻止或限制国外商品的进口。非关税壁垒是指除关税壁垒以外的一切经济的、技术的、商业的、法律和行政上的直接或间接限制进口的措施，如进口许可制度、进口配额制度、进口押金制度、实行政府采购政策、复杂的海关手续、严格的技术标准和卫生检疫规定等。

（4）价格管制。

价格管制是指国家在国内市场对部分商品实行价格限制，目的是维护公众利益，保持市场稳定，但这种价格管制直接干预了企业的定价决策。从产品角度来看，生活必需品的价格最容易受政府的控制；从时间角度来看，政府在通货膨胀较快时最可能采取价格管制措施。

第二节　法律环境

从商业意义上讲，世界逐渐缩小为一个地球村，但是法律标准在世界各国仍然不同，国家法律对管理计划和企业经营有重大影响。各国已经、正在和将要制定一系列法律来管制重要行为，包括资本投资、进口关税、有害废弃物的转移和日常行为，比如对外国投资者的红利支付和确认文件时的图章样式。大体而言，就对待许多可变因素而言，法律体制在国家之间不尽相同，包括传统、惯例、习俗、习惯和宗教规则。在开篇案例中，强调外国投资者关心中国法律体制，说明法律传统、实践和观念对他们行为的重要性。尤其值得注意的是，中国局面证明一国商业环境的关键方面是制定、解释和执行法律的法律体制。

一、法律体制的类型

对我们来说，一个国家的法律体制管制该国商业实践、规定企业如何进行商业交易、详细列出商业交易各方的权利与义务、清楚说明如何赔偿受害人的方式和方法。法律框架通常影响一国吸引投资的能力。

法律体制一般分为如下几类：

（1）英美法系基于传统、判例和习俗之上，在英美法系中，法院主要以判例法为指导解决法律纠纷。英美法系国家利用成文法典和法律，但优先考虑法院制度、传统、司法推理、先前法院判决和平衡法原理。英美法系国家主要有英国、美国，以及英联邦的一些国家和地区，如加拿大、新西兰、澳大利亚等。

（2）大陆法系以大量系统的成文法典为基础。大陆法系国家委任政府官员而不是国家法官详细编写适用于所有公民的容易理解的各种成文法律。法官不制定法律，而是根据现存法律和程序解决纠纷。大陆法系国家有70多个，包括德国、法国、日本和俄罗斯等。

（3）神权法系依靠宗教和教会信条来确定法律环境。这种法系授予宗教领袖最高法律权力，而宗教领袖通过宗教权力管理社会。目前，伊斯兰法律或称伊斯兰教教法是最普遍的神权法系。该法系基于《古兰经》，即圣经；穆罕默德的逊奈、决策、言论；伊斯兰学者的作品；他们根据《古兰经》和逊奈中的原理类推出法律制度，得到伊斯兰国家法律界的一致同意。

（4）习惯法系以日常经历中的智慧与教训为基础，或者更明确地说，以宗教和哲学传统为基础。今天，几乎没有国家完全在习惯法系下运作。然而，习惯法在规范个人行为方面扮演着重要角色，因此许多国家采用混合法系。

（5）混合法系国家综合上述的两种或多种法律体系的功能。在美国也有混合法系，其中49个州使用英美法系，而路易斯安那州采用大陆法系。同样，神权法系部分塑造了印度尼西亚的大陆法系。

二、法律体制的传播

在国际上，统一法律已经取得了许多成就。例如，欧盟成员国按照《罗马条约》第81条和第82条运作，这与美国反托拉斯法非常相似。美国证券与交易委员会修改条例以鼓励外国企业，尤其是欧洲企业在2005年之前采用国际会计准则，同时解释只要求财务报表完全按照该准则制作，但是，企业不会自动服从。一些欧洲金融企业已经要求欧盟执行机构欧盟委员会修改针对衍生品会计的国际条例。制定国际会计、披露、破产准则的努力也在进行中。商人支持法律标准化，他们认为详细制定一套统一的法律，意味着他们可以在其他国家更有效地策划和经营。然而，在国际上，制定标准化法律非常艰难，尤其是知识产权保护和税收公约。因此，国际商务的现实是管理者在国际上要面对不同的法律体制。

大陆法系和英美法系的演变和传播，可以使管理者判断现在和未来国际间法律相似程度的大小。英美法系的演变以英国为起点，经过一个世纪的发展，已经传播到美国、加拿大（除了魁北克）、新西兰、东非、亚洲大部分地区（包括印度）和大部分加勒比国家。传播的主要途径是开拓殖民地。相比而言，大陆法系的传播更加奇特。法国、德国和北欧国家发展自己的法律传统。拿破仑占领西班牙、葡萄牙和荷兰之后，法国将其法律体制输入这些国家。通过拿破仑和随后的殖民占领，法国将其法律体制输送到拉丁美洲、加拿大魁北克、欧洲大部、北非和西非、部分加勒比国家和部分亚洲地区。德国法律体制影响到瑞士和奥地利，奥匈帝国把德国商法传到今天中欧和东欧的大部分地区。有趣的是，日本自愿采用德国法律体制，并稳步影响朝鲜、中国台湾和中国大陆。

三、国际商务中的法律问题

一国的法律体制影响当地商业活动的方方面面，规定企业必须在此法律框架内经营商务活动。

1. 经营考虑

由于各国法律体制的不同，要创建一个企业在不同国家的时间成本是不同的。如在澳大利亚、爱尔兰、新西兰和瑞典创建企业相对比较容易，要求的注册手续不多，主要是税收、劳动和行政注册 3 个，创建企业仅需 2 个工作日；而在乍得和哥伦比亚等国要求的注册手续约 20 个，创建企业需要 70 天。同时，各国合同强制执行需要的时间也不一样，在新西兰、日本和韩国需要 50 ~ 70 天，而同样的事情在其他地方需要 600 ~ 1 500 天，比如在意大利、尼日利亚、波兰和危地马拉等国。

企业进行国际经营，肯定要雇用当地工人，而且必要时也要解雇当地工人。实际上，雇用很简单，但是解雇可能就很困难了。丹麦、新西兰、瑞典和美国是所有国家中劳动法规最灵活的国家。中国法律体制在雇用和解雇员工方面给予企业的灵活性最大，但是对工作条件的规定却非常严格，即工作时间、最低工资和保险。相反，安哥拉和巴拉圭对解雇的限制最严，需要提供解雇理由的凭证，立法制定了大量的解雇手续，而且需要冗长乏味的通知书和高额的离职金。如表 2 – 1 所示为各国对日常经营的管制。

表 2 – 1 各国对日常经营的管制

国家	法律起源	创建企业			强制执行合同			关闭企业	
		手续① /个	时间 /天	成本 /美元	手续② /个	时间③ /天	成本④ /美元	时间 /天	成本⑤ /美元
奥地利	英美法系（英国）	2	2	402	11	320	1 623	365	18
加拿大	英美法系（英国）	2	3	127	17	425	6 065	292	4
乍得	大陆法系（法国）	19	73	870	50	604	121	3 650	38
中国	大陆法系（德国）	11	46	135	20	180	268	946	18
德国	大陆法系（德国）	9	45	1 341	22	154	1 483	437	8

续表

国家	法律起源	创建企业			强制执行合同			关闭企业	
		手续①/个	时间/天	成本/美元	手续②/个	时间③/天	成本④/美元	时间/天	成本⑤/美元
危地马拉	大陆法系（法国）	13	39	1 167	19	1 460	171	1 460	18
法国	大陆法系（法国）	10	53	663	21	210	896	876	18
印度	英美法系（英国）	10	88	239	22	365	444	4 123	8
日本	大陆法系（德国）	11	31	3 518	16	60	2 223	216	4
朝鲜	大陆法系（德国）	12	33	1 776	23	75	402	534	4
乌克兰	社会主义	14	40	210	20	224	80	1 084	18
英国	英美法系（英国）	6	18	264	12	101	120	365	8
美国	英美法系（英国）	5	4	210	17	365	120	1 095	4

注：① 企业必须办理的手续数目。

② 根据法律或法院规定，争议方之间或争议方与法官或法院官员之间需要办理的手续数目。

③ 从诉讼日到争议解决或实际赔偿日之间的天数。

④ 解决纠纷所需的成本，包括法院费用、律师费及支付给其他专业人士的费用。

⑤ 破产费用，包括法院费用、破产从业委员会费用以及支付给独立估价人、律师和会计师的费用。

（资料来源：国际复兴与开发银行，或称世界银行《2004 年商业指南：理解管制》）

2. 战略考虑

为创造长期价值，成功企业一般都会制定战略规划，有很多问题都会影响企业的战略规划。

（1）产品安全和责任。国际企业如果在某一特定的国家开展商业活动，通常必须定做符合当地标准的产品。有时，投资国的标准高于母国标准，甚至完全不同。产品责任法在美国、欧盟和其他发达国家尤为严厉。在美国，诉诸法律的产品安全和责任案件可能导致高额赔偿。这种惯例在其他国家非常少见。

（2）市场行为。国家法律在定价、分销、广告和产品与服务方面规定许可做法。例如，许多国家禁止烟草广告。比利时规定只能用八边形的褐黄色玻璃瓶盛装药剂，以其他容器盛装的药剂不得进入该国市场。品牌名称和商标的法律要求也不一致。世界许多主要大国都是“巴黎同盟”或其他国际商标公约的成员国。因此，这方面的要求比较统一。可是，大陆法系国家与英美法系国家关于品牌或商标所有权的法律处理截然不同。前者实行“注册在先”，而后者则实行“使用在先”。因此，必须了解在什么地方和什么情况下会发生侵权问题。

（3）产品原产地。国家对产品原产地立法，以对进入当地市场的产品供应商课税。国家根据产品国内增加值（当地产比例要求）与国外增加值的比率决定产品原产地。当地产比例要求对所有国家都很重要，大多数国家采用这种法律以促使外国企业扩大其产品对当地市场的贡献。

（4）解决国际贸易争端的途径。在国际商务中，难免要发生争议。一般发生法律纠纷的双方有三种情况：一是政府间；二是公司与政府间；三是两家公司间。政府间的争议可诉诸国际法庭，而后两种争议则必须由有关双方中的一方所属的国家法庭进行审理或仲裁。

有很多原因使企业不愿在法院打官司。除了花费大、拖延时间长和使事情更加恶化外，还有以下一些原因：① 害怕产生不好的名声，以致影响公共关系。② 害怕外国法院的不公正待遇。③ 害怕泄密。企业在发生国际商业争端时往往愿意通过较为和平的方式（协调、调解和仲裁）解决问题。仲裁一般可以避免诉讼的缺点：裁决快、费用省。而且由于仲裁过程秘密并且不存在敌意行为，所以对商誉没有破坏性影响。正是由于仲裁具有调解特点，所以国际商务中大约有1/3 的案件在裁决之前就通过当事人直接对话解决了。由于仲裁者不以法官面目出现并且经验丰富，所以仲裁结果比较公正，也易于被当事人接受。仲裁期间，允许当事双方一面争议一面继续做生意，所以避免了更大的损失。仲裁的依据不是法律条文，而是基于对事实的公道处理，争执双方也因此而不必诉诸对方国家的法庭，通常会感到满意。正因如此，仲裁在解决国际商务争端中的作用越来越大，甚至在斯德哥尔摩还成立了解决东西方贸易争端的仲裁机关。

仲裁的程序简单、直接。如果国际企业希望对未来争端通过仲裁解决，那么只须在合同中注明仲裁条款即可。仲裁的优点及其地位越来越重要，它已成为解决商业争端的广受欢迎的措施。不过，仲裁不是包治百病的万灵药，在个别情况下，一项仲裁耗时数年、费资数万也时有所闻。但是，不管怎么说，仲裁仍是解决商业争端的最佳选择，据国际商会称，其裁决只有 8% 受到异议或得不到执行。

3. 知识产权

在全球经济中，创意经济的快速增长使仿制知识产品现象备受关注。在亚当·斯密时代，经济主要依靠农业，之后传统制造业决定了国家的繁荣富强。现在，国家之间的竞争主要依靠创新、威望和财富的智力力量。智力产出通常叫作知识产品，实际上是创造性思想、创新性知识以及能提高个人、企业和国家竞争力的无形洞察力。

知识产权（Intellectual Property）是一种无形财产权，是从事智力创造性活动取得成果后依法享有的权利。通常分为两部分，即工业产权和版权。根据 1967 年在斯德哥尔摩签订的《建立世界知识产权组织公约》的规定，知识产权包括对下列各项知识财产的权利：文学、艺术和科学作品；表演艺术家的表演及唱片和广播节目；人类一切活动领域的发明；科学发现；工业品外观设计；商标、服务标记以及商业名称和标志；制止不正当竞争以及在工业、科学、文学或艺术领域内由于智力活动而产生的一切其他权利。总之，知识产权涉及人类一切智力创造的成果。

从法律上讲，知识产权具有 3 种特征：① 地域性，即除签有国际公约或双边、多边协定外，依一国法律取得的权利只能在该国境内有效，受该国法律保护。② 独占性或专有性，即只有权利人才能享有，他人不经权利人许可不得行使其权利。③ 时间性，各国法律对知识产权分别规定了一定期限，期满后权利自动终止。

为了保护智力劳动成果，促进发明创新，早在一百多年前，国际上已开始建立保护知识产权的制度。1883 年在巴黎签署了《保护工业产权巴黎公约》，1886 年在瑞士伯尔尼签署了《保护文学艺术作品伯尔尼公约》(the Berne Convention for the Protection of Literary and Artistic Works)，1891 年在马德里签署了《商标国际注册马德里协定》。此外还先后签署了《工业品外观设计国际保存海牙协定》(1925 年)、《商标注册用商品和服务国际分类尼斯协定》(1957 年)、《保护原产地名称及其国际注册里斯本协定》(1958 年)、《专利合作条约》(1970 年)、《关于集成电路的知识产权条约》(1989 年) 等。

为了促进全世界对知识产权的保护，加强各国和各知识产权组织间的合作，“国际保护工业产权联盟”和“国际保护文学作品联盟”的 51 个成员国于 1967 年 7 月 14 日在瑞典首都斯德哥尔摩共同缔约建立了“世界知识产权组织”。该组织于 1974 年 12 月成为联合国 18 个专门机构之一。

知识产权保护已成为国际经济秩序的战略制高点，并成为各国激烈竞争的焦点之一。具体表现为以下几个鲜明特点：一是随着科学技术的迅速发展，传统的知识产权制度面临挑战，知识产权的保护范围在不断扩大。如在专利领域中，美国已对含有计算机程序的计算机可读载体、基因工程、网络上的经营模式等发明给予了专利保护，发展中国家的技术创新空间受到了极大的扼制。如何科学合理地确定专利保护的范围，已成为一个紧迫而重大的研究课题。世界银行在 1998 年年底发布的一份报告中指出：“日益强化的国际知识产权保护立法，面临着扩大发达国家与发展中国家知识产权差距的危险。”二是某些发达国家近年来极力推行专利审查的国际化，提出打破专利审查的地域限制，建立“世界专利”，即少数几个国家负责专利审查，并授予专利权，其他国家承认其审查结果。所谓“世界专利”，实质上是世界各国的专利审查工作，由美、日、欧等少数几个发达国家和地区的专利局来进行。三是知识产权已纳入世界贸易组织管辖的范围。知识产权与货物贸易、服务贸易并重，成为世界贸易组织的三大支柱，并且将货物贸易的规则、争端解决机制引入知识产权领域。按照世贸组织的规定，世贸组织任何成员将因知识产权保护不力，遭到贸易方面的交叉报复。知识产权已成为国际贸易中的前沿阵地，随着关税的逐步减让直至取消，知识产权保护在国际贸易中的地位和重要性将更加突出。四是以美国、日本为代表的发达国家，纷纷调整和制定其面向新世纪的知识产权战略，并将其纳入国家经济、科技发展的总体战略之中。

国际企业面对违反知识产权的行为有几种反应。公司敦促其相关政府推动国际条约的签署，保证知识产权受到法律保护，且加强法律的执行力度。受这一行为的影响，国际法得到加强，最新的世界贸易条约于 1994 年签署，首次扩展了关贸总协定的范围，使其涵盖知识产权内容，新协议即《与贸易有关的知识产权协议》（TRIPS)，而于 1995 年新产生的世界贸易组织监督实施更加严厉的知识产权条例。这些条例要求 WTO 的成员国将专利保护期延长到至少 20 年，版权保护延长到 50 年。富国必须在一年内遵守这些条例。穷国因为专利和版权的保护一般都薄弱得多，有 5 年的宽限期；而最穷国则有 10 年的宽限期。

第三节 经济环境

经济环境是国际商务环境的最重要组成部分，他们直接影响企业的产品销售和跨国经营活动。因此，分析、评价与预测所在国的经济环境，并针对其变化采取适当的对策，用以提高企业的竞争力，是国际商务的重要内容。决定一个国家的经济环境的因素有很多，包括经济发展阶段、人口和收入、消费支出和消费结构、国家或地区经济特征等。

一、经济发展阶段

一个国家所处的经济发展阶段不同，居民收入高低不同，消费者对产品的需求就不同，从而直接或间接地影响国际商务。例如，经济发展水平较高的国家，其分销渠道偏重于大规模的自动零售业，如超级市场、购物中心；而经济发展水平较低的国家，则偏重于家庭式或小规模经营的零售业。因此，对不同经济发展阶段的国家，应采取不同的商务策略。

世界各国经济的发展大致可归纳为下列五大阶段。

1. 传统社会阶段

处于传统社会阶段的国家，生产力水平低，未能采用现代科技方法从事生产，人们的知识文化水平很低，大部分人为文盲或半文盲，甚至有些地方尚处在自给自足的经济状态中。这是一个十分有限的国际营销市场。

2. 起飞前夕阶段

起飞前夕阶段是经济起飞阶段的过渡时期。在此阶段内，现代的科学技术知识开始应用在工农业生产方面，各种交通运输、通信及电力设施逐渐建立，人们的教育及保健亦受到重视，只是规模还小，不能普遍施行。这些国家通常会出现收入和财富分配不均，贫富悬殊现象，中产阶级不多。因此，进口产品的种类和档次差异很大。

3. 起飞阶段

起飞阶段的经济，大致已形成了经济成长的雏形，各种社会设施及人力资源的运用已能维持经济的稳定发展，农业及各项产业逐渐现代化。这类国家工业发展具有一定规模，国民生产总值增长比较快，工业占国民生产总值的比重越来越大。这些国家往往需要进口先进的机器设备等，以完善自己的工业体系，对工业制成品的进口逐渐限制、减少。

4. 趋向成熟阶段

起飞阶段的下一个时期就是趋向成熟阶段。在此阶段内，不但能维持经济的长足发展，而且更现代化的科技手段也应用于经济活动中，同时，在此阶段的国家都能多方面地参加国际商务活动。在这些国家中，消费者的购买动机注重产品的特性和质量，喜欢高质量、无需修理、高档定型的产品。这些国家出口大、进口也大，进口产品各种各样，包括原料、半成品、劳动密集型产品、奢侈品等，是国际营销规模较大的市场。

5. 高度消费时期

高度消费时期的经济阶段，注重永久性消费产品及各项服务业的发展，个人收入猛增，公共设施、社会福利设施日益完善，整个经济呈现大量生产、大量消费状态。在这些国家中，整个社会“富有”和“贫穷”的人数极少，大多数消费者属“中产阶级”。消费者偏重理智动机，极少有情绪动机，因此产品必须既经济又可靠。

大致说来，凡属前三个阶段的国家可称为发展中国家，而处在后两个阶段的国家则称为发达国家。当然，不是每个国家的经济发展都必须依次经过这五个阶段，有的会跳过一两个发展阶段，并且各个国家每一发展阶段持续的时间长短也不尽相同。

二、人口和收入

考察一个国家市场时，首先要考虑市场规模。市场是由持有货币且有购买欲望的人组成的，因此，研究市场规模首先要看人口和收入资料。

1. 人口

人口的各种特征，如人口规模、人口素质、人口分布、人口结构、家庭状况等，会对商务产生多方面影响。

（1）人口规模。

各国的人口规模决定着世界的潜在市场。人既是生产者，又是消费者，从需求方面分析，人口数量大，对商品的需求量大，市场容量大，而人口数量少的国家市场容量小。人口继续增长，意味着市场继续发展，如果人们有足够的购买能力，人口增长就意味着市场扩大；而另一方面，人口增长可能导致人均收入下降，市场吸引力降低，从而阻碍经济的发展。

（2）人口素质。

人口素质是人口文化教育水平、劳动技能、身体健康状况等方面的综合体现。作为生产者，较高的人口素质有利于发展知识技术密集型产业，可供给世界各国高档次、高质量和高附加值的产品，从而获得更多的贸易利益。作为消费者，人口素质高的地区，人们的购买需求侧重产品的质量、科技含量，对新产品的鉴别和接受能力强，购买时理性程度高，追求智力投资，购买的价值观念已上升到商品的艺术层面。而人口素质低的地区，人们的消费水平还停留在对基本生活用品的需求，追求坚固耐用等特点上。

（3）人口分布。

人口分布状况对产品需求、促销方式、分销渠道都产生不同的影响。人口密度越大的地方，对商品的需求量就越大；相反，人口稀少的地方，对商品的需求量就少。例如，美国人口最稠密的地方，是大西洋沿岸、五大湖边缘和加利福尼亚沿海地区，这些地区也是美国最大城市的所在地。该地区对食物的消费相对较少，对汽车的需求量却明显高于其他地区，而且还是贵重皮货、化妆品和艺术品的大规模集散地。

（4）人口结构。

人口结构包括年龄、性别、职业等。人口的年龄、性别及职业构成不同，决定着购买动机的差异。对国际商务来说，意味着收入的多少、家庭大小以及对商品的不同价值观和不同需求。于是产生了各种特殊的细分市场，如婴幼儿市场、青年人市场和老年人市场等。

（5）家庭结构。

一个国家或地区家庭单位的多少、家庭成员平均数量、家庭成员结构和家庭决策方式对市场需求的影响很大。近 20 年来，西方发达国家和一些发展中国家非家庭住户的迅速增加，必须引起国际营销人员的足够重视。

2. 收入

消费者收入是衡量市场规模及其质量的重要指标。单纯的人口数字本身为商务者提供的信息是不充分的，但研究一个全面体现各国经济发展水平的标准是个难度很大的课题，目前通常从以下几个方面来衡量不同的经济发展水平和市场潜力。

（1）国民收入。

国民收入是经济统计中一个衡量经济发展的十分重要的综合性指标。评估国民收入的一个有效方法，就是比较各国的国民生产总值（GNP）。国民生产总值是衡量一个国家经济实力和购买力的重要指标，从国民生产总值的增长幅度，可以了解一个国家经济发展的状况和速度。一般来说，国民生产总值增长越快，对工业品的需求和购买力就越大。

要用国民收入和个人收入的对比来测定市场潜力。例如，1983 年科威特人均国民收入超过 18 000 美元，而印度约为 260 美元。通过这一数字的比较，可以断定科威特市场的吸引力应为印度的 70 倍。但是，同一年度印度的国民生产总值又比科威特大 7 倍，人口比科威特多 600 倍。这一例子虽然过于特别，但也说明了评估市场潜力时，应对国民生产总值和人均国民收入进行对比分析。

（2）人均国民收入。

人均国民收入是反映人们购买力的重要指标，是决定特定市场需求大小的一个关键因素，它在一定程度上反映出商品需求的结构。一般来说，人均收入高，对消费品的需求和购买力就大。由于工业品的需求是由消费品的需求引发、派生的，所以最终会对工业品的需求和购买力产生很大的影响。

（3）收入分配状况。

收入水平还不足以准确反映一个国家的实际购买水平。许多国家，尤其是发达国家，在收入分配上贫富差距很大，如果产品的销售对收入敏感，就必须重视收入水平的差别，企业必须研究不同收入阶层的市场分配状况。

三、消费支出和消费结构

消费者的支出模式主要受消费者收入的影响，随着消费者收入的变化，消费支出模式和消费结构就会发生相应变化。用于考察消费支出和消费收入之间关系的最著名的定律就是恩格尔定律，它指出："随着收入的增加，食物支出在总支出中的比例会下降。"

近几年，世界各国恩格尔系数，以及与此有关的消费支出和消费结构表现出以下特点：

（1）西欧、北欧、南欧、北美、日本、澳大利亚和中东石油富国的恩格尔系数显著下降，许多国家降到 25% 以下，而发展中国家的恩格尔系数几乎都超过 45%，其购买力仍集中于食物消费。

（2）发达国家消费者新建、改建住房，逐步加强室内现代化，这方面开支比重增加，发展中国家的住房建设、衣着开支也有所增加。

（3）用于小汽车、奢侈品、旅游、娱乐等方面的支出，发达国家的增速高于发展中国家。

（4）居民消费支出占国民生产总值和国民收入的比重上升，许多国家的消费者甚至大量提取个人存款或举债购物。多层次的消费风潮在世界范围内流行。

四、国家或地区经济特征

国家或地区经济特征是指除了反映市场潜力的指标以外，反映国外市场经济最本质的那些因素，如自然条件、基础设施、城市化、对外经济活动基本特征等。

1. 自然资源

一个国家的自然资源包括矿产、水利、土地、地形、气候等一切潜在的财富。自然资源状况会影响一个国家的经济发展潜力、发展水平以及市场供求变化。以地形和气候为例，地形直接影响企业的分销成本，恶劣的地形条件可能造成市场的分割，不利于企业营销；气候一方面影响消费需求的特征，另一方面也影响很多农产品供给的数量和品质。

2. 基础设施

基础设施主要指交通运输、能源供应和通信条件。在一个高度分工和专业化的世界经济体系中，交通运输条件直接影响营销活动的经济和时间成本。能源供应是企业开展经济活动和消费者进行消费行为的基础条件。通信条件则直接影响信息交流的效率和容量，在一个高度信息化的社会，信息将成为企业和消费者最重要的资源之一，通信条件在客观上制约着生产和消费活动的种类、规模，如网络营销就是通信条件高度发达的产物。

3. 商业基础服务能力

商业基础服务包括金融服务、广告服务、分销服务（批发、零售）、中介服务、咨询服务等。一个国家或地区的商业基础服务能力直接影响企业营销决策的水平和各种营销手段能否快速、经济、有效地运用。

4. 城市化

城市化是国家经济活动的重要特征之一，作为政治、经济、文化活动相对比较集中的地点，城市在基础设施、经济发展水平、收入水平、商业基础服务能力、消费模式方面明显高于农村地区，是企业市场营销的重点地区。一个国家或地区的城市化程度越高，市场规模往往也越大。城市化往往用城市人口占总人口的百分比来表示。随着国家收入水平的提高，城市化的程度也越高。

特别需要指出的是，目前发达国家的城市化已经达到了很高的水平，进展缓慢，提供新市场的机会比较少；低收入国家和中等收入国家的城市化水平较低，处于快速城市化过程中，提供新市场的机会比较多。

5. 通货膨胀率

通货膨胀率的高低，反映了一国币值的稳定情况。通货膨胀率越高，货币贬值程度越高。对从事国际商务的企业来说，适度的通货膨胀是可以接受的，因为可以将额外的成本以更高的价格转移到消费者身上。但过高的通货膨胀水平会引起经济不稳定和成本的迅速上升，紧接着，政府采取的旨在稳定宏观经济的紧缩通货措施会引起消费需求的迅速下降。因此，在进入某个国际市场前，企业应详细了解该地区通货膨胀的速度和水平，对那些通货膨胀率居高不下的国家，应避免介入。由于所采用的商品范围不同，通货膨胀率有多种衡量方式，如 GDP 缩减指数、批发价格指数、零售物价指数、居民消费价格指数等。

6. 外国投资状况

国际性企业在某一市场的数量、规模、业务性质和范围在一定程度上反映着当地投资环境的好坏。一个国家外国投资很少，可能说明：① 该市场很难进入，如印度，该国对外资进入限制很多；② 是一个很好的市场机会；③ 该市场无利可图，如很多非洲国家。

章末案例

了解 BRIC（巴西、俄罗斯、印度和中国）

在过去的 50 年里世界经济发生了巨大的变化，从一个仅包含几个主要国家相互贸易的经济环境发展成一个实际上包含了世界上所有国家的全球性的市场。这一过程见证了一些强大国家的兴起，其雄厚的经济实力把它们推向了这个时代的世界经济舞台的中心。这类国家中最具代表性的火车头当属由美国、日本、英国、德国、法国、意大利和加拿大等国组成的 G7。从 1976 年开始，这七个国家的政府首脑每年都要举行会晤讨论共同关注的宏观经济问题，比如国际贸易纠纷的处理、与发展中国家的关系以及世界总的经济关系。G7 也会创造机会促进成员国间的关系以便共同应对危机。G7 峰会还会通过制定特权，规定新条款和对世界银行、国际货币基金组织和世界贸易组织等国际性组织提供指导来为国际社会指明方向。在很大程度上成员国的这种组织关系来自于共同的民主经济条件。更实际地说，这种关系来自于它们对经济的主导——现在整个 G7 的 GNP 比全球的一半还多。

在下一个 50 年里，各国经济的规模、发展状况还将经历剧烈的变化。特别要注意的是，数据显示在未来的几十年中，巴西、俄罗斯、印度和中国——被称为 BRIC 的经济体——会成为世界经济中更大、更强的一股力量。的确，在当前的趋势以及合理的规划下，且不谈墨西哥、韩国、土耳其和印尼这些新兴经济体，巴西、俄罗斯、印度和中国这四国国内所产生的经济增长，无论从单个国家看还是从这四国构成的整体看都会在未来的几十年中使其成为世界经济中更加强大的力量。特别是到 2025 年，BRIC 四国的经济总量将达到全世界的一半左右；40 年后这一总量将会变得更大。那时各国的经济排名将会发生巨大的变化。

到 2050 年，预计 G7 中只有美国和日本仍位居最大的经济体范围内，BRIC 四国会成为其他的最大的经济体。举例来说，2010 年，中国已经超过日本、英国、德国、法国、意大利和加拿大，成为世界第二大经济体；印度预计将在2032年会超越日本成为世界第三大经济体，到2041年中国会超过美国成为世界最大的经济体。这些变化意味着在2050年世界经济前十位会发生很大的变化，见图2-1。现在的领先者，像德国、法国、意大利会落后于BRIC。四国中新需求和消费支出的增长方兴未艾，难怪有人认为排名的变化将会更早到来，尤其是考虑到当前G7国内就业人口老龄化和下降的生产率背景时。最后，对于很多人来说该过程最为剧烈的结果应当是全球经济重心的隐约转移。到2050年，世界六个最大经济体中的四个——中、日、印、俄都在亚洲。它们强有力的增长极可能带动韩国、印尼、泰国这些亚洲邻居成为新一代的强大的经济体，并相应地促进其经济地位。

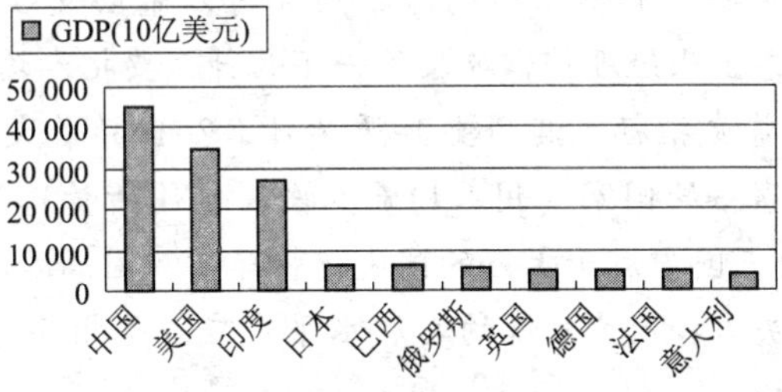

图2-1　2050年世界最大经济体

（资料来源：Dominic Wilson and Hoopa Southampton，“Global Economies Paper№. 99. Dreaming with：Bricks：The Path to 2050，” Goldman Sachs.

HTTP：//WWW. gs. com/insight/research/reports/report6. HTML；accessed June 2，2005.）

BRIC的崛起让人喜忧参半，而且也越来越具有讽刺意味。具体说来，若以人均GNI来衡量，以GNI的绝对值来衡量的世界最大的经济体也许不是最富裕的。从十七八世纪的大英帝国开始到欧洲各国再到现在的美国和日本，这种关系已经持续了几个世纪。然而，BRIC的人口统计显示了令人惊奇的含义。到2050年，平均来看这四个国家仍可能比G7各成员国要穷。据预测，到2050年，美国的人均收入将达到80 000美元，相比之下，中国的人均收入仅仅会超过31 000美元，巴西26 600美元，印度17 400美元。从人均收入来看，和G7各成员国相比这些国家仍处于相对贫困状态。只有俄罗斯可能会跳出这一陷阱，其人均GNI预测为49 600美元，将超过德国的49 000美元和意大利的41 000美元。

BRIC的崛起会成为世界经济的一个重大里程碑。世界政治、法律、经济等重大事件已经显示出了这一崛起带来的强有力的、持久的冲击。BRIC四国正在加强双边关系，创造共同经济体，共同制定政治决策，并且在俄罗斯总统普京的倡导下，寻求建立一个BRIC多边联盟。其他成员已经开始沿着这一趋势建立新的外交关系。2005年春，印度和中国这两个人口最多的国家，就边界争端和推动贸易达成一致，建立起战略合作伙伴关系，标志着这两个亚洲巨人之间关系的重大变化。中、印两国共同享有2 500英里[①]的山势绵延的边界线，在1962年两国曾为边界问题开战。现在这一协议由两国总理共同签署，缓解了两国几十年来的互不信任。虽然部分边界仍没有划分界定清楚，但在印度总统官邸为中国总理温家宝举行的庆祝会上，印度总理曼莫汉·辛格说道："印度和中国将一同重建世界秩序。"这一联盟的逻辑是非常清楚的，这种一同发展经济的方式也许会是应对美国全球政策主导权的最佳办法。例如，无论是BRIC整体还是单个国家都对近期在迪拜举行的G7峰会感到焦虑。在这次峰会上，G7成员国主要讨论了亚洲汇率的确定问题，尤其是中国的人民币应当升值还是取消与美元的挂钩，而作为被关注对象的中国却没有参加峰会阐述自己的立场。

政策制定者、企业、投资者应当如何应对由这些变化带来的机遇与挑战，这一问题似乎越来越重要。有一系列的深刻内涵可以帮助管理者理解世界经济环境。在一定程度上，企业经理们需要反思一下为什么要把人均资本的GNI作为衡量一国经济潜力的首要指标，其历史渊源是什么？世界最大的经济体（用GNI衡量）并不总是最富裕的国家（用人均资本收入GNI衡量）。除了俄罗斯有可能外，BRIC里的其他三国中成千上万的国民仍将非常贫困，远远低于G7国民的平均水平。因此，购买力和人力资源的发展水平，应当是指导跨国公司在BRIC投资经营的更好的指标。

当今领先的经济体对全球影响程度的逐步萎缩将触发国际投资和支出的根本性转变，而这些转变又将为跨国公司带来前所未有的机遇和挑战。跨国公司经营者也面临着来自决策制定选择的压力，要求公司的决策选择在自身发展时间表上与BRIC的发展进程一致。而这种从G7到BRIC所代表的经济体实力的改变过程将持续数十年，但这其中最大的转交期将是接下来的20~30年。以中国经济为例，中国经济正以每年10%的速度增长，与此同时，俄罗斯的市场正在成为麦当劳全球市场中规模增长最快的一个。从现在开始到2050年，BRIC四国的经济增长很可能有一个显著放慢，其中仅有印度有可能保持持续高于3%的增长率。因此，面对像BRIC这类的发展中经济体，跨国公司必须弄清楚自己是否已经做好了在这些国家的长期战略定位的准备。如今在合适的时间进入合适的市场进行投资可能和公司向市场提供什么样的产品一样意义重大。

BRIC对全球经济的影响很可能会沿着一个一般的发展过程。商品市场已经成为BRIC经济当前增长的最明显压力，它们对这些市场的影响在下一个十年中会达到顶峰。现在印度和中国对石油、矿藏和其他工业原材料的需求已经深刻地改变了一系列商品的定价机制。消费市场会成为BRIC经济发展的下一个重要阶段。有些人说这一过程将是未来十年的最大的商业新闻。作为一个共识，经济分析家们建议公司开始投资于BRIC的消费者需求，也就是说，BRIC的经济环境正

① 1英里=1.609 344千米

处在迅速渗透到消费者产品的边缘。

其他国家的经验证明，当人均 GNI 达到 3 000 ~ 10 000 美元时，消费需求就会腾飞。第一个达到这一水平的是俄罗斯，俄罗斯境内麦当劳的快速发展就表明了在过去的几十年中俄罗斯的消费者权益的保护意识是如何一步一步建立起来的。中国、印度和巴西也有了类似的迹象。特别是中国和印度，中产阶级快速成长起来，其消费需求和欲望正迅速发生变化。最后，BRIC 对全球和地区资本市场的影响会滞后于上述两个市场，但是，在未来的一二十年里，BRIC 会具有更高的投资回报，这就会增加其对资本的需求，并使得其货币更加坚挺。世界的投资者需要重新选择投资组合来应对 BRIC 对世界经济的潜在影响。

不可避免地，问题出现了，BRIC 能够在等待经济奇迹到来之前挣扎着克服掉不利政策和坏运气的影响吗？当然，有可能，但更可能的是另一种结果。各国政府希望实现计划和混合经济体制顺利转变为自由市场经济体制的意图，推动其发展经济敏感的政策、扩大贸易开放国内市场以及建立稳定的机构来支持经济的平稳增长。同时，一个具有良好发展条件的经济偏离正轨、表现令人无法满意的情况发生仍有很大的可能性。尽管如此，从国家和地区来看，全球经济潜在融合程度意味着 BRIC 不用完成所有的目标。相反，当接近这些国家的发展潜力时，经济结构、增长模式和世界经济的动态行为都将重新建立。

最后，许多人奇怪 G7 各国都发生了什么？从广义上来讲，19 世纪这一属于大西洋的世纪正在让道给亚洲世纪。这一转折会带来重大的后果。对很多国家来讲，像英国、德国、法国、意大利和加拿大，它们在世界各国中的地位，无论是从绝对意义还是相对意义上来说都将大幅下滑。美国则面临另外一种未来，当然其相对地位还是会大幅下降，但在 2050 年，美国仍然位居世界最大的两大经济体之列，会成为那时最富裕的国家。无论怎样，规则、玩家和游戏都在发生变化。因此，在 2002 年的加拿大斯基斯峰会上，G7 宣布俄罗斯加入 2006 年的 G8 峰会，这就使得俄罗斯完成了加入 G7 的进程。

（资料来源：《国际商务：环境与运作》（美）丹尼尔斯，（美）拉德巴赫，（美）沙利文　机械工业出版社）

讨论题：

（1）人均 GNI、购买力平价和人类发展已成为经济潜力指标，根据这三个指标讨论巴西、俄罗斯、印度和中国的相对优势。

（2）企业在跨国投资决策和在当地组织经营时，需要重点关注的要素有哪些？

第三章
全球社会文化环境

本章提要

1. 国际商务中的文化要素
2. 国际商务中的商业惯例
3. 文化差异的影响
4. 道德与社会责任

关键术语：

文化要素　语言　宗教信仰　教育　社会组织结构　价值观与态度　商业习惯　行为方式　企业经营结构　文化差异　雇用实务　环境规则　腐败　跨文化冲突　权力距离　男性度/女性度　社会责任

开篇案例

“今天我很慎重很认真地宣布，联想国际化已经成功。”联想集团董事长柳传志底气十足地表示，联想并购IBM PC业务是成功的。两年前，巨额亏损，市场占有率下滑让联想集团站在悬崖边上，功成身退多年的商业“教父”柳传志被迫重出江湖。当时失望的投资者和公众纷纷质疑，联想该不该买IBM，联想的国际化路线走对了吗？

两年后，联想重回PC前三宝座，在柳传志的展望里，联想与全球PC金牌也只有一步之遥。联想用业绩交出了答卷，在发布的2011年一季度财报中，联想个人电脑销量同比去年上升23.1%，全球平均增幅仅为2.7%，“高出市场平均增长率8倍，联想已连续七个季度成为全球主要个人电脑厂商中增长最快的公司，并连续九个季度超越市场平均增幅。”

坐三望一　年底超戴尔

从6年前联想蛇吞象买下IBM起，就不断有媒体问柳传志，花那么多钱，联想买到了什么，买得值还是不值？

“在并购的时候，联想整个的营业额是30亿美元，现在是216亿美元，进入前三名，到今年年底肯定能进入第二名，第二名戴尔跟我们只差零点几个百分点，而我们还没有把NEC的业绩算上去”。柳传志预计，如果没有新生力量出现，联想会在两年内坐上全球PC冠军的宝座。

“联想并购前特别想买三样东西，我认为全买到手了。”柳传志解释，一最想买的是 ThinkPad 这个牌子，“中国人买了国外的企业，是不是等于买了这个牌子？那不一定。联想把这个品牌买到的标志是：世界500 强公司原来是用别的品牌的产品，现在全都用 ThinkPad”。第二是联想希望买技术，北美罗利和大和实验室与北京原有的研发底子整合起来，“这件事情还是在进行之中，不能说做得很完善，但是确实取得了很好的效果”。第三国际化的资源也是联想想购买的。“如果联想靠内生性增长，建立国际化的队伍和销售渠道绝不可能用 6 年的时间把 30 亿美元的营业额做到 260 亿美元。”

据柳传志介绍，在并购的过程中，联想主要克服了三个风险，第一是市场风险。买了 ThinkPad 以后，人家认不认你？第二是人，买了这个公司以后员工会不会流失？第三个风险是文化磨合。中国企业出手海外并购都会遇到的这三大典型性风险，联想已经过关。“这次并购以后，跟着我们又并购了 NEC 的 PC 部分和一家德国的公司 Medion，现在可以说是一帆风顺，而且联想正在把 PC 业务的经验复制到联想控股旗下的公司”。

IPAD 冲击虽大　柳仍看好 PC 业

IPAD 出现后，PC 业站在了十字路口，惠普在十多天前宣布将分拆或出售 PC 业务部门；宏碁今年第二季度亏损达到2.34 亿美元；戴尔加速向IT 服务领域转型。对于有望坐到全球 PC 王者位置的联想来说，如何看待并应对这场变革呢？

柳传志对 PC 业前途并不悲观，“PC 是生活必需品，即使产品会有各种各样变形，但需要空间永远存在。在竞争中，有的公司毛利率越来越低，成本越来越高，联想总的来说呈毛利率上升，成本下降的趋势”。

面对这样的变革，柳传志透露，联想的战略主要包括两部分，一是保持现在业务的增量趋势，比如台式机、笔记本，“把碗里的吃到，成熟市场转守为攻，新兴市场攻城拔寨”。二是移动互联网出现后，云计算、平板电脑、数字家庭、智能手机市场走垂直整合的路线，包括软件硬件和服务，“我们专门成立了一个 MIDH 部门，由刘军操盘，我认为人选得非常合适”。

柳传志认为，规模化低成本运作依然是传统 PC 业务的本质，移动互联网会带来新的模式。这是两种不同的产品路线。“过去 WENTEL 一枝独秀，现在上游百花齐放，这个变革期，有人是跑冲刺，有人是长跑马拉松，联想会一步步走扎实。”

（2011 年9 月9 日　资料来源：《南方都市报》记者高凌云　笔者修改）

第一节　国际商务中的文化因素

文化是一个群体所共享的价值观体系及准则，以及由它们一起所构成的生活方式。价值观，指人群相信什么是真、善、美的抽象观念。文化会影响许多重要的私人交往和商务交往的形式，影响决策制定和管理风格。民族文化决定企业文化，影响公司的内部结构、营销行为及其对国外伙伴和合同的看法。要想在国际商务中取得成功，必须理解并学会适应其他国家的文化。在一定程度上，每一个人都是以本国为中心的。国际商务的挑战在于要学会拓宽视野，防止以误解与错觉来制定决策。

一、国际商务文化要素

国际商务文化是一个复杂多维的主体。为理解文化，我们需要考察它包含的各种要素：语言、宗教信仰、教育、社会组织结构、价值观和态度、习惯和行为方式等。

1. 语言

语言是传递信息与思想的最基本的工具，因而它对于文化至关重要。掌握当地语言有如下四个好处：① 可以更清楚地了解局势，经营者不必再通过他人来理解别人和表达自己；② 可以更直接地与当地人接触，人们与讲相同语言的人往往更容易交流；③ 可以听出对方话语中没有直接表达的含义和信息；④ 可以更好地理解对方的文化。

掌握外国语言之所以重要，在于直接的翻译可能不足以使双方相互理解，甚至造成误解。例如，在很多国家中不存在"aftertaste（回味）"这一词，要转达这一意思可能会需要冗长和详细的翻译解释。在某些场合，过于直接的翻译反而会不准确。广告就是一个很好的例子：福特公司向一些欠发达国家推出了一种"Feira"牌廉价卡车。不幸的是，该品牌在西班牙语中意味着"丑陋的老妇人"。毫无疑问，该品牌不会促进卡车在那里的销售。福特公司在墨西哥销售"Caliente"牌高级汽车时也遇到了麻烦。公司最后发现，使该汽车销售不佳的原因在于，"Caliente"是一个当地俚语，其含义是妓女。另外，懂得日常习语含义也很重要，一些习语在不同的国家有不同的含义。例如，"tabling a proposal"在英国意味着立即采取措施，而在美国则意味着推迟决策。没有任何方式可以取代自己会流利地说、写外国语言。

2. 宗教信仰

世界上有数种主要宗教，包括天主教、基督教、犹太教、伊斯兰教、印度教和佛教。宗教的内容包括生活方式、信仰、价值观和风俗。它们可以极大地影响社会内部个人之间以及社会与社会之间的相互作用关系。

（1）宗教影响人们的工作习惯。新教工作道德的要义为：人们应当勤奋、节俭、刻苦工作。这种工作道德由于重视对资本的积累和再投资，因而曾推动美国资本主义的发展。在日本，它被称为是信徒式工作道德。总之，宗教信仰可以影响人们的工作方式。

（2）宗教影响社会惯例。从工作日的安排到进餐习惯，甚至一些主要的节日也与宗教有关。很多美国人在12月25日圣诞节这天相互交换礼物；而荷兰人在圣尼古拉日（12 月 6 日）、俄罗斯人在元旦交换礼物；在很多拉丁美洲国家以及美国的很多拉丁美洲社区（如迈阿密），这一活动则发生在圣人节（Wise Men's Day，1 月 6 日）这天。

（3）宗教对政治与经济的影响。宗教还对政治活动和经济有重要的影响，例如，当霍梅尼在伊朗掌权时，他对西方的态度曾使很多西方商人迅速离开该国。另外，他的政策还引起了伊朗与其他一些国家政府间的矛盾，最明显的是与美国的矛盾。美国驻德黑兰使馆人员曾被伊朗人扣为人质。甚至今天，该国的宗教仍在影响着其政治与经济决策。

3. 教育

教育会影响文化的很多方面。有文化的人可以广泛阅读，进而更好地了解世界上所发生的事情。高识字率通常会导致更高的经济效益和更快的技术进步。教育还可以提供培养管理人才所需要的设施。总之，教育是理解文化的一个关键因素。

在大学教育这个层次上，反映了教育的专业化程度和倾向。例如，日本和韩国非常重视大学中的理工科教育；在欧洲，MBA 教育在过去十年中曾大幅度增长。这些信息表明了有关国家的市场潜力，以及这些国家消费者可能将要购买的商品和服务的类型。例如，教育发达的国家如英国、法国和德国与一些欠发达国家如波兰、捷克和罗马尼亚相比，前者更可能成为计算机和其他高技术产品的市场。在这些国家做生意的跨国公司很可能会发现，在西欧比在东欧更容易招聘和培训当地管理人员。

4. 社会组织结构

社会组织结构，是一个社会中人与人发生关系的方式，它确定了人们在社会上所扮演的角色及人们的权责模式，是人类行为的基础之一，它包括家庭组织、代表各种不同利益的社会团体等。

家庭是社会的最基层单位，家庭规模对产品的需求产生直接影响，很多产品都是以家庭为单位购买的，同样多的人口，家庭规模越小，家庭数量就越大，对单位商品的需求就越大。例如，家具、餐具、电视机等产品的销量都与家庭的数量直接相关。社会上各种利益阶层与团体也会影响到投入的分配，从而影响消费需求。例如，处于上上层的主要是占有大量财富或具有显赫的家族背景的人，他们是昂贵珠宝、古董、豪华住宅的主要面向市场。而处于下下层的人们往往受教育程度很低，大都相当贫穷，是一般食品、旧货的主要面向市场。美国就是一个典型的阶层观念非常明显的国家。

5. 价值观与态度

价值观（Values）是人们判定正确与错误、好与坏、重要与不重要的基本观念。态度（Attitude）是人们对于一些客体的特定感觉和行为方式的持久倾向。

（1）价值观。价值观是文化形成的基石。价值观提供一种背景环境，使社会准则在其中得以建立和证实其合理性。价值观包括对各种概念的社会态度，这些概念有：自由、民主、真理、正义、诚实、忠诚、社会责任、集体责任、妇女作用、爱情、性、婚姻等。价值观是抽象的概念，它们带有浓重的感情色彩。人们为其争论、战斗，甚至为“自由”这样的价值观念而献身。价值观会影响文化。例如，美国人当今的工作平等观促成了反对性别歧视的法规与行动。

价值观也常常反映在社会的政治经济体制上。考察各种文化间价值观差别的方法之一是价值观标准表，表 3－1 就是一个例子，请注意表中是以两种极端的方式列举了 13 种价值观的判定标准，左侧的各种价值观与右侧的截然相反。用这些标准考察各国文化时，我们很可能发现没有一个国家会完全符合某一侧的标准，事实上将会出现两列标准的结合。此外，在很多场合，文化正处于变迁之中。例如，近年来美国正在向表中的右侧标准靠拢，这体现在立法和社会行动正在向每个人提供更加平等的工作条件。

表 3－1　价值观标准表

一组价值观标准	另一组价值观标准
人性恶	人性善
回避或否定对个人的评价	肯定人之为人
人是不变的	人是一个过程
不承认和惧怕个人间的差异	接受和利用个人间的差异
只是根据其任务描述而使用个人	将个人看作是一个整体
掩盖情感	适当表达和有效利用情感
善于伪装与耍花招	可以信赖
利用地位保持权利与个人声誉	只为与组织相关的目的而利用权利
不信任他人	相信他人
回避面对他人	适当地面对他人
躲避风险	乐于承担风险
将过程性工作看作非效率的	视过程性工作为有效完成任务之必须
主要强调竞争	更加强调合作

（资料来源：Alfred M. jaeger. Organizational Development and National Culture：where's the Fit? Academy of Management Review，January 1986.）

（2）态度。由价值观决定的社会态度会直接影响国际商务活动。例如，俄罗斯人认为麦当劳食品优于其本国食品（价值判断），进而愿意排长队去吃麦当劳（态度）。在日本，博登公司（Borden）发现消费者认为自己的产品比竞争者的产品更好（价值观），进而用英文印刷“博登夫人”牌冰淇淋和“博登”牌奶酪的包装和标签，结果消费者需求保持高涨（态度）。法国通用食品公司（General

Foods）在所销售的好莱坞牌口香糖包装上印有青少年在海边骑自行车的图案，因为该公司发现法国消费者喜欢与美国相关的东西（价值观），其结果是该口香糖销量大增（态度）。类似地，瑞士巧克力制造商知道美国人认为瑞士巧克力质量好（价值观），便在销售中突出强调自己产品的瑞士产地，进而使产品畅销。总之，通过了解不同文化中人们的价值观和态度，企业可以更有效地进行产品营销。

6. 习惯和行为方式

习惯（Customs）指普遍或常规的做法。行为方式（Manners）指在特定社会中被认为是恰当的行为。习惯决定了人们如何做事情，而行为方式则被用于规范人们的做法。

（1）各国的习惯差别很大。世界上很多国家的社会习惯和行为方式有很大不同。例如，在阿拉伯国家，试图与比自己身份高的人握手是很不好的举止，除非对方主动伸出手来。在拉丁美洲国家，迟到是可以被接受的；而在英国和法国，准时则为人们所重视。在很多西方国家，打高尔夫球时谈论业务是可以接受的，因为谈业务往往是高尔夫球赛的真正原因；但是在日本，人们却从不在高尔夫球场上谈生意。在美国，老板在谈妥一桩大生意后向女秘书赠送玫瑰花以表示感谢是可以接受的；但在德国和一些拉丁美洲国家，这种行为则被看作是有浪漫情调，因而是不适宜的。在与俄罗斯和东欧人打交道时，他们一般要求很高却给予很少，然而一旦谈判将要告吹时，他们又会做出很大的让步；这与美国人较早妥协以便换取对方让步的做法截然不同。

美国人做生意习惯比较干脆，他们讲究效率，希望一天内把所有的协议都签完，今天飞来，明天飞走。他们对其他国家谈判者的慢慢来、商量商量的习惯的厌恶常会忍不住公开表露出来。美国人决策意识强烈，自我协调观念敏锐，因此容易给人一种居高临下、天下第一、舍我其谁的印象。

而在拉美国家做生意，切忌居高临下，似乎你与他们做生意是对他们的恩赐。拉美人对自己的国家都非常自豪，很有感情，甚至对自己国家明显的不足也要袒护。因此，最好不要谈论国家管理和政治，而把更多的时间留下来建立良好的个人关系，对商定的约会要着深色西服准时出席。含糊的时间观念是地中海文化与当地土著文化结合的产物，不要为等你的谈判伙伴一个小时而大惊小怪。见面时要不停地握手，这是良好礼貌和互相尊重的基本体现。谈判时要靠得很近，以显示亲热，小礼品有时是很有必要的。想尽快收到货款是不大可能的，信用证至少要 90 天，让进口商预支你的货款也会因进口保证金制度迫使他将进口商品价值的 40% ~60% 的货币存入中央银行而无法实行。

（2）习惯还会决定公司做广告和推销产品的方式。例如在美国，橙汁被作为早餐饮料而销售；而在法国，它只是作为一般饮料而销售，因为法国人不在早餐时喝橙汁。在日本，滑石粉产品，如婴儿痱子粉，是放置在喷粉器而不是一般容器中销售，因为日本人不喜欢将痱子粉撒得到处都是；美国人往往喜欢在洗澡后擦用滑石粉，日本人则认为这样会再次把身体弄脏。在墨西哥和很多拉丁美洲国家，洗衣粉制造商销售供4～5人家庭使用的大包装洗衣粉；而在美国，典型的包装是供1～2人使用的小包装。这是因为拉美国家的家庭一般要大于美国家庭。在美国，男人们为其女友购买钻石戒指；但在德国，青年妇女自己购买钻石戒指，因此，珠宝商在这两个国家就应该使用完全不同的营销广告词。一家生产肥皂的公司在中东的广告有这样一副画面，左边是被泥土弄脏的衣服，中间是一箱该公司的肥皂，右边是被洗干净的衣服。但问题在于，这一地区的人们习惯于从右到左阅读，因而很多潜在的用户会将该广告理解为是肥皂将衣服弄脏。总之，企业必须了解所在国家的习惯与风俗，否则便会在产品营销中遇到麻烦。

二、影响国际商务的行为惯例

国际商务者在向外国市场销售产品和服务时，肯定走的是一条布满障碍的道路。因此，了解商业文化、经营态度以及做生意的方法有助于排除这些障碍。如果不以灵活的态度去接受或容忍诸如洗浴方式、饭菜味道、衣着式样和思维方式等习惯，那么身在异邦的商人就很难取得满意的经营成果。

1. 文化与商业习惯的关系

一个国家的商业习惯与该国的文化是密切相关的，犹如语言一样，商业习惯也是文化环境的组成部分。由于东道国的文化在商业活动中肯定会占据支配地位，在这种情况下，国际营销人员最为重要的是要学会调整自己，以适应东道国的文化。

在接触一种新文化之前，营销人员应该学会自问几个问题：① 我所了解的东道国文化，特别是商业习惯到底有多少？② 我对东道国公民的看法和观点如何？是持之有据，还是陈旧僵化？③ 如何将这些看法和观点与本民族的文化区别开来？

唯有投身于生活环境中，才能发现东道国文化的行为和规则。文化环境是商业习俗的建筑材料，它包括问候、告别、工作、用餐、谈判、管理、上学、儿女保育和玩耍等。就文化的要素而言，下面几方面是影响商业习惯的重要组成部分：价值观、礼仪、交往方式及图案和颜色。除了上述三个方面外，人的性格、语言等也是影响商业习惯的重要因素。

2. 企业经营结构

商业习惯的差异和变动明显地反映在各国企业结构上。企业的经营结构模式影响企业的决策和权力构成，即影响企业决策与企业市场行为，其主要内容包括：

（1）企业规模。一般来说，大型企业由于向外扩张，在管理方式上更易具有国际化色彩，它们的行为一般比较规范，讲信誉、讲道德，特别重视长远利益。相反，小型企业则很少受到国外企业管理方式的影响，它们缺乏国际经营的经验，更多地考虑自身的利益。

（2）企业所有制。不同所有制的企业，其经营观念、管理方式也有所不同。不同的国家有不同的所有制形式。一般有三种模式：政府所有制，家庭（家族）所有制和合作制。政府所有制企业，更多地考虑政府的利益，且具有一定的垄断性。家族式企业，更多地考虑家庭利益，且带有家族式管理的特点。至于合作式企业，管理更具有科学性。

（3）企业权力结构。为了进行国际贸易谈判，了解企业的权力结构对于国际营销人员是非常重要的。权力结构一般分为三层：最高层人员决策，分权决策和委员会决策。最高权力决策中人员比较单一，首要的问题是判断个人权力。但在委员会决策体系中，有必要弄清每个委员在企业中的作用或与产品的关系。总而言之，权力结构不同，营销方式也会不同。

（4）企业与公众关系。企业行为会受到公众——政府、消费者、劳工和股东的影响。在当今的社会中，企业的运作核心已从狭隘地追逐私利转向了对广大公众负责的经营意识上。在有些国家里，企业对政府唯命是从，而在另一些国家里，金融界则支配着企业的活动。总之，企业与公众之间的关系，会对经营者的态度和行为产生重大影响，国际营销人员应该理解和运用这种关系。

3. 做生意的方式

国际营销人员在理解了各种企业经营结构后，开始真正做生意时仍会遇到一些始料不及的问题。

（1）接触层次。各个国家的商业习俗不同，接触的级别也不同。例如，在欧洲和阿拉伯国家，经理人员很有权威，因此谈判接触往往在较高层次进行。美国则不同，许多企业给管理的下层委托授权较多，营销人员有可能接触到中下层经理。

远东地区文化强调合作与集体决策。在这些国家里，与营销人员打交道的不是个人而是集体。此时头衔或职位很重要，许多公司不允许以个人名义签发信函。在地中海地区，情况正好相反，联系可以与直接负责事情的本人进行，而不是与一个官员或有头衔的人接洽。

（2）交流方式。语言是商务人员交流的基本工具。然而，有些人连一种语言的初浅含义都没法理解，更谈不上对态度和倾向性意图的理解。大概没有任何语言能够轻而易举地被译成另一种语言，而且不同的语言词义又相差甚远。日本人不愿意用日语写合同，喜欢用英语写合同，除了其他原因外，主要是因为日语在语义上有些含混，不太具体。

语言交流，无论多么不准确，它还是能表达出一定的意思。但是，商业中大部分交流信息不是用语言表达的，而是隐含在其他交流信息中，如无声语言、体语等。

（3）礼节与效率。为人随和、不拘小节似乎是美国人的行为习惯，但这种表面上的随随便便并不等于工作马马虎虎。一名英国经理这样评价过："在鸡尾酒会或晚宴上，美国人还在上班。当他们发现某人的谈吐和想法很重要时，会很快记录下来，以备后用。"

急于想成功的营销人员必须学会控制自己的心理。拉丁美洲的商人很讲究友谊，即使如此，他们也不愿意把经营同个人生活扯在一起。相反，日本人喜欢把工作与个人生活结合起来。他们很有礼节，时而谈生活时而谈工作，慢条斯理，常常使美国人和欧洲人失去耐心和冷静。

（4）谈判重点。同样是汽车这个产品，各个国家由于环境的不同，追求和谈判的重点也就不一样。有些商人注重质量，有些注重式样，而有些则注重价格。要注意商业谈判会受到政府直接或间接的影响和干预，因此诸如通货的有效性、商品进出的审批、产品性能及包装、广告、雇员条件、利润补偿和其他因素都可能成为谈判的重点。

（5）企业道德。显然，道德随着社会环境的变化而有所不同，即使在同一国家内，也没有明确的道德标准和共同的参考依据。商业道德在国际市场上更为复杂，在一个国家被认为是正当的事情，在另一个国家可能完全不被接受。例如，馈赠礼品是世界上大多数国家都认可的行为，在美国就不流行，甚至还会遭到谴责。礼品变为贿赂又是另外一种问题。世界各国都在试图区分礼品与贿赂之间的关系，简单的办法是规定一个金额范围，但这也难以界定。例如，在德国，超过 40 美元的礼品就为贿赂。但在另一个国家里，为了签订一个肉类加工厂合同，东道国企业在完全合乎法律手续的条款中规定，要对方企业捐款 125 万美元建设一个儿童医院。数额相差之大，很难得出一个统一的道德标准。

笼统地讲企业道德是容易的，但是当你面对某些"独裁者"，必须要作出是否投资百万元才能保住自己的财产或利益的决策时，就很困难。正如一个外国商人说的："这不是道德，这是在做生意。"一切道德问题，都取决于个人或董事会在实用主义和绝对道德之间的取舍。

第二节 文化差异与国际商务

一、文化差异的类型及其影响

1. *语言的差异*

语言是人类所特有的用来表达思想，交流思想的工具，是一种特殊而又普遍的社会现象。语言是文化的根本，每一种语言都有其特殊的文化内涵。在经济全球化的今天，开展国际间的贸易活动，不同语言之间的交流转换是必不可少的，但文化差异的存在导致了不同语言之间交流转换的困难，从而影响了国际商务交往。

通用汽车公司的广告语：“身在比利时（Body in Belgium）”译作法兰克斯语则为“渔夫旁的尸体（Corpse by Fisher）”。一个非常有创意的广告因为语言的差异导致了拓展市场的不利。同样，一家巴西的航空公司有则广告说其有一个“很舒适的机舱（Comfortable Rendezvous）”，但将此换作葡萄牙语则为“非法的性服务场所（A Room for Illicit Sex Galen）”。由此可见，语言对国际贸易的开展具有很大的影响。

2. 宗教的差异

宗教是一种社会现象和社会行为，它包括指导思想、组织、行动和文化等方面的内容。宗教是一种对社群所认知的主宰的崇拜和文化风俗的教化，是一种社会历史现象。自从人类成为一种群体活动的生物，成为具有社会性的群体以来，宗教就作为具有培养和加强人的社会性作用的一种重要的社会行为而成为社会的必需。

作为意识形态的宗教，也对国际贸易的运行产生影响。世界上不同的国家，不同的地区和不同的民族有着不同的宗教信仰。世界上的主要宗教有犹太教、基督教、佛教、伊斯兰教、印度教、道教、神道教等。所以，在国际交往中应注意不同的宗教信仰，如日本人多信奉神道教，阿拉伯国家多信奉伊斯兰教，英国人绝大多数信奉基督教。

一家国际公司在卡塔尔进行谈判时，由于负责人忽略宗教因素，基于对成功的信念，携带了白兰地准备在仪式上与同事庆祝，结果他不但立刻被这个严谨的回教国家里的一个对习俗虔诚的男子赶走，而且使公司成为了不受欢迎的公司。就是这样一个文化细节上的失误，导致了贸易合约的损失。

3. 社会习惯的差异

社会习惯是在长时期里逐渐养成的，一时不容易改变的行为、倾向或社会风尚。它不仅会影响消费者的消费价值观，而且会影响人们的工作和思维模式。国际贸易的不断深入带动了跨国公司的发展。一个成熟的跨国公司必定是一个了解目标国文化的公司，一个注重文化差异的公司。

希尔顿酒店是世界著名的酒店，重视社会习惯的差异是其取得成功的原因之一。希尔顿强调每个酒店必须有个性，针对其所在地区或国家市场的需要来进行具有个性的装潢和服务，同时鼓励厨师利用当地的原料做出具有地方风味的饭菜。

同样，跨国公司的成功运作还需尊重当地的工作模式。一个北加州厂商收购了英国伯明翰市的一家公司，希望借此打开欧洲市场。但在接管公司后不久，美国的管理人员就准备矫正下午茶点的休息时间问题。在英国，每人可以有半小时的下午茶点时间，然而管理层希望将此缩短为十分钟，结果工人们罢工，最终该公司倒闭。所以，在国际贸易中，如果对海外工作的文化现实反应迟钝将会招致悲惨的后果。

4. 政治哲学的差异

政治是上层建筑领域中各种权力主体维护自身利益的特定行为以及由此结成的特定关系。它是人类历史发展到一定时期产生的一种重要社会现象。政治对社会生活各个方面都有重大影响和作用。国际贸易由于是在不同国家和地区之间开展的，因此必然要受到政治哲学的影响和作用。

在国际贸易中，由于各国国情不同、政治因素不同，对商品的包装材料、结构、图案以及文字标识等都有不同的要求。如阿拉伯国家规定进口商品的包装禁用六角星图案，因为六角星与以色列国旗中的图案相似。由此可见，只有认识到政治上的不同，了解相关的历史文化背景，才能更好地促进外贸出口。

5. 社会结构的差异

社会结构是某一社会制度的基本成分之间有组织的关系。社会结构包含社会分层，并且伴随着阶级等级和种性等级。社会结构极大地影响着国际贸易的运行和跨国公司的目标市场定位。

丽晶集团根据目标顾客年龄层次的不同，作出了准确的市场定位，对酒店进行了不同的装潢设计。设在纽约的 MAYFAIR 酒店，其建筑风格主要吸引有较强安全意识、保守、传统的老年顾客，而纽约丽晶酒店则具有现代的气息，吸引年轻、好动的商务旅行者。

俄罗斯国民的支出结构方面，各个阶层存在着明显的区别。比如中产阶级上层，他们很少在食物、医疗服务、招待客人方面节省开支，去国外观光旅游及教育旅行也无疑是属于上层人士的支出。建筑或购买房屋、成年人健康服务及教育服务则属于上层及中层人士支出，尽管一些项目的数量比例相差一倍或至少 1/3 以上。而中产阶级下层在服装、鞋类、日常生活服务、文化娱乐、休假旅行等方面都要节省开支，中产阶级中层则常常节约休假的开支。在使用物品的分化方面，其意义并不在于是否拥有物品本身，而更多表现为品牌和价格上的区别。因此，开展国际商务活动一定要准确把握目标市场的社会等级结构，进行有针对性的生产，使用不同的营销策略。

6. 教育的差异

教育作为文化的一个分支，通过改变一个国家的比较优势或营销方式影响不同国家和地区之间的贸易往来。如果一国国民的整体受教育水平和程度较低，则其比较优势更多地向劳动力密集型倾斜。但若一国重视教育，公民受教育水平较高，则该国技术先进、创新能力强，比较优势主要为技术密集型或资金密集型。

同样，教育也影响着营销方式。一方面，对于实施营销策略的公司来说，员工的教育培训对于公司的发展有着重要的影响。世界著名的跨国公司，如沃尔玛、通用电气、IBM 等都非常重视员工的教育培训，甚至建立专门性的学校培养自己的管理人员。另一方面，对于营销策略的接受者即顾客来说，不同教育层次的顾客其需求不同，因此开展国际贸易活动时就应制定不同的营销策略。

二、霍夫斯坦德的国家文化模型

（一）霍夫斯坦德的文化观

荷兰文化协会研究所所长吉尔特·霍夫斯坦德（Geert Hofstede）用 20 种语言从态度和价值观方面，在收集了 40 个国家和地区，包括从工人到博士和高层管理人员在内的共 11.6 万份问卷调查数据的基础上，提出了衡量不同文化间价值观差异的四个维度：权力距离（Power Distance）、不确定性避免（Uncertainty Avoidance Index）、个人主义与集体主义（Individualism Versus Collectivism）以及男性度与女性度（Masculine Versus Feminality）。

（二）文化差异的四个维度

霍夫斯坦德从其调查数据的分析中，得出了以下描述各种文化差异的指标：

1. 权力距离（Power Distance）

权力距离即在一个组织当中，权力的集中程度和领导的独裁程度，以及一个社会在多大的程度上可以接受组织当中这种权力分配的不平等，在企业当中可以理解为员工和管理者之间的社会距离。在权力距离大的文化里，下属对上级有很强的依附性，权力有很强的集中性。企业多是集权型的，组织结构层次较多，监督人员也较多。相反，在权力距离小的文化里，下属对上级不存在明显的依赖性，企业员工参与决策的程度较高，下属在一定范围内享有自主权。

例如，美国是权力距离相对较小的国家，美国员工倾向于不接受管理特权的观念，下级通常认为上级是“和我一样的人”。所以在美国，员工与管理者之间更平等，关系更融洽，员工也更善于学习、进步和超越自我，实现个人价值。相对而言，中国是权力距离较大的国家，在这里地位象征非常重要，上级所拥有的特权被认为是理所应当的，这种特权大大地有助于上级对下属权力的实施。这些特点显然不利于员工与管理者之间和谐关系的创造和员工在企业中不断地学习和进步。因而要在中国的企业当中采纳“构建员工与管理者之间和谐的关系”以及“为员工在工作当中提供学习的机会，使他们不断进步”这两项人本主义政策，管理者有必要在实践当中有意识地减小企业内部权力之间的距离，才会更好地实现管理目标。

2. 不确定性避免（Uncertainty Avoidance Index）

在任何一个社会中，人们对于不确定的、含糊的、前途未卜的情境，都会感到面对的是一种威胁，从而总是试图加以防止。防止的方法很多，例如提供更大的职业稳定性，订立更多的正规条令，不允许出现越轨的思想和行为，追求绝对真实的东西，努力获得专门的知识等。不同民族、国家或地区，防止不确定性的迫切程度是不一样的。相对而言，在不确定性避免程度低的社会当中，人们普遍有一种安全感，倾向于放松的生活态度和鼓励冒险的倾向。而在不确定性避免程度高的社会当中，人们则普遍有一种高度的紧迫感和进取心，因而易形成一种努力工作的内心冲动。

例如，日本是不确定性避免程度较高的社会，因而在日本“全面质量管理”这一员工广泛参与的管理形式取得了极大的成功，“终身雇佣制”也得到了很好的推行。与此相反，美国是不确定性避免程度低的社会，同样的人本主义政策在美国企业中则不一定行得通，比如在日本推行良好的“全面质量管理”，在美国却几乎没有成效。中国与日本相似，也属于不确定性避免程度较高的社会，因而在中国推行员工参与管理和增加职业稳定性的人本主义政策，应该是适合的并且是有效的。此外，在不确定性避免程度低的社会中，人们较容易接受生活中固有的不确定性，能够接受更多的意见，上级对下属的授权被执行得更为彻底，员工倾向于自主管理和独立地工作。而在不确定性避免程度高的社会，上级倾向于对下属进行严格的控制和清晰的指示。

3. 个人主义与集体主义（Individualism Versus Collectivism）

“个人主义”是指一种结合松散的社会组织结构，其中每个人都重视自身的价值与需要，依靠个人的努力来为自己谋取利益。“集体主义”则指一种结合紧密的社会组织，其中的人往往以“在群体之内”和“在群体之外”来区分，他们期望得到“群体之内”的人员的照顾，但同时也以对该群体保持绝对的忠诚作为回报。美国是崇尚个人主义的社会，强调个性自由及个人的成就，因而开展员工之间个人竞争，并对个人表现进行奖励，是有效的人本主义激励政策。中国和日本都是崇尚集体主义的社会，员工对组织有一种感情依赖，容易构建员工和管理者之间和谐的关系。

4. 男性度与女性度（Masculine Versus Feminality）

男性度与女性度即社会上居于统治地位的价值标准。对于男性社会而言，居于统治地位的是男性气概，如自信武断，进取好胜，对于金钱的索取执着而坦然；而女性社会则完全与之相反。有趣的是，一个社会对“男子气概”的评价越高，其男子与女子之间的价值观差异也就越大。美国是男性度较强的国家，企业当中重大决策通常由高层作出，员工由于频繁地变换工作，对企业缺乏认同感，因而员工通常不会积极地参与管理。中国是一个女性度的社会，注重和谐和道德伦理，崇尚积极入世的精神。正如我们上面的叙述，让员工积极参与管理的人本主义政策是可行的。

（三）霍夫斯坦德文化模型的几个缺憾

第一，霍夫斯坦德假设文化与国家之间是一一对应关系，但许多国家不止有一种文化，霍夫斯坦德的结论没包括这一特点。

第二，这一研究与文化紧密联系，研究组由欧洲人和美国人组成。他们认为IBM公司的雇员提出的问题以及他们对回答的分析与他们文化上的偏向性和关注点是有关系的。因此，霍夫斯坦德的结论与西方的老一套模型一致，都是西方人做的研究。

第三，霍夫斯坦德研究的课题不仅局限在一个行业——计算机业内，而且也局限在一个公司——IBM公司内。需要注意的是，霍夫斯坦德的研究现在看起来有些落伍了。文化不是一成不变的，而是不断改进的，尽管很缓慢。20世纪六七十年代具有合理性的特点在今天未必如此。

三、国际商务的文化差异与求同存异

国际商务中的文化差异是不可避免的，这毋庸置疑，当认识到与其打算前往开展商业活动的国家存在文化差异时，若既想保持自身优势，又在国外市场获得良好发展，即以求同存异的方式生存、发展甚至壮大，企业该以多大幅度对营销方式作出调整呢？首先简单讨论一下影响调整幅度的部分因素。

1. 接受外来事物的程度

适应东道国的文化尽管有诸多好处，但是有时企业不作调整就能把新的产品、技术和经营程序成功地引入到国外。因为有些事物的引进与根深蒂固的观念一致，或者东道国愿意以接受外国习俗为条件换取其他好处。巴林允许销售猪肉产品，但前提是在百货商店没有穆斯林信徒工作或在购物的独立的房间出售（否则就违反宗教条例）。

当地社会通常区别看待外国人和当地居民。例如，在约旦和沙特阿拉伯，西方空姐可以在公共场合穿牛仔裤和T恤，但当地妇女不可以。企业应根据他国或地区接受外来事物的程度作出适当的调整，以使营销策略最优化。

2. 企业和管理方向

企业及其管理者能否适应和在多大程度上适应外国文化不仅取决于外国文化环境还取决于企业及其管理者的态度。

（1）多中心主义。

在多中心组织中，企业相信在不同国家的商业组织应该向当地企业一样运作。许多企业以多中心为导向，但其实多中心主义是对文化多样性的过度反应。

多中心企业可能避开某些国家或避免使用母国的惯例和资源，而这些惯例和资源可能在国外非常有用。实际上，国际企业要想在与当地企业的竞争中胜出，通常需要以另外的方式执行某些职能，比如引进新产品以及新的生产方式和销售方法。因此，多中心主义过度可能促使企业大规模模仿东道国检验过的行为惯例，从而导致企业失去创新优势。

（2）民族中心主义。

民族中心主义是人们相信自己的文化比其他文化优越。在国际商务中，这表明企业或个人过于陶醉于自己的文化，不顾文化差异把国内的一切照搬到国外。民族中心主义并非一无是处，许多东西在国外还是可行的，但是，民族中心主义过度可能会削弱长期竞争力，最终导致代价高昂的商业失败。

（3）全球中心主义。

当企业将其经营建立在全面了解自身组织文化、国内外需求、自身能力和自身不足时，全球中心主义就产生了。例如，丰田就已经在法国工厂融合了日本文化和法国文化。这是企业应对另一种文化的首选方式，因为它增加了创新能力，减少了失败的可能性。

商业世界正在实现全球化，但速度有多快？传统观点认为，就算全球办公室尚未出现，它也必然在形成之中。将来的确会出现这样的情形：大大小小的公司可能会发现，它们的财务顾问在伦敦，IT 专家在加利福尼亚州，电脑程序员在班加罗尔。企业对跨国并购的胃口还是一如既往得大，西班牙桑坦德（Santander）与英国阿贝（Abbey）之间价值 84 亿英镑（合 150 亿美元）的合并计划只是其中的一宗交易。不过，出于将不同地区的业务合并起来的经验，企业高管们对运作国际性组织面临的挑战和隐患正变得敏感起来。

由伦敦智囊机构未来基金会（Future Foundation）为心理测试咨询公司 SHL 进行的最新调查结果显示，来自不同国家的管理者对待公司和员工的态度明显不同。在多数情况下，这些差异实际上确认了所谓的定式形象。

这项调查访问了英国、瑞典、荷兰、美国、中国香港、印度和澳大利亚等全球各地的 700 名管理者，结果发现，美国企业经理是“积极进取者”，他们的态度转化为一种激情，愿意冒险并承担后果。四分之一的美国管理者承认，曾经因为不明智的决策而损失过 1 万英镑或更多，而有此经历的中国香港管理者仅占 2%，英国管理者仅占 7%。瑞典企业经理的特点是“关心他人”，他们在培训和帮助员工方面大举投资。平均而言，瑞典经理认为一半员工“工作表现非常突出”。而澳大利亚和英国的经理们认为，有突出表现的员工仅占 20% 多一点。英国经理人有着“坚毅”的性格，他们在不崇尚风险的商业环境中经营，但同时又喜欢“完成工作”。然而调查发现，中国香港的企业文化也许最为独特。香港企业的工作模式有着很强的集体性，经理们花费大量时间管理员工的产量，而且工作职位等级分明。在这种“工蜂”式的环境下，强势的首席执行官受到高度重视，级别越低的员工越是被认为可有可无。

尽管有着种种向全球化发展的趋势，但上述差异仍然非常显著，因此公司不得不留意文化差异。汇丰集团（HSBC）起初是一家开展东西方之间业务的公司，现在已自称为“全世界的全球银行”。该银行的一系列广告承认，无论在哪里开展业务，这些业务都是在特定文化领域中开展的。而且，当一些更小的公司发现自己在国外经营时，它们也必须适应其他地方商业生活的现实。例如，英中贸易协会为英国和中国的中小型公司安排会晤。该协会建议说，为了保住面子，中方会谈者可能会表面上表示同意，但最终却没有结果，对此英国的商务旅行者不应感到奇怪。英国商人还要做好准备，应付没完没了的午餐和宴会，而大多数争论将在那些场合发生。

这么说来，如果文化差异如此普遍，那它们从何而来呢？一些观察家援引了一些基于各国运作方式的因素：在人人都可参与的美国资本主义制度中，员工流动率高，因此创业风险和个人表现的社会风气盛行。相比之下，在瑞典，劳动力市场受到高度管制，企业管理者不得不对现有员工加以充分利用。正如斯德哥尔摩经济学院（Stockholm School of Economics）教授谢尔·努德斯特伦（Kjell Nordstrom）所说：“在这里，自由地雇用和解雇人已经是很久以前的事情了。所以我们花了很多时间开发工具和技术，来调动难对付的人（的积极性）。”

然而，大多数文化差异在更深层面上。企业文化不是单单由经济体制造就的，而在更多情况下，恰恰是文化形成了经济生活的基础。这就是管理学思想家吉尔特·霍夫斯坦德（Geert Hofstede）的结论。他曾是国际商用机器公司（IBM）的员工，是首批真正的跨国人士。在20世纪60年代，他第一个决定就文化对管理风格的影响进行调查研究。他的调查以40个国家和地区的10万份回复问卷为基础，结果表明，在各文化群体内部存在大体相似之处，哪怕群体内部的社会和经济历史有着显著差异：虽然中国香港与大陆有着诸多差异，但比起两地与瑞典或美国之间的共同之处，两地本身之间的共同之处更多。

这说明，在可预见的未来，文化差异将持续存在。然而，虽然这一点也许会令人们工作的世界更有趣，但对企业来说，带来的教训却多少有些含糊不清。正如霍夫斯坦德所说：“文化在更多情况下是冲突而非增效的源泉，而文化差异再好也是个麻烦，而且常常是个灾难。”

但是，就许多正经历跨边境合并的公司而言，即便它们的经验已常常证明霍夫斯坦德是正确的，可还是有不少例外。以雷诺汽车（Renault）公司为例，该公司决定与日产汽车（Nissan）联姻，购买了后者37%的控股股权。当时，这一决定遭到广泛的质疑，其中很重要的疑虑是，人们担心法国与日本的管理文化之间可能会有冲突。然而，这次合并已证明是个令人惊讶的成功事迹。在1999年时，日产还背负着220亿美元债务，而随后它已公布实现了72.9亿美元的利润。

重组任何企业都是一项敏感任务，而如果是对于一家日本人一度引以为豪并有着员工终身制传统的本国冠军企业，那么这种敏感性就要扩大10倍。所以，成功实施重组的人物是具有法国和黎巴嫩血统的巴西人、自诩为“世界公民”

的卡洛斯·戈森（Carlos Ghosn），这点绝非偶然。人们普遍认为，他的综合背景赋予他成功完成这项任务所需的文化知识，而若由其他人来执行这个任务，就有可能会失败。

雷诺与日产结盟的故事说明，跨国合并是可行的。此外还说明，在这个全球化时代，具备较多“文化智慧”（能够应对世界各地不同的价值观和期望）的管理人员是准备最充分的。

第三节　国际商务中的道德与社会责任

很多国家商务中的道德问题都根植于政治体系、法律、经济发展和各国文化多样性的事实中。在一个国家中认为是正常的行为可能在另一个国家就会被认为是不道德的，因为它们超越了国界和文化制度。跨国公司的管理者要对于这些不同之处尤其敏感。我们将从雇用实务、环境规则、腐败和跨国公司的道德责任等方面来探讨国际商务中的道德和社会责任。

一、雇用实务

当某东道国的工作条件明显劣于跨国公司母国的工作条件时，应该运用什么标准呢？是母国的标准还是该东道国的标准，或是两种标准之间的某个标准？还有一些人可能建议工资和工作条件在国家之间都应该是一样的。到底有多少分歧是可以接受的呢？例如，每天12小时的工作强度，非常低的报酬，对工作人员遭受有毒物质伤害的保护不够充分，这些可能在一些发展中国家很普遍，难道这就意味着对于一个跨国公司来说，员工在他的下属公司里就要忍受这样的工作环境，或者是通过利用当地的承包商来宽恕这种行为，这样可以吗？

在20世纪90年代，当新闻报道揭露出它的很多分包商的工作环境很糟糕时，耐克发现自身陷入一场抗议风暴的中心。典型的指控就是1996年在一个48小时的节目中播放出来的一项调查。调查描述了受雇于越南承包商的年轻妇女在相当糟糕的环境中忍受有害物质，一周工作六天，却只得到一小时20美分的报酬。这个调查也阐述了在越南每一天生活的最低保证是3美元，如果这些分包商的雇员不大量超时地工作，是不可能得到保证的。耐克和它的分包商没有触犯任何法律，但是这个调查和其他相关报道，指出了关于掩饰了本质的雇用血汗工厂劳动力的问题。它可能是合法的，但是用西方的标准来明目张胆地剥削他们劳动力的承包商是道德的吗？耐克的评论家认为不是，公司发现自身陷入一场示威与消费者抵制的风暴中。这迫使公司开始再一次检查自己的政策，它意识到即使没有触犯法律，但它的承包商政策是不道德的，耐克的管理者为承包商的行为建立了准则，建立了独立于所有承包商的审计员年度监督。

耐克的这个案例表明，强烈的抗议使得跨国公司不能容忍在外国运作的子公司或承包商恶劣的工作条件，但也留下了一个没有答案的问题：到底采用何种标准？

目前，对道德恶劣行径的抵制包括：建立最低的接收标准来保护雇员的基本权利和尊严；定期巡视外国的分厂和承包商来保证标准被执行；没有达到标准，就要采取惩罚的措施。另一家服装公司李维·施特劳斯公司早已采取了这种办法。该公司终止了与一个供货商的长期合作合同，原因是发现其在马里亚纳群岛的受监控的院落里强迫中国和菲律宾妇女每周工作 74 小时。

二、环境规则

当东道国的环境规则与母国的相比更加宽松时，道德问题就由此产生了。众多的发达国家制定了大量的规则和条例，监管污染物的排放、有毒化学品的处理、在工作场所使用有毒材料等问题。一些发展中国家则缺乏这样的规则。评论家认为，其结果就是，在东道国经营的跨国公司在生产过程中产生比在本国内生产要高得多的污染。例如，1992 年环境保护积极分子在尼日利亚所作的报告中描述了外国石油公司在尼日利亚尼日尔三角洲的情形，除了石油工业排放的废气和燃烧天然气的空气污染，生产出的有毒气体还在悄无声息地、系统性地消灭脆弱的空中飞行的生物，威胁着植物、动物的生存，威胁着人类自身。当地承受着大面积的水污染和土壤污染，从而导致大部分水生卵、鳍类鱼和壳类鱼在发育阶段死亡。另一方面，农田被溢出的石油污染，濒临无法进行农事的险境，但这些地区仍然在产出巨量的石油。这一描述的含义是，外国公司在尼日利亚的污染控制比在发达国家要宽松得多。

跨国公司是否在发展中国家就可以随意污染了呢？（如此作为非常没有道德。）是否不道德的经营活动有向发展中国家转移的趋势？是否因为昂贵的污染控制设备不被强制要求采用，便可以随意污染环境甚至危及当地人的生命健康？在这种情况下如何做才是正确的和道德的：是放任污染以获得经济优势，还是确保外国的分支机构坚持执行统一的污染控制标准？

这些问题格外重要，因为某些环境属于公共利益——虽然没有人能据为己有，但人人都能破坏它。没有人拥有大气和海洋，但对两者的任何破坏，不论污染的源头在哪里，都会对整个大气和所有海洋产生危害。大气和海洋是全球的共同财产，每个人都从中受益，但没有人具体为它们负责。在这种情况下，一种被称为“公地悲剧”的现象产生了。当个人过度使用公共资源，导致公共资源的品质下降时，公地悲剧就会发生。这一现象最早由格莱特·哈丁命名，当时他正试图描述 16 世纪英格兰出现的一种特殊现象：开阔的地区被称为公共绿地，免费让大家用作农田。穷人把牲畜放逐到此，以补充其微薄的收入，之后人人都想在此放牧以获得好处，而最后的社会效应就是公共绿地承载了过度的牲畜量，结果导致公共绿地这一公共财产伤痕累累、品质下降，而那是公众需要的财产的损失。

在当代社会，公司把生产转移到可以随意向大气、海洋或河流倾倒污染物的地区，从而损害了宝贵的全球公共资源，导致全球公共财产受损。这种行为或许合法，却违反了基本的社会道德和社会责任。

三、腐败

腐败几乎对于历史上的每个社会都是个严重的问题，而今天它仍然是个问题，总会有腐败的政府官员。国际企业可以并且已经通过支付费用使这些腐败官员获得经济上的好处。一个典型的例子是著名的洛克希德事件：20 世纪 70 年代洛克希德公司的董事长卡尔·科奇安付给日本代理商和政府官员 1 250 万美元，以确保日本空军大宗预定该公司的三星喷气式飞机。当这笔款被曝光后，美国官员起诉洛克希德公司伪造记录和违反税法。这次曝光在日本产生了影响，受到质疑的政府大臣遭到刑事起诉，其中一位自杀了，政府颜面尽失，日本民众很愤怒。很明显，这种款项并不是日本人做生意的方式。它只不过是一种贿赂，付给了腐败的官员，以保障一宗大买卖不流失到另一家制造商如波音公司那里。科奇安很明显参与了不道德的行为，且认为这笔款项是“在日本可以让人接受的生意方式”，真可谓无知。

洛克希德公司一案是 1977 年美国通过《国外腐败实施法案》的导火索，该法案把向外国政府官员支付贿赂以获得生意视为违法。一些美国商家即表示反对，该法案会导致美国企业处于竞争的劣势。国会随后通过补充法案，允许“敦促费”的操作实行，此费用有时也被称为润泽费或加速费。敦促费与贿赂的区别是，它们不是商家用来保障合同不旁落的费用，或者说它们不是为了获得唯一优厚待遇的费用。把它们给官员，是保障在交易过程中没有障碍——它们可以保障官员加速完成他们本应履行的职责。

1997 年国际经合发展组织成员国的贸易财政大臣们以美国为首，通过了《在国际商务交易中打击向外国公务员贿赂的规范》。规范于 1999 年实行，强制成员国和其他签约组织视贿赂外国公务员为一种违法犯罪行为。该规范把为加速政府办事效率而给付的敦促费排除在外了。时至今日，大约 36 个国家签署了该规范，其中 6 个并不是国际经合发展组织成员。

敦促费或者叫加速费，既不包括在《国外腐败实施法案》中，也不包括在国际经合发展组织成员国有关贿赂的规范中，支付这种费用道德上的含义还是不明确。在许多国家中，以加速费的形式支付款项给政府官员是非常普遍的。有人认为这不是投资，因为政府官员索取加速费时并没有意识到这种投资会给当地百姓的收入和就业带来的丰厚的好处。从实用主义的立场出发，贿赂虽然有点丑恶，但毕竟是为更大的好处必须付出的代价（假设投资能创造不曾有的就业，并且这个行为合法的话）。有些宣扬这个理由的经济学家认为，在发展中国家呆板且影响广泛的条例、环境下，贿赂能提高效率，有助于经济增长。这些经济学家认为，在一个现存政治构架扭曲或市场经济体制运行受到限制的国家，腐败以黑市商人操纵、走私和润色费的形式支付给政府官僚，以尽快获得商业投资的许可，会产生更大的好处。这种观点说服了美国国会把敦促费从《国外腐败实施法案》中除去。

与此相反，其他的经济学家认为，腐败减少了商业投资的回报，导致低经济增长。在腐败司空见惯的国度，无生产力的官僚索要敦促费，就因为他们有允许企业运作的权利，腐败会榨取企业的盈利，这种做法降低了企业投资的积极性，同时也阻碍了国家经济发展的速度。一项有关70个国家的腐败与经济增长关系的研究发现，腐败对一个国家的经济增长有相当大的负面影响。

鉴于现实问题的复杂性，索要加速费产生了实实在在的道德两难窘境。在现实中总有例子表明，会损害一国的经济发展的腐败行为从表面上看有一定的益处，如给政府官僚提供小费就消除了投资的官方壁垒并创造了就业机会。然而，这个实用主义的观点忽视了腐败实际上腐蚀了行贿者和受贿者双方这一事实。腐败进而会滋生新的腐败，一旦个人踏上腐败之路是很难抽身的。这个观点更加强化了道德原则，即永不沾腐败的边，无论利益看起来多么诱人。许多跨国企业接受这一观点，大型石油跨国企业BP公司就对敦促费采取零容忍的态度，其他的公司则采取更加微妙的方式。道·康宁公司的道德准则：道·康宁公司的雇员没有权利给政府雇员或其受益者或任何其他人小费或礼物，以达到得到或阻止生意进行的目的。提供敦促费以加快服务过程的操作是不受鼓励的。如果遇到在当地经商必须支付这种小费，且别无他法的情况，可以支付尽可能少的敦促费，且必须准确记载。这一条尽管极力劝说大家不要支付敦促费，但允许敦促费在“别无他法”的情况下存在。

四、跨国公司的道德责任

跨国公司有控制资源和把生产从一国转移到另一国的能力。虽然这种能力在法律和条例上，以及在市场规范和竞争的进程上受到限制，但是它仍然很强大。一些哲学家认为公司有了能力就得回报社会以便使社会更加繁荣发展。社会责任（Social Responsibility）这个概念指生意人在作出商业决策时会影响到经济和社会的效果，所以应该作出一个既有好的经济效益，又有好的社会效益的决策。在单纯的形势下，社会责任本身就会得到支持，因为这是企业正确的行为方式。持这一观点的人认为，成功企业需要承担一定的慈善义务。许多商人很久之前就认可这个观点，因此商家在回馈社会和向社会公益事业投资方面有大量的光荣的记载。

然而，也有跨国公司滥用职权、谋取私利的例子。史上最有名的例子是最早的跨国公司英国东印度公司。东印度公司建立于1 600年，在19世纪几乎覆盖了整个印度次大陆。在其强大的力量下，公司部署了40多艘战舰，拥有世界上最庞大的军队，成为了印度2.4亿人口的实际统治者，该公司甚至雇用主教到印度，深入到精神领域。

能力本身在道义上是中性的，主要看怎么使用能力。它可以用在增加社会福利等道德的正面，也会被用于道德和道义上遭人怀疑的方面。举个例子，就新闻集团公司而言，它是世界上最大的综合性媒体集团，媒体公司的能力源自于它能够选择发刊内容，从而左右公众的认知理解。该公司的创建者CEO默多克长期以来视中国为最有潜力的媒体市场，并寻求扩大公司在中国的运作范围，尤其是星星电视台卫星广播的运作范围。有评论家认为，默多克利用公司的能力以不道德的手段达到了这个目的。

一些跨国公司愿意承担道义上的责任，利用其能力提高其生意所在地区的社会福利水平。世界最大的石油公司之一BP公司把承担其生意国所在地的“社会投资”作为公司的决策之一。在阿尔及利亚，BP公司已经在一项主要工程中投资开发沙漠边上萨拉赫镇的油田。公司注意到这个镇没有清洁水源，就建立了两个淡水处理厂，给当地社区提供饮用水，并给当地居民分发容器，以便其到水厂取水。BP公司在这个社会投资中没有经济的考量，公司相信在道义上有责任利用自己的能力做有意义的事情。虽然这件事对BP公司是件小事，但对于当地人来说则是件十分重要的事。

章末案例

TCL并购汤姆逊

2003年11月4日，TCL集团和法国汤姆逊公司正式签订协议，重组双方的彩电和DVD业务，组建全球最大的彩电供应商——TCL汤姆逊电子公司，即TTE公司。

在这个合资公司中，TCL与法国汤姆逊共同出资4.7亿欧元，其中汤姆逊出资1.551亿欧元持有33%的股份，TCL出资3.149亿欧元占67%的股份，这是我国企业第一次兼并世界500强企业。

TCL集团兼并汤姆逊的目的是为规避欧美市场的反倾销和专利费困扰。汤姆逊公司2003年彩电和DVD等电子业务亏损2.54亿欧元，TCL集团当年的净利润在5.6亿元人民币左右。TCL集团董事长李东生曾喊出“18个月扭亏”的口号。

但这次并购并没有给 TCL 带来拓展欧美市场的机遇，反而背上了沉重的包袱。收购汤姆逊后，TCL 集团在 2005 年、2006 年连续亏损两年。2007 年 4 月，TTE 欧洲公司申请破产清算。TCL 集团当年才摆脱多年连续亏损，实现扭亏。

不过，TCL 集团壮士断腕依然留下不小的后遗症。根据 TCL 集团 2010 年 11 月 16 日的公告，清算官通过法国南特商业法庭向公司、TCL 多媒体及其相关子公司分别发出第一令状和第二令状，并针对不同个体提出两项诉讼请求。按照 TCL 集团公布的第一份令状：清算官就 TCL 多媒体等非法侵占或转移 TTE Europe 客户及 TTE Europe 无理取得雇员保存计划的费用提出申索；而第二份令状显示，向 TCL 多媒体的全资子公司 TTE Corporation 发出就有关把 TTE Technology（原 TTE Europe 全资子公司）的股权由 TTE Europe 转移到 TTE Corporation 的申请。

李东生谈及并购汤姆逊的教训时说，“我们并购的时候有一样东西没看准，就是说未来电视会往哪个方向走，究竟是等离子还是液晶电视，当时更多人认为是 PDP 等离子，当时汤姆逊有很强的 DLP 技术，我们认为汤姆逊的背投（DLP）更胜等离子，结果一脑门子扎下去，结果赔了大钱。”

（资料来源：中国证券报记者　李少林　笔者修改）

讨论题：

（1）关于 TCL 并购汤姆逊失败案，除了李东生所谈到的原因之外，你认为还有什么别的原因吗？东西方的商业文化差异是并购失败的主要原因吗？

（2）比较联想收购 IBM 个人电脑业务取得成功的案例，结合学过的知识，进一步深入分析和总结 TCL 失败的经验教训。

2

第二部分

理论与制度：跨国贸易与投资

第四章

国际贸易理论

本章提要

1. 重商主义时代
2. 古典国际贸易理论：绝对优势与比较优势理论
3. 新古典国际贸易理论：要素禀赋学说
4. 新国际贸易理论：产业内贸易理论、产品生命周期理论、国家竞争优势理论

关键术语：

重商主义　政府干预　绝对优势　比较优势　要素禀赋　里昂惕夫之谜　产品生命周期　规模经济　不完全竞争　产业内贸易　国家竞争优势

开篇案例

中美贸易摩擦频发9起“双反”案例一览

四年一度的美国大选临近，奥巴马政府在对华贸易问题上的态度越来越强硬。继2012年3月19日裁定中国输美钢制轮毂存在倾销和补贴行为，美国商务部20日又连出3项涉及中国的贸易裁决，分别涉及中国太阳能电池及组件、光学增白剂和镀锌钢丝三类产品。

近来，美国对华贸易救济调查的范围从汽车零部件产业扩展到了光伏等产业，频率之高实属罕见，财新网据公开媒体报道，列举了9起主要案例，具体如表4－1所示。

表4－1　中美贸易摩擦回顾

立案时间	涉及产品	贸易摩擦	后续进展
2010.11	多层实木复合地板	反倾销、反补贴合并调查	2011年10月12日，美国商务部公布终裁，只有浙江裕华实木公司安全摆脱双反制裁，所有应诉企业均需支付不超过5%的反倾销和反补贴税，而未参加应诉企业交纳的综合性税率达85.57%

续表

立案时间	涉及产品	贸易摩擦	后续进展
2011.4	钢制轮毂	反倾销、反补贴合并调查	2012年3月19日美国商务部作出终裁，认定中国输美钢制轮毂存在倾销和补贴行为，如果美国国际贸易委员会也作出肯定性终裁，美方将据此对该类产品征收反倾销和反补贴关税
2011.4	光学增白剂	反倾销调查	2012年3月20日，美国商务部作出终裁，认定中国大陆和中国台湾输美光学增白剂存在倾销行为，大陆产品的倾销幅度介于63.98%~109.95%
2011.4	镀锌钢丝	反倾销、反补贴合并调查	2012年3月20日，美商务部公布终裁，认定中国输美镀锌钢丝存在倾销和补贴行为，倾销幅度为194%~235%，补贴幅度为19.06%~223.27%
2011.5	钢质高压气瓶	反倾销、反补贴合并调查	2012年3月，美商务部作出初裁补充裁定，中国涉案企业关税提高到24.21%
2011.11	太阳能电池（板）	反倾销、反补贴合并调查	2012年3月20日，美商务部作出初裁，决定对输美产品征收2.9%~4.73%的反补贴税
2012.1	应用级风塔	反倾销、反补贴合并调查	2012年2月10日，美国国际贸易委员会公布初裁，裁定涉案产品的倾销行为和补贴行为给美国国内产业造成了实质性损害威胁
2012.3	不锈钢拉制水槽	反倾销、反补贴合并调查	尚无
2012.3	稀土、钨矿及钼矿	美、日、欧盟向世贸组织争端解决机构联合提出磋商申请	尚无
图表制作：财新网（http：/www. caixin. com/）			

（资料来源：财新网　见习记者　张远岸　记者　张焕平　笔者修改）

第一节　重商主义时代

不同群体之间的贸易已存在数千年，但直到15世纪才有人开始尝试去解释贸易产生的原因以及贸易是如何给交易双方带来利益的。下面就让我们先来讨论一下第一个尝试解释为什么国与国之间应该进行国际贸易的理论——重商主义。认为国家应当通过奖励出口和限制进口的方式积累财富，通常是以黄金为表现形式的贸易理论被称为重商主义（Mercantilism）。该理论认为，其他衡量国家财富的方式，如生活水平和人类发展程度等都是不相干的。从16世纪开始至18世纪末，许多欧洲国家一直遵循着这一经济理念。最突出的重商主义国家有英国、法国、荷兰、葡萄牙和西班牙。

重商主义是如何起作用的呢？当航海还是一门很新的科学时，欧洲人就已经在海上探索世界了，并且他们还以资助他们航行的欧洲君主的名字来命名那些被发现的陆地。早期的探险路线为非洲、亚洲、南美洲、北美洲和中美洲，欧洲在这些地方建立起了殖民地。殖民地贸易为母国带来了利益，而殖民地国家则通常被视作可开发的资源。

近年来，前殖民地国家一直在通过自己的努力减少对前宗主国的依赖。例如，为了努力降低对其前宗主国的依赖，非洲国家正在鼓励来自亚洲、北美洲的贸易伙伴。但是因为地理方面的优势，欧盟仍然是其首要的贸易伙伴。

那么，各国是如何实行重商主义的？重商主义的实施依赖于三个基本支柱：贸易顺差、政府干预和殖民地。下面我们来简单讨论一下各个方面。

（一）贸易顺差

各国认为它们可以通过维持贸易顺差来积累财富。所谓贸易顺差（Trade Surplus）就是指一国的出口额高于进口额的情况。在重商主义思想中，贸易顺差意味着一国通过出口销售获得的黄金多于其进口的支出。而贸易逆差（Trade Deficit）则恰恰相反，它是指一国的进口额高于出口额的情况。在重商主义思想中，贸易逆差是应该极力避免的。

（二）政府干预

政府会对国际贸易进行主动干预以保持贸易顺差。根据重商主义理论，一国财富的积累依赖于该国贸易顺差的增加，而不一定在于其贸易总额或贸易量的扩大。在重商主义的国家，政府通过关税、配额甚至完全禁止等手段对进口进行限制，来达到这一目的。与此同时，它们还资助本国产业以扩大出口。此外，政府通常还会立法禁止将国内金银转移到其他国家。

（三）殖民地

重商主义国家通常会占领世界上较不发达的地区（即殖民地），以作为获取低价原材料的来源以及出售高价制成品的市场。殖民地是许多重要原材料的来源地，包括茶叶、糖、烟草、橡胶和棉花等。这些资源被运送到重商主义国家并加工成制成品，如服装、雪茄和其他产品，然后这些制成品再销往殖民地。重商主义国家及其殖民地之间的贸易为重商主义国家带来了巨额的利润，而殖民地国家只能以低价卖出基础原材料却要以高价买进制成品。

重商主义和殖民政策极大地扩充了国家财富。这些财富使得实行这些政策的国家得以组建陆军和海军来控制遥远的殖民地，并保护本国船只免受他国的袭击。这也是一国经济实力的来源之一，而这又进一步提高了本国较之于他国的政治实力。今天，如果一国被其他国家认为是在努力维持贸易顺差，并且在牺牲他国利益的基础上扩充本国财富的话，这种行为便会被谴责为新重商主义或是经济民粹主义。且不论公平与否，日本经常被指控为实施新重商主义行为，因为日本对许多工业化国家，尤其是美国，一直保持着很高的贸易顺差。同样，法国也曾为了摆脱经济困难而大力出口，因而被其贸易伙伴称为新重商主义国家。

虽然重商主义表面上为那些实施该理论的国家带来了利益，但是它也有其内在的缺陷。重商主义国家坚信全世界的财富是有限的，一国财富的增长必须以邻国的损失为代价，即所谓的零和博弈。重商主义的主要问题是，如果每个国家都限制进口而鼓励出口，那么国际贸易将会受到严重制约。事实上，所有非必需品的贸易也将随之全部终结。

此外，低价买入殖民地国家出口品并以高价向其出口的行为也会危害殖民地国家的经济发展。如果允许这些殖民地国家积累更多财富的话，它们作为制成品销售市场的吸引力就会更大。而诞生于 18 世纪末的贸易理论——绝对优势理论使得重商主义的这些消极方面显得更加突出。

第二节　古典国际贸易理论

国家为什么进行贸易是一个很难回答的问题。从 18 世纪后半叶以来，学者们不仅需要理解国际贸易的创新和收益，而且还希望能够解释在同样的贸易中，为什么有些国家的发展速度更快，所创造的财富更多。图 4 - 1 回顾了重商主义之后贸易理论的发展道路。尽管过于简化，但是它却反映了过去两个世纪以来各种主要贸易理论发展的方向和思路，同时也暗含着当代贸易理论发展趋势的雏形：人们越来越多地把关注点从国家转移到公司，从生产成本转移到市场总体，从完全市场转移到不完全市场。

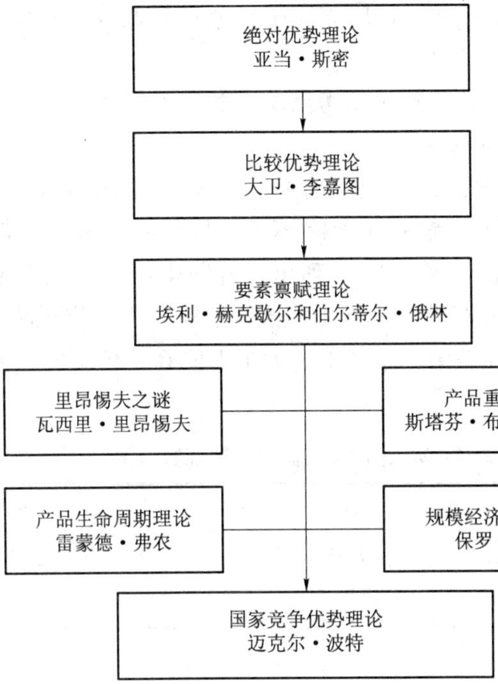

图 4－1 贸易理论的演化

一、绝对优势理论

1776 年，苏格兰经济学家亚当·斯密率先提出了绝对优势理论。一国所具有的比其他任何国家更有效率地生产某种商品的能力被称为绝对优势（Absolute Advantage）。换句话说，具有绝对优势的国家可以用相同的或是更少的资源生产出比其他国家更多的商品或服务。

在其提出的众多观点中，斯密特别指出不应该通过关税和配额的手段来禁止或者限制国际贸易，而应使其根据市场力量自由流通。如果来自不同国家的人们都能随心所欲地进行贸易，那么任何国家都不需要制造其消费所需的所有商品。取而代之的是，一个国家会利用自己的绝对优势来集中生产某些种类的商品，然后通过与其他国家进行贸易来获取本国需要但不进行生产的商品。

假设在美国职业高尔夫球协会巡回赛期间，职业高尔夫选手 Tiger Woods 想要在家中安装一个热水浴缸。那么，他应该自己去做这件事还是雇用一个专业安装人员来做呢？假设 Woods（他以前从未安装过浴缸）要完成这项工作的话他就需要离开高尔夫球场一个月，并因此放弃每月 80 万美元的收入。另一方面，一个专业的安装人员（他不是职业高尔夫选手）完成这项工作只需要花两周时间和1万美元。与Woods在打高尔夫球方面有绝对优势一样，这位安装工人也具有安装浴缸的绝对优势。因此，Woods应该雇用一个专业人员来安装浴缸，以节省自己的金钱和时间。

现在就让我们运用绝对优势理论来考察两个贸易国的例子，看看贸易是如何使两个国家同时增加生产和消费的。

案例：米国和茶国　假设世界上只有两个国家（米国和茶国），两种产品（大米和茶叶），两国之间的运输费用忽略不计。目前米国和茶国都在生产和消费各自的大米和茶叶。下表（表4－2）列出了各国生产一单位大米或茶叶所消耗的资源（劳动）数量。在米国，生产1吨大米仅需要1单位资源，而生产1吨茶叶则需要5单位资源；在茶国，生产1吨大米需要6单位资源，而生产1单位茶叶只需要3单位资源。

表4－2　米国和茶国消耗资源数

资源 产品 国家	大米	茶叶
米国	1	5
茶国	6	3

下面是另一种表示两国在生产大米和茶叶上的效率的方法：

（1）米国：1单位资源＝1吨大米或1/5吨茶叶。

（2）茶国：1单位资源＝1/6吨大米或1/3吨茶叶。

这些数字还可以告诉我们另一个有关两国生产大米和茶叶的问题。由于1单位的资源在米国能生产1吨大米，而在茶国只能生产1/6吨大米，所以米国具有生产大米的绝对优势——它是更有效率的大米生产者；但是，1单位资源在茶国能生产1/3吨茶叶，而在米国只能生产1/5吨茶叶，因此茶国具有生产茶叶的绝对优势。

现在，我们假设由米国专门生产大米以最大化该两国模型的世界大米总产出。同样，由茶国专门生产茶叶以最大化全世界茶叶的总产出。尽管现在两国都在进行专业化生产，世界的总产出也增加了，但两国都面临着同一个问题——米国只能消费自己生产的大米，而茶国也只能消费自己生产的茶叶。这个问题很好解决，两个国家只要进行交换就可以获得本国需要但不生产的商品。

假设米国与茶国同意按1∶1的原则进行交易，即用1吨大米换1吨茶叶（反之亦然）。这样，米国多使用1单位资源，就可以多生产1吨大米，并以此换取茶国的1吨茶叶。这显然比米国自己生产茶叶好得多，因为它投入1单位资源只能得到 1/5 吨茶叶。由此可见，米国从这次贸易中获得了利益。同样，茶国多使用 1 单位资源可以多生产 1/3 吨茶叶，并以此换取米国的 1/3 吨大米，这也比自己投入 1 单位资源生产大米仅得到 1/6 吨的产量要多出一倍，因此茶国也从贸易中受益。如图 4－2 所示，显示了在这次简单贸易中双方的获益情况。

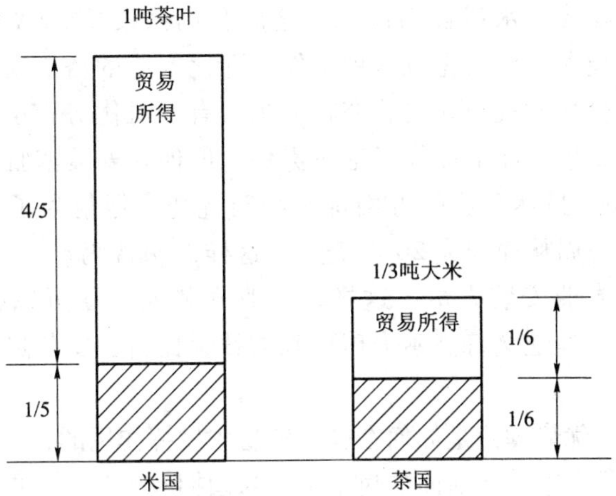

图 4－2　专业化生产及贸易所得：绝对优势

尽管茶国比米国获得的贸易利益要少，但它还是比原先不进行贸易的情况得到了更多的大米。在现实国家的交换中，贸易利益取决于各国可利用的资源总量。决定实际贸易利益的另外一个重要因素是各国对每种商品的需求。

正如上例所示，绝对优势理论推翻了重商主义关于国际贸易是一个零和博弈的观点。恰恰相反，正因为参与交换的两国都能获得利益，所以国际贸易是一个正和博弈。这一理论也使人们对政府通过制定限制性的贸易政策来获得财富的做法提出了质疑。它指出国家恰恰应该敞开国门开展贸易，使其国民可以以更低的价格购买更多的商品。同时，该理论并不是以一个国家黄金及白银储备的多少来衡量其富裕程度，而是以人民的生活水平为标准进行衡量。

尽管绝对优势理论在说明贸易所得方面起到了很大作用，但它仍存在一个潜在的问题。那就是一个国家不具备生产任何产品的绝对优势时情况会怎样？这时进行贸易还能获利吗？贸易还会进行吗？为了解答这些问题，让我们来看看绝对优势理论的延伸——比较优势理论。

二、比较优势理论

1817 年，一位名叫大卫·李嘉图的英国经济学家提出了比较优势理论。他指出（仍以两国模型为例），如果一个国家具备生产两种产品的绝对优势，专业化生产和贸易仍然可以使两国获利。当一个国家在任何产品的生产上都不比另一国家更有效率，但是该国在生产某种产品时比它生产任何其他产品都更有效率时，该国就具有一种比较优势（Comparative Advantage）。换句话说，如果一个国家生产两种产品的效率都较另一个国家低下，那么它只要选择一个其生产效率相对较高的产品进行生产，同样可以从贸易中获利。

让我们回到安装热水浴缸的例子，这次我们假设 Tiger Woods 以前安装过很多浴缸，并且能在一周内完成这项工作，即比专业的浴缸安装人员还要快一倍。这样，他在打高尔夫球和安装浴缸上都具有绝对优势。虽然专业安装人员在安装浴缸和打高尔夫球上都处于绝对劣势，但他在安装浴缸上的劣势要小一些。而 Tiger Woods 虽然在这两方面都有绝对优势，但他为了完成这项工作得放弃打高尔夫球一周从而损失 20 万美元。这样做明智吗？答案显然是否定的。他应该雇用一个专业安装人员。这样，专业安装人员就可以挣到这笔安装费用，而 Woods 呢，他继续打高尔夫球挣到的钱也比自己安装热水浴缸所节省的费用要多。

为了了解比较优势理论是如何在国际贸易中发挥作用的，让我们回到之前的米国和茶国的例子中来。在前面的讨论中，米国拥有生产大米的绝对优势，而茶国拥有生产茶叶的绝对优势。现在，我们假设米国同时具备生产大米和茶叶的绝对优势。下表（表 4－3）显示了两个国家在生产大米和茶叶过程中所需花费的资源情况。米国用 1 单位资源可生产 1 吨大米，但现在生产 1 吨茶叶只需要 2 单位资源（以前是 5 单位）。而茶国保持以每单位资源生产 1/6 吨大米或 1/3 吨茶叶的效率。

表 4－3 比较优劣理论

资源 / 产品 / 国家	大米	茶叶
米国	1	2
茶国	6	3

下面是另一种表示两国在生产大米和茶叶上的效率的方法：

（1）米国：1 单位资源＝1 吨大米或 1/2 吨茶叶。

（2）茶国：1 单位资源＝1/6 吨大米或 1/3 吨茶叶。

因此，米国使用每单位资源可以比茶国生产数量更多的大米和茶叶——它拥有生产两种产品的绝对优势。那么是不是说米国就不能从与生产效率更低的茶国的贸易中获利了呢？当然不是，因为尽管茶国在两种产品的生产上都处于绝对劣势，但是它在生产茶叶方面具有比较优势。换句话说，尽管茶国生产大米和茶叶的效率都没有米国高，但是它生产茶叶的效率还是比生产大米的效率要高一些。

现在假设两国仍以1:1的比例进行贸易。茶国可以用1单位资源生产出1/6吨大米。但是如果它用这一单位资源去生产1/3吨茶叶并以此与米国进行交易，就可以换得1/3吨大米，这显然要更好些。由此看来，通过专业化生产和贸易活动，茶国得到了比自己生产时多一倍的大米。此外，虽然米国具有生产两种产品的绝对优势，它仍然可以从贸易中获利。米国可以用1单位资源生产出1/2吨茶叶，但是如果它用这一单位资源去生产1吨大米并通过贸易从茶国换得1吨茶叶也会得利。尽管米国在生产茶叶方面比茶国更有效率，但是通过贸易，米国得到了比自己生产时多一倍的茶叶。

两国从这一简单贸易中得到的利益如图4－3所示。同样，在现实国家的交换活动中，各国的贸易所得取决于其可利用的资源总量和每个市场对每种商品消费的需求量。

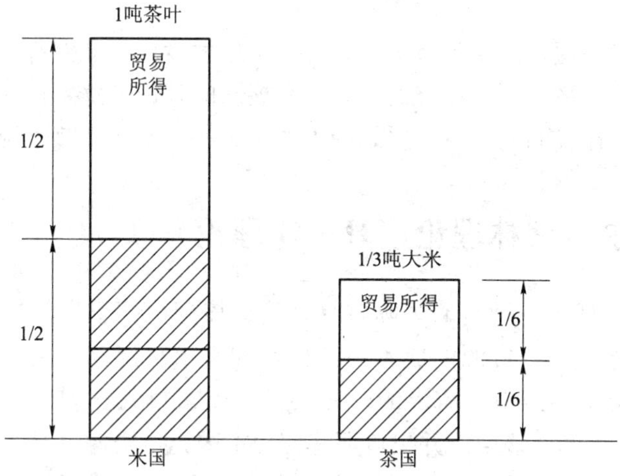

图4－3　专业化生产及贸易所得：相对优势

假设条件和局限性

自始至终，我们对比较优势和绝对优势的讨论都是在一些重要的假设下进行的，这些假设条件使得上述理论在运用于现实生活时受到了一定的限制。首先，我们假设国家进行贸易的唯一动力是生产与消费的最大化，而现实情况并非总是如此。实际上，大多数国家的政府在对国际贸易问题进行干涉时很少考虑到生产者和消费者的因素。其次，该理论假设只有两个国家参与两种产品的生产与消费，这显然不能反映现实世界中的情况。目前全世界共有200多个国家，几乎不计其数的产品在世界范围内被生产、交换和消费。

再次，该理论假设商品在两国之间的运输费用忽略不计。事实上，有些产品的运输成本是其进行国际贸易的主要支出。如果一种商品的运输费用超过其通过专业化生产可节省的费用，贸易便不会发生。

又次，该理论把劳动力作为生产过程中的唯一资源，因为在这两个理论提出之时，劳动力成本在产品的生产总成本中占据了很大比重。同时，该理论还假设资源只能在每个国家的内部流动，不能在国与国之间相互转移。劳动力，尤其是自然资源，在国与国之间进行转移是十分困难的，而且成本很高。但是，现在这种情况显然已经发生了变化。例如，欧盟成员国的公民可以在其他任何一个欧盟成员国工作和生活。

最后，它们还假设某种特定商品的专业化生产本身不会带来生产效率方面的利益。但是我们知道，专业化会带来知识的增长甚至工作方法的改进。这样一来，生产某种商品所需的资源就将随着时间的推移而逐渐减少。

第三节　新古典国际贸易理论

虽然比较优势理论建立于诸多假设之上，但大量现实证据都支持该理论的观点。尽管如此，经济学家仍在继续研究并发展新的理论来解释产品在国际间的买卖行为。现在，让我们来讨论这些理论中的一个——要素禀赋学说。

赫克歇尔—俄林理论（H—O 理论）

20 世纪初出现了一种新的国际贸易理论，该理论把重点放在一国的资源禀赋（即供给）上。一种资源的成本由其供给和需求决定：当要素的供给大于需求时，其成本会比供给小于需求的时候要低。要素禀赋学说（Factor Proportions Theory）指出，一国应该生产并出口那些使用本国充裕资源（要素）的产品，进口那些需要使用其稀缺资源的产品。该理论是由两位经济学家——埃利·赫克歇尔（Eli Heckschel）和伯尔蒂尔·俄林（Bertil Ohlin）研究提出的，因此有时也被称为赫克歇尔—俄林（Heckscher—Ohlin）理论。

要素禀赋学说与比较优势理论有很大的区别。回想一下比较优势理论，它认为一国应该专业化生产那些生产效率最高的商品。因此，该理论重点关注的是（绝对优势理论也一样）某种特定商品的生产效率。相反，要素禀赋学说则认为一国应该生产所使用的资源在本国最为充裕，也就是最便宜的商品，而不是生产效率最高的商品。

（一）H—O 理论的假设前提

H—O 理论是建立在以下几条基本假设之上的：

（1）假设只有两个国家（A、B），生产两种产品（X、Y），使用两种生产要素（劳动力 L 和资本 K），即 $2\times2\times2$ 的模型。

（2）A、B 两国生产方法、技术、劳动生产率相同，即生产函数一样。

（3）一国的 K 相对丰裕，另一国的 L 相对丰富，两国的 K/L 不同，即单位劳动使用的资本不同。

（4）一种产品是劳动密集型产品，一种产品是资本密集型产品，且要素密集度固定。

（5）K 相对丰裕的国家利率（i）低，L 丰富的国家工资率（w）低。

（6）商品和要素市场是完全竞争市场，K、L 在国内可完全自由流动，在国际间不能自由流动。

（7）不考虑需求，或需求偏好两国相同，并且不变。

（8）完全自由贸易，商品在两国间流动没有运输成本和贸易壁垒等限制。

（二）H—O 理论的基本命题与结论

（1）基本命题。

A. 产品生产靠单一要素是不可能的，两种要素的比例在生产商品中非常重要，即生产成本的高低取决于生产要素价格和要素结合的比例。

B. 国内、国际贸易都是不同区域之间的贸易，贸易交换双方以 K/L 不同为标准条件，即一国将出口它以相对丰裕要素生产的产品（密集使用其丰裕要素生产的产品），进口的是以它稀缺要素生产的产品。也就是 K 丰裕的国家将出口 K 密集型产品，进口 L 密集型产品。反之亦然。

（2）基本理论。

A. 如果两国要素存量的比例不同，即使两国的 K 与 L 的劳动生产率一样，也会使产品成本产生差异，两国亦可发生贸易。

B. 一国若用自己相对丰裕的要素或资源生产，将会处于有利地位，相反，则处于不利地位。所以，一国出口的产品总是密集使用其丰裕要素生产的产品，而进口的则是密集使用其稀缺要素生产的产品。这就是狭义的要素禀赋理论，又称要素比例说。

C. 国际贸易会使各国要素价格或要素报酬的差异缩小，这就是广义要素禀赋理论（赫克歇尔—俄林—萨缪尔森理论，简称 H—O—S 理论）。由萨缪尔森对 H—O 模型的结论进行数学证明而得名，它是贸易对要素价格的反作用理论，即要素价格均等化理论。

要素价格均等化有两种：一是要素价格相对均等化，即原先要素价格比例不一致的两个国家在发生贸易以后，会逐渐趋于均等，最后达到完全相等。二是要素价格绝对均等化，即原先同一种要素的绝对价格在不同国家不相等，在发生贸易后，会逐渐趋于均等，最后达到完全相等。

D. 斯托尔珀—萨缪尔森定理（Stolper-Samuelson Theorem）。某一商品相对价格的上升，将导致该商品密集使用的生产要素的实际价格或报酬提高，而另一种生产要素的实际价格或报酬则下降。即如果劳动 L 密集型产品的相对价格升高，将使劳动力（L）价格（w）升高，并降低资本（K）的价格（r）。

因此，可得出一个重要结果：国际贸易会提高该国丰裕要素所有者的实际收入，降低稀缺要素所有者的实际收入。

E. 雷布津斯基定理（Rybcynski Theorem）。在两种产品、两种要素的情况下，如果生产要素（或产品）的相对价格不变，规模报酬不变，那么，生产要素单一增长（或两种要素增长速度不同）会导致密集使用增长（或增长较快）要素生产的产品产量绝对（或相对）增加，而密集使用另一种要素生产的产品产量则绝对（或相对）减少，这就是雷布津斯基定理。

雷布津斯基定理的一个典型例证是“荷兰病”。20 世纪 70 年代，荷兰、英国和挪威等国开发了北海油田，大规模生产和出口石油和天然气，使得大量的资本和劳动力流向石油和天然气行业，而制造业的生产和出口则变得相对萎缩。经济学家将这一现象称为“荷兰病”，这是雷布津斯基定理在实践中的一个典型案例。

（三）要素禀赋学说的例证：里昂惕夫之谜

从理论上说，赫克歇尔—俄林模型的假设是合理的，逻辑是严谨的，是普遍的。举个例子，澳大利亚拥有辽阔的土地（近 60% 是草地和牧场）和相对其幅员而言较少的人口。澳大利亚出口的产品中有很大一部分是天然矿石、谷物、牛肉、羊肉和乳制品——这些产品的生产都需要有大量的土地和自然资源。另一方面，澳大利亚的进口产品大部分是经过加工的原材料、资本设备和消费品——这些都是资本密集型的采矿业和现代化农业所需的物品。但是，仅用这些实例来说明问题是不够的，下面就让我们来看一看要素禀赋学说是如何在科学检验中站住脚跟的。

1. 里昂惕夫之谜的由来及内容

20 世纪 50 年代早期，里昂惕夫（Wassily L eontief）第一个进行了大范围研究以验证要素禀赋学说。他的逻辑是：如果赫克歇尔—俄林的预测是正确的，而且美国是资本相对充裕的，那么在弄清楚所有投入品行业的份额之后，作为总体的美国出口行业的资本劳动比率（K_x/L_x），应该高于美国进口竞争行业的资本劳动比率（K_m/L_m）。

然而，里昂惕夫的计算结果向他和其他人提供了一个令人困惑的“谜”：在 1947 年，美国向世界其他国家出口的是劳动密集型产品，而换取的是相对资本密集型的进口产品。关键比率（K_x/L_x）/（K_m/L_m）只有 0.77，而根据赫克歇尔—俄林的理论，它应该大于 1。这就是著名的“里昂惕夫之谜”或“里昂惕夫悖论”。表 4－4 列出了其中的一些检验结果。

表 4－4　赫克歇尔—俄林模型的实证检验：美国数据

学　者	数据年份	(K_x/L_x) / (K_m/L_m)（H—O 预测：>1）
威特尼（Whitney，1968）	1899	1.12
里昂惕夫（Leontief，1954）	1947	0.77
里昂惕夫（Leontief，1956）	1947—1951	0.94（或不包括自然资源行业，1.14）
鲍温德（Baldwin，1971）	1958—1962	0.97（或不包括自然资源行业，0.96）
斯特南德和斯克斯（Sternand&Maskus，1981）	1972	1.05（或不包括自然资源行业，1.08）

（资料来源：海闻，P. 林德特，王新奎：《国际贸易》，96 页，上海人民出版社，2003.）

那么，出现这一矛盾的原因是什么呢？一种可能的解释是要素禀赋学说把一国的生产要素看成是同质的，尤其是劳动力。但是我们知道，劳动技能在一个国家内部存在很大的差异，高技术工人需要通过培训和进修项目培养出来。如果把用于提高劳动力技能的开支考虑在内的话，这一学说似乎更能被现实贸易数据支持。进一步考察贸易数据的研究可以帮助我们更好地理解造成里昂惕夫之谜的原因。

2. 对里昂惕夫之谜的解释

事实上，在里昂惕夫之后的这些研究一方面保留了“谜”，但在另一方面也解开了这个谜。这个谜之所以能继续存在，是因为人们用的是跟里昂惕夫相同的方法。只要我们计算的是简单的资本劳动比率，美国就会继续看来像是劳动密集型产品的出口国，“谜”就会存在。但如果我们对美国的这个现状进行进一步的分析，或用美国以外的数据进行检验，就可发现里昂惕夫之谜并没有真正地推翻赫克歇尔—俄林的理论。贸易经济学家在里昂惕夫取得的结果的推动下，已提出看来能说明这些实证检验结果的一系列重要的因素。现就几种重要的观点介绍如下。

（1）生产要素密集型转移。

赫克歇尔—俄林贸易模型对要素密集型的基本假定是，如果按生产要素价格的某一比率，某一商品的资本密集度比另一商品高，那么，在所有的生产要素价格比率下，这一商品的资本密集度都比另一商品高。换句话说，如果在中国的相对工资下，玩具是一种劳动密集型商品，那么在美国的相对工资下，玩具也是一种劳动密集型商品，尽管美国的相对工资会比重过高。但是，事实的情况可能不是这样。假定在美国由于资本充裕而劳动相对稀缺，资本便宜和劳动力昂贵，美国可能在玩具生产中使用更多的资本而非劳动。这样的话，玩具在美国便成了资本密集型商品，而在世界其他国家，由于资本较贵和劳动力比较便宜，玩具仍然是劳动密集型商品。这就是生产要素密集性转移（Factor-Intensity Reversal）的一种情况。在这种情况下，其结果可能是：美国出口商品 A，该商品在别的国家是资本密集型的但在美国是劳动密集型的；同时，美国进口商品 B，该商品在外国是劳动密集型的而在美国是资本密集型的。

里昂惕夫在计算美国出口商品的资本劳动比率时，用的都是美国的投入产出数据。对于美国进口的商品，他用的也是美国生产同类产品所需的资本劳动比率而不是这一商品在出口国国内生产时实际使用的资本劳动比率。这样一来，就有可能出现美国进口资本密集型产品，出口劳动密集型产品的情况。但是，这里的产品要素密集型定义与世界其他国家的定义有可能不同。

“生产要素密集性转移”在现实中出现的几率有多大？这又是一个需要实证检验的问题。最早对生产要素密集性转移进行实证检验的是明哈斯(B. S. Minhas)。他在1962年发表的研究结果中发现，有大约三分之一的研究样本中出现生产要素密集型转移的情况。明哈斯的研究结果受到了里昂惕夫的质疑，他认为明哈斯的数据来源有偏差，在纠正了这些偏差之后，出现生产要素密集性转移的情况只剩下百分之八。

另一位经济学家鲍尔（Ball）也对哈明斯的研究结果重新进行了检验，其结果也认为要素密集性转移的情况在现实中鲜有发生。由此可见，将要素密集性转移用来解释里昂惕夫之谜理论上可行但实践中并不有力。

（2）贸易保护政策的影响。

里昂惕夫之谜的产生也可能是美国贸易保护的结果。在赫克歇尔—俄林的模型中，贸易被定义为自由的，而在现实中几乎所有的国家（包括美国）都或多或少实行一定程度的贸易保护。对于美国来说，保护程度高的是劳动密集型商品。

贸易政策的制定会受到许多利益集团的影响。在美国，各个利益集团会通过院外游说影响国会的经济政策，而代表美国非熟练的和半熟练工人的工会组织劳联—产联就是这样一个强大的游说集团。克莱维斯（Kravis）1956年的一项研究指出，美国进口的劳动密集型商品的确要比劳动密集度低的商品受到更高的进口壁垒的限制。罗伯特·鲍德温为美国劳工部所做的研究也表明，美国对产值中劳动力含量（或称为就业含量）高于平均水平的产品，尤其是对包含非农业非熟练劳动的产品的进口限制是最多的。

另一方面，别的国家也可能对他们的缺乏竞争力的资本密集型商品进行较高的贸易保护，从而使得美国资本密集型商品的出口受到一定程度的影响。因此，有人认为，如果是自由贸易，美国就会进口比现在更多的劳动密集型商品，或出口更多的资本密集型商品，里昂惕夫之谜就有可能消失。

（3）自然资源等要素的影响。

标准H—O理论简单地把生产要素分为资本和劳动力两大类，但现实世界中其他自然资源要素如土壤、矿藏、淡水等也会对产品生产产生影响。美国自然资源较为丰富，为利用这些资源，需要投入大量实物资本。同时，由于自然资源的不同，美国严重依赖几种自然资源型产品的进口，这些产品又恰是 K 密集型产品，例如石油等能源资源。这都会增加美国进口产品的资本密集度，这可以部分解释里昂惕夫之谜。

（4）研究方法的问题。

20 世纪 80 年代，利默尔（Leamer）提出里昂惕夫之谜可能事实上并不存在，是研究方法的错误引起的。利默尔认为，H—O 理论分析得到的是进出口平衡时的结论，但在现实世界中，贸易失衡是常见现象，里昂惕夫之谜主要出现在 20 世纪 40 年代和 50 年代，此时美国对外贸易存在巨额顺差。利默尔指出，在贸易失衡的条件下，应该通过计算和比较美国整体生产中和消费中的资本—劳动比率来检验 H—O 理论。利默尔发现，美国生产中的资本—劳动比率显著高于消费品中的资本—劳动比率。

一些经济学家还分析了其他国家进出口产品的资本密集度，对 H—O 理论作进一步检验。多数研究显示，发达国家之间、发达国家与发展中国家的贸易结构基本都支持 H—O 理论，即各个国家主要出口密集使用本国相对丰裕的要素生产的产品，进口密集使用相对稀缺的要素生产的产品。

3. 对 H—O 理论的简要评价

（1）H—O 理论的政策含义。

H—O 理论的基本的政策含义是所谓的“靠山吃山，靠水吃水”的思想，发挥一国要素上固有的优势，从固有的要素优势出发进行国际贸易，使自己能够把成本较为低廉的产品推向国际市场，是今天世界各国都在遵循的原则。因此，依照 H—O 理论制定一国的对外贸易战略与政策，是多数国家，特别是发展中国家对外开放的出发点。

中国自 1978 年改革开放以来，对外贸易取得巨大发展，中国外贸取得成功所依据的理论基础主要是 H—O 理论，中国制定的鼓励出口以及对外加工贸易的政策，就是 H—O 理论的具体应用。

（2）H—O 理论的缺陷。

只用要素禀赋差异解释贸易的发生，并不具有普遍性。因为，自然禀赋并非贸易发生的充分条件，社会因素在确定一国对外开放的战略中具有极其重要的地位，同时 H—O 理论比较强调静态结果，排除了技术进步等因素，这严重影响了该理论的广泛适用性。事实上，一国的资源优势除了自然禀赋外，更有由于社会经济发展而重新产生的后天优势。例如，一国的资本丰富状况就大多是社会经济发展的产物。另外，这一理论对于需求因素并未予以考虑，其对现实的解释能力受到一定削弱。

第四节 新国际贸易理论

一、新贸易理论的产生

20世纪60年代以来，国际分工格局出现了两大倾向：其一是发达国家间的贸易量增加了，发达国家间的贸易成为国际贸易的主要组成部分；其二是同类产品之间的贸易量增加，出现了同一行业既出口又进口的行业（产业）的国际分工模式。用传统的“资源禀赋”或“比较成本”差异原理，都不能对上述倾向作出令人满意的解释。随着产业组织理论问世，西方经济学研究突破了完全竞争假设条件下的一般均衡分析框架，这一方法论革命对传统国际分工理论摆脱其局限性无疑是一个契机。

深受哈佛传统思想影响的美国经济学家保罗·克鲁格曼（Paul Krugman），1984年在《美国经济学评论》上发表了一篇题为《工业国家间贸易新理论》的论文。该论文认为，传统国际分工理论都是建立在完全竞争市场结构分析框架基础上的，因而不能解释全部国际贸易和国际分工的动力，尤其很难解释制成品贸易，国际分工理论需要分析框架的更新，产业组织理论的发展为这种更新提供了可能。

1985年，克鲁格曼与赫尔普曼（Helpman）合著的《市场结构与对外贸易》，运用产业组织理论对产业内分工和贸易问题进行了系统的阐述，建立了以规模经济和产品差异为基础的垄断竞争国际分工与贸易理论模型，称之为新国际贸易理论。从规模经济、产品差异性出发研究垄断和竞争之间的关系，其理论意义主要是：第一，现实市场结构既不是完全竞争的，也不是完全垄断的，而是竞争与垄断的混合结构，以垄断竞争作为研究框架，比较接近实际。第二，垄断竞争所分析的市场机制与完全竞争所分析的市场结构有着截然不同的价格决定方式。

从本质上讲，新贸易理论模型并没有否定比较成本说，而是根据市场结构对贸易功能进行重新定位，认为在国际分工中，规模经济和自然禀赋差异是引发国际分工和贸易的经济变量。在完全竞争条件下，自然禀赋差异率或比较成本是引发国际分工和贸易的主要原因。而在不完全竞争市场结构框架中，规模经济、产品差异等是国际分工和贸易发生的主要解释变量。新贸易理论认为，在完全竞争市场结构中，传统意义上的要素禀赋比率差异理论，解释部门间贸易模式，特别是贸易流量中的要素含量差异，始终是有效的。在不完全竞争市场状态下，生产要素价格偏离边际价值，商品价格大于边际成本和平均成本，不能如实反映一国的边际成本优势和劣势，从而引发贸易福利的不均衡分配。因此，在不完全竞争市场结构条件下，规模经济是独立于比较成本之外的又一引发对外贸易的决定因素和经济变量。

传统的国际贸易理论多以静态分析和短期分析为特征，并且为我们提供了一个良好的分析问题的经典框架。但随着世界经济的发展，这些传统的理论已不能完全解决国际贸易的现实问题。自第二次世界大战结束以来，西方经济学家不断致力于贸易理论的研究，提出了许多新的观点和新的研究方法，丰富和发展了传统国际贸易理论。动态优势贸易理论以产生要素的变动为出发点，随着经济的发展，考察国际贸易发生变化的原因，研究比较优势的动态发展。在这方面的研究中，从总体上来看仍比较分散，缺乏系统性，比较有影响的有迈克尔·波特的产品生命周期理论。它从全球角度出发研究了不同行业的竞争力，而不是仅仅局限于具体国家的生产要素对产品竞争力的决定作用。

二、产业内贸易理论

（一）产业内贸易理论的含义

产业内贸易（Intra-industry Trade）是20世纪60年代后才较为普遍使用的概念，是相对于产业间贸易（Intra-industry Trade）而言的，指的是两国之间在同类产品上发生的进出口，也称为重叠贸易（Overlapping Trade）。在现实生活中，我们可以观察到美国每年向西欧出口大批轿车，但同时每年也从西欧进口大量轿车。中国向美国出口青岛啤酒，但也从美国进口百威啤酒。这些贸易都可以归类为产业内贸易。

20世纪60年代以后，国际贸易出现了一系列引人注目的新倾向，其中两个明显现象，用传统贸易理论无法解释，即：

（1）产业内的贸易越来越多，既同类产品之间的贸易大为增加，出现了许多同一行业既出口又进口的行业内国际分工现象，并逐步占主要地位。

（2）发达国家之间的贸易越来越多，成为国际贸易的主要构成部分，而发达国家与发展中国家之间的贸易量在减少（见表4-5）。

表4-5 战后发达国家与发展中国家在世界贸易中的比重变化

出口目的地国	出口来源国/%								
	发达国家			发展中国家			总计		
	1953	1987	1997	1953	1987	1997	1953	1987	1997
发达国家	42	60	63	26	15	14	68	75	76
发展中国家	23	19	19	9	6	5	32	25	24
总计	65	79	81	35	21	19	100	100	100

资料来源：WTO：《国际贸易统计》（2000）；世界银行：《世界发展报告》（1990—2000）。

1961 年，瑞典经济学家林德（S. B. Linder）在其论文《论贸易与转移》中，从需求偏好的角度对产业内贸易进行了解释。巴拉萨（B. Balassa）在 1963 年和 1966 年对欧共体制成品的贸易效应的研究中认为，制成品贸易的增长大部分发生在联合国《国际贸易商品标准分类》体系划分的商品组内，而不是在商品组之间。格鲁伯（H. G. Grubel）和劳埃德（P. J. Lloyd）在 1975 年对 1959—1969 年欧共体成员间的贸易研究中发现，欧共体成员间有超过一半的贸易属于产业内贸易，并且贸易的增长中有 71% 是产业内贸易。这样的现象对传统的贸易理论提出了挑战。

为了解释产业内贸易的存在和增长，经济学家们提出了新的理论。保罗・克鲁格曼和他的同事们在 20 世纪 80 年代中期用规模经济和不完全竞争来解释产业内贸易的发生。斯塔芬・布伦斯塔姆・林德（Staffan Burenstam Linder）从消费者需求偏好的视角部分地解释了产生产业内贸易的原因。

（二）产业内贸易的度量

产业内部贸易指数可以通过格鲁贝尔—劳埃德指数（Grubel-Lloyd Index）进行衡量，该指数是相互进行贸易的两个国家进口和出口同一种产品的价值比例，计算公式如下：

$$产业内贸易指数(IIT_i) = 1 - |X_i - M_i| / (X_i + M_i)$$

式中，i 是指产品的种类，$|X_i - M_i|$ 是指这种产品的净出口额的绝对值（出口 - 进口）。例如，瑞典从芬兰进口了 100 台重型机器，用于本国的森林生产行业，同时向芬兰出口了相同类型的 80 台设备。那么产业内贸易指数将是：

$$IIT = 1 - |80 - 100| / (80 + 100) = 0.89$$

产业内贸易指数越接近于 1，那么这种产品的产业内贸易水平就越高；产业内贸易指数越接近于 0，那么这两个国家之间的贸易就越接近于单方向贸易，这与传统贸易理论的预测完全一致。

（三）产业内贸易产生的原因

1. 规模经济与不完全竞争

保罗・克鲁格曼的理论把研究重点放在了生产成本以及成本和价格对国际贸易的驱动作用方面。采用微观经济学的最新理论发展成果以及市场结构分析，克鲁格曼研究了两种类型的规模经济——即内部规模经济和外部规模经济。

（1）内部规模经济。

在单位产出成本取决于具体公司规模的前提下，公司的规模越大，规模经济效益也越大，同时单位成本也越低。一个拥有内部规模经济的公司可以垄断一个行业（从而产生不完全市场）。无论是在国内市场，还是在国际市场，都是如此。公司生产的产品越多，单位产品的价格就越低，这样公司就可以降低产品的市场价格，从而出售更多的产品。在这种条件下公司可以制定市场的价格。

对一个国内行业的主导和对国际贸易的影响是一对相互作用的概念，它以不完全市场的基本假设为前提。这个假设的来源可以追溯到比较优势的原始雏形。对一个公司来说，如果要不断地发展并获得规模经济，就必须从国内其他行业夺取资源，从而不断扩大自己的经营规模。因此，一个国家真正能够实行专业化生产的产品范围实际上是非常狭窄的。同时，也只有这样，才能为其他国家创造在其他产品方面进行专业化生产的机会。这些产品也就是所说的“被遗弃产品”。在这种条件下，国家再一次借助并利用了自己的比较优势。

内部规模经济最重要的意义在于，它成功地解释了行业内部进行的贸易。在行业内部进行的贸易中，传统贸易理论似乎已经完全被人们抛弃了。在一个国家同时进口和出口相同产品的时候，就会出现产业内贸易（Intra-industry Trade）。显然，这种思想明显有悖于过去三个世纪中人们所笃信的各种传统贸易理论。按照克鲁格曼的观点，内部规模经济将会导致一个公司在很狭窄的产品范围内进行专业化生产，从而生产出足够数量的产品（以达到规模经济效益所要求的规模成本效益）。同样，在其他国家，公司也可以在同样的范围内生产非常相似的产品，这就是所谓的产品差异化。如果其中某一个国家的消费者希望同时购买这两种产品，那么这个国家就会同时进口和出口完全相同的产品，而进口与出口在内容上和使用目的上都是一致的。

（2）外部规模经济。

如果某国家单位产品的成本取决于一个行业的规模而不是某个具体公司的规模，那么与行业中规模较小的国家相比，该国家在这个行业就可以以更低的成本进行生产。一个国家之所以能够主导某种具体产品的世界市场，并不是因为它有一家能够进行大规模生产的公司（例如波音公司在全球飞机生产方面的领导地位），而是因为它有许多相互关联、相互作用的小公司，这些公司结合在一起，形成了一种规模巨大的、具有竞争力的主导性群体（例如，前东德的精细水晶玻璃器皿）。在这种情况下，并不要求个别公司具有很大的规模，但是众多小型公司合并在一起，必然可以造就这样一个富有竞争力的行业，而其他国家的公司很难通过公平竞争的手段进入这个行业。

与内部规模经济不同，外部规模经济并不一定会导致不完全竞争的市场。但是，它却可以创造出一个能够在某一领域内主导世界市场的行业。所以，并非所有的行业都必须转移到具有低成本能源、资源和劳动力的国家进行生产。在这种情况下，哪些因素促使这些小公司成长为关键性团体以及它们之间的相互关系如何，也变得更为复杂。迈克尔·波特的理论在一定程度上解释了这些关键性团体能够得以生存和发展的原因。

2. *林德的产品重叠范围理论*

为了解释国际贸易的内在决定要素，斯塔芬·布伦斯塔姆·林德（Staffan

Burenstam Linder）把研究重点放在了消费者偏好——需求方面，而不是生产或供应方面。林德承认，在以自然资源为基础的行业中，贸易的确取决于生产和要素禀赋之间的相对成本。

但是，林德指出，产成品的贸易并不是由成本因素决定的，而是取决于各国在产品需求方面的相似性。林德的理论与前人存在着很大的差异，它建立在以下两个基本原则的基础之上：

（1）随着收入或者更精确地说是人均收入水平的提高，一个国家居民对产品复杂性和质量方面的要求也在不断提高。因此，我们可以说，一个国家的居民对产品组合的整体范围在很大程度上取决于这个国家的收入水平。

（2）对于一个指导着公司进行商品生产，从而满足社会需求的企业领导人来说，他对国内市场的了解应该超过对国外市场的了解。因为竞争能力来自于实践，所以我们不能奢望一个企业把自己的生产目的建立在满足一个完全陌生的国外市场的基础之上。符合逻辑的模式应该是：首先在本国市场上取得成功并获得一定的市场份额，然后再向国外市场进行扩展，从而满足这个市场中类似的需求和偏好。因此，产成品的国际贸易受需求相似性的影响。最有可能进行贸易的国家应该是那些具有相似人均收入水平的国家，因为它们产品需求的重叠程度更大。

那么贸易从何而来呢？根据林德的观点，产品组合的重叠范围主要是那些企业在本国市场已经较为熟悉的产品，只有这样，它才有可能向国外市场出口这种商品，参与国外市场的竞争。例如，美国和加拿大具有完全类似的产品组合范围，这意味着它们拥有共同的贸易基础或者说更大的产品重叠范围进行广泛的国际贸易和国际竞争。它们具有非常接近的人均收入水平。但是墨西哥和美国，或者墨西哥与加拿大却完全不同。可以说，要素禀赋理论主要解释发生在发达国家与发展中国家之间的产业间贸易（Inter-industry Trade），即工业品与初级产品或资本密集型产品与劳动密集型产品之间的贸易；而重叠需求理论则适合于解释发生在发达国家之间的产业内贸易（Intra-industry Trade），即制造业内部的一种水平式贸易。

今天，我们把林德所阐述的产品重叠范围称为市场区位理论。林德的理论不仅能够帮助我们摆脱成本要素的局限性对国际贸易理论进行分析，同时它在国际市场营销理论中也有自己的一席之地。林德在其理论中所提出的许多问题已经成为随后几十年内人们所关注和讨论的焦点。

三、产品生命周期理论

在现代国际贸易中，作为技术创新产物的知识密集型产品，均是在以美国为代表的西方发达国家里创造发明的，而且随着产品标准化程度的提高，该产品的生产与出口逐渐由原发明国转向其他国家，这一现象伴随着知识密集型产品贸易量的不断上升而出现，并引起很大关注。美国经济学家弗农（Venlon. R）在发表于1966年的《产品周期中的国际投资与国际贸易》（*The International Investment and International Trade in the Product Cycle*）一文中对这一现象进行解释，分析了产品技术的变化对其贸易格局的影响，提出了产品生命周期的概念，故人们将弗农的这一理论称为产品生命周期理论。

（一）产品生命周期理论的内容

产品生命周期理论认为，一个新产品的技术发展大致有三个阶段：新产品的导入期，产品的成熟期，产品标准化阶段。

1. 新产品的导入期

新产品被技术领先国首先发明，并在其国内市场批量生产与销售的时期。一个新产品被技术领先国首先发明并销售的理由是：从供给角度讲，新产品在其被发明时，属于知识与技术密集型产品，它要求有较高的研究与开发能力。在发达国家，良好的教育条件与雄厚的科技力量可以充分提供企业创造发明所需的人才资源和科研条件。同时，有效而完备的知识产权保护体系和旨在鼓励创造发明的税收结构与产权制度为产品的研究与开发提供了宽松的外部环境。此外，创新企业家对新机会的把握与利用的能力，取决于其同市场沟通的难易程度。由于企业将新产品投入本国市场，这使企业家能及时把握消费者的消费评价，从而积极调整产品设计，改进产品质量，使新产品尽早走向成熟。从需求角度讲，只有发明国的国内消费者才有能力购买该产品。因新产品最初投入市场时，其需求的价格弹性较低，收入弹性较高，属于高档性或奢侈性产品，需要高收入的消费者来购买，而作为技术领先、收入丰厚的产品发明国，最具备高新产品的社会购买力。新产品在导入期属知识密集型产品，成本条件对产品的制造起决定作用，而生产区位因素则居次要地位。

2. 产品的成熟期

新产品获得了稳定的国内市场支持，达到了一定程度的标准化，并被厂商开始出口到国外市场时，产品便进入了成熟期。在这个时期，厂商开始寻求服务外国消费者的最好途径：一方面，他继续在本国生产新产品，并出口给外国消费者；另一方面，他向外国生产者出售生产许可证，或在外国设分厂生产并销售新产品。在弗农看来，因国际专利技术交易市场是不完善的，采用许可证贸易较为无效，而采用跨国公司的直接投资则较为有效。即当单位产品中，国内出口生产的边际成本加上运输成本和关税的总额超过国外子公司的边际生产成本时，新产品的发明国则选择跨国公司直接投资的方式，而其他发达国家是建立跨国公司首选的国家。随着分公司的设立，发明国对发达国的直接出口下降，乃至消失，但它仍对发展中国家保持出口。

3. 产品标准化阶段

当新产品作为一种成熟型产品——由知识与技术密集型产品变为资本密集型产

品时，该产品便进入它生命周期的第三个阶段，即标准化阶段。由于产品在该阶段里，其品质的差异度逐渐消失，致使发明国初始的比较优势减弱，乃至消失。这时，生产成本的大小对企业盈利能力有很大的影响。因此，产品在标准化初期，由资本充裕型国家主要生产并出口，在标准化晚期——产品完全标准化时，则由劳动充裕的欠发达国生产并出口。据此，人们又把产品标准化时期细分为两个阶段：第一，技术扩散期，即从西欧、日本等工业国家出口该产品起到欠发达国家出口该产品时止。第二，技术停止期，即从欠发达国出口该产品起以后的阶段。

4. 产品生命周期理论的几何图示

产品生命周期理论显示了特定产品是如何由某个国家最初生产出来并出口，但是随着产品和竞争发展变化，生产地点和出口随着时间的推移也转移到其他国家。随着产品和该产品市场的成熟、变化，产品的生产国和出口国发生了转移，图 4－4 所示为产品生命周期理论的几何图示。

这种产品最初在美国被设计出来并制造。在初期阶段（从时点 t_0 到 t_1），美国是该产品唯一的生产国和消费国。生产是高度资本密集型的和高技能劳动密集型的。在时点 t_1 处，美国开始向弗农所划分出来的其他发达国家出口产品。这些国家具有在新产品阶段价格较高时购买该产品的收入水平。其他的这些发达国家在时点 t_1 也开始自己生产这种产品，不过还是净进口国。此时该产品也有少量出口流向了发展中国家。

当产品进入第二个阶段，成熟中的产品阶段，其他发达国家的生产能力迅速扩张。随着该产品的基本技术逐步公开，竞争性的差异开始出现，生产对高技能劳动的需求也降低了。这些国家最终在此阶段的末期（时点 t_3）也成为产品的净出口国。在时点 t_2 尽管欠发达国家还是净进口国，但他们也开始了自己的生产。同时这些成长中的竞争者带来的低成本使得美国在时点 t_4 成为净进口国。生产和出口的比较优势在此时明显地在国家之间发生了转移。

第三阶段和最后一个阶段，标准化的产品阶段，生产和出口的比较优势正在转移到欠发达国家。产品成为相对大批量生产的产品，可以由更多的非高技术水平的劳动力制造出来。美国继续减少国内生产，增加进口。虽然随着不发达国家不断扩大生产成为净出口国，出口已达到顶峰，但其他的发达国家仍将继续生产和出口。产品在到达时点 t_5 时已经走到了周期的尽头。

最后一点请注意，在产品的整个生命周期内，我们是根据劳动力和资本的水平确定生产、消费、出口和进口的国家，而不是以公司作为研究对象。弗农指出，很有可能是同一家公司把产品的生产从美国转移到其他发达国家，最终转移到不发达国家。生产地点的转移在一定程度上促进了贸易模式的变化，但这并不一定意味着公司市场份额、利润和竞争力的丧失，具有比较优势的国家很可能发生变化。

（二）产品生命周期理论的贡献

尽管人们把越来越多的注意力放在技术对生产成本的影响方面，但是由于贸

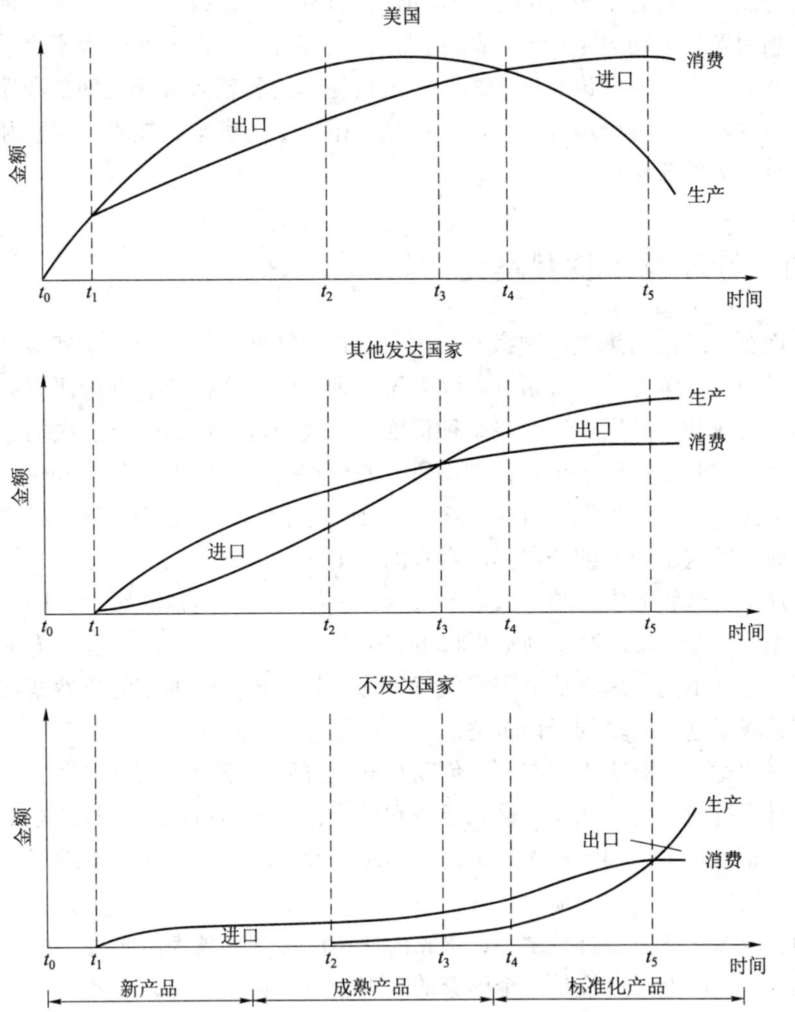

图 4－4　贸易模式和产品生命周期理论

（资料来源：Raymond Vernon，“International Investment and International Trade in the Product Cycle,” Quarteral Journal，Economics（May 1966）：199.）

易周期理论成功地解释了国际投资现象，因而它在今天仍然是一个非常重要的理论。它不仅认识到资本在国家之间的流动性（打破了传统的要素不可流动性的假设），还把研究的重点从国家转移到了产品。这就要求我们必须把成熟阶段的产品与生产地点联系在一起考虑，从而检验一种产品的竞争力。

产品生命周期理论同样也有很多局限性，很明显，它最适合于解释基于技术的产品。对于这种产品来说，随着产品的发展与成熟，生产过程本身发生变化的可能性最大。其他产品，无论是基于自然资源的产品（如矿产品或其他商品）还是服务（采用的主要资本形式是人力资本），在进入成熟阶段之前并没有什么突出的特点。最适合采用产品生命周期理论解释的是最终可以通过大规模生产并且充分利用廉价劳动力生产的产品。但是，在综合考虑多方面的因素之后，我们认为：产品生命周期理论有助于缩小传统贸易理论和新兴市场之间的差距——这是一个新的、更具有全球性的市场。在这个市场上，资本、技术、信息和公司本身都具有更大的流动性。

四、国家竞争优势理论

早期贸易理论的焦点是国家及其内在的自然特性，或者说禀赋特性，这些特性是形成国家竞争力的基础条件。随着贸易理论的发展，贸易理论研究的重点也转移到了行业和产品层次上。在某种程度上，我们可以说是国家层次的竞争力问题已经有点过时了。到了今天，理论研究的焦点再一次发生了新的变化，人们开始更加关注国家、政府甚至是私人行业，研究它们如何改变一个国家的经济环境，从而帮助这个国家的公司提高自身的竞争力。

在这个研究领域中，哈佛大学的迈克尔·波特无疑是最有影响力的学者。他指出："国家的繁荣是通过创造形成的，而不是继承得到的。"这与传统经济学家的观点完全不同，后者认为国家的竞争优势是来自一个国家的自然禀赋、劳动力、利息或者这个国家的货币价值。

国家的竞争力取决于它在行业创新与升级方面的能力，只有与世界上最出色的竞争对手抗衡，公司才能体会到压力和挑战，从而不断提高自身的竞争力。强大的国内竞争对手、咄咄逼人的本国供应商以及需求不断变化的本地消费者，都是公司发展所必不可少的前提条件。

随着全球化竞争的日益激烈，国家的作用已经变得越来越重要。由于竞争的基础在很大程度上可以说是一个国家的知识创造与吸收能力，因此国家的作用不断加强。竞争优势的形成和维持来自于高度本地化的过程。一个国家的价值观、文化与经济基础、社会制度和历史方面的差异，都有助于这个国家在竞争中取得成功。每个国家的竞争模式都存在着巨大的差异，任何一个国家都不可能在所有行业或者说大多数行业中具有竞争优势。国家只能在特定的行业中获得成功，因为只有在这些行业中，国内的环境才更具有前瞻性、动态性和挑战性。

波特认为，创新是形成和维持竞争力的根本要素。一个公司必须充分利用自己所有的竞争要素，波特把这些要素划分为"国家竞争力菱形"的四个主要元素，如图 4－5 所示。

1. 要素条件

它是指一个国家的生产要素是否适合于某个行业的竞争。波特指出，尽管这些要素条件是决定贸易的重要前提，但是它并非像古典贸易要素禀赋理论所说的那样，它们是决定竞争力的唯一前提。对于波特来说，最重要的是一个国家如何

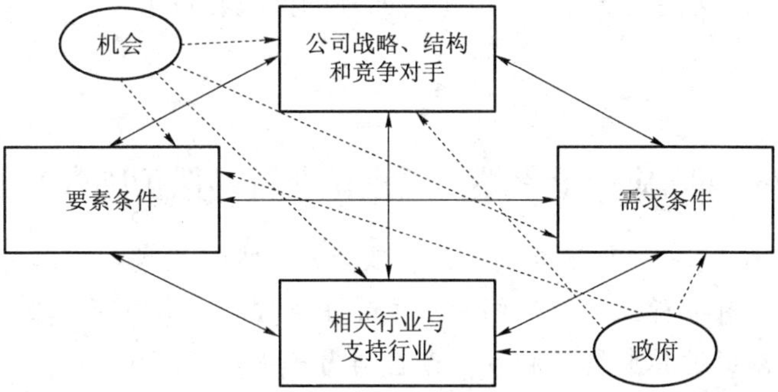

图 4－5　国家竞争力的决定因素：波特的竞争力菱形模型

不断创新、发展并利用自己的要素（例如熟练劳动力）。

2. 需求条件

它是一个公司在最初的本国市场上所面临的竞争程度。一个公司只有在高度竞争的市场中才能得以生存并不断发展，也只有这样才能取得竞争优势。波特指出，是市场的特征而不是规模影响着公司的持续竞争能力。在这里，波特把所谓的特征表述为消费者的需求能力。

3. 相关行业与支持行业

它是指所有相关行业以及供应商的竞争能力。任何一个公司都与其他公司和行业发生着各种各样的关联，因此，要获得并维持竞争优势就必须保持良好的行业工作关系，紧密联系供应商，保证产品流与信息流的及时性。如果这种相互作用不仅仅是停留于表面，而是建立在公司自愿的基础上，那么它就可能为竞争优势创造良好的条件。

4. 公司战略、结构和竞争对手

它是指一个国家的综合环境条件，这种条件既可以阻碍、也可以支持公司创造和维持国际竞争能力。波特指出，没有任何一种管理、所有权或经营战略是放之四海而皆准的。它取决于这种战略在特定国家、特定时刻是否具有足够的适应性和灵活性。

以上四点组成了国家和公司必须通过高度本地化的过程创造和发展自身竞争力的要素，只有这样才能确保自己始终立于不败之地。

波特强调，创新是提高竞争力的源泉。这与我们在过去 30 年中的亲身体会完全一致，人们越来越把重点放在行业和产品身上。承认国家的作用“越来越重要”对于很多人来说，意味着他们开始重新认识到政府的积极作用，以及从国家层次上分析行业在促进国际竞争力方面的作用。波特把要素条件视为一种成本构成，把需求条件视为公司行为的原动力，同时他还把所有这些条件和竞争能力联系在一起。因而我们可以说，他的理念涵盖了各种古典观点中的一切要素，包括古典生产要素理论、要素禀赋理论、产品周期理论和不完全竞争理论。通过这种方式，他向我们展示了公司在21世纪所面临的挑战和竞争。

章末案例

商务部回应稀土争端　无意扭曲贸易保护国内产业

2012年3月13日，中国收到美国、欧盟、日本在世贸组织（WTO）争端解决机制下提出的有关稀土、钨、钼的出口管理措施的磋商请求。商务部官员当晚表示，中方无意通过扭曲贸易的方式保护国内产业。

商务部网站3月13日晚透露，商务部条约法律司负责人就此发表谈话称，中方此前就有关原材料产品出口政策与各方一直保持着沟通和接触，多次强调中方政策目标是为了保护资源和环境，实现可持续发展，无意通过扭曲贸易的方式保护国内产业。

商务部还表示，“中方将根据世贸组织争端解决程序，妥善处理有关磋商请求。”

3月13日，美国、欧盟与日本同时就中国关于稀土、钨和钼等原材料的出口管理措施与政策向世界贸易组织提起申诉，要求启动磋商。

美国认为中国对稀土、钨和钼实施了不公平的出口管制，包括征收出口关税、制定出口配额和价格要求，以及在出口程序上进行限制。美方称这些措施降低了上述产品在中国国内的价格，但抬高了外国企业的进口价格，这使得外国企业面对不公平竞争，且需要承受将生产和就业岗位转往中国的压力。

美国政府表示，如果在60日内无法通过磋商达成协议，将要求WTO建立专家组解决争端。

2011年年底，中国商务部外贸司负责人在下达2012年第一批稀土出口配额时称，虽然面临巨大的资源、环境和国内需求的压力，为了保障国际市场需求，保持稀土供应的基本稳定，2012年的出口配额总量仍与2011年基本持平。

该负责人称，为了尽量减少对市场供应的影响，已下达的和预留的第一批配额量均按企业全年应得配额量的80%下达。据测算，2012年全年稀土出口配额量应为31 130吨，比2011年增加946吨。

不过，2011年中国企业有较多出口配额并未使用。商务部统计数据显示，2011年前11个月中国累计出口稀土14 750吨，仅占全年出口配额总量的49%。

（资料来源：财新网　见习记者：高四维　林金冰　笔者修改）

讨论题：

（1）你对长期以来的中美贸易摩擦有何想法和见解？政治因素为此带来了哪些影响？

（2）你认为中国在世界稀土市场的地位和话语权如何？其决定因素是什么？请结合比较优势理论分析。

第五章
国际贸易政策与壁垒

本章提要

1. 关税的概念、作用、类型和征收
2. 非关税措施的含义、发展和内容
3. 鼓励出口的贸易政策与出口管制

关键术语：

关税　报复性关税　普遍优惠制度关税　进口附加税　海关税则制度　非关税贸易壁垒　进口配额制　技术性贸易壁垒　出口补贴　经济特区　出口管制

开篇案例

欧盟商会抗议中国公车采购目录威胁将反制

工信部2012年2月24日向社会征求意见的公车采购目录，入围的25家车企、412款候选车型全都是自主品牌。业界分析认为，这应该是德、日、美三大车系进入中国以来最大的一次集体挫败。日前，欧盟商会秘书长丁凯在北京警告称，欧洲商会将同会员一起评估中国公车改革带来的影响，并有可能正式敦促欧洲国家政府采取反制措施，中国车企进军欧洲的大计或将受阻。

欧盟商会威胁要反制

《2012年度党政机关公务用车选用车型目录》（简称《目录》）于2月24日正式向社会征求意见，并于3月9日截止，如无意外将于3月中旬正式出台。《目录》透露出的自主品牌唱独角戏，已经引发了各界的强烈关注。尤其在汽柴油轿车领域，其采购标准由之前的“2.0升排量、25万元以内”下调为“18万元、1.8升排量”的上限标准，再加上“近两年企业研究开发费用支出占主营业务收入的比例均不低于3%”的门槛，几乎就是为自主品牌量身定做，基本把德、日、美三大车系扫地出门。

在两个月前，中国政府才刚刚将汽车整车制造条目从《外商投资产业指导目录》鼓励类中删除，取消了对外方投资汽车产业的鼓励政策。而此次公车采购完全倾向于自主品牌，对于外资和合资品牌来说是继2010年针对1.6升及以下车型的购置税优惠政策之后的又一次累积效应打击。业界估算，政府采购公务车市场规模大概在30万~60万辆，预计2012年政府公务购车支出费用在1 200亿元左右。据统计，目前中国30%的政府用车为奥迪，而自2009年宝马、奔驰出现在政府采购名单后，一汽丰田皇冠和沃尔沃也开始瞄准公务采购市场。如果这份采购名单能够实现完全意义上的落地，对外资汽车的打击不言而喻。而欧盟商会的率先反对，就印证了政府采购之于欧系品牌的重要意义。针对这份公务车目录，欧盟商会秘书长丁凯通过电话宣称："一个行业不要指望在本国之外受到欢迎，倘若该国家对这一行业开始采取闭关措施。"近年来，中国车企进军欧洲的势头逐渐兴起，吉利汽车自2010年收购沃尔沃之后，又着手通过锰铜控股进入英国市场，并调研以纯网络销售方式在意大利销售汽车；长城汽车保加利亚工厂2012年2月21日开张，成为中国车企在欧洲首家正式工厂，雷诺也将长城称为"竞争对手"。丁凯警告称，欧洲国家向中国长城汽车和吉利汽车开放投资市场的情况可能将不再重演，欧洲商会将同会员一起评估中国公车改革带来的影响，并有可能正式敦促欧洲国家政府采取反制措施。

采购目录合乎国际惯例

事实上，在《目录》公布之初，市场就曾担心此举是否会引起外资不满、是否会招致WTO的上诉。但工信部内部人士表示，如果我国制定的公务用车选择标准不违反WTO原则，那么依照此标准选择出来的采购目录也就不会有问题。

需要指出的是，无论是西方还是东方，具备一定汽车生产能力的国家公务车选用国产品牌几乎都是惯例，德国、美国、日本这三大汽车国尤其如此。德国虽然政府未明确要求把"国产车"作为公务车的选购类型，但明文规定不准购买欧盟以外生产的车辆，而德国官员在选择座驾时还会偏向本地品牌；同样是三大车系之一的日本，则明确将政府用车的范围划定在国内车企；美国就更不用说了，基本上都是福特和雪弗兰等国产车当道。

除了这些汽车强国，其他各国也有保护自身国产车的规定。如韩国公务车的"国产化"并未硬性规定，但各地方政府普遍都遵守这条不成文的规定，据统计，韩国副部级官员大部分乘坐1.6升的现代；而俄罗斯官员若乘坐进口轿车出行也会被认为"有损国体"；此外，作为英联邦国家之一的澳大利亚，虽然总督的座驾是劳斯莱斯幻影VI轿车，但是平时则会更多地使用澳大利亚本土品牌汽车，其中霍顿汽车就被视为澳大利亚的"国车"。

从这点上看，中国的汽车市场是世界上最开放的。国家信息中心信息资源开发部主任徐长明也表示，中国此次公车采购倾向自主品牌的做法并不违背国际惯例，欧盟商会这种反应其实有些过激了。他表示，下一步只要外资企业达到购买环节提出的要求，完全可以进入中国的公用车领域。

第一节　关税措施

一、关税的含义及其作用

关税（Customs Duties Tariff）是进出口货物经过一国关境（Customs Frontier）时，由政府所设置的海关（Customs House）向其进出口商所征收的一种税赋。关税是国家凭借政治权力规定的税赋，具有强制性、无偿性和固定性，即纳税人必须无条件服从。

关税通过提高进出口的成本发挥作用，以进口税为例，其作用表现如下：

1. 消费效果

消费效果指在进口国，因进口品价格上涨，理性的消费者因价格提高而减少消费，降低消费者的满足程度。从积极方面看，利用关税的这一效应，可以引导人民的消费倾向或人民的生活习俗，能够限制对非必需品或“奢侈品”的高消费。从消极方面看，减少消费数量将减低进口国社会福利水平。

2. 生产效果

生产效果也称保护效应，指征收关税后，进口品在进口国国内市场上价格提高，根据市场充分竞争的法则，进口国国内生产的同类同质产品也可以以相同的进口价格出售。国内生产者因国内市场价格提高而增加产品供给数量替代进口品，也称为生产效应。对发展中国家而言，保护效应促进本国产业的生存与发展。而对发达国家而言，使用保护关税最主要的理由是保护本国人民的就业。

3. 贸易效果

贸易效果即由关税提高进口成本使进口量减少的效应，也包括对贸易条件产生的影响。

4. 收入效果

收入效果即财政效果，是指政府通过关税，对进口商品征税增加国家财政收入。随着社会经济的发展和贸易自由化的推进，财政关税的意义已经大为降低，在发达国家，由于其他税源的增加，关税仅占财政收入的2% ~3%，但在发展中国家，由于国内经济不发达，直接税源有限，关税收入仍是国家财政收入的一个重要来源。

二、关税的基本类型

关税的种类繁多，按照不同的标准，可以有如下几种分类。

（一）按征收对象或商品流向分类

按照征收对象或商品流向，关税可分为进口税、出口税和过境税三类。

1. 进口税（Import Duties）

进口税即进口国家的海关在外国商品输入时，根据海关税则对本国进口商所征收的关税。进口税是关税中最主要的税种，它一般是在外国商品（包括从自由港、自由贸易区或海关保税仓库等地提出，运往进口国国内市场的外国商品）进入关境或国境，在办理海关手续时征收。进口税可以是常规性的按海关税则征收的关税，也可以是临时加征的附加税。

2. 出口税（Export Duties）

出口税是出口国海关在本国商品输往国外时，对本国出口商征收的关税，由于出口贸易顺差可获取最大限度的外汇收入，许多国家，特别是西方发达国家已不再征收出口税。

征收出口税的主要目的：① 增加财政收入；② 保护国内生产：一是针对某些出口的原料征收，以保证对国内相关产业的原材料资源供给，二是为了维护本国经济利益，限制外国跨国公司在国内低价收购，三是防止无法再生的资源逐渐枯竭；③ 保障国内市场：即通过减少出口，保障国内供给，抑制通货膨胀，稳定国内经济；④ 转嫁开发费用。为了转嫁开发和生产垄断产品所需的费用，同时又不影响该产品出口，对独占产品出口课征。

3. 过境税（Transit Duties）

过境税也称通过税，是一国对于通过其领土（或关境）运往另一国的外国货物所征收的关税。过境税作为一种制度在重商主义时期得以确定。征税方可以凭借得天独厚的条件获取一定的收入，既可以充足国库，又可以转嫁国内的某些经济负担。由于运输业的发展及运输竞争的加剧，加上各国财政来源收入增加，从 19 世纪后半期开始，各国相继废止了过境税，代之以签证费、准许费、登记费、统计费、印花税等形式，鼓励过境货物，增加运费收入、保税仓库内加工费和仓储收入等。

（二）按征税目的分类

按照征税目的来分类，关税可分为财政关税和保护关税、报复性关税、科技关税三类。

1. 财政关税和保护关税（Revenue Tariff/Revenue Customs Duties and Protective Customs Duties）

从关税设置的目的看，最初，关税只是作为政府增加财政收入的渠道，所以也称之为财政关税。财政关税达到增加收入目的的条件是：① 关税负担全部转嫁于外国，进口商品价格不因此而提高；② 进口量及进口消费不减少；③ 国内没有与进口品相同的产品。

以保护国内产业为目的设置的关税称之为保护关税。资本主义生产方式建立以后，关税的保护作用开始被发现和重视起来，逐渐成为各国推行贸易保护主义的重要手段。关税达到保护目的的条件是：① 进口税必须高于国内的消费税，以提高进口品价格，从而保护国内工业；② 进口量及进口消费下降，减少外国商品对本国生产的压力；③ 国内存在进口竞争产业。

2. 报复性关税（Reliabiliatory Duties）

它是指对特定国家的不公平贸易行为采取行动而临时加征的进口附加税。加征报复关税大致有几种情况：① 对本国输出的物品课以不合理的高关税或差别税率；② 对本国物品输出设置的障碍；③ 对贸易伙伴违反某种协定等所采取的措施。美国《1988 年综合贸易和竞争力法案》的“超级 301”条款，就是关于针对“不公平”贸易伙伴实施报复的条款，其手段之一就是加征临时性报复关税。

3. 科技关税（Scientific Tariff）

科技关税是对技术先进、竞争能力特别强劲的产品所征收的进口附加费用。科技关税是一种进出口价格控制。由于各国经济发展的不平衡，进口国为了保护本国高新技术的发展，就通过征收这种进口附加费用，来提高这类进口产品的销售价，削弱其竞争力。

（三）按征税待遇分类

按照征税待遇或特定的实施情况分类，关税可分为普通税、优惠关税和进口附加税三类。

1. 普通税

由于国与国之间政治、经济关系的差异，从而对来自不同国家的同样产品会采取不同的税率，以示区别对待。普通税率适用于无任何外交关系国家的进口商品，是最高的税率。现在仅个别国家的商品实行这种歧视性税率。

2. 优惠关税

优惠关税适用于有经济贸易关系的国家的进口商品。经济贸易关系不同，则适用不同程度优惠的税率。优惠税率有最惠国税率、协定税率、普惠制税率、特惠税率等多种形式，这些都在一国的海关税则中一一列明。普通税率一般要比优惠税率高 1 ~5 倍，个别甚至达 10 倍。最惠国税率有的也称协定税率，是根据所签订的贸易条约或协定的最惠国待遇条款所给予的优惠税率。如世界贸易组织缔约方之间相互适用最惠国税率。

美国采用普通税率、最惠国税率和普惠制税率三栏税率；日本将税率分为基本税率、协定税率、特惠税率、暂定税率四栏。其暂定税率相当于协定税率，适用于没有签订贸易协定但与日本友好的国家。欧共同体对外实行统一关税，实行包括普通税率、最惠国税率、普惠制税率、协定国税率和特惠税率在内的五栏税率。

（1）特惠关税（Preferential Duties）是一种特别优惠的关税，它是指对特定的某一国家或地区进口的全部或部分商品，给予特别优惠的低关税或免税待遇。

现在实行特惠制的主要是欧盟向非洲、加勒比海和太平洋地区（简称非加太）的发展中国家单方提供特惠的“洛美协定”。“洛美协定”在关税方面的优惠主要有三点：① 欧洲共同市场对来自非加太国家或地区的工业品全部给予免税优惠；② 农产品的96%免税；③ 这些发展中国家无须给予反向优惠。“洛美协定”的特惠关税是目前世界上免税程度最大的一种特别优惠的关税，还包括放宽部分非关税壁垒。

（2）普遍优惠制度关税（Generalized System of Preference，GSP）简称普惠制，是工业发达国家承诺对来自发展中国家的某些商品，特别是制成品或半制成品给予普遍的关税减免优惠的制度。普遍性、非歧视性和非互惠性是普惠制的三项主要的原则。普遍性是指所有发达国家对发展中国家出口的制成品和半制成品给予普遍的优惠；非歧视性是指所有发展中国家无例外地享受普遍优惠待遇；非互惠性是指发达国家单方面给予发展中国家关税优惠，而不要求发展中国家或地区提供反向优惠。

普惠制的实行是发展中国家长期斗争的结果。1968 年联合国贸易与发展会议上，发展中国家团结一致，促使会上作出了普惠制决议。目前，28 个国家先后实行普惠制，其中市场经济国家 22 个，计划经济国家 6 个。享受普惠制待遇的发展中国家和地区达 170 多个。

实施普惠制的国家都各自制订方案，在提供关税优惠待遇的同时，又规定了种种限制措施。各国的方案不尽相同，主要内容大致包括以下几个方面。

A. 受惠国或地区。普惠制原则上是无歧视的，但各给惠国从各自政治经济利益出发，对受惠国或地区进行限制。如美国公布的受惠国名单中，不包括 ① 石油输出国；② 非市场经济的社会主义国家；③ 贸易中与美国有歧视或敌对的国家等。

B. 受惠商品范围。一般对发展中国家或地区工业制成品和半制成品都列入受惠范围，但一些敏感性商品，如纺织品、服装、鞋类及皮革制品和石油制品常被排除在外，农产品也受惠较少。

C. 减税幅度。受惠商品的减税幅度取决于最惠国税率和普惠制税率的差额，即普惠制的差幅。假设某一商品最惠国税率为 10%，普惠制税率为免税，其普惠制差幅为 10%。通常工业品的差幅较大，农产品的差幅较小。普惠制成为最惠国待遇的特例。

D. 保护措施。由于普惠制是一种单向的优惠，为了保护本国某些产品的生产和销售，给惠国一般都规定保护措施，内容包括：A. 免责条款，即当受惠商品进口量增加对本国生产者造成或即将造成重大损害时，给惠国保留完全或部分取消关税优惠待遇的权利；B. 预定限额，对给惠商品预先规定限额，超过限额的进口不予享受优惠；C. 竞争需要标准，即对来自受惠国的某种进口商品如超过当年所规定的限额，则取消下年度的该种商品的关税优惠待遇。

E. 原产地规则（Rule of Origin）是普惠制的主要组成部分和核心。为了确保普惠制优惠的好处仅仅给予发展中国家生产和制造的产品，各给惠国都制定了详细的原产地规则。原产地规则一般包括原产地标准、直接运输规则和证明文件等三个部分。

有的普惠制方案还订有“毕业”条款，指发展中国家的一些新兴工业国家和地区随着它们的经济状况的改善，不能再享受特别的优惠待遇，而逐步从普惠制受益者身份“毕业”。有的方案实行受惠国整体毕业，有的则采用部分毕业，即某些行业或产业已经发展起来了，那么就取消该行业或产业产品的普惠制待遇。

3. 进口附加税

进口附加税（Import Surtax）是指对进口商品除了征收正常的进口关税以外，根据某种目的再加征的额外进口税。这类关税在海关税则中并不载明，并且是为特殊目的而设置的，因此，进口附加税也称特别关税。设置进口附加税的主要目的包括：① 应付国际收支危机，维持进出口平衡；② 抵制不公平贸易行为；③ 对实行歧视或报复的国家实施报复等。

根据不同的目的，进口附加税主要有反补贴税、反倾销税等。

（1）反补贴税（Counter-Vailing Duty）。

反补贴税又称抵销税或补偿税。它是对于直接或间接接受任何奖金或补贴的外国商品进口所征收的一种附加税。凡进口商品在生产、制造、加工、买卖、输出过程中所接受的直接或间接的奖金或补贴都构成征收反补贴税的条件，不论奖金或贴补来自政府还是同业分会等。反贴补税的税额一般按奖金或补贴数额征收。

（2）反倾销税（Anti – Dumping Duty）。

它是对于实行商品倾销的进口货物所征收的一种进口附加税，其目的在于抵制商品倾销，保护本国的市场与工业。所谓倾销是指低于本国国内市场价格或低于正常价格在其他国家进行商品销售的行为。它使进口国厂商处于不平等竞争地位，造成冲击。进口国政府为了保护本国产业免受外国商品倾销的冲击，就有可能考虑对实施倾销的产品征收反倾销税。

但是，对于倾销的认定、“正常价值”的含义、反倾销的实施方式等，各个国家之间存在着一定的分歧，一些发达的国家利用反倾销手段对来自低成本的发展中国家产品进口加以限制，反倾销扩大化的趋势明显，成为非关税壁垒的手段之一。

三、关税征收

(一) 海关税则

海关税则（Customs Tariff）也称关税税则（Tariff Schedule）是指一国对进出口商品课征关税的规章条例以及对进口、出口的应税商品与免税商品加以系统分类的一览表。它是海关据以征收关税的依据，并具体表现一国的关税政策。关税税则一般包括海关课征关税的规章条例和商品分类及关税税率一览表两个部分。

关税税则的货物分类主要是根据进出口货物的构成情况，对不同商品使用不同的税率以及便于贸易统计而进行的系统的分类。各国关税税则分类不尽相同，主要有以下几种：① 按货物的自然属性分类：例如动物、植物、矿物等；② 按货物的加工程度或制造阶段分类：例如原料、半制成品和制成品等；③ 按货物的成分分类或按同一工业部门的产品分类：例如钢铁制品、塑料制品、化工产品等；④ 按货物的用途分类：例如食品、药品、染料、仪器、乐器等。为了统一各国的商品分类，减少税则分类的矛盾，曾先后形成关税合作理事会税则目录（Customs Co-operation Council Nomenclature，CCCN）、国际贸易标准分类（Standard International Trade Classification，SITC）和协调商品名称和编码制度（the Harmonized Commodity Description and Coding System，HS）三种商品分类目录。其中，协调商品名称和编码制度自 1988 年实施以来，在大多数国家，包括原来单独使用分类的加拿大、美国等都得以广泛运用。中国于 1992 年 1 月 1 日起按此制度进行关税税则分类。

在关税税率方面，每一种应税商品可以规定一个、两个甚至三个不同的税率，每一个税率分占一栏，并分别叫作一栏、二栏或三栏税率。同时，如果关税税率是由一国立法机构根据本国经济发展状况独立自主地制定，并有权加以变更，则称为自主税率或固定税率。如果关税税率需要通过与其他国家订立贸易条约或协定的方式确定关税税率，则称为协定税率。关税及贸易总协定是最典型的多边协定税则。片面协定税则是指国与国之间通过订立不平等的贸易条约或协定，使部分协定国单方面获得其他协定国关税优惠待遇的关税税则制度。第二次世界大战前，宗主国与殖民地国家之间，片面协定税则制度很普遍。

混合税则或称自主与协定税则（Automatic and Conventional Tariff）是指一国关税的制定同时采用自主税则和协定税则方式的税则制度。它兼容了自主税则和协定税则的长处，被越来越多的国家采用。

(二) 计税标准

计税标准也即关税计征的方法或基础，主要有下述几种方法。

1. 从量税（Specific Duties）

从量税即以商品的重量、数量、长度、容积、面积等计量单位为标准计征的关税。从量税的税额是商品数量与单位从量税的乘积。征收从量税大都以商品的重量为单位，重量则有毛重、净重和公量三种计算方法。

从量税的特点是：① 手续简便，无须审查货物的规格、价格和品质，费用成本低；② 进口品价格跌落时，仍有适度保护；③ 可以防止进口商谎报价格。从量税的缺点是：① 不能区别等级、品质及价格差异的货物，税负不合理；② 税率固定，没有弹性，税额不能随物价涨落而增减，失去市场的价格机能；③ 对部分不能以数量计算的商品不能适用：如古董、字画、钟表、钻石等。从量税通常用于对付国外质量低次的廉价商品进口。发达国家使用从量税主要针对食品、饮料、动植物油等的进口。由于发展中国家出口以初级产品为主，从量税就使这类产品的税负相对较重。

2. 从价税（Ad Valorem Duties）

从价税是按进口商品的价格为标准计征的关税，其税率表现为货物价格的百分率。

从价税的一个关键问题是如何核定完税价格。完税价格是经海关审定作为计征关税依据的货物价格。由于完税价格标准的选择直接关系到对本国的保护程度，各国对此均十分重视。各国所采用的完税价格的依据各不相同，大体有三种：① 以运、保费在内价（CIF）作为完税价格的基础；② 以装运港船上交货价（FOB）为征税价格标准；③ 以法定价格或称进口国官定价格为征税价格标准。

完税价格的认定也即海关估价（Customs Value），是指出口货物的价格经货主（或申报人）向海关申报后，海关按本国关税法令规定的内容审查，估定其完税价格。在上述所依据的价格的基础上进行审查和调整后核定为完税价格。由于各国海关估价规定的内容不一，有些国家可以利用估价提高进口关税，形成税率以外的一种限制进口的非关税壁垒措施。

3. 混合税（Mixed or Compound Duties）

混合税又称复合税，是对同一种商品同时采用从量、从价两种标准征收关税的一种方法。按从量税和从价税在混合税中的主次关系不同，混合税有的是以从价税为主，另加征从量税；有的是以从量税为主，加征从价税。混合税率大多应用于耗用原材料较多的工业制成品。美国采用混合税较多，例如它对提琴除征收每把 21 美元的从量税外，加征 6.7% 的从价税。混合税兼有从价税和从量税的优点，增强了关税的保护程度。

4. 选择税（Alternative Duties）

选择税是指对同一物品，同时订有从价税、从量税和混合税税率，征税时由海关选择，通常是按税额较高的一种征收。选择税具有灵活性特点，可以根据不同时期经济条件的变化、政府征税目的以及国别政策进行选择。选择税的缺点是征税标准经常变化，令出口国难以预知，容易引起争议。

5. 滑动关税（Sliding Duty）

滑动关税即根据商品的市场行情相应调整关税税率的一种方法。滑动关税的经济功能是通过关税水平的适时调节影响进出口价格水平，以适应现时国际、国内市场价格变动的基本走势，免受或少受国内外市场价格水平波动的冲击。滑动关税包括滑动进口税和滑动出口税。滑动进口税根据同类商品国内市场价格水平确定该种进口商品的关税率。国际市场价格较高时，相应降低进口税率；国际市场价格较低时，相应提高进口税率，以保持国内外价格水平大致相等。

6. 差价税（Variable Levy）

差价税又称差额税，是按照进口商品价格低于国内市场同种商品价格的差额来征关税。由于差价税随着国内外价格差额的变动而变动，因此，它是一种滑动关税。差价税的目的是通过按差额征税削弱进口商品的竞争能力，保护国内同类产业的生产。对于征收差价税的商品，有的规定按价格差额征收，有的规定在征收一般关税以外另行征收，后者实际上属于进口附加税。

差价税分为部分差价税、全部差价税和倍数差价税三种具体类型。部分差价税是以小于国内市场商品价格与进口商品价格的差额水平征收关税。全部差价税即以价格差额水平征关税，也称全额差价税。欧洲共同市场是实行差价税的典型，为了实行其共同农业政策，建立农畜产品统一市场、统一价格，对进口的谷物、猪肉、食品、家禽、乳制品等农畜产品征收差价税，其目的在于排斥非成员国的农畜产品大量进入欧洲共同市场。

7. 其他征税方法

（1）指数税（Index Duty）。它是以进口货物在市场价格指数的倍数为标准征收关税的一种方法。它的特点是税率不变，税额则随物价指数的变动而变动。

（2）季节税（Seasonal Duty）。它是对那些具有明显季节性特征的农产品制定两种或两种以上的不同水平的税率，实际征税时根据季节特征选择其中一种税率予以征收。季节税的目的是平衡国内市场供求关系，调节进出口规模。

（三）关税的减免

关税的减免，是指由于进口国经济、政治等方面的原因和根据国际条约、惯例，需要免除某些纳税义务人或某些进出口应税货品的纳税义务。作为执行关税政策的一种灵活措施，关税减免构成各国关税制度中的一项不可或缺的要素。

为便于各国关税减免制度，特别是政策性关税减免的交流，海关合作理事会在《关于简化与协调海关业务制度的国际公约》中推荐和建议了各国关税减免的范围、标准、管理制度和约束条件等。该公约关税减免的范围主要包括：有关国际协定中规定的商品；无商业价值的样品；人体治疗物质、血型鉴定和组织分类试剂；因迁居而进口的动产；遗产；赠送慈善机构的物品等不一而足，但并未涉及当今各国使用越来越广泛的，为达到奖出限入目的的各种关税减免的政策性优惠。

第二节　非关税措施

一、进口非关税壁垒措施概述

（一）进口非关税壁垒措施的含义

进口非关税壁垒是指各国政府除关税以外所有限制进口的措施，是一种政府干预贸易的政策工具。20 世纪 30 年代的世界经济大危机中，超保护政策兴起，各国开始采用限制进口数量为主要形式的非关税贸易壁垒。20 世纪 50 年代以来，由关税及贸易总协定成立，各国通过多边贸易谈判，关税壁垒不断下降，转而采用非关税壁垒。20 世纪 70 年代的世界经济危机又触发了新一轮的保护主义浪潮，各国纷纷开始强化非关税措施的运用，并且不断创新，以避开关贸总协定的约束，致使进口非关税壁垒盛行。据统计目前非关税壁垒措施可分为八大类七十五种，具体措施可达 3 000 多种。20 世纪 90 年代以来，进口非关税壁垒从限制商品数量价格等转向国民健康、安全和环保方面。

（二）非关税壁垒措施的发展

非关税壁垒措施的实施范围日益扩大。随着非关税措施种类的增加，其用于限制商品进口的范围也日益扩大，其中包括从手套到制衣，从钢铁到汽车等。据统计，世界货物贸易中受非关税限制的部分从 20 世纪 70 年代的 40% 扩大到 1980 年的 48% 。以 1966 年与 1988 年比较，受非关税限制的进口占总进口的比例，日本从 34% 增至 50% ，美国从 27% 增至 57% ，欧洲共同体则从 15% 增至 58% ，而整个经合组织国家总体则从 17% 上升到 54% 。越来越多的商品受双重甚至多重限制措施的影响。

非关税措施的歧视性增强。非关税措施是不公正的，歧视性越来越明显，它不是一视同仁，而是根据与不同国家的政治经济关系采取不同的或不同程度的措施。如欧洲共同体明确主张“有选择的限制”，对中国的限制的歧视性尤为明显。欧洲共同体委员会也不得不承认，对中国的限额有三分之一是歧视性的。

非关税措施的种类日益繁杂。发达资本主义国家所采取的非关税措施的种类日益繁杂，手段不断创新，其中包括进口配额制、“自动”出口配额制、有秩序的销售安排、进口许可证制、外汇管制、进出口国家垄断、歧视性的政府采购政策、国内税收制度、进口押金制、最低限价制和繁杂的技术标准、卫生检疫、包装标签规定等，名目繁多，不胜枚举。如今劳工政策、环境保护等也成为贸易保护的政策手段。

二、直接限制进口的措施

非关税限制贸易的政策工具中，直接限制进口的“数量限制”的保护效果最大且直接，尤其是对缺乏需求弹性的商品，如农产品等，其效果更为显著。数量限制作为一种行政手段使用最早，运用也较为广泛。所谓数量限制是指对某些特定的商品或劳务的贸易，在某一时期内严格限制在一定的价格或数量之内。数量限制的主要形式为三种，即进口配额制、自动出口限制以及进口许可证制等。

（一）进口配额制

1. 进口配额的含义及其作用

进口配额（Import Quota）又称进口限额，是指一国政府在一定时期（如一季度、半年或一年）内，对于某些商品的进口数量或金额加以直接限制。在规定的期限内，配额以内的货物准予进口，超过配额则不准进口，或加征更高的关税甚至罚款以后才准许进口。它是资本主义国家实行进口数量限制的重要手段。早在重商主义时代，以贸易出超、聚积金银为目的的进口配额就被采用。在20世纪30年代世界经济恐慌时期，物价大幅下跌，各国保护国内物价的措施均告失效，为了减少失业、改善国际收支及防止本国货币贬值，主要资本主义国家相继采用进口配额，使其成为各国限制进口的主要手段。如今，限制进口的种类方面都有了扩大，主要针对某些“敏感性”或“半敏感性”商品，如纺织、服装、鞋类、钢材、汽车等。

2. 进口配额的分类

进口配额按其实施方式的不同可以分为绝对配额和关税配额两大类。

(1) 绝对配额。

绝对配额（Absolute Quotas）指在一定时期内，对某些商品的进口数量或金额规定一个最高额度，达到了这个额度后，便不准进口。

绝对配额具体实施过程中有三种形式。

A. 全球配额（Global Quotas）是一种世界范围内的绝对配额，对于来自任何国家或地区的商品一律适用。它指的是进口的数量限额不区分国别地区，谁先申请谁先获得。它在实施贸易限制过程中，基本贯彻了非歧视原则。

B. 国别配额（Country Quotas）即将总配额按国家或地区分别给定额度。为了区分来自不同国家或地区的商品，在进口时必须提交原产地证明书。国别配额的最初分配通常是以各主要出口国在本国市场的份额为基础进行分配，往往也会根据国家关系的不同而给予差别待遇。

国别配额的分配方式有自主配额和协议配额两种：自主配额（Autonomous

Quotas）或称片面配额（Unilateral Import Quotas），即由进口国单方自主规定从某国进口某种商品的数量，而不必征求出口国的意见。协议配额（Agreement Quotas）即由进口国和出口国通过协议所确定的配额。因此，它通常不会引起出口商的反感和报复，并可使出口国对于配额的实施有所谅解和配合，执行起来比较容易。协议配额包括双边协议配额和多边协议配额。多边协议配额是两个以上的进出口国家或地区就某种商品的进口数量份额达成的协议。

C. 进口商配额（Importer Quotas）即将某些商品的数量限额直接分给本国的进口商。进口商按政府行机构分配的额度组织进口。实施进口商配额的国家往往把配额给予本国的垄断商、进口商，而中小商人则难以得到额度。

（2）关税配额。

关税配额（Tariff Quotas）是一种进口配额与关税相结合的形式。它是指对进口商品的绝对数额不加限制，而是在一定时期内，对规定配额以内的进口商品给予低税、减税或免税待遇，对超过配额的进口商品则征收较高的关税、附加税或罚款。关税配额与绝对配额的主要区别在于：绝对配额规定一个最高进口数额，不能超过；关税配额则表现为，超过额度仍可进口，只是成本将增加。

（二）自动出口限制

1. 自动出口限制的含义

自动出口限制（Voluntary Restriction of Export）又称“自动出口配额制”（Voluntary Export Quotas）也是一种限制进口的手段。是指出口国家或地区在进口国的要求或压力下，“自动”规定某一时期内（一般为五年），某些商品对该国出口的数量或金额的限制，在限定的配额内自行控制出口，超过配额即禁止出口。“自动出口限制”在形式上表现为自愿性，但在实质上却具有强制的性质：进口国往往以商品大量进口使其有关工业受到严重损害，造成“市场混乱”为理由，要求出口国实行有秩序地增长，自动限制商品出口。因此，“自动出口限制”往往是出口国在面临进口国采取报复性贸易措施的威胁时所作出的一种选择。其目的在于避免因这些商品出口过多而严重损害进口国生产者的利益，招致进口国采取严厉措施限制从该国的进口。“自动”出口限制最早出现于20世纪30年代的美日纺织品贸易中。到了20世纪六七十年代，“自动”出口限制被广泛采用，范围已从纺织、钢铁、小汽车扩大到彩电、电子元件和船舶等，甚至涉及一些农产品如奶酪、苹果、肉类等。

“自动”出口限制属于关贸总协定的“灰色区域”。所谓“灰色区域措施”（Gray Area Measures）是指关贸总协定中无明确适用条款，其法律地位不清楚，既不是合法的，也不是非法的贸易限制措施。“自动”出口限制就是利用总协定不明确、不全面性的特点，采取双边的和不透明的隐蔽形式实行贸易限制，以避免总协定的监督。它是一种求助于量的限制措施，具有选择性、双向性和隐蔽性的特点。

2. “自动”出口限制的种类

“自动”出口限制一般采取两种形式：单方“自动”和“协议自动”。

（1）单方“自动”出口限制。即由出口国单方面自行规定出口到某国的限额，以限制商品的出口。单方“自动”包括：① 政府规定配额并予以公布，出口商必须向有关机构申请配额，领取出口授权或出口许可证才能输出；② 出口国的出口厂商和同业公会根据政府的意图规定额度，控制出口。单方“自动”形式上是出口国单方的自愿行为，但事实上总是受到进口国警告，或受到进口国的压力之后，才由出口国作出的。

（2）协议“自动”出口限制。即进出口双方通过谈判的方式签订“自限协定”（Self-restriction Agreement）或“有秩序的销售协定”（Orderly Marketing Agreement）。在协定的有效期内规定某些商品出口配额，出口国则根据此配额实行出口许可证制或出口配额签证制（Export Visa），自行限制出口，进口国则根据海关统计进行监督检查。“自动”出口配额大多数属于这一种。协议达成的谈判形式有：政府间的双边谈判；政府间的多边谈判；进口国政府与出口企业间的谈判；进出口国家的双边企业谈判。

3. “自动”出口限制协定的内容

“自动”出口协定的内容日趋复杂，各种协定内容不尽相同，一般包括以下几个方面。

（1）配额水平（Quota Level），即规定有效期内各年度“自动”出口的限额。通常是以签约前一年的实际出口量为基础，商定协定第一年限额，并确定其他各年度的增长率。

（2）“自动”限制出口的商品分类和细目。早期“自动”限制商品的品种较少，分类较笼统。20 世纪 70 年代以来，品种增多，分类也日趋复杂。如 1974—1977 年的日美纺织品协定中，将日输美的棉、化纤、毛三大类纺织品共分成 6 组 243 项，按组分别规定各自限额，对组内“特别项目”又规定个别限额。

（3）限额的融通，即各种受限商品的限额相互之间适用的权限与数额问题，主要有两种融通做法：① 水平融通是指同一年度内组与组、项与项之间在一定百分率内的融通使用，这种替换率一般在 1% ~15%，有些品种禁止使用；② 垂直融通是指同组同项水平在上下年度间的融通，即在协定中规定留用额（Carry-over）和预用额（Carry-in）。留用额指当年未用完拨入下年度使用的额度和权限；预用额是指当年配额不足而预先使用下年度的额度和权限。留用额和预用额的规定一般都有一些限制条件。例如，留用额不得超过实际余额，某些项目的留用额只限于同类项目使用，某些特定商品规定较低的留用额，甚至禁止使用留用额；预用额必须在下年度配额中扣除。预用额不得超过 5%。

（4）保护条款指协定规定进口国方面有权通过一定的程序，限制或停止进口某些造成“市场混乱”或使进口国市场厂商受损害的商品。这实际上扩大了进口国限制进口的权限，发达国家在对外签订“自动”限制协定时，都力求订入这项条款。

（三）进口许可证制

1. 进口许可证制的含义及其作用

进口许可证制（Import Licence System）是一种凭证进口的制度，进口国家规定某些商品必须事先领取许可证，才可进口，否则一律不可进口。许可证制与进口配额制一样，也是一种进口数量限制，是运用行政管理措施直接干预贸易行为的手段。大多数国家将配额制和进口许可证制结合起来使用，即受配额限制进口的商品，进口商必须向有关部门申请进口许可证，政府发放进口配额许可证，进口商凭证进口。

实行进口许可证制，不仅可以在数量和金额以及商品性质上进行限制，而且可以控制来源国国别和地区。也可以对国内企业实施区别对待，有些国家在发放许可证时往往对垄断大公司予以照顾。有的国家将进口许可证的发放与出口联系起来，以达到促进出口的目的。如法国，那些经营出口业务的商人或企业家就较容易获得进口绸缎及绸缎服装的许可证。获得进口许可证的商人可以将其转移给服装的专业进口商，而获取5% ~15%的佣金。

2. 进口许可证的分类

（1）有定额与无定额进口许可证。

1）有定额的进口许可证，即与配额结合的许可证，管理当局预先规定有关商品的进口配额，然后在配额的限度内，根据进口商申请逐笔发放具有一定数量或金额的许可证，配额用完即停止发放。此类进口许可证一般由进口国当局颁发给本国提出申请的进口商，也有将此权限交给出口国方自行分配使用（通常是国别配额情况），又转化为出口国依据配额发放的出口许可证。有的国家则要求进口商用出口国签发的出口许可证来换取进口许可证，即所谓的“双重管理”。

2）无定额的进口许可证，即政府管理当局发放有关商品的进口许可证只是在个别考虑的基础上进行，而没有公开的配额数量依据。由于此种许可证没有公开的标准，在执行上具有很大的灵活性，起到的限制作用更大。

（2）公开一般许可证和特种许可证。

1）公开一般进口许可证（Open General Licence，OGL），又称公开进口许可证、一般进口许可证或自动进口许可证，是指对国别或地区没有限制的许可证。凡属公开一般许可证项下所列商品，进口商只要填写此许可证即可获准进口。此类商品实际上是“自由进口”的商品，填写许可证只是履行报关手续，供海关统计和监督需要。

2）特种许可证（Special Licence，SL），又称非自动进口许可证，即进口商必须向有关当局提出申请，获准后才能进口。这种许可证适用于特殊商品以及特定的目的申请，如烟、酒、麻醉物品、军火武器或某些禁止进口的物品。进口许可直接受管理当局控制，并用以贯彻国别地区政策。进口国定期公布须领取不同性质进口许可证的商品项目，并根据需要加以调整。

三、间接限制进口措施

除了传统的直接限制进口的数量限制措施以外，形形色色的间接限制进口措施被广泛运用，并且不断创新，主要有以下几种。

（一）对外贸易的国家垄断

对外贸易的国家垄断是指国家指定的机构和组织集中管理、集中经营。在以私营经济为主体的西方国家，平时仅对少数商品如军火、烟酒和粮食等商品实施国家垄断，在战争或经济大萧条时期，范围有可能扩大。其目的在于保证国内的供应和生产，防止国内市场的混乱；通过国家垄断，可以贯彻政府的意图，限制部分商品的进口。

（二）外汇管制

外汇管制（Foreign Exchange Control）是各国政府通过政府法令对国际结算和外国买卖加以管制以平衡国际收支，控制外汇的供给与需求，防止套汇、逃汇，维持本国货币本币币值稳定的一种管理措施。在外汇管制下，国家设立专门机构或专业银行进行管理。出口商必须把出口所得的外汇收入按规定卖给管理银行，进口商必须向外汇管理机构申请外汇才能向外购买。外汇管制从第一次世界大战期间开始出现，20 世纪 30 年代大多数资本主义国家采用这种手段管理国际收支。20 世纪 50 年代以来，随着资本主义国家经济的恢复和发展，国际收支状况改善，特别是由于国际货币基金组织的作用，大多数发达国家都不同程度地放宽了外汇管制。20 世纪 90 年代以来，一些发展中国家也逐渐放宽了外汇管制。

（三）歧视性的政府采购政策

政府采购政策（Government Procurement）是指政府制定政策或通过制定购买本国货法（Buy National Act）规定，国家行政部门在采购时必须优先购买本国产品，从而形成了对外国产品的歧视，限制外国货的进口。美国政府施行此项政策最为典型。自 1938 年起，美国曾多次制订和修订“购买美国货法”，以法律形式确保政府行政机关优先购买美国货，以限制别国商品进入，并具体规定美国给予本国厂商 6% 的价格优惠。英国规定，使用的通信设备必须是本国产品，此项规定对欧盟国家有重要的影响。

（四）最低限价和禁止进口

最低限价（Minimum Price）指进口国就某一商品进口时规定一个最低价格，进口时低于该价格就不准进口或征收附加税。附加税税额即是进口价格和最低价格之间的差额。进口国有时把最低限价定得很高，进口商若以最低限价进口，则无利可图。当数量限制或最低限价仍然不能达到目标时，一些国家往往颁布法令禁止某些商品的进口。

（五）国内税收和商业限制

某些国家，特别是西欧国家广泛采用国内税收（Internal Taxes）制度来限制进口。这指通过对进口货物和国内生产货物实行差别税收，使进口商品的国内税收负担增加，包括消费税、增值税、临时附加税等。这种方法比关税更灵活和易于伪装，不受贸易条约或多边协定的约束。国内税收的制订和执行是属于本国政府机构，有时甚至是地方政权机构的权限。有的国家则通过复杂的国外商品难以适应的商业限制以达到对进口产品形成障碍。日本的有关商业规定就令许多国家的商品难以进入，这使美国厂商深为不满，也成为日美贸易的争端之一。

（六）进口押金制度

进口押金制（Advanced Deposit）又称进口存款制，是一种通过支付制度限制进口的措施，进口商在进口货物运达以前，必须预先按进口金额的一定比率和规定的时间，在指定的银行无息存放一笔现金，方能获准报关进口，存款须经一定时期后才发还给进口商。其作用是政府可以从进口商获得一笔无息贷款，进口商则因周转资金减少并损失利息收入而减少进口，从而起到了限制进口的作用。意大利 20 世纪 70 年代曾对 400 多种商品实行这种制度，要求进口商必须向中央银行缴纳相当于进口货值半数的现金，无息冻结 6 个月。

（七）海关估价制度

海关估价（Customs Valuation）是指一国在实施从价征收关税时，由海关根据国家的规定，确定进口商品完税价格，并以海关估定的完税价格作为计征关税基础的一种制度。但是，海关估价若被滥用，人为地高估进口商品的价格，无疑就增加了进口商的税收负担，对商品进口形成了障碍。美国的“美国售价制”的特殊估价标准使焦油产品、胶底鞋类、蛤肉罐头和毛手套等商品的国内售价很高，从而使这些商品进口税收负担大大增加。

（八）反倾销与反补贴措施

倾销和补贴在国际贸易中一般被视作不公平的竞争手段，为了避免外国商品倾销和受补贴商品进口对本国市场和生产造成重大伤害，进口国可对实施倾销和补贴的进口商品采取反倾销税和反补贴税等附加税，实行正当的保护措施。但是，反倾销和反补贴措施被进口国，特别是欧美等发达国家滥用的现象日益严重。有时，即使最终裁决倾销或补贴不成立，但仅反倾销和反补贴的立案和一系列程序就足以对进口商品形成障碍。为此，关贸总协定及世界贸易组织就有关反倾销和反补贴达成协定，试图制止这种变相的保护主义措施，但是这些协定的约束力是有限的，并且协定本身也仍然存在某些概念界定不明确的缺陷。

（九）技术性贸易壁垒

技术性贸易壁垒（Technical Barriers to Trade，TBT）是非关税壁垒中发展最为广泛的一种形式，是指一国以维护国家安全，保护人类、动植物生命及健康，阻止欺诈，保护环境，保证质量为目的，或以贸易保护为目的所采取的技术性措施。这些措施在主观或客观上成为自由贸易的障碍。

技术性贸易壁垒标准既包括决定一种商品特性的规格，如质地、纯度、营养价值、尺寸、用途等，也包括设计和说明、证书、标记、商标及检验程序等。这些标准不仅日益复杂，而且经常变化，手续繁杂，标准也不透明，使外国商品难以适应。这些规则的制定有其保护人民健康和安全，保护环境和维护消费者利益等完全合法的理由，其本身可能不是有意设置贸易壁垒，但这些规则往往可以产生贸易壁垒的作用，形成非关税壁垒。有些国家为了维护本国工业的利益，对进口品规定特殊的严格要求，实行双重标准。

1. 技术性贸易壁垒的主要措施

（1）技术标准（Technical Standards）。即工业产品的技术标准日益复杂。由于各国工业化程度、科技发展水平的不同，导致各国技术法规和技术标准的差异，有些国家的厂商则有意识地、有针对性地制定某些技术标准并通过法律的形式定下来形成技术法规，把这些标准作为进口入门的通行证，成为贸易保护的工具，使得出口国特别是发展中国家难以适应而形成贸易障碍。例如，日本消费品安全法引用的强制实施的金属棒 JIS 标准，就长期把美国的铝制垒球球棒挡在了日本的国门之外。诸如国际标准化组织的 ISO900，欧盟的 EU9002 成为欧美国家的工业品的进口通行证。

（2）卫生检疫措施（Health and Sanitary Regulation）和动植物卫生检疫措施是指为保护人类、动植物的生命或健康而采取的措施，包括保护人类和动物的生命免受食品和饮料的添加剂、污染物、毒素及外来病虫害传入的危害；保护植物的生命免受外来病虫传入的危害。但由于各国的文化背景、生活习惯、维护人身健康、安全及生活环境，特别是收入水平的差异，发展中国家的产品往往难以达到发达国家的近乎苛刻的要求。

（3）商品包装和标签（Packaging and Labeling Regulation）规定。标记、商品

和包装要求也能成为贸易壁垒，如对包装物料要求，填充物不能用稻草、废棉絮等。美国对木质包装要求经过高温处理、熏蒸或防腐剂处理，这就大大增加了进口成本。

（十）绿色壁垒措施

绿色贸易壁垒是近年来出现的贸易保护措施，指各国为了保护本国市场，以保护环境和国民健康为由，对进口商品提出带有歧视性、针对性的技术、安全和卫生标准，如不达标准，进口国有权扣留、退回、销毁和索赔等；一些发达国家通过国内立法实施种种环保贸易壁垒措施，诸如征收环保进口附加税、颁布保护特定物种的法律规章、限制或禁止与之有关的进口贸易、为进口产品确定硬性环保指标、对达不到该标准者限制或禁止进口；部分国家实行绿色标志、再生标志（即“绿色通行证”）认证的市场准入制度等，如 ISO1400 标准。由于资源匮乏、生态环境恶化日益严峻，20 世纪 90 年代以后，国际贸易中绿色壁垒措施更为盛行。由于发达国家的环境标准普遍高于发展中国家，特别是少数发达国家对进口产品和本国产品采取不同的标准，使发展中国家的商品更难进入发达国家市场。

1. 绿色壁垒的主要形式

（1）环境许可证制度。这一制度要求在取得许可证的基础上才能进口或出口，即需取得“预先通知同意”。这种做法源于《濒危野生动植物物种国际公约》等国际绿色规范。

（2）禁止进口与环境贸易制裁。此为绿色壁垒中最为严厉的措施，如 1991 年，美国宣布禁止从墨西哥进口金枪鱼，理由是墨西哥使用超过美国标准的大型渔网，在捕获金枪鱼时，也捕杀了应受保护的海豚。

（3）绿色补贴制度。主要是指由于治理污染费用高昂，一些企业难以承受投资于新的环保技术、设备或无力开发清洁技术产品时，政府采用环境补贴的方式予以帮助。

（十一）社会责任标准

20 世纪 90 年代以来，欧美等发达国家又实行所谓社会责任标准，如美国经济优先准入权认证机构理事会制定的社会责任认证标准，简称 SA8000（Social Accountability 8000），用于向各国消费者标明生产商和经销商的生产和销售行为符合国际社会对其的社会责任要求，其所提供的相关产品需符合国际公认的最低劳工权利标准。其标准包括：不使用或不支持使用童工；为劳工提供安全、健康的工作环境；尊重劳工的集体谈判权；遵守工作时间的规定；保证达到最低工资标准等。这项标准的实施无疑会增加广大发展中国家出口产品的成本。

SA8000 是继 ISO9000、ISO14000 之后出现的又一个重要的国际性标准。虽然目前它只涉及人身权益以及与健康、安全、平等机会等与核心要素有关的初始审核，但随着对其的不断修订和完善，该标准最终可能发展成为一个覆盖道德、社会和环境等范围广泛的国际性标准。

第三节 管理和鼓励出口的措施

许多国家利用关税和非关税措施限制与调节进口外国商品，同时还采取了各种鼓励本国商品出口的措施，扩大商品的出口，开拓扩大国外市场，鼓励出口的政策通常也被视作是保护贸易政策的一种表现。管理和鼓励出口的政策和措施，也是一国贸易政策的重要组成部分。在当今国际贸易中，各国鼓励出口的做法很多，涉及经济、政治、法律等许多方面。对一些主要资源和战略物资，各国实行出口管制、限制或禁止出口等。

一、鼓励出口的措施

鼓励出口的经济措施主要是指各种类型的出口补贴（战略性贸易政策）、出口信贷和出口信贷国家担保制、商品倾销和外汇倾销等。

鼓励出口的组织措施主要是指各种类型的经济特区，如自由港和自由贸易区、出口加工区、综合型经济特区与科技型经济特区、保税区、自由边境区与过境区等。

（一）鼓励出口的经济措施

1. 出口补贴

出口补贴（Export Subsidies）又称出口津贴，是一国政府在商品出口时给予出口厂商的现金补贴或财政上的优惠，目的在于降低出口商品的价格，加强其在国外市场的竞争力。补贴是当今国际贸易中运用最广泛的干预形式。鼓励出口补贴的基本形式有两种。即生产补贴和出口补贴。实施出口补贴，就使产品具有“双重价格”——国内市场的销售价格（内销价）和销往国外市场的价格（外销价），外销价低于内销价。

出口补贴包括直接补贴和间接补贴两种，直接补贴是直接付给出口商的现金补贴。第二次世界大战后，美国和欧洲一些发达的工业国家对某些农产品的出口就采用这种形式。这些国家农产品的国内价格一般要比国际市场价格高，向国外销售的价格损失由政府补贴来补偿，有时补贴金额甚至超过实际差价。另一种是间接补贴，也称隐蔽性补贴，即政府对某些出口商品的给予种种财政上的优惠，如出口退税等。

出口津贴的具体形式很多，有的很明显，容易招致报复；有的则较为隐蔽，不易觉察。常见的方式有几种：① 亏损补贴。政府对出口商的亏损实行全额补贴，甚至再加适当的利润，以鼓励出口；② 优惠收购。政府以对生产者有利的固定价格收购产品，然后以低于国内价或低于收购价的价格水平向国际市场销售；③ 减免税收。通过税收政策达到鼓励国内扩大出口目的，即政府选择一些具有外销潜力的产业，予以税收方面的减免优惠，鼓励其投资，培养未来的国际竞争力，或对外销产品准许退税甚至免税；④ 提供廉价资源。政府以优惠费用提供国内公营的运输交通工具，以低廉价格由国营公司承运外销，甚至包括提供廉价的原料投入物等。

2. 出口信贷和出口信贷国家担保制

建立资助性的出口信贷体系，运用优惠信贷支持和扶植出口业的发展，是当今世界贸易中常用的方式。各国政府建立专门的归政府所有的出口和对外贸易的商业银行，办理出口信贷和保险业务，商业银行以国家信用担保。

（1）出口信贷（Export Credit）即国家通过银行对本国商品所提供的一种信贷资助，对银行而言，就是出口信贷业务，用以促进和扩大出口。

出口信贷按时间长短分为：① 短期信贷（Short-term Credit），一般指 180 天以内，主要适用于原料、消费品及小型机器设备的出口；② 中期信贷（Medium-term Credit），为期 1 ~5 年，常用于中型机器设备出口；③ 长期信贷（Long-term Credit），通常是 5 ~10 年甚至更长时期，用于重型机器、成套设备等的出口。

按借贷关系划分，出口信贷可分为卖方信贷和买方信贷。

1）卖方信贷（Supplier's Credit），指出口国银行向本国出口厂商即卖方提供的信贷。由出口厂商与银行签订贷款合同，一次成交金额大、交货期长的成套设备和船舶等运输工具的出口，进口方通常以延期付款的方式，一般要四五年，长的达七八年时间才能全部收回货款。卖方信贷就是银行直接资助出口厂商向外国进口商提供延期付款，以利商品出口。

2）买方信贷（Buyer's Credit）是出口国银行直接向进口国银行或进口厂商（即买方）提供的贷款，帮助解决进口厂商资金不足，不能立即付款的困难，以刺激国外消费者购买大型机器设备或成套设备。买方信贷是一种约束性贷款（Tied Credit），即所贷款项必须用于购买债权国的商品。

（2）出口信贷国家担保制（Export Credit Guarantee System），即政府设置专门的机构或专业银行，为本国提供出口信贷的商业银行进行保险的一种方式。如英国的出口担保局、美国的进出口银行、日本的输出入银行、法国的对外贸易银行等以不同形式在不同程度上，为本国贷款银行承担保险责任。当外国进口商不能按时付款或拒付货款时，由出口国政府担保支付一部分或全部货款，减少贷款银行的风险。国家担保制保险的范围，不仅包括一般商品性风险，还包括由政治因素、外汇管制、货币贬值等所引起的不能按时付款或拒绝付款的风险。

3. 商品倾销和外汇倾销

商品倾销（Dumping）是指以远低于国际市场价格、国内批发价格，甚至低于生产成本的价格，向国外抛售商品，从而打击竞争者，占领市场的一种手段。从表面上看，低于成本销售会使出口厂商蒙受经济损失。但是，实际上，倾销的这种损失不仅可以通过各种途径得到补偿，甚至可以获得更高的利润。例如：① 以国内垄断高价补偿国外低价销售损失的“空间倾销”；② 通过倾销击败竞争者、占领市场后，以垄断高价补偿倾销时期的损失的“时间倾销”；③ 接受国家组织的出口补贴来补偿倾销亏损。倾销必须以高筑关税为前提，否则难以获得国内垄断高价的超额利润。

外汇倾销（Exchange Dumping）是指政府利用本国货币对外贬值的机会争夺国外市场的一种手段。由于货币贬值后，出口商品以外国货币表示的价格降低，从而提高了竞争能力，达到扩大出口的目的。实施货币贬值以扩大出口并不是任何时候都能奏效的，一方面，由于货币贬值会引发国内通货膨胀，若货币贬值幅度被国内通货膨胀赶上，外汇倾销的目的可能只是在一段时间内达到，甚至不能起作用；另一方面，外汇倾销对实行同样幅度货币贬值的贸易伙伴也是无效的。另外，外汇倾销也是以贸易伙伴不实施报复为条件的。

（二）鼓励出口的组织措施

1. 经济特区

所谓经济特区（Special Economic Zone），指的是一个国家或地区在其关境以外划出一定的区域，在这区域内实行各种特殊的优惠政策，发展出口加工贸易、转口贸易，推动该地区和邻近地区经济贸易的发展。建立经济特区作为促进贸易发展的政策措施由来已久，在当代国际贸易中，占有相当重要的地位。

世界经济特区一般有自由港和自由贸易区、出口加工区、综合型经济特区与科技型经济特区、保税区、自由边境区与过境区等几种类型。

（1）自由港（Free Port）和自由贸易区（Free Trade Zone）。

传统的自由港和自由贸易区基本上是一种商业型或贸易型的经济特区，是经济特区最常见的形式。

自由港又称自由口岸，一般设置在港口城市或地区，例如，中国香港就是典型的自由港。它的特征是：其一，对商品的输出入不征关税或仅对少数商品征税（如烟、酒等），不必办理海关手续；其二，一般准予在港内自由进行改装、加工、装卸、整理、买卖、展览、销毁和长期储存等。自由港的设立主要是为了发展过境贸易，吸引外国船只或货物过境，从中获取运费、堆栈费、加工费等收入。

自由贸易区，又称免税贸易区（Tax-Free Trade Zone）或自由区（Free Zone），也有的称为对外贸易区（Foreign Trade Zone）等，是在关境以外，准许外国商品自由免税进出的地区。自由贸易区一般依靠河、山等天然屏障或藩篱等其他障碍把它与其他受海关管辖的部分隔离开来，规定允许在区内经营活动的种类，如贸易、工业及劳务等。

自由港与自由贸易区对出口贸易提供的优惠和便利主要是：其一是关税优惠和免除海关手续，也不受配额限制和外汇管制，免除大多数统计申报；其二是节省费用，自由贸易区一般都设在近海港的城市，为外商提供接近最终市场的商品储存和加工地；其三是商品展销的窗口，便于外商以自由贸易区作为展示市场，以便进一步进入当地市场；其四是允许从事加工装配，既可省去捐税，又能降低成本、运费、厂房租金、工资及保险费等。

（2）出口加工区（Export Processing Zone）。

出口加工区源于自由贸易区，是专门为加工、制造和装配出口产品而开辟的特定区域，是自由贸易区转口贸易功能弱化、出口加工功能强化的产物。

出口加工区一般设置在港口或邻近港口、国际机场的地方，提供基础设施以及免税等优惠待遇，主要的目的是引进国外资金、技术和经营管理方法，利用本国的劳动力资源与国际市场，发展出口加工工业，以扩大设区国的出口贸易，增加劳动就业和外汇收入，取得工业方面的收益，促进本国经济的发展。

出口加工区有两种类型：一是综合性出口加工区，即在区内可以经营各种产品的出口加工。二是专业性出口加工区，即区内只能经营某种特定产品的加工。

出口加工区的优惠政策措施主要包括两方面。其一是提供工业化所必需的一般先决条件，如提供训练有素、工资水平与生产效率和技术熟练程度相适应的劳动力；提供良好的环境，如码头、水电供给、交通设施，国际机场及通信等基础设施；精简高效的行政机构和规章制度；稳定的政策和对外投资的法律保护。其二是提供财政上的优惠和补贴，鼓励出口加工业务发展及吸引外国投资，包括：区内加工出口所需的各种进口设备、原材料一律免征进口税；加工产品出口一律免征出口税；区内外商投资企业可以减免部分国内税；按补贴性的收费率提供公用事业和基础设施服务以及工厂用地等；外商企业经营所得的各种收入不受外汇管制的限制等。

（3）综合型经济特区与科技型经济特区。

综合型和科技型经济特区是在出口加工区基础上形成和发展起来的，是世界经济特区发展的新阶段和新趋势。它们除了具有一般出口加工区和自由贸易区的特点外，还有各自的特点。综合型经济特区的特点是：规模大、经营范围广，是一种多行业、多功能的特殊经济区域。它比小型的出口加工区具有更大的优势，经济效益显著。除了出口加工业和进出口贸易外，还经营农牧种植业、旅游业、金融服务业、交通电信以及其他的行业，例如巴西的马瑙斯自由贸易区。

科技型经济特区则一般以大学和科研机构为依托，以科学研究为先导，拥有较雄厚的技术力量，能够创立技术密集与知识密集型的新兴产业，发展高精尖产品，具有较强的国际竞争力。这种类型的经济特区，对于东道国的科技进步和工业化起到了巨大的促进作用。

（4）保税区（Bonded Area）。

保税区也称保税仓库（Bonded Warehouse），它是由国家海关所设置的或经海关批准设置的特定地区或仓库。它的功能基本类似于自由贸易区。进入保税区的外国商品可以暂不缴纳进口税，如再出口也不必缴纳出口税。进入区内的商品可以进行储存、改装、分类、混合、展览、加工与制造等。保税区（仓库）的设立，有利于货主选择有利的时机交易，有利于贸易业务的顺利开展和促进转口贸易。各个国家保税区的具体规定各有不同，做法上也有差异。日本根据职能的不同将保税区分为指定保税区（Designated Bonded Area）、保税棚（Bonded Shed）、保税仓库（Bonded Warehouse）、保税工厂（Bonded Factory）和保税陈列场（Bonded Exhibition）等几种类型。

（5）自由边境区（Free Perimeter）与过境区。

自由边境区设置主要是少数美洲国家（如墨西哥）的鼓励措施，一般设在本国的一省或几个省的边境地区，其特征与自由贸易区基本一致，目的是利用外资开发边境区的经济。它与出口加工区相比，其进口商品在加工后只有少数用于再出口。

过境区则是沿海国家为了便利近邻国家的贸易进出口，在某些海港、河港或国境城市所开辟的特殊区域，对过境的货物简化海关手续，免征关税或只征小额的过境费用。过境货物可以在过境区进行短期储存、重新包装，但不得加工。

（三）其他鼓励和促进出口的措施

1. 设立专门的官方促进出口组织和机构

政府设立为出口提供公共服务的机构，辅助本国企业走向国际市场，成为当今各国鼓励出口的重要手段。美国早在1960年就成立了扩大出口全国委员会，1979年又成立了总统贸易委员会和贸易政策委员会，定期讨论和制定对各国的贸易政策。有的国家则成立半官方的机构或政府支持的民间机构，为企业出口提供多项服务。

2. 外汇留成和进出口挂钩的制度

在实行外汇管制的国家，政府为了鼓励扩大出口的积极性，允许出口厂商从其出口所得的外汇收入中，提取一定比例的外汇用于进口。有的国家采取出口凭证制，即对本国出口厂商出口某种商品后，发给一种奖励证书，持有该证书可以进口一定数量的外国商品，或将该证书在市场上转让出售从中获利。较为普遍的是将进口许可证的分配与出口联系起来，用进口配额的额外收入促进出口业的发展。有的国家将进口原材料或设备的许可证与出口产品的价值联系起来。有的则根据出口实绩，对贸易保护政策进行调整，实行隐含的交叉补助。

3. 吸引外资流入

提供各种优惠，鼓励集资金、技术和管理技能一体的国外的直接投资，是许多发展中国家建立发展出口制造业的较快的途径之一。免税期是一种主要的吸引方式，一些国家则设立专门的经济特区，为外商投资企业提供多方面的优惠。

二、管理出口的措施

世界经济发展的一般趋势和各国对贸易实行干预政策的基本点是鼓励出口和限制进口，并且越来越偏重于鼓励出口。但是，许多国家为了达到一定的政治、军事和经济目的，往往对某些产品，特别是战略物资和高技术产品等的出口实行管制，以限制或禁止这类商品的出口。出口管制是一国对外贸易政策的组成部分，尤其是发达的资本主义国家往往运用出口管制作为其实行贸易歧视的重要手段。

1. 出口管制的目的

出口管制或称出口控制（Export Control）政策是指出口国政府通过各种经济的和行政的办法和措施对本国出口贸易实行管制行为的总称。管制的目的一般有政治军事和经济两个方面：

（1）出口管制的政治军事目的。为了干涉和控制进口国的政治经济局势，在外交活动中保持主动地位，遏制敌对国或臆想中的敌对国家的经济发展，维护本国或国家集团的政治利益和安全等目标，通过出口控制手段，限制或禁止某些可能增加其他国家军事实力的物资，特别是战略物资和可用于军事的高技术产品的出口。或通过出口控制手段对进口国施加经济制裁压力等手段，迫其在政治上妥协就范。

（2）出口管制的经济目的。为了保护国内稀缺资源或再生资源；维护国内市场的正常供应；促进国内有关产业部门或加工工业的发展；防止国内出现严重的通货膨胀；保持国际收支平衡；以及稳定国际市场商品价格，避免本国贸易条件的恶化等。

2. 出口管制的对象

从管制的对象来看，出口管制国家一般对以下几类商品实行管制：① 战略物资和先进技术；② 国内生产所需的各种原材料、半成品及国内市场供应不足的某些商品。例如，大多数发达国家对化学品、石油和天然气、药品、活的牲畜等实行出口许可管制；③ 实行自动出口限制的商品；④ 历史文物、艺术珍品、贵金属等特殊商品；⑤ 被列入对进口国或地区进行经济制裁范围的商品；⑥ 出口国垄断的部分商品。

3. 出口管制的形式

出口管制一般有两种形式：① 单边出口管制。这指一国根据本国的需要和外交关系的考虑，制定本国的出口管制方案，设立专门的执行机构实行出口管制；② 多边出口管制。这指两个以上国家的政府，通过一定的方式建立多边出口管制机构，商定和编制多边出口管制清单，规定管制办法，以协调彼此的出口管制政策和措施，达到共同的政治和经济目的。

4. 出口管制的主要措施

单边出口管制的国家通常采取以下一些措施来实现其控制目标。① 国家专营；② 征收出口税；③ 实行出口许可证制；④ 实行出口配额制；⑤ 出口禁运。出口管制有时是针对商品，有时是针对国家或地区，因此，它也是实施歧视性出口政策的手段。

5. 巴黎统筹委员会（Coordinating Committee，COCOM）

巴黎统筹委员会（简称巴统）是实行多边出口管制的主要国际组织之一。第二次世界大战结束后不久，美国与西欧诸国于1949年4月4日成立北大西洋公约组织（NATO），以防止美国的战略性高科技产品与技术可能会经由西方工业国家输入苏联、东欧，在经济上对社会主义国家实行封锁。巴统的主要工作是编制和增减禁运货单，规定受禁国别或地区，确定禁运审批程序，加强转口管制。

巴统的管制方式是直接管制特定产品和技术出口到特定国家或地区，按管制程序的强弱分成一般禁运项目、善意考虑项目、45天评估项目、知会项目和行政例外备忘录等五种。1994年4月1日起，历经45年的巴统最终宣告解散。

章末案例

中国出口反贸易壁垒第一案　江苏紫菜反击日方歧视

2004年2月25日，江苏省紫菜协会代表其下属107个会员，向国家商务部申请反贸易壁垒调查，请求调查并认定日本政府在紫菜进口方面存在贸易壁垒，并要求在此基础上与日本政府进行磋商，取消对原产于中国的条斑紫菜的进口限制措施。当天下午，商务部公平贸易局正式受理了上述申请，这是中国农产品在国际贸易争端中首次主动出击，被列为中国加入WTO后向国外提出的“反贸易壁垒第一案”。

多年尴尬的零记录

紫菜已成为中国出口创汇以及发展外向型渔业经济的主导产品之一。其中，江苏年产条斑紫菜22亿多张、产值7亿元人民币，占全国紫菜总产量的95%、出口总量的85%。可是，自从紫菜消费大国日本采取配额分配和进口许可证制度以来，以江苏条斑紫菜为代表的中国紫菜便迟迟不能直接进入日本市场，导致中国同类紫菜产品对日出口多年来一直保持零的记录，而原产于韩国的干紫菜和调味紫菜却能享有日本政府给予的进口配额。而日本人食用的紫菜是世界上最贵的紫菜，就产地价格而言，是中国干紫菜的3倍以上。

在此前提下，中国约有1/3的紫菜需经由日本有关紫菜商社低价采购后，再转销到其他国家和地区，中国紫菜业的整体效益因此遭受了严重损失。近3年来，中国干紫菜产量一方面节节攀升，另一方面销售价格却一路走低，并且远远大于生产成本的下降幅度。紫菜的利润率也从2001年的25%骤减到2003年的5%左右。

中国紫菜业之所以举足轻重，很重要的原因在于中国是《联合国海洋法公约》（简称《公约》）的缔约国。江苏省紫菜协会秘书长端木怡燕告诉记者，为了有效履行《公约》中的有关规定，中国曾与日韩两国先后签署了专属经济区渔业资源管理的协定。受此影响，中国约3万艘渔船陆续撤出了外海传统渔场，而30多万捕捞渔民也因此面临转产的困境。当时，渔船转产的一个主要方向就是发展海水养殖业，其中紫菜养殖业成为渔民的首选；新的加工业发展减轻了沿海渔民的生活压力，对保护近海水产资源也意义深远。因此，日本歧视性贸易壁垒对中国紫菜产生的负面效应可想而知。

秘密考察团赴日取证

为积极应对日本歧视性壁垒，2003年8月，江苏省紫菜行业协会组织考察团，代表其下属的107个会员秘密奔赴日本，进行为期15天的专题调查。遍访日本各主要紫菜市场集散地之后，考察团采集到了日本官方对干紫菜进口配额情况的第一手资料。

调查发现，从20世纪80年代后期开始，韩国就一直有少量紫菜出口到日本。1993年前后，韩国驻日本大使馆向日本政府提出不公平贸易提案，与此同时，韩国紫菜协会也直接与日本紫菜协会进行交涉。无奈之下，日本被迫于1995年正式批准对韩国紫菜实行配额，其总体原则是每年净增加3 000万张，最终达到2.5亿张。为此，韩日两国的紫菜协会在每年1月份对本年度紫菜贸易的进口总数量、品种分配进行谈判，在双方取得一致意见后，报经日本农产水利省审批执行。到2003年，日本进口韩国紫菜的配额已达1.3亿张。

"与日韩两国相比，中国同类紫菜产品无论是养殖加工方式，还是产品规格都没有任何差异可言。日本只进口原产于韩国的紫菜，而不进口中国的同类紫菜产品，明显违反了WTO有关规定，构成了对中国产紫菜出口日本的歧视性贸易壁垒。"端木怡燕不无激动地说。

同时，江苏省内一些日资紫菜养殖加工企业也对日本政府这种行为嗤之以鼻，纷纷要求日本政府取消对中国的进口限制。据端木怡燕介绍，仅雅玛珂、高岗屋和永井海苔这三家日资企业的紫菜养殖加工量就占江苏干紫菜总产量的1/3。

行业协会大显身手

面对壁垒，中国企业维护自身权益的一大"法宝"就是提出贸易壁垒调查申请。根据2002年原外经贸部（现商务部）颁布的《对外贸易壁垒调查暂行规则》，国内企业、国内产业或者代表国内企业、国内产业的自然人、法人或其他组织都可以申请贸易壁垒调查，调查其他成员影响中国正常出口贸易和境外投资的各类措施，并根据WTO相关规则采取措施，努力消除不合理限制。

然而，记者在采访中了解到，目前为数众多的中国企业在面对国际贸易中存在的重重关卡时，大多不愿提出贸易壁垒调查申请。其中不乏实际障碍，如贸易壁垒调查的程序繁琐，企业难以招架；后续国际贸易诉讼费用惊人等。因此，建立应对国际纷争的行业组织和主体，就成为应对国际贸易纠纷的大计。

中国加入WTO后，农业已成了受冲击最大的领域，也是行业协会发展最薄弱的领域。国外许多农产品行业协会纷纷在中国设立总部或办事处，为本国农产品抢滩中国市场开辟道路，而中国农产品在国外却不断遭遇贸易壁垒、技术壁垒。将处于一盘散沙状态下的中国农民和企业凝聚为农业行业协会，是无可回避的必然选择。

据悉，商务部在对江苏紫菜协会的申请进行审查后，将作出立案或不立案决定；如果选择立案，商务部将对日本紫菜进口配额情况进行调查，以此认定日方做法是否构成贸易壁垒；如认定为贸易壁垒，商务部可采取双边磋商、启动多边争端解决机制及其他适当措施，维护中国紫菜养殖和加工企业的合法权益。

讨论题：

（1）请查找资料，了解本案例的最终结果。

（2）根据本案的最终结果，分析在解决国际贸易争端时国家经济实力的作用。

第六章
区域经济一体化与多边贸易体制

本章提要

1. 区域经济一体化的含义、层次及影响
2. 世界上重要的区域协定的历史、当前范围和未来前景
3. 区域经济一体化的现实：欧洲、美洲、亚洲、非洲和中东

关键术语：

区域经济一体化　特惠贸易协定　自由贸易区　关税同盟　共同市场　经济同盟　政治同盟　贸易创造　世界贸易组织（WTO）　欧洲经济一体化　东南亚国家联盟（ASEAN）　亚太经济合作组织（APEC）　北美自由贸易区（NAFTA）

开篇案例

中日韩自贸区实现的关键

国务院总理温家宝2012年5月22日在中日韩三国峰会后宣布，三国将在今年内完成建立自由贸易区（FTA）谈判的官产学联合研究，争取明年启动谈判，努力在今年内完成三国投资协定谈判。毋庸置疑，建立自由贸易区，对于三国的经济发展而言，具有特殊的紧迫性。中日韩三国经济总量占全球经济的近20%，中日韩经济总量均居世界前十位，但相互间贸易额仅占三国对外贸易的11%左右，相互间投资额也仅占三国对外投资的10%。建立自由贸易区，能够扩展相互间贸易的深度和广度，有助于三国经济向内生型的方向发展，降低对北美及欧洲市场的依赖。

日本传统上依赖WTO的多边框架安排，对FTA等双边贸易协定一直兴趣不大。但是WTO架构下的多哈回合谈判历经多年难有结果，日本国内对FTA的要求开始占据主导地位。特别是2001年中国与东盟达成协议，10年内开启中国—东盟FTA，日本国内紧迫感陡增，与东盟整体及个别国家签署了经济合作协定（EPA），与印度签署EPA，等等。从布局上说，日本的EPA战略降低了其与东盟这一它的主要贸易对象及投资对象的贸易投资成本，无疑有利于日本经济的增长。

然而很长一段时间，日本对中日 FTA 兴趣并不高，原因在于日本一直将中国视为贸易对手，它与东盟签署 EPA 很大程度上也因为受到了中国的“刺激”。通过 EPA 战略实现对中国的“包围”、夺取所谓的“地区经济主导权”一直是日本政府的既定方针，签署中日 FTA 与该方针背离，至少这并不在日本优先解决的议题序列之内。2002 年 11 月 4 日，中国前总理朱镕基在柬埔寨金边举行的中日韩领导人会晤中向日韩两国提出了建立中日韩自由贸易区的构想至今，因为日本的冷淡，一直处于“研究”阶段。

韩国有关方面已经过测算，因在产业链上韩国处于中日之间，若日韩实现 FTA，韩对日将有很大贸易逆差，而对日贸易逆差可以通过中韩 FTA 的顺差来弥补，因此中日韩实现 FTA，对于韩国来说，是有很大吸引力的。能否实现中日韩 FTA，关键在日本。

当前日本之所以同意“提速”，原因在于国际贸易环境发生了变化。首先中国在国际上的贸易地位已经与提出该倡议的 2002 年不可同日而语。美国奥巴马政权“出口倍增”计划，也让日本产生“出口市场缩小”的担忧。与此同时，周边自贸区建设的速度在加快，韩欧 FTA 已获国会批准，韩美 FTA 完成谈判，而日本对这两个重要的产品最终消费地的 FTA 建设，至今八字还没有一撇。日韩在出口项目上有很大的重合性，韩国与主要国家 FTA 生效后，日本的贸易条件有可能大幅恶化。日本经济界对政府在推动 FTA 方面进展缓慢的不满越来越强烈，推动对中日韩 FTA 改观态度。大陆与台湾的 ECFA 生效，对日本来说也是一大刺激。当然，“3・11”地震之后，日本经济受到影响，也是让日本改变心意的原因之一。

去年菅直人政权上台后，一直力推美国主导的泛太平洋战略经济伙伴关系协定（TPP）。日本想通过参与 TPP，曲线实现正面无法推动的日美 EPA，起码在对美贸易条件上与韩国持平。同时，TPP 的参与条件苛刻，对中国而言门槛太高，日本想通过参与 TPP 改善贸易条件的同时，与美国实现更紧密的贸易，在战略上实现对中国的“优势”。

对于日本来说，计划是美好的，但现实环境却往往并不能让他们如意。

去年9 月菅直人政权突然表示要参与 TPP 谈判，并誓言要借此推动“第三次开国”，愿景可谓宏大。然而遭到农业团体的反对之后，轰轰烈烈的“开国”计划戛然而止。将来中日韩 FTA 问题，或许会面临同样的困难。因此，中日韩进入谈判进程之后，路可能更为艰险。

之所以在自由贸易问题上始终推进艰难，从根本上说，日本是一个缺乏为未来牺牲现在的意愿的国家。实现 FTA，对于任何一个国家而言，短期内必然是有得有失，特别是农业等低生产率的产业会受到冲击。参与 FTA，短期内是利益的协调问题，即产业界通过自由贸易获益，而政府通过企业利润增长带来的税收增长来补贴、扶助农业。同时，FTA 带来的竞争，能够推动农业从分散型的小农业向集约化的大农业发展。对于一个国家的绝大多数产业而言，长期看 FTA 都能给它们带来正效应。然而，在转型过程中，会有农民或者无法参与竞争的企业面临倒闭或失业，而这会成为自由贸易的最大阻碍，因为对这些个体而言，参与 FTA 带来的损失具有绝对性，很可能就此一蹶不振。

无论是中日韩 FTA，还是 TPP，农业问题始终是无法绕过的一个坎儿。日前外相前原诚司曾经说，“日本的农业仅占 GDP 的 1.5%，为了这 1.5%，难道要牺牲 98.5%？”但是日本的农业利益团体在政治上的作用要远远大于 1.5%，农业团体农协在政治上素来有很大的发言权，无论是自民党还是民主党都不敢彻底得罪农协，因此在 FTA 问题上，农业始终是瓶颈。

日本当年能够实现与东盟等国的 EPA，与个人权威较强的小泉当政不无关系。FTA 的谈判，既是国家间利益的协调过程，也是国内各产业、各利益集团的利益协调过程，领导人的威信在协调过程中，作用举足轻重。因此，对于中日韩 FTA 而言，即使进入谈判，很可能也是一个旷日持久的过程。

（资料来源：《瞭望·新闻周刊》，笔者修改）

第一节　区域经济一体化概述

一、区域经济一体化概述

（一）什么是区域经济一体化

位于某一地理区域内的各个国家通过相互合作，削减或消除国与国之间的商品、劳务和资本的流通壁垒的过程被称为区域经济一体化/地区主义（Regional Economic Integration/Regionalism）。在该地理区域内实行经济一体化的国家集团就被称为区域贸易集团。

各国实行经济一体化的目标不仅仅是为了增加跨国贸易和投资，也是为了提高各国的国民生活水平。专业化分工和贸易能够通过降低价格、提高生产率、为消费者提供更多的选择而带来利益。制定区域贸易协定的目的就是使其成员国实现这些目标。各成员国实行区域经济一体化有时还有一些其他的目标，例如保护知识产权、保护环境，甚至最终建立政治同盟。

（二）区域经济一体化的层次

国际贸易理论的不断发展证实了通过贸易可以获得潜在利益，因此许多国家都想通过各种方式来获得这些利益。如表 6-1 所示展示了区域贸易集团在政治和经济一体化方面的六个不同层次（程度），其中特惠贸易协定是最低层次的经济一体化形式，而政治同盟则是最高层次。

表 6-1 区域经济一体化的不同层次

一体化的阶段	成员国之间关税与配额的废除	共同关税与配额体系	对生产要素流动限制政策的废除	经济政策的协调和统一	经济政策与制度的协调和统一
特惠贸易协定	否	否	否	否	否
自由贸易区	是	否	否	否	否
关税同盟	是	是	否	否	否
共同市场	是	是	是	否	否
经济同盟	是	是	是	是	否
政治同盟	是	是	是	是	是

（资料来源：Franklin R. Root，International Trade and Investment，Cincinnati，Ohio：South-Western Publish Company，1992，254）

每一种经济一体化形式都包含了比它更低层次的一体化形式的所有特点。

1. 特惠贸易协定（Preferential Trade Arrangements）

它是指在实行特惠贸易的成员国之间，通过协定或其他形式，对全部或部分商品规定特别的关税优惠。这是经济一体化的最松散和较低级的一种形式。

2. 自由贸易区（Free-Trade Area）

它是指成员国之间取消所有的贸易壁垒，但是每个成员国可以自行决定对非成员国制定不同贸易壁垒的经济一体化形式。自由贸易区是两个或多个国家之间实现的最低层次的经济一体化形式。区内各成员国相互之间取消所有商品和服务的关税和非关税壁垒，如配额和补贴。但是，成员国可以保留它们认为合理的对待非成员国的贸易政策，这些政策可能有很大不同。同一自由贸易区内的成员国通常还会建立一个解决贸易争端的仲裁程序，一旦出现贸易争端就可以通过该程序来解决。

3. 关税同盟（Customs Union）

它是指成员国之间完全取消关税和非关税贸易壁垒，并对非成员国采取统一的贸易政策的经济一体化形式。关税同盟与自由贸易区最大的区别在于关税同盟以统一的贸易政策来对待非成员国。同一关税同盟内的成员国可以作为一个独立的实体与世界贸易组织等其他超国家组织进行谈判。

4. 共同市场（Common Market）

它是指取消成员国之间所有商品、区域经济一体化的不同层次关税和非关税贸易壁垒。在综合了自由贸易区和关税同盟特点的基础上增加了劳动力和跨境投资这两种重要生产要素的自由流动。但是，由于它要求至少在经济和劳动力政策方面进行合作，因此这种一体化形式实际上很难实现。而且，由于熟练劳动力一般会向高工资国家转移，同时投资则会流向高回报率的国家，结果就会使各成员国之间出现利益不均的问题。

5. 经济同盟（Economic Union）

它是指取消成员国之间的商品贸易和劳务与资本流通的壁垒，对非成员国采取统一的贸易政策，同时协调各成员国之间的经济政策的经济一体化形式。经济同盟已经超出了共同市场的要求，各成员国不仅要在税收、货币和财政政策上实现统一，而且要采用统一的货币。成员国作为经济同盟的一部分，必须将一定的国家自治权（或主权）让渡给该超国家联盟。

6. 政治同盟（Political Union）

它是指成员国之间在经济和政治制度上高度协调一致的经济和政治一体化形式。政治同盟要求成员国以相同的经济和政治立场来对待非成员国，当然，成员国在本国领土上也拥有一定程度的制定某些政治和经济政策的权力。就单个国家而言，加拿大和美国就是早期政治同盟的一个典型例子。在这两个国家中，一些较小的州和省联合起来形成更大的实体。目前，正在朝这个方向迈进的一个国家集团的例子就是欧盟。

二、区域经济一体化的影响

在国际商务领域中，很少有话题能像有关区域贸易协定对人民、就业、企业、文化和生活水平的影响这样引起这么多人如此激烈地争论。这个话题经常引发人们对区域贸易协定的利与弊的争论。有些人往往只看到区域贸易协定的缺点，而另一些人却又只看到它的优点。双方都会引用贸易和就业方面的相关数据来支持自己的观点。一方指出，新的协定签订之后，许多公司便会转向在劳动力低廉的国家投资，而另一方认为公司仍然会在本国生产经营，把就业机会留在国内。争论的结果只能说明一个问题：在某些时候两种观点都是正确的。

协定还涉及文化方面的问题，有些人认为，如果本国过多地与其他国家进行合作，他们就将失去独有的文化特色。为此，一些跨国公司总是密切关注不同市场的文化差异。但是，这种大型跨国公司也经常会忽略人们对文化趋同的警告。以下论述区域经济一体化的主要利弊。

（一）区域经济一体化的益处

许多国家为了获得产出和消费方面的利益，都参与了专业化分工和贸易活动。国家之间贸易水平的上升必然导致专业化分工程度、生产效率、生活水平和消费水平的提高。

1. 贸易创造

经济一体化消除了同一贸易集团内各成员国之间的贸易或投资壁垒。区域经济一体化所带来的各成员国之间贸易水平的提高就称为贸易创造（Trade Creation）。贸易创造的一个结果是使来自不同国家的消费者和行业采购商在商品和服务方面拥有比以往更多的选择。例如，美国有许多种备受欢迎的瓶装水品牌，包括可口可乐的 Dasani（www. dasani. com）和百事可乐的 Aquafina（www. pepsi. com）。但是，美国国内的杂货店和便利店里还有很多从加拿大进口的不太有名的瓶装水品牌，比如说 Stonepoint（www. stonepoint. com）。毫无疑问，加拿大、墨西哥和美国之间的自由贸易协定（稍后再详细讨论这个协定）为这些加拿大品牌的出口提供了更有利的机会。

贸易创造的另一个结果是，由于成员国间关税壁垒的降低，消费者可以以更低的价格来购买商品和劳务，从而导致需求的增长。因为人们在以更低的价格购买某种商品以后，可以留出更多的钱去购买其他商品。

2. 更容易达成共识

世界贸易组织在全球范围内降低了贸易壁垒，而实现区域经济一体化的不同之处则在于它所涉及的是更小规模的国家集团，其成员国数量从几个到三十几个或者更多。在更小的国家集团内消除贸易壁垒的好处就是，由于成员数量较少，各方更容易达成一致。与之相对应的是，世贸组织是由 149 个国家组成的。经济一体化后，可减少走私。由于关税同盟的建立，商品可在同盟成员国之间自由移动，在同盟内消除了走私产生的根源，这样，不仅可以减少查禁走私的费用支出，还有助于提高全社会的道德水平。

3. 政治合作

区域经济一体化同样可以给成员国带来政治利益。由几个国家组成的国家集团会比单个国家具有更重要的世界政治地位，这些国家作为一个整体，在与其他国家进行谈判时——例如，在世界贸易组织的大会上甚至联合国大会上——具有更多的发言权。此外，实现政治合作的一体化还可以避免成员国之间潜在的军事冲突。实际上，和平是 20 世纪 50 年代欧洲各国在早期进行一体化努力时的中心目标。20 世纪前半叶的两次世界大战所带来的灾难让欧洲各国认识到，加强一体化可以避免进一步的武装冲突。

4. 创造就业机会

区域一体化使人们能够从一个国家到另一个国家寻找工作，从而增加了就业机会，提高了人们的工资水平。区域经济一体化已经为欧洲的年轻人开辟了一条新的道路。Vincent Wautes 是一位 26 岁的比利时人，他拿到了历史学学位，并且精通三门语言。他很乐意在欧洲各地生活，这也使他能够胜任法国目录零售集团罗德公司（www. laredoute. fr）的工作。Vincent Wautes 是这样评价自己的："我的思想是欧洲化的，我了解欧洲的历史和文化差异，而且我习惯于这种灵活应对不同民族的工作。”国际招聘公司 EMDS 的咨询师 Anne Marie Ronayne 也赞同这个观点。她说：“公司正在积极寻找未来的领导者，换句话说，它们正在寻找具有良好的工作态度同时能够从跨国角度来思考问题的人。”因此，区域经济一体化有助于提高一国人民的生活质量和生活水平。

(二) 区域经济一体化的不利之处

尽管区域经济一体化会给国家带来很多利益，但是它也存在着一些重要的负面效应。下面就让我们来考察一下这些潜在的负面影响。

1. 贸易转移

贸易创造的反面也就是贸易转移（Trade Diversion），即贸易从不属于某一贸易集团的国家向其成员国转移的过程。贸易转移是由贸易集团形成后成员国之间设置的低关税引起的。实际上，这样会减少与生产率较高的非成员国之间的贸易，反而增加与生产率较低的成员国之间的贸易。从这种意义上来说，区域经济一体化无形中扶持了贸易集团内部效率较低的生产商。除非贸易集团内部的商品或劳务存在其他形式的内部竞争，否则贸易转移将使消费者因生产商的低效生产方式而花费更多的支出。

世界银行的一份关于拉丁美洲几个大国之间成立的自由贸易区即南方共同市场的报告引起了人们的关注。报告指出，一体化仅仅促进了区域内部低价值产品的贸易，同时却抑制了来自区域外部高价值制成品的进入。但是，进一步的分析表明，调查期间成员国之间的进口增长了两倍，而来自外部市场的进口也增长了两倍。也就是说，贸易协定的净效应并非像批评家指责的那样是贸易转移，而是贸易创造。同样，澳大利亚外交和外贸部公布的一项关于北美自由贸易协定对澳贸易及其向北美投资量影响的调查结果，也未发现协定签署五年来存在明显的贸易转移。

2. 就业转移

区域经济一体化最具争议的一面可能是它对就业的影响。区域贸易集团通过大幅度降低或消除成员国之间的贸易壁垒提高了经济效率。在区域贸易集团内竞争中存活下来的某个特定商品或服务的供应商往往是该区域内经济效率最高的，而那些对劳动和技术要求较低的企业便会转向集团内部工资水平较低的国家投资建厂。

但是，由于资料来源的不同，有关就业增加或减少的统计数据也参差不齐。美国政府认为，美国对墨西哥和加拿大出口的增加至少创造了 90 万个就业岗位。但是美国的工会组织劳联—产联（AFL – LIO，www. aflcio. org）却对这一数字提出异议，并且声称北美自由贸易协定导致了就业岗位的流失。贸易协定确实会造成劳动力市场的新格局——有些工作岗位增加了，而有些却减少了。比如，在美国边境从事运输和仓储行业的公司的扩张无疑提供了不少岗位，但是制造行业的岗位也确实减少了。

一旦贸易和投资壁垒被取消，那些保护国内低工资产业的国家就会发现这些岗位极有可能流向劳动力更为廉价的其他国家，但它也给失业工人提供了一个提高自身技术和参加更多职场培训的机会。这样也可以提高国家的竞争力，因为高素质工人比低素质工人更容易争取到一份高收入的工作。不过，国家提高生产要素（即劳动力）竞争力的机会却无法安慰那些饭碗被外国人抢去的工人们。

3. 国家主权的丧失

更深层次的一体化要求各国放弃更多的主权。在自由贸易区下，成员国交给贸易集团的主权最少，各国可以自行向非成员国设定贸易壁垒。相反，政治联盟要求各成员国在更大程度上放弃外交主权，这也是政治联盟很难建立的原因。由于各国之间的长期合作或摩擦并不会因为国家联盟的形成而消失，一个成员国可能和某个非成员国关系一般，但另一个成员国则与之关系很好，因此一项共同对外政策的制定可能会变得非常复杂。

由于区域贸易协定还是利大于弊，所以经济一体化正在全世界范围内渐渐兴起。欧洲、美洲、亚洲、中东和非洲都在实行不同程度的一体化。如表 6－2 所示列出了主要区域贸易集团的成员国。

表 6－2 世界主要区域贸易集团

区域贸易集团	成员国
EU 欧盟	奥地利、比利时、英国、保加利亚、捷克共和国、丹麦、西班牙、瑞典、斯洛伐克、马耳他、波兰、葡萄牙、罗马尼亚、爱沙尼亚、芬兰、法国、德国、希腊、塞浦路斯、匈牙利、爱尔兰、意大利、拉脱维亚、立陶宛、卢森堡、荷兰
EFTA 欧洲自由贸易联盟	冰岛、列支敦士登、挪威、瑞士
NAFTA 北美自由贸易协定	加拿大、墨西哥、美国
CAFTA 中美洲自由贸易协定	哥斯达黎加、萨尔瓦多、危地马拉、洪都拉斯、尼加拉瓜、多米尼加共和国、美国
ALADI 拉丁美洲一体化协会	阿根廷、玻利维亚、巴西、智利、哥伦比亚、厄瓜多尔、墨西哥、巴拉圭、秘鲁、委内瑞拉
MERCOSUR 南方共同市场	阿根廷、巴西、巴拉圭、乌拉圭、委内瑞拉（玻利维亚、智利和秘鲁是准会员国）
FTAA 美洲自由贸易区	来自中美、南美、北美及加勒比海的 34 个国家
ASEAN 东南亚国家联盟	文莱、柬埔寨、印度尼西亚、老挝、马来西亚、缅甸、菲律宾、新加坡、泰国、越南

续表

区域贸易集团	成员国
APEC　亚太经济合作组织	澳大利亚、文莱、加拿大、智利、中国、印度尼西亚、日本、韩国、马来西亚、墨西哥、新西兰、巴布亚新几内亚、秘鲁、菲律宾、俄罗斯、新加坡、泰国、美国、越南
GCC　海湾合作委员会	巴林、科威特、阿曼、卡塔尔、沙特阿拉伯、阿拉伯联合酋长国
ECOWAS　西非国家经济共同体	贝宁、布基纳法索、佛得角、冈比亚、加纳、几内亚、几内亚比绍、多哥象牙海岸、利比里亚、马里、尼日尔、尼日利亚、塞内加尔、塞拉利昂
AU　非洲联盟	总共由 53 个非洲国家组成

第二节　经济全球化与世界贸易组织

在全球化的背景下，各国政府都认识到他们各自都会从国家间的贸易中获得利益，但是各个政府都因为担心对方不愿意降低贸易壁垒而设置一定的障碍。如果双方能够商谈，制定一系列规则来管理跨境贸易和低贸易壁垒，那么这样一个僵局就能够打破。但是谁来监控政府，确保他们在贸易规则下行动呢？谁将强制给予那些作弊的政府制裁呢？两国政府可以建立一个独立的体系来作为裁判。这个裁判能够监控国家之间的贸易，确保没有一方在作弊，并且强制给予在贸易游戏中作弊的国家制裁。

虽然任何政府似乎都不可能愿意通过服从这一安排来危及国家主权，但是自从第二次世界大战以来，一个明确具有这些性质的国际贸易框架已经开始发展起来。在开始的 50 年，这个框架被称为关贸总协定。1995 年起它被称为世界贸易组织。接下来介绍它的演变和关贸总协定与世界贸易组织的作用。

一、从斯密到大萧条

关于自由贸易的理论案例要追溯到 18 世纪后期亚当·斯密与大卫·李嘉图的工作。1846 年，当英国议会废除谷物法的时候，自由贸易第一次官方地被英国作为政府政策。谷物法对外国谷物的进口课以一个高额关税，谷物法关税的目的是增加政府的收入并保护英国的谷物生产者。自 19 世纪 20 年代以来（当时大卫·李嘉图是议会的一员)，每年在议会里都会提出自由贸易的提议。不过，只是在英国受到谷物歉收的影响加上迫在眉睫的爱尔兰饥荒的威胁时，作为长时期辩论的结果，农业保护才被取消。面临平民百姓遭受艰难困苦的境况，议会被迫改变了长期坚守的立场。

在后来的约 80 年的时间，作为世界主导贸易力量之一的英国推行贸易解放的案例，但是英国政府的改革主张无人理睬。它主要的贸易伙伴并不回应英国这种单方面的自由贸易。英国能在这么长的时间里实行这种政策的唯一原因是：作为世界最大的出口国，它在贸易战争中可以损失的比其他任何国家都多。

直到 20 世纪 30 年代，英国刺激自由贸易的努力埋葬在大萧条的经济碎石下。大萧条根植于第一次世界大战后世界经济持续恢复的失败。1929 年，随着美国股票市场的瓦解和随后的美国银行系统瘫痪，事情变得更糟。1930 年，英国议会通过《斯姆特—霍利关税法案》，经济问题随之被解决了。旨在通过保护国内产业、转移消费者需求、远离外国产品而避免失业率上升的《斯姆特—霍利关税法案》筑起了一道巨大的关税障碍之墙。几乎每个行业都得到了该法案“制定”税则的好处。该法案提高关税的狂热行为的一个奇特方面是当时美国正处于国际收支盈余状态，是世界上最大的债权国。《斯姆特—霍利关税法案》对国外就业有损害作用。美国提高本国关税，其他国家对美国这一行为的反应是也提高它们自己的关税。美国的出口仓促还击，世界进一步朝着大萧条的深渊下滑。

二、1947—1979 年：GATT、贸易自由化和经济增长

造成的经济损失的由《斯姆特—霍利关税法案》引进的以邻为壑贸易政策在第二次世界大战后的世界经济制度和意识上产生了深刻的影响。美国从战争中实现了凯旋和经济的主导地位。在大萧条崩溃后，美国议会中支持贸易自由的观点强烈地摇摆。

GATT 是一个旨在通过排除关税、补贴、进口配额等来使贸易自由化的多边协议。从它 1947 年创立到被 WTO 取代，GATT 的成员从 19 个发展到 120 多个国家。GATT 并没有企图一蹴而就地完成贸易自由化，这也是不可能的。当然，关税下调已经开展了 8 次以上。最后一次是 1986 年的乌拉圭回合，在 1993 年 12 月结束。在这些回合中，共同的关税下调由全体成员一同谈判，这样成员国会使自己提高进口关税的速度不至在谈判进度之上。GATT 规则由一个共同的监控机构来强制实行，如果一个国家认为它的一个贸易伙伴正违背 GATT 规则，它可以请求执行 GATT 的日内瓦基层政府对其进行研究。通常，这样的压力对于一个违法的国家改变它的政策是很足够的，如果它违法且拒绝改变政府，那个违法的国家会从 GATT 中被驱逐。

在早年，GATT 通过多种方法实行得很成功。例如，在 1947 年的日内瓦回合

和1973—1979年的东京回合间，美国的平均关税下调了将近92%。符合理论的论据第一次由里卡多提出，在GATT控制下，向自由贸易的移动似乎刺激了经济的发展。1953年到1963年，世界贸易以每年6.1%的速率增长，全球收入以每年4.3%的速率增长；1963年到1973年，绩效甚至更好，世界贸易以每年8.9%的速率增长，全球收入以每年5.1%的速率增长。

三、1980—1993年：保护主义的趋势

在20世纪80年代和90年代早期，GATT确立的世界贸易体系在全世界泛滥的更严重的保护主义重压之下开始感到疲惫不堪。20世纪80年代，这种压力的上升主要有3个原因。第一，日本的经济成功使世界贸易体系变得负担过重。当GATT诞生时，日本还是一片废墟。然而，到了20世纪80年代早期，日本已变成世界第二大经济实体和最大的出口国。日本的汽车业和半导体等产业领域，可能已经使世界贸易体系变得负担过重。西方普遍的看法是——尽管有低关税率和补贴，日本市场会通过行政的贸易壁垒阻止进口和国外投资。第二，世界贸易体系由于世界最大的经济体——美国，长久的贸易赤字变得负担过重。尽管赤字在1987年以高于1 700亿美元达到峰值，到1992年年底，年增长始终在800亿美元左右。通过一个政策的视角，1992年由于美国和日本450亿美元的贸易赤字问题变得更糟，一个国家被认为没有按照规则办事。美国赤字的结果导致在一些产业，例如汽车业、机床业、半导体、钢化业和纺织业残酷的调整，这些产业中的主导产品在国外竞争者中逐步丧失了市场份额。由此产生的结果——失业，使得美国议会增加了保护的需求来反对进口。

倾向于更严重的保护主义的第三个原因是：许多国家发现了绕开GATT规则的方法。双边的自动接受出口约束（VEA）绕过了GATT协定，因而无论是进口国还是出口国都不向GATT在日内瓦的机构投诉。而没有了投诉，GATT的机构任何事都做不了。出口国同意VEA是为了避免更具有伤害性的惩罚关税。最有名的例子之一是美国和日本之间的汽车业双边的自动接受出口约束，这是在日本生产商保证限制他们的汽车进口到美国，作为一个平息增长的贸易紧张的方法。根据一项世界银行的调查，1981年，13%的工业化进口国都受无关税贸易壁垒，例如VEA的管制。到1986年，这个数字已经增加到16%。增长最快的是在美国，在1981—1986年，美国的进口额受到无关税壁垒（主要是VEA）的影响增加了23%。

四、乌拉圭回合和世界贸易组织

在保护主义压力抬头的背景下，1986年GATT的成员国又踏上了它们第八回

合减低关税的谈判之路——乌拉圭回合（命名是因为谈判在乌拉圭举行）。这是最困难的谈判回合，主要是因为这一回合也是最具雄心的。在此之前，GATT 规则本来只适用于制造业产品与商品，在乌拉圭回合里，成员国开始尝试将 GATT 规则扩展到服务贸易上。同时还试图定出致力于知识产权保护、降低农业补贴以及加强 GATT 监督和执行机制的规则。

乌拉圭回合在 1993 年 12 月 15 日取得一致同意之后拖延了 15 天。它于 1995 年 1 月 1 日起生效。乌拉圭回合包含了以下规定：

（1）工业产品的关税将下降 1/3 或更多，超过 40% 的加工产品的关税将会被取消。

（2）发达国家征收的在加工产品上的关税将会减少到现代历史最低水平，少于 4%。

（3）农业的补贴金在大体上会被减少。

（4）GATT 的公平贸易准则和市场进入准则将会扩大，覆盖范围更广的服务业。

（5）GATT 规则也将会提供对专利、版权和商标更强的保护。

（6）纺织品上的壁垒在过去的十年里明显地减少了。

（7）创立 WTO，用于执行 GATT 的协议。

服务业和知识产权

从长期来看，把 GATT 规则扩展到涵盖服务业与知识产权范围可能意义重大。在 1995 年之前，GATT 规则仅被应用于工业产品（制造业产品和商品）。在 2005 年，世界服务贸易共计 24 145 亿美元（世界商品贸易为 10 120 亿美元）。最终，GATT 对于这个重要的商品贸易规则的扩大显著增加了服务业的世界贸易份额和全部的世界贸易。GATT 对于知识产权规则的扩大将会使高科技公司在发展中国家中更容易地做生意。

世界贸易组织

GATT 规则的明晰和加强，以及世界贸易组织的创立，体现出更有效监督和执行 GATT 规则的希望。WTO 起到了一个保护伞的作用，保护着 GATT 以及两个新姐妹机构：一个是服务贸易，另一个是知识产权。WTO 的服务贸易总协定（GATS）带头把自由贸易协定扩展到服务业方面。WTO 与知识产权有关的贸易方面的协定（TRIPS）是对缩小世界各国知识产权保护方式的差距、让其遵守共同的国际规则的一种尝试。

WTO 负责仲裁贸易纠纷、监控成员国的贸易政策。如同 GATT，WTO 在一致同意的基础上采取行动，在成员国不能再限制采用仲裁报告的领域中解决争端。仲裁委员会就成员国之间的贸易争端作的报告会自动被 WTO 采用，除非有一致的意见拒绝他们。被仲裁委员会发现有违反 GATT 规则的国家，可能会呼吁一个永恒的上诉机构，但是它的裁定是有约束的。如果违法者不遵守仲裁委员会的意见，贸易伙伴可全力得到赔偿金，或者作为最后的手段，强制实施贸易制裁。每一步程序都要受到严格的时间限制。

五、WTO：至今的经验

直到2006年，WTO拥有包括中国在内的149个成员国，中国在2001年年末加入WTO。另外25个国家，包括俄罗斯联邦和沙特阿拉伯正在就WTO的成员资格进行谈判。自从WTO形成以来，它就一直在努力推动国际自由贸易的最前线。它的创始人希望WTO的执行机制能够使其在监督国际贸易规则时比GATT更有效率。这个宏伟的愿望是指WTO能够作为一个对未来贸易交易有效率的提倡者和促进者出现，特别是在服务领域。这些经验至今已令人鼓舞，尽管1999年末在西雅图的世贸谈判的失败引起了大量对WTO未来地位的疑问。

1. WTO作为国际警察

WTO头几年的经历表明其监管和执行正在取得积极的效果。在1995—2006年，有超过340个成员国之间的贸易争端被提交到WTO来。同这一记录相比，GATT在差不多半个世纪里只处理了196个案例。

被提交到WTO的案例中，四分之三已经在2005年年底通过争端国家间的非正式协商解决了，解决剩余的问题要涉及更多正式的程序，但是这些已经算是很大程度上的成功了。大体上，牵涉到的国家都已经采取了WTO的建议。事实上，各个国家正在使用WTO来代表在争端处理程序中一项重要的投票。

2. 扩大的贸易协定

就像前面曾解释过的那样，GATT谈判的乌拉圭回合把全球贸易的规则扩展到了覆盖服务贸易的范围。WTO被赋予安排订立未来协定以开放全球服务贸易的中间人角色。WTO也被鼓励将其影响扩展到管理国外直接投资规则这样一些GATT从来没有触及到的范围，旨在改革的前两个行业就是全球长途通信和全球金融服务业。

《全球基础电信协议》促进全球电信自由化的工作，早在乌拉圭回合谈判时就已经被列为谈判重点，但是由于各国法规体制上的差异、电信技术方面的迅速发展及其他因素，想在乌拉圭回合结束之前达成基础电信方面较高水平的一致是不太可能的。因此，服务贸易谈判小组的一些成员国于1992年年中开始讨论在乌拉圭回合谈判结束之后继续促进开放各国基础电信市场的可能性，这些成员国一致同意继续举行基础电信谈判，并将关于"举行基础电信谈判的决定"和"基础电信谈判附录"写进了"乌拉圭回合最后法案"之中。1994年4月，在马拉喀什举行的GATT部长级会议上一致通过了"关于基础电信谈判的决议"，根据该决议设立了基础电信谈判小组（NGBT）。

WTO取代GATT后，NGBT继续运作。NGBT在谈判时着重强调市场准入的公平性和国民待遇原则，谈判小组讨论了大量的技术性和原则性的问题，其中大多数涉及法规措施以及在谈判中如何处理这些措施的问题。这些问题包括：许可证的颁发、交互网络规则、竞争保障措施、独立的管理机构、频率与计数、标准及类型的审核、透明度、关税税率及会计汇率、终端服务、通行权及大众服务等，谈判的焦点主要集中在具体开放承诺表、外资投资上限、竞争公平性与透明度等三项议题上。从1994年5月开始，包括美国、欧盟、日本在内的成员方先后自愿参加了谈判，其中美国承诺，如果足够多的国家作出了令人满意的让步，它将对外国公司基本上完全开放本国的电信市场。按照预定计划，谈判各方最后达成协议的期限为1996年4月30日，但是美国在1996年4月29日出人意料地宣布它对包括一些发达国家（主要是欧盟和日本）在内很多国家作出的承诺不满意，特别是对很多国家不愿意开放利润很高的跨国电信服务感到极其不满意，因此拒绝达成最后协议。在WTO总干事的协调下，各方同意把最后达成协议的时间推迟到1997年2月15日。10个月后，谈判在日内瓦恢复，美国要求欧盟向它全面开放市场，欧盟则要求美国降低不切实际的要求，并要求美国开放市场。美国和日本施压加拿大放宽外资在加拿大电信企业中的股份不得超过46.7%的限制，日本则要求美国放宽外资在美国无线电台中的股份不得超过20%的限制。

经过各方艰苦的讨价还价，终于在世界贸易组织的主持下于1997年2月15日签署了《全球基础电信协议》，当时69个成员方提交了55份承诺表，其中欧盟15个成员国作为一个整体对外签署文件。该协议原定于1998年1月1日生效，但是由于种种原因推迟到1998年2月5日才正式生效。同意向外国公司开放国内市场的72个成员方（巴巴多斯、塞浦路斯和苏里南共和国为新参加方）基础电信服务业的收入大约占全球此行业年收益6 000亿美元的93%。该协议的主要内容是要求各成员方向外国公司开放其国内电信市场并结束垄断行为，协议涉及音频电话、数据交换、电传、电波、传真、网络租赁、固定和移动卫星系统服务、便携式移动电话、移动数据服务、寻呼和个人通讯系统等各项电信业务。

《全球金融服务贸易协议》（简称《金融服务协议》）是指70个成员方（欧盟15国计为一成员）于1997年12月12日达成的GATS《第五议定书》及其附件。GATS《第五议定书》本身仅规定了生效时间等程序性问题。包括美国、欧盟在内的56个成员方提交了56份经过改善的金融服务具体承诺和16份最惠国待遇例外清单，它们作为《第五议定书》的附件，是《金融服务协议》的实质部分。成员在各自的承诺和例外清单中，就银行、保险、证券以及有关的辅助服务承诺了不同程度的市场开放水平。《第五议定书》及其附件已于1999年3月1日生效。

1997年12月13日，WTO各成员方在GATS框架内经过又一轮的金融服务贸易多边谈判达成了《金融服务协议》，该协议旨在消除各国长期存在的银行、保险和证券业的贸易壁垒，确立多边的、统一开放的规则和政策。同时，各成员方承诺将取消或减少对外国金融机构的限制。这个协议被认为是多边贸易体制中具有里程碑意义的法律文件，它将在很大程度上决定未来全球金融服务贸易的发展。

《金融服务协议》是 WTO 中《服务贸易总协定》（GATS）的组成部分之一，是第一个规范国际金融服务贸易的多边协议。金融服务包括非常广泛的保险、银行、证券、外汇、期货期权业务及有关的辅助性金融业务，但不包括政府为实施其职能所需要的服务。

3. WTO 在西雅图：一个分水岭？

1999 年 12 月 1 日到 12 月 4 日，在西雅图召开的世贸组织第三次部长会议以彻底失败告终。这个被称为“西雅图回合”的会议，旨在总结世贸组织成立后第一个五年的进展程度，同时定出下一阶段的项目和规则，以便正式开足马力，建立全球的新经济秩序。会议的时间定于二十世纪结束前的最后一个月，会议的地点选在集外贸、高科技、信息技术和电子商业于一身的新时代第一城市西雅图，由美国出面做东。表明此一会议承先启后，具有开创二十一世纪新局的重大意义。但是，一个如此重大的世贸会议，不仅一无所成，反而变成了对世贸组织自己的揭露和公审大会，被冠之“西雅图战役”。这个名称有双重意义，一是表面上的意义，起源于 12 月 1 日的警民大会战。示威者提出的反对世贸组织的理由是世贸组织替跨国资本服务、不民主、侵犯国家主权、反劳工、破坏生态等，这已成为举世皆知的话题。更深层意义是说明了西雅图事件的根本性质：它不是一些好事者的即兴行为，而是当前“全球化”背景下所带来的深刻矛盾的愈加激化，首先在最发达的资本主义国家爆发。

在西雅图发生的事情值得关注，因为它可能是一个分水岭。以往的贸易会谈是在相对闭塞的环境中举行，只有一些感兴趣的经济学家、政治家以及商人才关注它。西雅图宣告了围绕全球趋向自由贸易的问题已经提到了公众瞩目的中心位置。关于自由贸易和全球化功过的辩论成为主流。因此，更加开放的局面是否出现取决于像美国这样的国家其民意有多注重人权、劳工标准、就业保障、环境政策和国家主权。它还取决于自由贸易的倡导者们能否清楚地表达他们的观念，即从长远看，自由贸易是否是促进完善的劳工标准、提供更多就业以及保护环境的最佳方法。

六、WTO 的未来：尚未解决的问题和多哈会谈

在经济贸易前线还有很多事情要解决，在目前 WTO 议程的最前沿有 4 个问题：反倾销行为的增加，农业中的高保护主义，知识产权在很多国家缺乏强有力的保护，持续的在非农产品和服务中的高关税率。在讨论 2001 年开始但 2006 年中止的 WTO 成员国之间致力于减少贸易壁垒的多哈回合之前，应该首先反过来看看这几个问题。

1. 反倾销行动

反倾销行动在20世纪90年代有激增之势。当国内厂商能证明他们受到侵害时，WTO规则允许成员国对以低于国内价格或低于生产成本销售的国外商品征收反倾销税。不幸的是，“倾销”的相当含糊的定义证明是一个漏洞，正在被许多国家利用来实施保护主义。

在1995年1月—2005年12月，WTO成员国报告给WTO的已经实现的反倾销行为大约有2 840起，印度发起的数量最多，有425起，欧盟发起327起，美国发起366起。反倾销行为似乎集中在一些特定的经济部门，像基本金属工业（铝材和钢制品）、化学制品、塑料和机械电器设备。这些部门占报告给WTO的所有反倾销行为的70%。自从1995年这四个部门呈现出激烈的竞争和过量的生产能力的特征后，导致了低价格和这些产业和公司的低利润。因此，在这些行业里，数量甚多的反倾销行动表明处境困难的生产商企图利用本国的政治手段寻求保护，免于遭受外国竞争的冲击，他们认为外国竞争者在进行不公平的竞争，这样的推测恐怕不无道理。虽然这些诉求有些可取之处，但很显然的是，当商务代表和企业员工游说政府官员来“保护国内就业免受不公平的外来竞争”，而政府官员考虑到需要在未来的选举中拉到选票，也愿意施惠来推动反倾销行动时，这个过程就变得政治化了。WTO明显很担心这种趋势，并认为它反映了持久稳固的贸易保护主义趋势，还促进成员国加强规则来管理反倾销行为。另外，自从WTO表示反倾销可能成为多哈回合的焦点，反倾销行为的数量稍微有些下降。

2. 农业中的保护主义

WTO的另一个焦点是很多经济体系中农业部门的高关税和补助金。农产品的关税率一般比加工产品和服务的关税率高。例如2003年，加拿大非农产品的平均关税率是4.2%，欧盟是3.8%，日本是3.9%，美国是4.4%。然而，对于农产品，加拿大的平均关税率是21.2%，欧盟是15.9%，日本是18.6%，美国是10.3%。这表明这些国家的顾客对于从国外进口的农产品要比本国的付更多的钱，这使他们在别的货物和服务上可支配的钱更少。

一直以来，农产品的高关税率反映了各国希望保护国内农业和传统从事农业生产的群体免遭外国竞争的愿望。除了高关税之外，农产品还从大量补贴中受益。根据经济合作与发展组织的估计，加拿大政府的补贴占农产品花费的17%，美国占21%，欧盟占25%，日本占59%。总之，经济合作及发展组织国家每年要花多于300亿美元在农产品的补贴上。

高关税壁垒与大量补贴结合在一起扭曲了农产品的生产和国际贸易，这一点毫不意外，最终的结果是提升消费者购买的价格，减少农业贸易的数量，鼓励补贴多的产品的过量生产（剩余产品通常由政府来购买）。近期农业的国际贸易达到总贸易的10.5%，或者每年大约750亿美元。WTO争论说取消关税壁垒和补贴能够显著地提高贸易的总体水平，对于消费者的更低的价格和通过自由消费和投资资源实现更具生产力的利用，来增加全球经济增长。根据国际货币基金组织的估计，取消农产品的关税和补贴每年将会增加全球经济财富128亿美元。

现行系统最大的拥护者是世界上先进的国家，这些国家想要在竞争中通过发展中国家中低成本的生产者保护他们的农业部门。相反，发展中国家已经努力推行改革，这些改革将能够允许他们的生产者有更多的机会进入发达国家受保护的市场。这些建议单单取消经济合作和发展组织国家中农产品上的所有补贴，发展中国家能够得到的，就比当前他们从经济合作和发展组织国家中得到的帮助多三倍。也就是说，农业中的自由贸易能够促进世界上比较贫穷国家的经济增长，并且能够减轻全球贫困。

3. 保护知识产权

对WTO来说越来越重要的另一个问题是保护知识产权问题，正如前面所提到的，1995年确立的WTO乌拉圭协议也包含了保护知识产权的协议（与知识产权有关的贸易，即TRIPS协议）。TRIPS条例要求成员国同意并坚持专利权至少20年和版权50年的保护期。发达国家在一年以内必须服从这些规则。贫穷的国家，即那些保护很弱的国家，有5年的宽延期，那些最贫困的国家有10年。这个协定的基础是签署国一种强烈的信仰，通过对专利权、商标权和版权等知识产权的保护，一定会使其成为国际贸易系统中一种重要的因素。对知识产权不充分的保护减少了对创新的刺激。因为创新是经济增长和提高生活标准的核心动力，所以对于保护知识产权，多边协定是需要的。

例如印度，如果没有这样的一个协定，美国说，他们害怕这个国家的生产者会仿制已经申请专利的创新品，然后在另一个国家生产。这会在两方面影响国际贸易。第一，它会减少对于美国的原始创新产品出口到印度的机会。第二，印度的生产商能够出口它的盗版仿制品到其他的国家，在某种程度上，它也会减少美国发明家出口到这些国家的机会。同时，他们也可以争辩，因为创新者的全球市场总额减少了，刺激他们追求冒险和创新的动机也降低了。这些影响能够减少世界经济中的创新和经济增长。

和这很相似的事情已经在制药业中发生了，印度制药厂仿造专利药品的事情在别处被发现。在1970年，印度政府停止承认在药品上提供专利，但是它选择继续遵守加工处理的专利权。这允许印度公司逆向生产西方药物而不付证书费用。结果，印度药品市场的国外股份从1970年的75%下降到2000年的30%。例如，一个印度公司卖拜耳公司专利的一个版本——西普罗抗生素，每片卖0.12美元，而在美国需要花费5.5美元。在WTO的TRIPS协定下，印度同意从2005年起调整和施行全球药品专利体系。

侵害知识产权在一些其他产业同样是一个地方性的问题，尤其在电脑软件和音乐中。WTO相信降低在一些领域中的剽窃率，例如药品、软件和音乐唱片，将会在大量的世界贸易中产生显著的影响，同时会增加生产者投资知识产权创新的刺激。在一个没有盗版的世界里，每年将会有更多的新药、计算机软件和音响制品被生产出来。反过来，这又会刺激经济增长和社会福利，以及提高全球经济增长率。因此，为了 WTO 成员国的利益，确保知识产权被遵守和实施。当 1995 年，乌拉圭回合使 WTO 制定 TRIPS 协定取得了进步时，一些国家相信这些要求不会走得太远，未来的保证是必需的。

4. 非农产品和服务市场准入

尽管 WTO 和 GATT 已经在减少非农产品的关税上取得了重大的进展，但是还有很多问题存在。尽管大多数发达国家已经降低工业产品上的关税率，平均下降了 3.8%，期望还是存在的。尤其当平均关税很低的时候，高关税率持续存在于特定的进口到发达国家的贸易，这限制了市场进入和经济增长。例如澳大利亚和韩国，都是经济合作与发展组织中的国家，各自在进口运输工具上仍存在着 15.1% 和 24.6% 的约束关税率（约束关税率是被指责的最高比率，它经常，但不是总是被指责）。与此比较，进入美国、欧盟和日本的进口运输工具上的约束关税率是 2.7%，4.8%，0。一个特别需要关心的领域是从发展中国家精选货物进口到发达国家的高关税率。

此外，服务业上的关税率仍然比工业货物上的高，例如，美国进口商业和金融服务业的平均关税率是 8.2%，欧盟是 8.5%，日本是 19.7%。考虑到服务业的跨境贸易增值，减少这些关税可以期望得到大量被放弃的利润。

WTO 想要降低关税率和缩小高关税可以使用的范围的路还很遥远，现在根本的目标是减少关税率到 0。尽管这可能听起来很有野心，但是 40 个国家已经在信息科技产品上把关税率降低为 0，所以先例是存在的。经验主义者建议，进一步地减少平均关税到 0 将会放弃大量的利润。世界银行经济学家的一种估计建议，当前多哈谈判中将会产生一个全球贸易协定，它将会每年增加 263 亿美元的世界收入，直到 2015 年，其中 109 亿美元会流向贫困的国家。估计美国的经济在自由贸易中获利最少。

进一步看来，WTO 会降低进入发展中国家的进口非农业商品的关税。这其中很多国家沿用不成熟的行业观点来维护不断征收的高关税率。然而，最终这些税率会为这些国家而降下来以获得国际贸易的全部利益。例如进口交通工具到印度的约束关税率是 53.9%，而巴西是 33.6%，通过提高国内价格，帮助保护低效率的国内生产商并通过减少那些一定要花更多的钱买运输工具和相关服务的消费者的实际收入来限制经济增长。

5. 新一轮：多哈会谈

反倾销行动、农产品贸易、强化知识产权法规是 WTO 想要在 1999 年的西雅图会议解决的三个问题。但如前面提到的，这次会议受到了干扰。2001 年年底，WTO 再次试图在成员国间发起新一轮谈判，旨在进一步放宽全球贸易和投资框架。这次会议选择了一个边远的地方——海湾国家卡塔尔的多哈，无疑是考虑到那些反对全球化的抗议分子到那么一个国家会比较困难。在多哈，成员国同意发起一轮新的谈判，并列出了议程。谈判计划持续三年，不过从历史的经验来看，可能会持续更长时间。

在多哈同意的议事日程是谈判的规则，这个议事日程包括减少工业产品和服务的关税，逐步减少给农业生产商的补贴，减少跨境贸易投资的壁垒，限制反倾销法律的使用。为了在这些议事日程中取得一致同意，这些国家作出了一些艰难的妥协。欧盟和日本不得不在农业补贴中作出巨大的让步，这些补贴在政治上被大量运用来支持农民。美国屈从于几乎每个其他国家谈判修订的反倾销规则的压力，因为，美国曾经很大程度上在国外竞争中保护自己的钢材业。欧洲不得不相应缩减把环境政策包括到贸易洽谈中的努力。从根本上说，从发展中国家的角度来看，环境保护政策就是贸易壁垒的另一个名字，排除议程是把贸易束缚在一个国家的劳工标准的另一种说法。

制药领域实力雄厚的国家在药品专利方面默认非洲、亚洲和拉丁美洲国家的要求。特别地，协议中宣布的 WTO 知识产权的规则不能并且不应该组织成员国为了保护公众健康而采取措施。这种表达意味着确保世界上比较贫困的国家能够制造和购买一般的药品来治疗 AIDS 和疟疾等。

同意议程是一回事，就新的协议达成一致又是另一回事。不过，在这个协议上，已经有潜在的赢家了，这其中包括发展中国家和诸如澳大利亚和美国这样的发达国家中低成本的农业生产商。如果谈判顺利，这些国家的农业生产商将最终看到其产品的全球市场扩大了。发展中国家还会由于没有论及劳工标准而获益，许多人把劳工标准看作纯粹是富国树立的贸易壁垒。全世界的病人和穷人也将由于得到较便宜医疗的保证而受益。当然也有明显的损失者，包括欧盟和日本的农民、美国的钢材制造者、环境保护活动分子和发达国家中的制药公司。这些损失者很可能在第二年对他们的政府进行游说，来确保最后的协定对他们更加有利。总之，如果成功了，多哈回合的谈判能够明显地增加全球经济的财富。世界银行估计成功的多哈回合将每年增加多于 500 亿美元的世界收入，直到 2015 年，其中 60% 会流向世界上比较贫困的国家，这将会帮助 1 440 万人民脱离贫困。

这个谈判目前停止了，由于这种情况在这些案例中很常见，所以他们认为显著的挫折和错过最后期限是停止前进的特点。2003 年 9 月，一个在墨西哥坎昆举行的会议失败了，主要因为对继续进行减少农业补贴和关税不能达成一致。欧盟、美国和印度，在其他国家中，证明更加不愿意减少关税和对他们政治十分重要的农民的补贴，而其他国家例如巴西和某些的非洲国家想要自由贸易，并且越快越好。然而，在 2004 年年初，美国和欧盟决定重新启动谈判，在 2004 年中期，美国和欧盟似乎把自己置身于减少农业的关税和补贴中。然而，在 2006 年 6 月，谈判又中止了，基本的问题是：没有人愿意作出对达成协议有必要的让步。此后，2006 年 11 月 16 日，世界贸易组织贸易谈判委员会召开全体会议，与会代

表一致同意恢复多哈回合谈判的技术性讨论，并为谈判最终全面恢复做好准备。2007 年 1 月 31 日，在世界贸易组织全体成员大使参加的会议上，与会大使一致同意全面恢复多哈回合各个议题的谈判。2008 年 7 月 29 日，基于印度、中国与美国在“特别防卫机制（Special Safeguard Mechanisms）”的分歧，多哈回合谈判正式宣告破产。

第三节 欧洲的一体化实践

一、欧盟（EU）

欧洲联盟（the European Union）简称欧盟，是当今世界极有成效的区域经济合作的典范。20 世纪中叶，几乎没有人会相信欧洲各国在经历了这么多年的战争以后会在 20 世纪末成为一个相对统一的共同体。那么，欧洲共同体是怎样在不算长的时间内形成的呢?

1. 欧盟的形成和发展

1945 年，饱受战火摧残的欧洲面临着两大挑战：第一，它需要重建自己的家园，并避免再次发生武装冲突；第二，它需要增强工业力量来与日益强大的美国竞争。合作似乎成了解决这两大挑战的唯一出路。1951 年，比利时、法国、联邦德国、意大利、卢森堡和荷兰签署了《巴黎条约》，并成立了欧洲煤钢共同体。这些国家决心消除成员国之间对煤炭、钢铁和废金属的贸易壁垒，协调相互之间的煤炭与钢铁生产，从而控制战后军工业。

1957 年，欧洲煤钢共同体又签署了《罗马条约》，并建立了欧洲经济共同体。《罗马条约》为各成员国描绘出了一个未来共同市场的大体轮廓，并致力于在各成员国之间实行统一的运输业与农业政策。1967 年，欧洲经济共同体将其范围扩大，包括了一些附属产业尤其是原子能工业，并更名为欧洲共同体。1994 年，欧洲共同体再次更名为欧盟。随着一体化目标的进一步扩大，成员国的数量也在不断增加。扩张的浪潮发生在 1973 年、1981 年、1986 年、1995 年、2004 年、2007 年。如今欧盟共有 27 个成员国，2011 年欧盟生产总值为 17.96 万亿美元（按当前价格和汇率计算）。按经济实力而言，欧盟 27 国的国内生产总值已经明显超过美国，成为当今世界最大的经济体之一。

在过去的 20 年里，两个具有里程碑意义的重要事件对欧盟的进一步发展作出了贡献：一件是《单一欧洲法案》的签署，另一件则是《马斯特里赫特条约》的签署。一直到 20 世纪 80 年代中期，欧盟成员国之间仍然存在关税壁垒，其税收、法律、法规等几个重要方面仍然缺乏协调性，这些都给欧盟成员国带来了压力。协调法律和政策这一重要目标变得越来越艰巨，于是，欧盟成立了一个专门委员会，分析到1992年年底建立共同市场的可能性。该委员会提出了几项提议，旨在消除剩余的壁垒，提高一体化程度，从而提高欧洲公司的竞争力。这些提议后来就发展成《单一欧洲法案》（Single European Act，SEA），该法案从1987年开始生效。

各公司为了抓住《单一欧洲法案》所带来的机遇，纷纷进行了重新定位，兼并和收购浪潮席卷欧洲。大公司将它们对欧洲的需求、实力和文化的理解与自身的规模经济优势相结合。中小型企业也受到欧盟的激励，致力于企业间的联系和合作，以抵消产品标准变更等因素所带来的负面影响。

在1991年，欧盟成员国在荷兰的马斯特里赫特召开首脑会议，签署了《马斯特里赫特条约》，该条约于1993年开始生效。《马斯特里赫特条约》主要有三个目标：第一，统一货币，即从1999年1月1日开始使用共同的单一货币，并于2002年1月1日开始硬币和纸币的流通；第二，该条约为希望加入货币同盟的国家制定了货币和财政目标；第三，呼吁各成员国建立政治联盟，其中包括制定共同的对外政策和国防政策以及共同的公民权利。然而，政治一体化得等到经济和货币一体化达到最后阶段，各国看到其成功运作后才会有所进展。

2. 欧盟的组织结构

五个欧盟机构在监督并推行经济和政治的一体化的过程中发挥了极其重要的作用。现在我们就来考察一下每个机构是怎样保障欧盟的正常运行的。

（1）欧洲议会。欧洲议会由700多位议员组成，这些议员每隔5年由各成员国投票选出。因此，他们有责任就欧盟事务提出本国的政见。欧洲议会的职责是遵照欧盟法律的规定对欧洲委员会所提出的法案进行讨论并修改。欧洲议会还要对欧盟的所有机构实行政治监管——它有权监督欧洲委员会成员的任命，并对委员会提出异议。同时，它还具有否决某些法案（包括欧盟的年度财政预算）的权力。有人认为通过增强议会的权力，可以实现增强欧盟内部的民主化的要求。欧洲议会的办公地设在比利时（布鲁塞尔）、法国（斯特拉斯堡）和卢森堡。

（2）欧盟理事会。欧盟理事会是欧盟的立法机关。参加理事会的都是各成员国的部长级代表。理事会的组成成员因讨论议题的不同而有所不同。例如，当讨论农业方面的议题时，理事会就由各成员国的农业部长组成。所有法令必须经理事会表决通过后才能成为欧盟法。虽然像移民和税收制度这样的敏感问题，仍需要在理事会获得一致通过，但是其他一些法令现在只需多数票即可通过。理事会还可以代表欧盟与其他国家或国际组织签订协定，其总部设在比利时的布鲁塞尔。

（3）欧洲委员会。欧洲委员会是欧盟的执行机构。它由各成员国所任命的委员组成，较大的国家有两个委员席位，小国则只有一个。各成员国经欧洲议会同意后任命委员会主席和委员。欧洲委员会有权起草法案，负责政策的管理和执行，监督各成员国对欧盟法律的履行和遵守情况。每一位委员都分管某个具体的政策范围，例如竞争政策或农业政策等。虽然委员是由其所在国政府任命的，但是他们都应该出于欧盟的整体利益行事，而不是仅代表自己国家的利益。欧洲委员会的总部也设在比利时的布鲁塞尔。

（4）欧洲法院。欧洲法院是整个欧盟的诉讼法庭，法官们则由来自每个成员国的一名法官组成。欧洲法院审理的一类案件是对某成员国未能履行其协议义务的指控，另一类则是对协议期内委员会或理事会失职，未担负起其应遵守的责任的指控。和欧洲委员会的委员一样，欧洲法院也要求法官应出于欧盟的整体利益行事，而不是仅代表自己国家的利益。欧洲法院设在卢森堡。

（5）审计院。审计院由25名成员组成（每个成员国有一位代表），任期为6年。它的职责是负责审计欧盟内部的账目和执行预算；它还致力于改善欧盟的财政管理，并向各成员国汇报公共基金的使用情况。因此，它每年都要发表年度报告，公布欧盟内部预算的实际使用情况。该机构大约有250名审计员以及300名其他职员。它的总部也设在卢森堡。欧盟起初只是由6个国家组成的团体，随后发展到15个成员，到今天已经扩大到了27个成员国。为了平衡各国的利益，欧盟设立了一个特殊的政府体系，并且规定了每个欧盟机构在这个平衡机制中所应发挥的作用。但是，有人怀疑它是否还能够进行有效的运作。

二、欧洲自由贸易联盟（EFTA）

欧洲自由贸易联盟（European Free Trade Association，EFTA）又称“小自由贸易区”。1960年1月4日，奥地利、丹麦、挪威、葡萄牙、瑞典、瑞士和英国在斯德哥尔摩签订《建立欧洲自由贸易联盟公约》，即《斯德哥尔摩公约》。该公约经各国议会批准后于同年5月3日生效，欧洲自由贸易联盟正式成立，简称欧贸联，总部设在日内瓦。由于一些EFTA的最初成员国加入了欧盟，又有一些新成员加入EFTA，现在EFTA仅由冰岛、列支敦士登、挪威和瑞士四个国家组成。

EFTA的人口仅有1 200万左右，GDP总额约为6 200亿美元。尽管规模较小，EFTA的成员仍然坚持自由贸易的原则，不断提高人民的生活水平。EFTA的重点是工业品而不是消费品的贸易。EFTA还和欧盟建立了一个欧洲经济区（EEA），在商品、服务、人员和资本在成员国之间的自由流动问题上共同合作。这两个组织也在其他领域进行合作，其中包括环境、社会政策和教育等方面。

第四节 美洲的一体化实践

欧洲在经济一体化方面的成功使得其他地区也开始考虑建立自己的区域贸易集团。拉丁美洲国家在20世纪60年代早期就已经开始尝试区域贸易安排，但直到20世纪八九十年代才取得实质性的进展。而北美向经济一体化迈出重要的一步时间比欧洲晚了约30年。以下探讨北美、南美和中美洲在经济一体化进程中所作出的努力，先从北美谈起。

一、北美的区域一体化

1. 北美自由贸易协定（NAFTA）

1989年1月，美国和加拿大两国签署了《美加自由贸易协定》，1992年，墨西哥加入谈判，同年8月12日与美国、加拿大之间的谈判最终促成了《北美自由贸易协定》（NAFTA）的形成。《北美自由贸易协定》于1994年1月开始生效，作为一个自由贸易协定，NAFTA的目标是取消北美地区大部分商品的关税及非关税壁垒。该协定还要求放宽对政府采购、补贴发放和征收反倾销税的限制。此外，它还包括其他有关服务贸易、知识产权以及医疗、安全和环境等方面的标准。目前，NAFTA包含了一个拥有4.2亿消费者的市场，生产总值高达12万亿美元。

2. 当地产比率和原产地规则

制造商和分销商们发现，NAFTA鼓励在美国、加拿大及墨西哥进行自由贸易的举措最终导致的是该地区的自由竞争。当地成分要求和原产地规则是协定中最复杂的标准，这些规定也给制造商和分销商制造了一些特殊的问题。虽然他们很难知道一套工业设备中的各个部分或部件的确切产地，但是他们仍有义务去判定一件产品中是否有足够比例的部件产自北美以使其享有免税资格。制造商或分销商还必须向进口商提供NAFTA“原产地证书”以要求免除关税。以下四条标准决定了一件商品是否符合NAFTA的原产地规则：

（1）完全在NAFTA区域内生产或获得的商品。

（2）含有非本地投入品，但符合附件401原产地规则（涉及区域内投入品的规定）的商品。

（3）在NAFTA区域内生产并且全部原材料来自本区域内的商品。

（4）未组装的商品和商品部件不符合附件401原产地规则，但其价值组成中来自北美地区的含量达到一定比例的商品。

3. NAFTA的影响

自NAFTA生效以来，三国之间的贸易飞速增长，NAFTA使三国的贸易额从1993年的2 970亿美元增长到2005年的8 100亿美元。NAFTA成员国每天的三方交易额约为22亿美元，其中美国与墨西哥的收益最大。自NAFTA生效以来，墨西哥出口到美国的总额惊人地上涨了275%，从400亿美元增加到1 500多亿美元。同时，美国出口到墨西哥的总额也增长了近170%，从410多亿美元增加到1 110多亿美元。同一时期，加拿大出口到美国的总额也翻了一番多，从

1 170 亿美元增至 2 870 亿美元，而美国出口到加拿大的总额则增加了 76%，从 1 000 亿美元增至 1 760 亿美元。在 NAFTA 成立之前，加拿大对墨西哥的出口量很小，但在此之后却增长了三倍多，大约从 6.4 亿美元增至 27 亿美元。

该协定对就业和工资的影响很难判断。美国的贸易代表办公室称 NAFTA 带来的美国对墨西哥、加拿大的出口已经为国内创造了 290 万个就业机会（比 1993 年多了 90 万个），而他们的工资所得也比全国生产工人的平均工资高出了 13% ~18%。但是，劳联—产联（AFL - CIO）对此表示异议，他们认为 NAFTA 的成立使全美损失了 100 万个工作和就业机会。

除了失业问题，反对者还指出 NAFTA 破坏了环境，尤其是美墨边界地区的环境。尽管协定中含有环境保护方面的条款，但是墨西哥发现，它的发展对环境产生了负面影响。不过，墨西哥的国家生态研究所已经制定了一项工业废弃物管理项目，包括鼓励减少废弃物排放以及循环再利用的激励机制。

4. NAFTA 的扩张

由于联盟领导人和环境监管部门对 NAFTA 的长期影响的意见相左，NAFTA 的扩张步伐也被不断延迟。智利在过去的 20 年里取得了明显的经济进步，这使得商界领袖对其加入 NAFTA 的问题争论不休。这个拥有 1 400 万人口的狭长国家虽然不是经济大国，却很有可能成为其他南美国家经济改革的典范。智利在巴西（南美洲最大的经济体）进行改革的 15 年前就进行了市场改革，如今它已经在贸易和投资方面基本实现了开放。

然而，NAFTA 的扩张步伐在很大程度上取决于美国国会是否授予继任的美国总统以贸易促进权。贸易促进权是指美国政府可以就某项贸易协议进行必要的谈判，而无须国会的介入。待协议的所有细节决定之后，国会只是简单地就该协议投票决定是否通过，但不能修改协议中的条款。

但是，有一点是毋庸置疑的：美洲国家将来必将走向一体化。事实上，北美的一些国家甚至很可能最终会采用统一的货币。正如国际货币基金组织的前副理事 Stanley Fischer 所说的："随着墨西哥和美国之间的贸易不断加强，经济不断开放，我认为使用两种货币已经意义不大了。" Fischer 还指出，尽管这对于加拿大和墨西哥来说在政策上一时很难适应，但从长期来看，他希望看到整个北美采用一种单一货币。事实上，厄瓜多尔已经开始推行"美元化"经济。

二、中美洲自由贸易协定（CAFTA）

自由贸易所带来的潜在利益促使了另一个贸易集团的形成，它由美国以及在经济上远远落后于美国的其他六国组成。中美洲自由贸易协定（CAFTA）于 2006 年签署成立，成员国包括：美国、哥斯达黎加、萨尔瓦多、危地马拉、洪都拉斯、尼加拉瓜和多米尼加共和国。然而在 2006 年中，美国实际上只与萨尔瓦多、洪都拉斯和尼加拉瓜这三个国家执行了该协定。公众的频频反对和立法机构对该项协定的重新考虑推迟了中美洲自由贸易协定签署后的正式实施。

在它成立之前，CAFTA 国家之间已经有了大量的贸易往来。中美洲国家和多米尼加共和国已经是美国在拉丁美洲的第二大出口市场，仅次于墨西哥。美国出口到 CAFTA 国家的总额超过了印度、印度尼西亚和俄罗斯的总和。此外，从中美洲国家和多米尼加共和国出口到美国的商品中有将近 80% 被列为美国的免税商品。中美洲国家也将其平均关税从 1985 年的 45% 降到现在的 7% 。2003 年，美国与其他六个 CAFTA 国家的商品贸易总额约为 320 亿美元。

该协定也让美国在许多方面获益。它降低了美国出口到 CAFTA 地区的关税和非关税壁垒。中美洲国家与墨西哥、加拿大以及其他国家的贸易协定也使得美国公司在与这些国家进行贸易时比原来更具优势。该协定还要求中美洲国家和多米尼加共和国改善它们的法律机制和国内商业环境、促进竞争和投资、保护知识产权以及提高法律的透明度。CAFTA 同时还通过提高区域一体化程度、维护区域和平和稳定来保护美国的国家安全利益。

三、拉丁美洲一体化协会（ALADI）

拉丁美洲一体化协会（ALADI）成立于 1980 年。由于拉丁美洲自由贸联盟（LAFTA）第一次一体化尝试的失败，ALADI 的目标明显降低。ALADI 考虑到各国的经济发展情况，要求在成员国间建立一项特惠关税协定（称为互惠协定）。虽然该协定促成了约 24 个双边协定和 5 个分区公约的达成，但它并未改善大部分的跨境贸易状况。由于对拉美一体化进程的不满，一些国家再次组成了另一个贸易集团：南方共同市场。

南方共同市场（Southern Common Market，MERCOSUR）在 1988 年建立之初仅由阿根廷和巴西组成，到 1991 年又增加了巴拉圭和乌拉圭两国。2006 年，委内瑞拉也加入了南方共同市场。MERCOSUR（www. mercosur. com）的准成员国还包括玻利维亚、智利和秘鲁。墨西哥也以观察员的身份加入了该贸易集团。

如今，南方共同市场已经扮演了关税同盟的角色，宣称拥有超过 2 亿消费者（几乎占拉丁美洲总人口的一半）和超过 1 万亿美元的 GDP。南方共同市场在最初几年取得了显著的成就，整个 20 世纪 90 年代，成员国之间的贸易量翻了近三番。南方共同市场正在加快其贸易和投资自由化方面的步伐，逐渐成为拉丁美洲最具实力的区域一体化贸易组织，它甚至有可能联合南美各国实现南美自由贸易协定的宏伟目标。到那时，它很可能会与 NAFTA 联合成立一个美洲自由贸易区。但是，该集团的经济一体化进程也受到了一定程度的阻碍。① 各国在贸易进程和宏观经济政策方面的差异。② 阿根廷和巴西正面临的经济问题。

拉丁美洲的区域经济一体化无疑已经引起了欧洲企业的注意。许多著名的欧洲公司都在拉美建立了工厂，其中包括德国大众、意大利的菲亚特（www. fiat. com）和法国的超市连锁店家乐福（www. carrefour. com）以及英荷合资的个人护理用品集团联合利华（www. unilever. com）。随着欧洲公司大举进入拉美，美国公司也在不断向其政府施压，要求加快智利加入 NAFTA 的进程，并尽快建立美洲自由贸易区。拉美地区对欧盟和美国的吸引力不仅在于它拥有巨大的消费市场，更在于其成为低成本出口生产基地的潜力。

四、美洲自由贸易区（FTAA）

美洲自由贸易区（Free Trade Area of the Americas，FTAA）的成立必将主宰美洲区域贸易集团的未来。美洲自由贸易区的目标是建立一个从北美洲最北端的阿拉斯加到南美洲最南端的火地岛的全球最大的自由贸易区。美洲自由贸易区包括 34 个国家、8 亿消费者以及总额超过 12 万亿美元的 GDP。整个西半球不加入美洲自由贸易区的国家只有古巴。美洲自由贸易区将与该地区内的不同贸易集团协同合作。美洲自由贸易区正式成立后，将用十年或者更长的时间来取消所有成员国之间的关税及非关税壁垒。

1994 年，第一次美洲峰会为协定设计了宏伟的蓝图。1998 年 4 月的第二次峰会上，各国政府代表又重申了建立 FTAA 的决心，实质性的谈判始于 1998 年 9 月。第三次美洲峰会于 2001 年 4 月召开，这次会议受到一些劳工组织、环境学专家和其他反对全球化不断深入的人士的抗议。为了平息这些团体的忧虑与不满，与会的领导人声明，他们承诺到 2015 年会让生活在极端贫困中的人口数减少一半。

全世界总共 130 个的自由贸易协定中美国仅参加了两个，考虑到这一点我们就很容易理解美国再次要求建成 FTAA 的原因了。在西半球，美国只加入了 30 个自由贸易协定中的一个。来自佐治亚州亚特兰大市普滤公司的首席执行官 William Weille，非常支持 FTAA。由于关税壁垒大大增加了产品成本，在 2000 年，这家空气净化装置的制造商对拉丁美洲的出口额仅占其总销售额 2 200 万美元中的 15%。Weille 相信如果取消了关税壁垒，公司对南方市场的出口额将上升到总销售额的 25%。Weille 说："如果有一个更广阔的竞技场，我们将表现得更加出色。"

第五节　亚洲的一体化实践

欧洲与美洲以外的国家更倾向于以较松散的组织形式发展经济与政治的一体化。下面我们来看一看亚洲和环太平洋国家的两个重要联盟——东南亚国家联盟和亚太经济合作组织。

一、东南亚国家联盟（ASEAN）

印度尼西亚、马来西亚、菲律宾、新加坡和泰国于 1967 年建立了东南亚国家联盟（Association of Southeast Asian Nations，ASEAN）。文莱于 1984 年加入，越南于 1995 年加入，老挝和缅甸于 1997 年加入，柬埔寨于 1998 年加入。这 10 个 ASEAN 国家构成了一个拥有约 5 亿消费者、GDP 总值近 15 062 亿美元的市场。该联盟的三个主要目标是：① 促进区域内经济、文化和社会的发展；② 维护地区经济和政治稳定；③ 提供一个公正、和平解决各方争端的平台。

柬埔寨、老挝、缅甸加入东盟时曾遭到一些西方国家的反对。针对老挝和柬埔寨是因为它们在越南战争期间站在共产主义一边，而针对缅甸的异议则集中于西方国家对其侵犯人权的指控。尽管如此，ASEAN 认为有了这些国家的加入，它就能与拥有大量廉价劳动力和丰富原材料资源且不断发展壮大的中国展开竞争。但是 1997 年发起的东盟与中日韩（10 + 3）领导人会议，即“10 + 3”东盟 10 国和中日韩 3 国合作机制，为东盟与中日韩的经济发展提供了更广阔的空间。东盟成员国如图 6 – 1 所示。

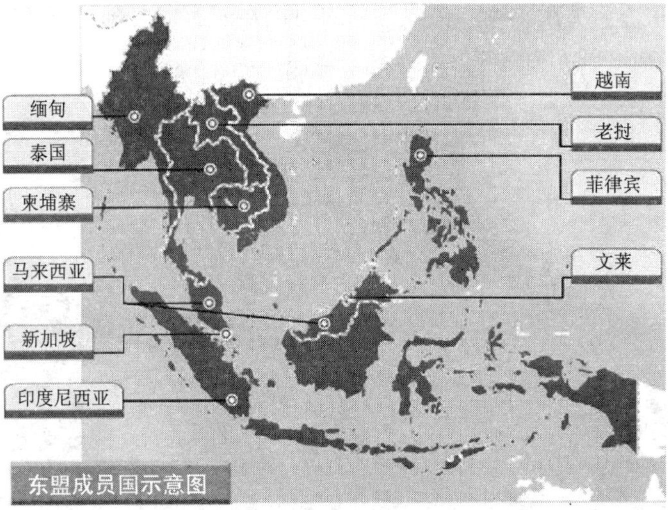

图 6 – 1　东盟成员国

二、亚太经济合作组织（APEC）

亚太经济合作组织（Asia Pacific Economic Cooperation，APEC）成立于 1989 年。最初是 12 个贸易伙伴以非正式会议的形式出现，现在已经发展到 21 个成员。APEC 共拥有 26 亿人口，占世界人口的 45%。成员之间的贸易总额占世界贸易总额的60%以上，创造的GDP总额超过20万亿美元。

亚太经济合作组织的目标并不在于成立一个贸易集团，1991年11月通过的《汉城宣言》，确立了该组织的宗旨和目标。它希望通过简化及放宽成员之间贸易和投资程序来促进多边贸易体系的发展和全球经济的增长。从长远来看，亚太经济合作组织希望到2010年在该组织发达国家之间实现完全的贸易和投资自由化，并且到2020年在其发展中国家之间也实现这一目标。

APEC自成立以来，已经成功地将成员之间的平均关税从15%降低到7.5%。在其成立早期，APEC取得了巨大进步，但是20世纪90年代末亚洲金融危机的爆发阻碍了APEC的发展。例如，成员还未详细规定从2010—2020年消除关税壁垒和补贴的时间表。在向贸易自由化迈进的同时，APEC还只是一个政治集团。虽然APEC无论是在凝聚力还是所取得的成就上都不及NAFTA或EU，但是对话与合作将不断促进其目标的实现，尽管进程较慢。

贸易自由化的进一步发展为在APEC地区从事商务活动的人们带来了许多便利。APEC正在改变商务签证的批准办法，这样商人就不需要持有多个签证便可在整个区域内自由往来。APEC还在推进成员之间的专业资格认证协议，这样，像工程师等专业人员，不论他来自哪个国家都可以在APEC成员内工作。APEC还准备简化和统一关税手续。最终，公司可以在所有成员国内使用统一的关税表格和清单。APEC成员如图6-2所示。

图6-2 APEC成员示意图

第六节　中东和非洲的一体化实践

经济一体化在中东和非洲也取得了一定程度的进展，虽然与其他地区相比还很有限。该地区一体化的进程缓慢主要是因为这些参与国规模太小，而且它们的经济发展水平也相对较低。在这些联盟中最大的是海湾合作委员会和西非国家经济共同体。

一、海湾合作委员会（GCC）

巴林、科威特、阿曼、卡塔尔、沙特阿拉伯和阿拉伯联合酋长国在1980年成立了海湾合作委员会（Culf Cooperation Council，GCC）。到2008年海湾合作委员会（海合会）六国的海外总资产已达到2万亿美元。海湾合作委员会成立的主要目的是与当时实力不断增长的欧洲贸易集团——欧盟和欧洲自由贸易联盟进行合作。然而，在进一步发展的过程中，海湾合作委员会不仅成为一个经济体，同时也是一个政治体。它的合作举措允许成员国的公民在海湾合作委员会国家中无需签证便可自由旅行，同时还允许一国公民在无需有当地担保人或合伙人的情况下拥有另一国的土地、财产和企业。

二、石油输出国组织（OPEC）

1980年9月14日，伊朗、伊拉克、科威特、沙特阿拉伯和委内瑞拉的代表在巴格达开会，决定联合起来共同对付西方石油公司，维护石油收入，五国宣告成立石油输出国组织（Organization of Petroleum Exporting Countries，OPEC，简称欧佩克），总部设在维也纳。

欧佩克现有12个成员国，它们分别是阿尔及利亚、阿拉伯联合酋长国、卡塔尔、科威特、利比亚、尼日利亚、沙特阿拉伯、伊拉克、伊朗、委内瑞拉、加蓬和厄瓜多尔，其原油产量占世界总产量的40%。随着成员的增加，欧佩克发展成为亚洲、非洲和拉丁美洲一些主要石油生产国的国际性石油组织。它的宗旨是，协调和统一各成员国的石油政策，并确定以最适宜的手段维护其各自和共同的利益。在此基础上，欧佩克自成立以来，致力于石油市场的稳定与繁荣，并为保证石油生产者与消费者的利益实行了原油生产配额制。

主要机构有：理事会，负责执行大会决议和指导该组织的管理；秘书处，在理事会指导下主持日常事务工作。秘书处内设有经济委员会，协助该组织把国际石油价格稳定在公平合理的水平上。

三、西非国家经济共同体（ECOWAS）

西非国家经济共同体（Economic Community of West African States，ECOWAS）成立于1975年。但是由于早期发展缓慢，其经济一体化作用直到1992年才体现出来。ECOWAS成立的最重要的目标之一是形成关税同盟并最终建立共同市场和货币联盟。ECOWAS成员国占据了撒哈拉以南的非洲地区大部分的经济活动。

该经济共同体在形成共同市场方面几乎还没有任何进展。事实上，共同体国家之间的贸易额只占其与第三国之间贸易额的11%。不过该共同体在人口自由流动、跨国公路建设和国际电信连接发展方面还是取得了一些重大进步。它目前遇到的一些主要问题是由于政治不稳定、政府管理不善、国民经济薄弱、基础设施落后和不恰当的经济政策所引起的。

四、非洲联盟（AU）

2002年，53个非洲国家联合起来成立了非洲联盟（African Union，AU）。1999年，非洲统一组织成员国的首脑们签署了《苏尔特宣言》（Sirte Declaration），为非洲联盟的成立铺平了道路。

非洲联盟以建立团结和强大的非洲为共同远景，致力于建立政府与民间社会各阶层的合作关系，提高非洲人民的凝聚力。非洲联盟的宗旨是促进非洲和平、安全与稳定，在全球化背景下处理问题以加速发展经济和政治一体化。具体来说，非洲联盟的目标包括：① 消除非洲大陆殖民化和种族隔离的痕迹；② 促进非洲国家的统一与团结；③ 协调并加强合作，促进发展；④ 维护成员国的主权和领土的完整与独立；⑤ 在联合国框架下促进国际合作。

现在对非洲联盟的成功与否下定论还为时过早，不过非洲大陆也不乏证明自身能力的机会。例如，非洲联盟积极参与解决苏丹达尔富尔地区的种族冲突问题，虽然该地区的冲突仍在继续。一个高效、完善的非洲联盟将会给非洲人民带来巨大的利益。

章末案例

银联卡应用促成区域经济金融一体化：粤澳金融IC卡实现互通应用

中国银联2011年12月2日分别联合工商银行和澳门通股份有限公司推出牡丹中山通联名银联卡和澳门通银联双币（人民币、澳门币）闪付电子现金卡，两地城市通卡中山通、澳门通网络实现了金融IC卡的受理。当日，珠海还推出银联金融IC卡停车缴费的应用服务。多项基于银联金融IC卡应用的创新支付成果，展示了粤港澳经济金融一体化工作取得了新的进展。

此次亮相的牡丹中山通联名银联卡和澳门通银联双币闪付电子现金卡，均是符合人民银行PBOC2.0标准的金融IC卡，可分别作为中山通、澳门通在两地公交车、零售店等场所使用。其中，牡丹中山通联名银联卡同时加载牡丹借记卡账户和电子现金账户。澳门通银联双币闪付电子现金卡则兼具双币种账户的电子现金钱包，在境内使用以人民币结算，在澳门及香港使用以澳门币结算。

澳门经济财政司司长谭伯源，澳门金管局主席丁连星，澳门交通事务局局长汪云，中山市市长陈茂辉，珠海市代理市长何宁卡祝贺各方成功合作。他们一致表示，《粤港合作框架协议》《粤澳合作框架协议》签署以来，区域经贸合作和人员往来日益紧密。此次各方面合作，推动金融服务创新，在中山、珠海、澳门取得多项成果，既是金融服务的提升和丰富，也是推动粤澳区域经济合作的重要举措。希望相关方面深化合作，以更优质的金融产品和服务，进一步完善区域支付服务圈，更有力地支持粤港澳一体化发展。

人民银行广州分行副行长牛晓闽、李升高一致表示，粤澳金融IC卡互通应用是人民银行大力推行人民币跨境支付、贯彻落实《粤澳合作框架协议》的重要成果，也是粤澳深化经济金融合作关系，开创互利共赢、融合发展的一项民生工程。希望有关各方通力合作，继续推动金融IC卡的受理、发行，使粤澳金融IC卡互通应用项目成为粤港澳乃至全国的典范，进一步推进人民币跨境支付发展，为持卡人提供更便利的支付服务。

中国银联总裁许罗德表示，中国银联高度重视发挥银联卡在跨境支付中的支持作用。这次粤澳银联金融IC卡互通应用同时实现了三大突破，一是银联金融IC卡实现在交通和金融的跨行业应用，二是银联金融IC卡实现双向跨境使用，三是人民币、澳币实现双币应用。近年来，在人民银行的领导和支持下，实现了银联卡在港澳的广泛使用，港澳地区发行银联卡1 000万张，不仅为区域经贸交流和人员往来提供了便利的支付服务，也有力支持港澳与境外其他国家和地区的交流合作。当前，随着银联卡产品和服务体系的日益完善，中国银联正联合产业各方，加快落实人民银行对金融IC卡推广工作的部署，为持卡人带去更加安全、高效的支付服务。

（资料来源：中国经济网　记者王信川　笔者修改）

讨论题：

（1）区域金融一体化的具体表现有哪些？

（2）结合近年的欧债危机，分析区域金融一体化的优点和缺点，以及对区域经济发展的影响。

第七章

国际直接投资与跨国公司

本章提要

1. 关于国际直接投资的不同理论
2. 世界经济中的外国直接投资
3. 国际直接投资的主要方式

关键术语：

跨国公司　垄断优势理论　内部化理论　国际生产折衷理论　边际产业扩张理论　关系网和关系资产理论　收购　生地兴建投资

开篇案例

入乡随俗——松下企业文化的“中国化”

在中国，松下电器是高质量产品的代名词。与其他大多数外国公司一样，松下是在改革开放之后才进入中国市场的。但在短短三十年的时间里，松下在中国的经营取得了巨大的成功。目前，北京松下已经成为松下集团在海外兴办的众多企业中最好的一个。松下在中国经营的过程中，充分发挥了其在技术和管理等方面的特长，而中方充分发挥了人力、物力和地利方面的特长。除此之外，松下成功的最重要的秘密法宝就是非常重视企业文化的建设，重视员工思想文化上的交流和沟通，相互学习、借鉴和融合，逐步形成了松下“中国化”的企业文化。

在中国，松下电器一贯坚持切合中国实际的经营目标。松下集团希望通过积极培养和录用当地管理人员，促进产品开发和设计的当地化，同时兼为中国做贡献，促进国际间的和谐和人才交流，努力使松下的经营理念和企业文化在中国得以实现。松下电器中国有限公司的总经理青木俊一郎把这种做法称为松下经营的中国化，并将能否彻底实现中国化，看成是松下能否在中国经营成功的关键。

松下在中国的经营过程中，也将其颇具特色的松下企业文化带到了在华的合资企业中，与中国文化逐渐融合，并且在两种文化相互撞击和摩擦的过程中初步形成具有中国特色的松下企业文化。在各家松下在华的合资企业中，都能够强烈地感受到这种企业文化的氛围，成为跨国在海外投资企业文化建设的典范。

1987年，松下与北京及电子部等有关单位的4家企业合资成立了北京松下彩色显像管有限公司，双方各注资50%，共出资200亿日元。随后，松下又先后在北京、广东、浙江、江苏、上海、山东等地投资设厂。共同利益是合资企业的价值观的基础，这使得中日双方能够“同舟共济”。在此前提下，北京松下制定了具体的公司纲领、目标和企业精神。在合作的过程中，中日双方的员工难免发生摩擦和争执，但最后在同舟共济和公司纲领的指导下统一起来了。北京松下认为：中日双方的权利和责任都是100%，双方的员工都要做到开诚布公的透明式经营，避免相互猜疑和钩心斗角现象的发生。北京松下还要求管理人员和普通员工在经营的过程中要坚持利义并举、依法经营的原则，尽力服务奉献，回报社会。1990年7月，国家将彩管所需原料和零部件的进口关税从30%降低到25%，退给北京松下多上交的关税1.148亿元。北京松下认为，这笔关税已经打入卖给厂家的价格里，理应退给国内各电视厂家，于是他们分文未取，全部退给厂家。这一行动不仅在国内引起了巨大的震动，在员工中也有很大的反响。1995年年初，日本发生阪神大地震，北京松下的员工自发向松下集团的其他兄弟公司捐赠50万元人民币，在松下集团也引起了巨大的反响。松下集团总经理松下正治及夫人在同年6月访华时，捐赠100万美元设立“松下电器育英基金”，资助生活困难的大学生，受到了社会的广泛称赞。此外，北京松下还将上缴税金之后的部分利润，以一定的比例留作地区贡献基金，向北京市提供用于基础设施建设的资金。

第一节　国际直接投资与跨国公司理论

国际直接投资是投资者（通常是企业），通过获得或建立海外企业来将经营活动控制范围进行国际扩展的主要方式。在讨论外国直接投资时，首先要区别外国直接投资的流量和存量。外国直接投资的流量指的是在一段时间内（通常是一年）所做的FDI的总量；外国直接投资的存量指的是在某一时间点外国企业拥有的资产的累计总值。此外，也会谈及外国直接投资的流出和外国直接投资的流入，前者指FDI从一个国家流出，后者指FDI流入一个国家。

国际直接投资有着悠久的历史。十七世纪，总部在伦敦和阿姆斯特丹的企业开始获得海外生产性资产。例如，哈得逊海湾公司（Hudson Bay）进行海外行销，并为英国市场获取原料；而荷兰东印度公司（Dutch East India Company）在现在的印度尼西亚进行行销和采购。但是，直到19世纪末期，国际直接投资才出现了第一次高潮，在此之前，国际直接投资在国际经济中只扮演一个相对次要的角色。然而，一百多年前的这一次高潮很快被两次世界大战和20世纪30年代的经济大萧条所摧毁。第二次世界大战后形势巨变，发达国家的对外直接投资迅猛扩大，主要以美国为基地的制造业和石油企业的国际扩张为主，在20世纪50年代末期至1967年形成了一次繁荣（Graham，1997），并带来了以后国际直接投资的持续发展。

对外直接投资是一个非常重要的市场进入战略，学者们提供了多种可供选择的理论来说明公司应当如何利用它来获得并保持竞争优势：垄断优势理论、内部化理论和邓宁的国际生产折衷理论、边际产业扩张理论。

（一）垄断优势理论

垄断优势理论（Monopolistic Advantage）的奠基人是美国经济学家海默（S. Hymer）。1960年，“垄断优势”最初由他在其博士论文《国内公司的国际经营：对外直接投资研究》中首先提出，以垄断优势来解释国际直接投资行为，后经其导师金德尔伯格（C. Kindleberger）及凯夫斯（R Z. Caves）等学者补充和发展，成为研究国际直接投资最早的、最有影响的独立理论。这一理论认为将对外直接投资作为国际化战略的企业往往会控制某些资源和能力以保持相对于外国竞争者的一定程度的垄断权。与在这些市场参与竞争的当地公司相比，这种垄断权力所产生的优势使跨国公司能够通过经营外国子公司获得更多的利润。这一理论的一个主要假设是，为了成功，跨国公司必须获得外国市场中的当地公司所不具备的垄断优势。此外，企业必须通过将这些优势内部化以保留住这些优势。这些优势是跨国公司所特有的，而不是生产所在地所具有的，它们被跨国公司占有，其竞争者很难获得。例如南非的美乐啤酒公司（SAB Miller）是世界第二大啤酒厂，几乎垄断了本国市场。该公司依靠卓越的国际商务专长，为全世界消费者提供独一无二的啤酒。

最重要的垄断优势是尖端的知识，例如跨国公司所拥有的无形技术能够在外国市场创造出当地竞争者无法企及的竞争优势。私有的尖端知识使跨国公司能够创造出独特的产品，为消费者提供独一无二的价值。

垄断优势理论对企业对外直接投资的条件和原因作了科学的分析，它的最大贡献在于将研究从流通领域转入生产领域，摆脱了新古典和金融理论的思想束缚，为后来的研究者拓宽了思路。但该理论无法解释不具有技术等垄断优势的发展中国家为什么也越来越多地向发达国家进行直接投资。

（二）内部化理论

1976年，英国学者巴克利（P. J. Buckley）和卡森（M. Casson）合作出版了专著《跨国公司的未来》，系统地提出了内部化理论。他们认为，所谓市场内部化，是指由于市场不完全，跨国公司为了其自身利益，以克服外部市场的某些失效，以及由于某些产品的特殊性质或垄断势力的存在，导致企业市场交易成本的增加，而通过国际直接投资，将本来应在外部市场交易的业务转变为在公司所属企业之间进行，并形成一个内部市场。也就是说，跨国公司通过国际直接投资和一体化经营，采用行政管理方式将外部市场内部化。

一些学者研究了跨国公司从对外直接投资这种进入模式中获得的特殊收益。例如，当宝洁公司进入日本时，管理人员首先想到了出口和对外直接投资。如果采用出口方式，宝洁将不得不与日本的独立分销商签订合同，处理宝洁现在在日本销售的香皂、清洁剂、尿布和其他产品的仓储和营销问题。然而，由于日本政府实施了贸易壁垒，日本当地企业具有强大的市场力量，以及存在失去对公司私有知识的控制的风险，宝洁转向选择以对外直接投资的方式进入日本市场。宝洁建立了自己的营销分支，并且最终将国家总部设在东京。这种安排带来了多种收益，如果宝洁公司通过与不隶属于自己的日本分销商签订合同的方式进入日本，就不会获得这些收益。

这一事例揭示了跨国公司是如何用主要的商务功能和资产内部化来将其收益保留在公司组织内部的。内部化理论（Internalization Theory）解释了企业获得一种或多种价值链活动并将其保留在公司内部的过程，以便将与外部伙伴协作的不利影响降到最低，并保持公司对国外业务更大程度的控制。它对比了将主要商务活动保留在公司内部的战略与保持距离型的外国进入战略（如出口和许可贸易）两者之间的成本和收益，在后者这种形式中，公司与外部商务伙伴签订合同来完成某些价值链活动。通过将外国的价值链活动内部化，跨越国界的是公司，而不是公司的产品。例如，跨国公司不向外国独立供应商采购，而是通过在外国市场进行收购或成立自己的机构将供应商这一职能内部化。虽然有的公司可能与独立的外国分销商签订合同在国外销售自己的产品，跨国公司却可以通过在国外收购或成立自己的分销部门将营销职能内部化。从根本上来说跨国公司是绕过国家之间、公司间货物、材料和工人交换的瓶颈和成本的一个载体。从这个意义上说，跨国公司用内部市场完成的商务活动取代了在外部市场进行的商务活动。

正如前面所强调的，知识对产品和服务的发展、生产、分配和销售至关重要。因为竞争者能够很容易地获得并使用一家企业的知识，企业通过采取对外直接投资而不是出口等其他模式进入国际市场的方法能够将其关键知识内部化。对外直接投资使管理人员能够控制并最大限度地在国外市场利用企业的私有知识。

（三）国际生产折衷理论

1977年，英国经济学家约翰·邓宁（J. H. Dunning）发表了著名论文《贸易、经济活动的区位和跨国企业：折衷理论探索》，将垄断优势理论、内部化理论和区位优势理论综合起来，提出企业进行国际直接投资，除了特有的垄断优势（Ownership-specific Advantages）以外，还必须有企业内部化优势（Internalization Incentive Advantages）和区位优势（Location-specific Advantages）的观点，建立了对外直接投资的折衷理论，并将其作为决定公司在国外拥有的价值链活动的程度和模式的一个框架。

邓宁认为，跨国企业所拥有的所有权优势、内部化优势以及区位优势的不同组合，决定了它所从事的国际经济活动的方式（见表 7－1）。他认为，所有权优势和内部化优势只是企业对外直接投资的必要条件，而区位优势是对外直接投资的充分条件。因此，可根据企业对上述三类优势拥有程度的不同，来解释和区别绝大多数企业的跨国经营活动。

表 7－1 邓宁三要素与国际市场进入方式选择

国际市场进入方式	优势要素		
	所有权	内部化	区位
国外直接投资	有	有	有
出口	有	有	无
契约式经营	有	无	无

接下来用一个真实的企业来说明折衷理论。美国铝业公司（Aluminum Corporation of America，美铝）在大约 43 个国家拥有超过 130 000 名员工。公司的总体经营项目包括铝土矿开采和铝金属提炼。其产品包括原生铝（提炼自铝土矿）、汽车零部件，以及用于制作饮料罐和雷诺膜（Reynolds Wrap）的铝片。折衷理论详细说明了决定一个公司是否应该通过对外直接投资进入国际市场的 3 种情况：所有者优势、区位优势、内部化优势。

为了成功进入国外市场并经营业务，跨国公司必须具备相对于已经在该市场进行商务活动的其他企业的所有者优势（企业特有的）。其中包括企业拥有的知识、技术，美铝在生产精铝方面具有的优势，能力、工艺或有形资产，它们构成了企业的竞争优势，使企业能够在全球市场有效地竞争。为了确保在国际上取得成功，优势必须足够弥补企业开创并经营外国业务所产生的成本。它们还必须是跨国公司特有的，不会被轻易转让给其他企业。所有者优势的例子包括私有技术、管理技能、商标或品牌、规模经济和获取大量金融资本的能力。企业的所有者优势价值越高，它就越有可能通过对外直接投资进入国际市场。

美铝最重要的一个所有者优势是从研发活动中获得的私有技术。随着时间的推移，美铝还获得了生产和营销精铝方面的特殊管理和营销技能。该企业的品牌在制铝行业声名远扬，这有助于提高销售量。由于美铝是一家大型企业，它还得益于规模经济和为耗资巨大的项目融资的能力。这些优势使美铝在国际业务中业绩斐然。

区位优势是指某一个国家所特有的比较优势。每个国家都拥有一些独特的优势，公司可以从中获得特殊利益，其中包括自然资源、技术劳动力、廉价劳动力和廉价资本。有着丰富经验的经营者能够识别东道国的优势，并努力从中获益。对外直接投资必须具有位置优势才能获得成功。企业走出国门必须是有利可图的，即在目标国家利用所有者优势，并结合至少一点位置优势。否则，企业就会以出口形式进入外国市场。

在区位优势方面，美铝将提炼工厂设在巴西，这是因为巴西拥有大量铝土矿产，而这种矿产在世界其他地方相对稀少。亚马逊河和巴西的其他主要河流能够提供大量水力电能，而这是用电密集型的铝矿冶炼不可或缺的要素。美铝还得益于巴西受教育程度相对较高的廉价劳动力，雇用他们在公司的冶炼工厂工作。

内部化优势是企业将国外进行的生产、分配或价值链的其他阶段内部化后，从中获得的优势：当有利可图时，企业会将所有者优势通过公司内部机构传到国外，而不是将优势分配给独立的外国企业。对外直接投资的决定取决于哪个会是最佳选择，是内部化还是利用外部合作伙伴——无论它们是被许可人、分销商还是供应商。内部化优势包括：能够控制企业产品如何生产或营销，能够控制企业私有知识的传播，能够减少买方对企业提供产品价值的不确定感。

美铝将许多业务内部化，而不是交给外界的独立供应商，这有五条原因。第一，美铝管理人员希望尽量减少传播铝矿冶炼业务的知识，因为企业投入大量资金才得到这些知识。第二，与采用外界供应商相比，内部化为美铝提供了最优的净收益，使其将经营成本降到最低。第三，美铝需要控制其铝产品的销售以避免将铝过多投入世界市场引起世界铝价下跌。第四，美铝想要能够实行差别定价策略，对不同客户收取不同价格。如果不能利用内部化控制最终产品的分销，企业就无法有效实施差别定价。最后，冶炼铝矿是一项复杂的工艺，美铝希望加以控制来保证其质量。如表 7－2 所示为企业选择对外直接投资的原因。

表 7－2　企业选择对外直接投资之原因的理论观点

理论	主要特征	益处	例子
垄断优势理论	企业控制一种或多种资源，或者提供相对独特的产品和服务，使其与外国市场和竞争者相比拥有一定程度的垄断权力	与只在国内市场竞争的本地公司相比，企业可以通过经营外国子公司获得更多的利润	欧洲制药厂诺华公司通过其在全世界的子公司营销各种专利药品，获取大量利润

续表

理论	主要特征	益处	例子
内部化理论	企业在内部获得并保留一项或更多项价值链活动	尽量减少对中间商、合作企业或其他外部伙伴的依赖。 确保对经营活动更多的控制，帮助提高产品质量，具有可靠的生产过程和有效的营销手段。 减少知识和私有资产被竞争者获得的风险	日本的跨国公司东芝： 在几十个国家拥有并经营工厂，生产笔记本电脑。 控制自己的生产过程，确保产出质量。 确保营销活动根据总部的计划进行。 从公司内部获取主要资产，如生产下一代笔记本的尖端知识
国际生产折衷理论	所有者优势：企业拥有知识、技术、能力、工艺或有形资产。 区位优势：某个国家的要素具有特殊的优势，例如自然资源、技术工人、低成本劳动力和廉价资本。 内部化优势：企业得益于将外国生产、分销或其他价值链活动国际化	与竞争者相比具有多种优势，包括拥有、控制和优化价值链活动——研发、生产、营销、分销、售后服务，以及与客户和主要联系对象的关系——都在全世界最适合的地方进行	德国的跨国公司西门子： 在世界各地拥有工厂，这些地方能够提供最佳的自然资源、有技术且廉价的劳动力。 影响遍布190个国家的雇员的知识基础。 使大量生产活动内部化，包括照明、医疗设备和交通运输机械等类别

（四）边际产业扩张理论

20世纪60年代，随着经济的高速发展，日本的国际地位日益提高，与美国、西欧共同构成国际直接投资的“大三角”格局。然而，日本对外直接投资较欧美国家不同。对此，日本学者小岛清（K. Kojima）教授根据日本国情，结合本国特色发展了国际直接投资理论。1978年，在其代表作《对外直接投资》一书中，他系统地阐述了对外直接投资理论——边际产业扩张理论。

小岛清认为，对外直接投资应该从本国已经处于或即将处于比较劣势的产业，即边际产业开始，并依次进行。这也正是日本与美国对外直接投资方式的不同之处。其结果不仅可以使国内的产业结构更加合理，促进本国对外贸易的发展；而且还有利于东道国产业的调整，促进东道国劳动密集型行业的发展，对双方都产生有利的影响。小岛清根据对外直接投资的动机将其分为自然资源导向型、劳动力导向型、市场导向型和生产与销售国际化型等四种类型。小岛清的理论在把微观分析作为既定前提的基础上，注重从宏观动态角度来研究跨国公司的对外直接投资行为。缺陷在于，其动态分析仅限于日本及少数欧洲国家的情况。在对外直接投资决定因素上，小岛清注重从国际分工的比较成本来分析对外直接投资。

边际产业扩张理论是一种符合发展中国家对外直接投资的理论。在国际直接投资理论中，边际产业扩张理论被认为是发展中国家对外直接投资理论的典范，它来源于当时高速发展的日本跨国经营实际状况。正是在这一理论的指导下，日本的对外直接投资大规模发展，带来了日本经济的腾飞，很快日本即从发展中国家的队伍稳步迈进了发达国家的行列。而小岛清的边际产业扩张理论很好地揭示了发展中国家的对外直接投资的原因和行业特点，弥补了原有的国际直接投资理论只能解释发达国家状况的缺陷，对广大的发展中国家开展对外直接投资有着巨大的借鉴和指导意义。

(五) 关系网和关系资产理论

关系网和关系资产是指企业与其他商务实体之间保持的长期关系，企业可以从这种关系中获得经济利益。这些商务实体包括制造商、分销商、供应商、零售商、咨询公司、银行、货运公司、政府及其他能够提供所需帮助的组织。企业层面的关系资产在国际商务中具有显著的竞争优势。日本的系列组织（Keiretsu）是现在西方世界中出现的关系网与联盟的前身。系列组织是所有权和贸易关系相互关联的各企业的一种复杂的组合形式，能够促进企业间的相互学习。与系列组织相似，关系网既不是具有详细界定的等级结构的正式组织，也不是毫无人情味的、分散的市场。

国际营销与采购协会（the International Marketing and Purchasing，IMP）的欧洲研究联盟对关系网发展的理论作出了不小的贡献。关系网理论的提出弥补了市场中大量商务现象无法用传统的组织理论来解释的缺憾。在关系网中，参与者（买方与卖方）通过不断地进行产品、服务、金融、技术和专有技术的交流与联系产生相互关联。伙伴间的持续交往有助于在合作的基础上形成稳定的关系。通过产业关系网形成的联系能够为企业创造价值和竞争优势，即使竞争者之间的联系也是颇有益处的。关系网为许多企业提供了向国外拓展业务、开拓新市场和开发新产品的主要途径。在国际商务中，长期互惠的战略关系为合作伙伴们提供了实实在在的优势，减少了不确定性和交易成本。

第二节 世界经济中的外国直接投资

一、外国直接投资的趋势

在过去的时间，世界经济中的 FDI 的流量和存量都有显著的增长，年均 FDI 流出量从 1975 年的大约 250 亿美元增长到 2000 年创纪录的 1.2 万亿美元，而到了 2005 年又回落到 8 970 亿美元，2010 年全球 FDI 流入量在 1.2 万亿美元以上，在 1975—2005 年 FDI 的流量不仅加速增长，而且速度要快过世界贸易和世界产出的增长。例如，在 1992—2005 年，所有国家的 FDI 总流量增长了大约五倍，同一时期世界贸易只增长了大约 140%，而世界产出只增长了 40%。作为强大的 FDI 流量的结果，到 2004 年全球 FDI 存量已经超过了 9 万亿美元。至少 7 万家母公司在外国市场上有超过 69 万家的附属公司，总计在国外雇用了 5 000 万人员，产生于占全球 GDP 1/10 的产值。跨国公司的国外附属公司为全球创造了约 19 万亿美元的全球销售额，比全球 11 万亿美元的出口值高得多。

FDI 的增长比世界贸易和世界产出增长得更快是有原因的。第一，尽管过去 30 年里我们见证了贸易壁垒的总体下降，有些企业仍然担心会面临保护主义的压力。经理人员把 FDI 看作绕开未来贸易壁垒的一种方法。第二，FDI 在最近的增长是由世界上许多发展中国家发生的巨大的政治和经济变化所驱动的。朝着民主政治机构和自由贸易经济的普遍转变刺激了 FDI。在亚洲和拉丁美洲的许多国家，经济不断增长、经济控制解除、向外国投资者开放私有化项目、取消对 FDI 的许多限制，都使得这些国家对外国投资者更具吸引力。据联合国统计，在管理外国直接投资的法规方面的 2 156 处改动中，有大约 93% 是在 1991—2004 年作出的，这为 FDI 创造了更为有利的环境。希望促进 FDI 的愿望也反映在旨在保护和推动两国投资的双边投资协议数量的激增上。截至 2004 年，全世界有 2 392 个这样的协议，涉及 160 多个国家，比起 1980 年的 181 项协议增长了 12 倍。第三，世界经济的全球化对 FDI 的数量也一直有着积极的影响。诸如星巴克公司这样的企业现在已把整个世界都看作它们的市场，它们正在进行 FDI，试图确保它们在世界的每一地区都有经营。由于多种原因（后续将详细讨论），许多公司现在都感觉到重要的是把生产设施建得离它们的主要客户比较近，这也产生了更大的 FDI 压力。

二、外国直接投资的流向

一直以来，大多数的 FDI 是流向世界上的发达国家，因为先进国家的企业在彼此的市场互相投资。20 世纪 80 年代到 90 年代，美国一直是 FDI 流入的理想目标国和最大的接受国，这是因为其巨大而富有的国内市场、活跃而稳定的经济、理想的政治环境和对 FDI 的开放。投资者包括设在英国、日本、德国、荷兰以及法国的企业。流入美国的投资在 21 世纪初仍然居高不下，2005 年达到 1 060 亿美元，欧盟发达国家也是相当重要的 FDI 流入国，主要是来自美国、日本和欧盟其他成员国的投资。2005 年，流入欧盟的投资达到 4 450 亿美元，约为当年 FDI 的一半。法国是最大的接受国，流入法国的投资为 490 亿美元。

虽然发达国家仍然占有 FDI 流入量较大的份额，但已开始有了一股流向世界上发展中国家的流量，在 1985—1990 年，FDI 向发展中国家每年的平均流入为 274 亿美元，亦即全球总流量的 35% ~40%。不过，在 2000—2002 年，这一数据跌回至总量的 25%，然后在 2004—2005 年又差不多上升到 33% ~36%。2008 年以来，全球 FDI 流量的格局出现了重大变化，首先，2009 年全球外国直接投资有一半流入了发展中国家和转型经济体，全球外国直接投资流出量中有四分之一来自发展中国家和转型经济体，国际生产和消费中心正由发达国家向发展中国家转移。其次，服务业和第一产业吸收的 FDI 所占的比例不断增加，制造业比重不断下降。再次，尽管跨国公司的销售额和附加值下降，但是 FDI 存量和资产却仍在不断增加。全球范围内，跨国公司总产值达到 16 万亿美元，约占全球经济总产出的 1/4。统计显示，流入发达国家的外国直接投资为 50.8%；流入发展中国家的外国直接投资为 42.9%，其中非洲的流入量占 5.3%，拉丁美洲和加勒比地区的流入量占 10.5%，西亚的外国直接投资流入量占 6.1%，南亚、东亚和东南亚的外国直接投资流入量占 20.9%；流入东南欧和独联体等转型经济体的外国直接投资为 6.3%。

拉丁美洲成为 FDI 流入发展中国家的另一个最重要的地区。2005 年，该地区总流入的投资达到 720 亿美元。墨西哥和巴西一直为拉丁美洲两个最大的流入国，这一趋势在 2005 年得到持续。在天平另一端的则是非洲，非洲长时间接受最小数量的投资流入，2005 年大约为 280 亿美元。非洲无力吸引更多的投资，部分原因是长期困扰该地区的政治不稳定、军队内讧以及经济政策的经常变化。

考虑 FDI 流入一个国家重要性的另一种方法是将其表示为总固定资本构成的一个百分比。总固定资本构成概括了投资于工厂、商店、办公楼等的总资本数量。在其他方面等同的情况下，经济中的资本投资越多，未来的增长前景可能就越理想。用这种方法来观察，FDI 可以被看作资本投资的一个重要来源和未来经济增长的一个决定因素。一些概括统计量是以 1992—2004 年发达国家和发展中国家流入的 FDI 流量占总固定资本构成的百分比为基础的。1992—1997 年，FDI 占到发达国家总固定资本构成的 4%，在发展中国家占 8%。1998—2004 年全球范围的数字是 12.2%，这表明 FDI 正在成为世界经济投资中越来越重要的来源。

这些总数据掩盖了各国的重大差异。例如，2004 年 FDI 的流入占英国总固定资本构成的 22%，比利时的 53%，但在印度只有 3.4%，在日本只有 0.7%——这表明在前两个国家，FDI 是投资，也是经济增长的重要来源，而在后两个国家中却不是。这些差异可以用几个因素来解释，包括一国在投资方面可见的宽松环境和吸引力。在某种程度上，繁杂的条例限制了外国在一国的投资机会，如日本和印度。这些国家可能由于限制所需资本投资的进入而伤害到自己。

三、外国直接投资的来源

第二次世界大战之后的很长时期，美国一直是 FDI 的源头国，其地位一直持续到 20 世纪后期和 21 世纪初期。其他重要源头国包括英国、法国、德国、荷兰和日本。总体来说，在 1998—2007 年，这 6 个最大的国家占了外国直接投资流出的 58% 和 2004 年全球 FDI 总存量的 64%。正如所预料的那样，这些国家在世界最大跨国公司的排名上也占据绝对优势。

到 2007 年，世界 100 个最大的非金融类跨国公司有 20 家是美国的企业，14 家是法国的，13 家是德国的，15 家是英国的，10 家是日本的。就全球 FDI 存量来看，其中 21% 属于美国企业，14% 属于英国企业，8% 属于法国企业，8.5% 属于德国企业，5.6% 属于荷兰企业，4% 属于日本企业。以这些国家为主导，是因为它们是第二次世界大战后具有最大经济实体的发达国家，所以是众多最大、资本最雄厚的企业的“老巢”。它们中许多国家也是长期的贸易流通国，把外国市场看作其很自然的经济扩张的场所。因此，以这些国家为基础的企业站在外国投资潮流的最前沿这一点毫不稀奇。

美国是 2009 年全球外国直接投资流量最大的国家，FDI 流入量达到约 1 299 亿美元。中国不仅是全球主要的外资流入国，其作为全球重要投资来源国的地位也在不断增强，中国成为世界最具吸引力的投资国。中国 2009 年 FDI 流入量达到约 950 亿美元，世界排名第二，仅次于美国；FDI 流出量达到约 480 亿美元，世界排名第六。截至 2009 年年底，中国内向 FDI 存量估计约为 4 700 亿美元，外向 FDI 存量约为 3 000 亿美元。

第三节 国际直接投资的主要方式

一、国际直接投资的形式：收购与生地兴建投资

国际直接投资（International Direct Investment）也称为对外直接投资（Foreign Direct Investment，FDI）是指一国的自然人、法人或其他经济组织单独或共同出资，在其他国家的境内创立新企业，或增加资本扩展原有企业，或收购

现有企业，并且拥有有效管理控制权的投资行为。当企业在外国直接投资建厂以生产或销售产品时，就出现了外国直接投资（FDI）。按照美国商业部给出的定义，只要一位美国公民、一个美国组织或者附属集团在外国企业中占有10%以上的股权，就会引发FDI。只要一个企业接受了FDI，它就成为一个跨国公司。例如，星巴克公司于1995年开始第一次外国直接投资。到2006年，外国直接投资已经把星巴克公司转变成为一个在37个国家有运作的全球性大品牌。

FDI有两种主要形式：第一种是在生地兴建投资，这主要是指在外国建立全新的公司。第二种是收购或并购外国现有的公司。收购（Acquisition）指的是一家公司通过购买另一家公司的部分或全部股权，可以是小部分（外国企业占公司有投票权股票的10%～49%）、大部分（外资占50%～99%），或全部股份（100%外国产权），同时将被收购公司的业务纳入其战略投资组合，从而达到更有效利用核心竞争力的目的。

联合国的数据表明，大多数跨境投资都是合并与收购形式，而非生地新建投资形式。在1998—2003年，所有的FDI流入中，超过40%～80%是合并与收购的形式。例如2001年，合并与收购占所有FDI流入的78%。2004年，这一数字为59%。不过，FDI流入发达国家与流入发展中国家有显著的区别。在发展中国家，跨境合并与收购只占FDI的1/3左右。合并与收购形式的FDI流入的比例较低，反映了在发展中国家能被并购的目标企业较少。

在考虑FDI时，为什么企业显然更愿意并购现有资产，而不是进行生地兴建投资？首先，合并与收购比生地兴建投资实施得更快捷。这在市场发展迅速的当代生意场上是一个重要的考量因素。许多企业认为，如果它们不收购一个理想的目标企业，那么它们的全球对手就会去收购。其次，外国企业被收购是因为它们具备有价值的战略资产，比如商标忠实度、客户关系、商标或专利权、分销系统、生产体系，等等。企业收购这样的资产要比生地兴建投资从头创业更容易，风险也更小。最后，企业进行收购是因为它们相信：它们能够通过转移资本、技术或管理技术提高所收购单位的效率。但有证据表明，许多合并和收购并未实现预期的收益。

二、对外直接投资转向服务业

过去的20年中，FDI各组成部分明显转移，从消耗型行业和制造业转向服务业。1990年，约47%的外流FDI存量是服务业，2004年，这一数字上升到66%。在跨境合并与收购的组成中也出现了同样的趋势，服务行业占了更大比例。FDI在服务业的组成也在变化，不久前它还集中在贸易和金融服务业，但目前电子、水、通信和商业服务（比如信息技术咨询服务）这些行业越来越凸现出来。

向服务业转变是受4个要素驱动的，这4个要素会在相当一段时间内仍会起作用。第一，这种转变反映了众多发达国家的经济总体从制造业转向服务业的变化趋势。21世纪初，服务业占发达国家经济体GDP的72%，占发展中国家GDP的52%。第二，许多服务业不能国际性地进行贸易活动，它们必须在消费所在地进行生产。星巴克公司是一家服务性企业，就不能在西雅图向日本消费者售卖热咖啡——它必须在日本设立分店。FDI是把服务业带到外国市场的主要途径。第三，许多国家已经开放了束缚FDI在服务业方面发展的机制。这种开放使得大规模的FDI流入成为可能。巴西在20世纪90年代后期把通信公司私有化，解除了外国公司在这个行业的投资限制，此后，FDI如潮涌般地进入到巴西的通信业。

最后，以互联网为基础的全球通信网络的崛起使一些服务型企业把价值创造活动转而重新选址到不同的国家，以充分利用优越的要素成本。例如，宝洁公司就把一些后台支持会计工作转到菲律宾。在菲律宾，一些曾经受过美国会计规则培训的会计以低得多的薪水受雇。戴尔公司以同样的原因在印度开设呼叫应答中心。同样，微软公司和IBM公司在印度建立了一些软件开发和测试机构。白天在微软公司写的软件代码会被立即传输到印度，然后当微软总部编写代码的程序员在睡觉时在印度进行测试。美国编写代码的人员次日到公司工作时，该代码已经被测试过了，故障已经被识别出来，他们可以开始校正工作了。微软公司在印度设立测试机构后，就可以一天24小时地进行代码的相关工作，减少了开发新软件成品的时间。

章末案例

吉利收购沃尔沃

浙江吉利控股集团有限公司（简称吉利控股集团）2010年8月2日宣布，已经完成对福特汽车公司旗下沃尔沃轿车公司的全部股权收购。同时，吉利控股集团宣布，大众汽车北美区首席执行官斯蒂芬·雅克布（Stephen Jacoby）将加入沃尔沃轿车公司，并接替斯蒂芬·奥德尔（Stephen Odell）自2010年8月16日起任总裁兼首席执行官一职。吉利控股集团为完成收购沃尔沃轿车公司开出了2亿美元票据并支付了13亿美元现金，收购资金来自吉利控股集团、中资机构以及国际资本市场。此最终交易价格是根据收购协议针对养老金义务和运营资本等因素作出调整的结果。

2010年3月28日，吉利与福特在瑞典哥德堡正式签署协议，同意以18亿美元的价格收购沃尔沃轿车公司。目前吉利已为收购沃尔沃支付了15亿美元，其余未付的3亿美元会根据下半年的养老金等相关数据最终作出调整，但总价不会超过18亿美元。交割完成后，沃尔沃在中国的生产基地将由沃尔沃管理层根据经营需要，进行论证后决定。

将积极开拓包括中国在内的新兴市场

吉利和福特在长达数年的接触与谈判后终于完成了收购交易，李书福和福特首席财务官路易斯·布斯（Lewis Booth）共同出席了在伦敦的交割仪式，为中国最大一笔海外汽车收购案画上句号。

李书福表示，对吉利来说，这是具有重要历史意义的一天，这一瑞典世界级知名豪华汽车品牌将坚守其安全、质量、环保和现代北欧设计这些核心价值，继续巩固和加强沃尔沃在欧美市场的传统地位，积极开拓包括中国在内的新兴国家市场。

李书福说，文件的签署和收购的完成，体现了福特汽车和沃尔沃轿车高层管理人员对公司未来的承诺，此外瑞典、比利时和中国的劳工代表以及相关国家政府部门也起到了至关重要的作用。

沃尔沃新任总裁兼首席执行官斯蒂芬·雅克布先生表示，公司所有的员工、供应商、经销商和客户完全可以相信，沃尔沃将继续保持其在汽车安全和创新上的行业领先地位，这一点在开辟新市场的过程中不会改变。

在新的所有权下，沃尔沃轿车将会保留其瑞典总部以及在瑞典和比利时的生产基地，在董事会授权下，管理层将拥有执行商业计划的自主权。作为交易的组成部分，沃尔沃轿车与福特将继续保持密切的零部件相互供应关系，确保彼此之间继续提供对方需要的零部件。

运营团队：李书福挂帅　汉斯辅佐

7月中旬，吉利宣布了新的沃尔沃轿车公司董事长和副董事长人选，李书福出任董事长，沃尔沃轿车前总裁兼首席执行官汉斯担任副董事长。

出任沃尔沃轿车公司副董事长的汉斯先生，在吉利收购沃尔沃中扮演过重要角色。汉斯是瑞典人，在沃尔沃工作过三十多年，几乎所有岗位都待过，并曾任福特汽车公司全球首席营销官，对沃尔沃的各个层面了如指掌。由他出任副董事长，可以协助李书福更好地把握沃尔沃发展的方向。

吉利8月2日宣布了其他董事会成员。新任沃尔沃轿车总裁和首席执行官斯蒂芬·雅克布也进入董事会。之前他曾担任大众汽车北美区首席执行官。董事汉肯·塞缪尔森，曾任全球领先的商用车集团MANAG的董事长兼首席执行官，是汽车工程技术专家并拥有广泛的全球管理经验。董事赫伯特·德梅尔博士，曾任德国奥迪集团董事长，长期从事汽车工程技术方面的工作。董事约恩·方斯·施罗德女士，是资深财务专家，曾任华伦威尔森航运公司总裁兼董事总经理，并任全球多家跨国公司独立董事。董事霍建华女士，曾任殷拓集团亚洲有限公司首席执行官和资深合伙人，拥有深厚的财务工作背景。董事沈晖，原任菲亚特中国集团副总裁、菲亚特动力科技中国区首席执行官。一个高水平、高素质的国际化运营团队已经形成，以确保沃尔沃未来的成功。

管理模式：管理层拥有执行商业计划自主权

吉利成功收购沃尔沃，有助于中国汽车工业的自主创新能力大幅度提升，中国汽车工业的国际形象将得到良好改善，吉利汽车的知识产权来源也会受到尊重。国家信息中心信息资源开发部主任徐长明对新华社记者说，按照通常的标准，如果一家企业的海外营运收入超过30%，这家企业就可以被认定为是跨国公司。吉利收购沃尔沃后，沃尔沃的营运收入将纳入吉利集团。由于沃尔沃的销售收入远高于吉利的国内销售收入，吉利集团无疑将成为中国第一家跨国汽车公司。

李书福在越洋电话里对新华社记者说，吉利收购沃尔沃后，吉利是吉利，沃尔沃是沃尔沃。收购完成后，沃尔沃轿车公司的总部仍设在瑞典哥德堡，其管理层拥有执行商业计划的自主权。作为商业计划中的一部分，沃尔沃轿车公司将继续巩固在欧洲和北美市场的地位，同时开拓包括中国在内的新兴国家市场。

发展目标：尽快恢复沃尔沃往日辉煌

在国际豪华汽车市场，奔驰、宝马和沃尔沃曾经是齐名的，销量也差不多。可是最近10年，沃尔沃远远地落后了。李书福认为，以沃尔沃的品质、技术、研发能力和品牌价值，不应该是目前这么一个地位。他有一个宏愿，就是让沃尔沃恢复在全球豪华车市场的领先地位，力争超越奔驰和宝马。要做到这一点，首先要在中国市场迎头赶上。中国是全球豪华车增长最快的市场，每年有50多万辆的市场需求，而且还在不断增长中。

吉利成功收购沃尔沃后，有利于沃尔沃在中国市场的发展，大幅度提高在中国的销量。有网友留言说，以后沃尔沃就是中国人拥有的品牌了，购车首选，绝对支持。吉利完成收购后，沃尔沃将成为中国拥有的唯一豪华车生产商，政府会给予一定的政策支持。完成收购后，也有助于沃尔沃加快国产化进程，降低成本。

随着沃尔沃在中国市场的销量大幅增长，再加上欧美等传统市场的发展，沃尔沃有希望重现往日辉煌。

中国影响：“走出去”才刚刚开始

吉利收购沃尔沃，不仅仅是一个企业的商业行为，而是事关中国汽车产业发展。中国企业成功收购沃尔沃，将使中国拥有具备国际竞争力的世界知名企业和品牌；可以一举进入国际高端汽车市场并占有一定份额；同时可以掌握部分汽车核心技术和新技术。对于中国由汽车大国转变为汽车强国，具有重要意义。

中国汽车工业协会常务副会长兼秘书长董扬认为，吉利成功收购沃尔沃，只是走完了万里长征第一步。如何让沃尔沃继续保持高端品牌价值和产品品质，如何提高沃尔沃在中国汽车市场的份额，如何让欧洲文化的沃尔沃适应中国文化，如何通过收购沃尔沃提高中国汽车产业的技术水平？这些艰巨的任务，都需要经过极其艰苦的努力，一步一步去实现。

（资料来源：北京青年报 原文/新华社记者张毅 笔者修改）

讨论题：

（1）沃尔沃在被吉利收购之后销量如何？品牌价值有何变化？

（2）吉利收购沃尔沃之后得到了什么？请从战略管理的角度，结合收购后吉利现在的发展情况，分析此次收购的得失成败。

第八章
对外直接投资的母国与东道国效应

本章提要

1. 对外直接投资（FDI）对母国和东道国的利弊分析

2. 政府影响对外直接投资的政策工具

关键术语：

东道国利益/成本　资源转移效应　就业效应　国际收支　母国利益/成本　鼓励/限制流出的 FDI

开篇案例

开利合并珠海格力失败

格力电器前身为珠海市海利冷气工程股份有限公司，1989 年经珠海市工业委员会批准设立，1994 年经珠海市体改委批准更名为珠海格力电器股份有限公司。2005 年，格力电器进入全面鼎盛期。它是目前全球最大的集研发、生产、销售、服务于一体的专业化空调企业。格力电器旗下的“格力”品牌空调，是中国空调业唯一的“世界名牌”产品。

2004 年格力电器销售量增至 750 万台，销售额高达 138 亿元，净利润增至 4.2 亿元，13 年来其成长率接近 140 倍。几年来空调行业竞争愈加激烈，但格力电器始终保持稳健的增长，2005 年格力家用空调总销量增至 1 000 万台，成为全球产销冠军。而在上半年格力电器创造的 28% 的市场份额，已经说明了格力电器在国内的霸主地位。在格力最早进军的巴西，格力电器的高档品牌形象已深入人心，在中东、东南亚、西欧、俄罗斯、印度、澳洲等地，格力品牌正处于高速成长期，其产品的国际市场份额已增至 8%。

2005 年格力电器成功开发了空调的“离心机”技术，这项技术此前只掌握在四家美国空调企业手中。寡头市场份额和完全自主知识产权这两只“翅膀”，正按部就班地将格力带入全球一流品牌的圈子。

2005 年 7 月底，美国联合技术公司（UTX）旗下子公司、供暖、通风及空调设备制造商开利集团（Carrier Corp）将眼光瞄准了珠海格力电器，并展开了收购格力电器前的一系列调查。

而珠海市政府也打算为格力电器引荐美国开利。在毫无预兆下，珠海市政府突然把开利的相关收购方案透露给了格力电器管理层，后者受到的震惊和抵触可想而知。

毫无疑问，收购将会在一夜间完全改写全球空调行业的竞争格局。当时，格力即将到达业绩“山顶”，但登顶之前由改制引发的大变局，完全可能全盘改写这个企业的命运。

而收购后，开利将在一夜间拥有中国市场的强势寡头地位。那几年外资空调厂商在中国市场节节败退，开利通过收购格力，将在一夜间使其过往竞争失败史全盘翻转。

开利最看重的是格力的生产能力和国内通路，一旦收购成功，开利可以贴牌生产，大幅降低开利的成本，通过后者，开利可以将自己的产品通过格力的血管输送到中国市场的每一个角落。

随后，面对开利收购格力电器的方案以及格力管理层的强烈反对，国资委出面辟谣称，由于主张开利收购方案的珠海市领导不久前调离原岗位，该方案的支持者逐渐变少。加之格力电器管理层的反对，市政府放缓了对该方案的推进工作。至此，开利集团原计划入驻格力电器的计划最终破产。

涉及 FDI 时，许多国家的政府多多少少都可以被视为务实的民主主义者，因而他们的政策是考虑了 FDI 的成本和利润后才形成的。本章我们首先从东道国的角度，然后从母国的立场来探讨一下 FDI 的利润和成本，最后将介绍政府用以管理 FDI 的政策工具。

第一节　对外直接投资的东道国利益与成本

一、对外直接投资的东道国利益

对东道国来说，流入 FDI 会产生资源转移效应、就业效应、国际收支效应和竞争效应及经济增长效应。

（一）资源转移效应

通过提供不可能从其他途径获得的资金、技术和管理资源，外国直接投资可为东道国的经济做出积极的贡献，从而大幅度地提高该国的经济增长率。

就资金而言，许多跨国企业，凭借他们的规模和财力，有办法得到东道国企业无法得到的金融资源。这些资金可以从他们国内的公司得到，或者，由于他们的声誉，大跨国企业比东道国企业更容易从资本市场融资。

技术可以刺激一个国家的经济增长和工业化发展。技术可以有两种形式，它们都是有价值的。技术可以体现在生产过程中（如寻找、开采和精炼石油的技术），也可以体现在产品中（如个人电脑）。然而，许多国家缺乏开发自己国内产品和加工技术所需要的研究和发展资源以及技能，世界上那些欠发达国家尤其如此，而 FDI 能够给这些国家带来大量技术知识来刺激经济增长。

研究表明跨国公司在国外投资时常常转让重要的技术。例如，一项在瑞典的 FDI 研究发现，国外的公司提高了他们在瑞典公司的劳动生产率，这表明技术交接已经发生了（技术通常促进生产率）。同时，OECD 在 FDI 上的一项研究也发现外国投资者在他们已投资过的国家 R&D（研发）上会投入大量资本，表明他们不仅把技术转移到那些国家，而且他们可能对那些国家已存在的技术进行了提升或者创造了新的技术。

通过 FDI 所获得的外国管理技术也给东道国带来很大的益处。无论是并购还是生地新建方式，受到最新管理技能培训的外国管理人员都可以帮助提高在东道国经营的效率。当本地人员经过培训，在外国 MNE 的附属公司担任管理、财务以及技术职位，后来又离开公司帮助建立本国企业时，会由此产生附带的有益作用。如果外国 MNE 高级的管理技术刺激了当地供应商、发行商以及竞争对手改进他们自己的管理技术，也会产生类似的有益作用。

（二）就业效应

FDI 所具有的有益的就业效应，指的是它给东道国创造的就业机会。FDI 所产生的就业效应既有直接的，也有间接的。当外国 MNE 直接雇用东道国公民，就产生直接效应。由于投资而使当地供应商创造了就业岗位，以及由于 MNE 雇员在当地经济中的消费增加而创造出就业岗位时，就产生了间接效应。间接就业效应就算不比直接效应大，也是和它差不多的。例如，当丰田 1997 年在法国开建一家新汽车厂时，估计表明这个厂将创造 2 000 个直接岗位和另外约 2 000 个辅助岗位。

持怀疑态度者指出：并非由 FDI 创造的所有新岗位都代表着就业的净增加。日本汽车公司在美国 FDI 的案例中，有人争论说，由这一投资所创造的就业已经被美国自己的汽车公司所失去的就业抵消了，因为他们的市场份额让日本的竞争对手占去了。作为这种替代效应的结果，由 FDI 创造出的新就业的净数量可能并没有 MNE 最初声称的那么大。在就业方面可能的净收益是打算进行 FDI 的 MNE 同东道国政府之间谈判的一项内容。

当 FDI 是以在东道国收购一家现有企业的形式，而非生地新建投资的形式进行时，如果跨国企业想要提高经营效率的话，直接的效应可能是减少就业。不过，即便是在这样的情况下，研究仍表明，在最初的调整后，外国公司兼并的企业往往会比其他国内竞争对手以更快的速度提高就业基数。例如，OECD 的研究发现，1989—1996 年，外资企业比国内竞争对手以更快的速度创造新的就业岗位。在美国，外国企业的员工总数以每年 1.4% 的速度增长，相比之下，国内的企业每年增长 0.8% 。在英国和法国，外国企业的员工总数年增长 1.7% ，而国内企业的就业年均下降 2.7% 。同样的研究还发现，外国企业往往比国内企业支付的工资更高，这意味着就业的质量更好。

（三）国际收支作用

FDI 对一个国家国际收支账目的影响是大多数东道国的一个重要政策问题。一个国家的国际收支平衡账户记录了它对别国的支出和从别国的收入。政府通常关心什么时候它们的国家会在其国际收支的经常账户上出现赤字。经常账户记录了商品和服务的进口和出口。经常账户赤字或者通常所称的赤字贸易，在一国进口的商品和服务多于出口时会出现。政府通常愿意看到经常账户盈余，而不是赤字。从长期来看，能减少经常账户赤字的唯一办法是把资产卖给外国人。例如，美国在 20 世纪 80 年代和 20 世纪 90 年代持续的经常账户赤字就是通过不断出售美国的资产（股票、债券、房地产以及整个公司）给外国人来筹措资金抵补的。因为国家政府不愿看到本国的资产流入外国人手里，而是希望看到经常账户顺差。FDI 可以用两种方式帮助一个国家达到这一目标。

其一，如果 FDI 能代替进口商品和服务，它就能改善东道国的国际收支经常账户状况。例如，日本汽车公司在美国和英国大量的 FDI，代替了从日本进口。因此，美国的国际收支经常收支账户多少有些改善，许多日本公司现在是从美国的生产厂而不是从日本厂来供应美国的市场，从减少了需要出售资产给外国人来为经常账户赤字筹措资金这点来看，美国是受益了。当 MNE 利用设在外国的子公司出口产品和服务到其他国家时，就产生了第二个潜在的好处。

根据英国的一个报告，在许多发达和发展中国家由出口导致了经济增长，而跨国企业的内在 FDI 是其主要推动者。例如，中国的出口 1985 年 26 亿美元，至 2001 年已超过了 250 亿美元。很多这样的出口增长是由于 20 世纪 90 年代跨国企业在中国的过度投资。跨国企业的附属公司在中国所有出口中从 1991 年的 17% 增长到了 2001 年的 50% 。例如，在手机市场，跨国企业在中国的附属公司，主要是诺基亚、摩托罗拉、索尼爱立信和西门子这些品牌，已经占据了中国 95% 的出口。

（四）竞争及经济增长效应

经济市场告诉我们，市场的有效运行依赖于生产商之间足够程度的竞争。当 FDI 以生地兴建投资的形式进行时，其结果是建立一个新企业，增加了市场参与者的数量，因而也增加了顾客的选择。反过来，这又能增加国内市场竞争的程度，从而驱动价格向下并提高消费者的经济福利。

FDI 对国内市场竞争的影响在诸如电信、零售以及许多金融服务的服务业可能不是特别重要，这些行业常常不会选择出口，因为这些服务必须在服务所在地生产。

二、对外直接投资的东道国成本

流入的 FDI 与东道国有利害关系的三个主要方面是 FDI 对东道国国内竞争可能产生的不利影响，对国际收支的不利影响和担心对国家主权和自治权的丧失。

（一）对竞争的不利影响

东道国政府有时担心，外国 MNE 的子公司可能比国内的竞争者有更大的经济实力。如果外国 MNE 是更大的国际组织的一部分，它们也许能够从其他地方弄到资金来补贴它们在东道国市场的费用，这会把国内分公司挤出行业，从而垄断市场。一旦市场被垄断，外国 MNE 可以把价格提得高于竞争市场的价格，从而给东道国的经济福利带来有害影响。这一担心在那些自己没有多少企业的欠发达国家往往更大。

通常情况下，在生地兴建投资（绿地投资）中 FDI 应该是增加了竞争，它稍欠清晰地指出 FDI 采取东道国已建立的企业的形式，就像沃尔沃采用了三星的生产形式。然而尽管这些事件是显而易见存在的，但仍然没有理由证明这样的发展是普遍存在的。如果这样的机构不是有效地运行，那么可以明确肯定外国实体不会垄断一个国家的市场。

（二）对国际收支的不利影响

FDI 对东道国国际收支状况可能的不利影响有两个方面。首先，FDI 所带来的最初资本流入必定会被随后外国子公司把收入调回其母公司的资本流出所抵消。这些流出在国际收支经常账户上是以借入项的形式出现的。当外国子公司的大量投资是从国外输入时，就出现了第二个担心，因为这也会导致东道国的国际收支经常账户上出现借入项。

（三）国家主权和自治的丧失

许多东道国政府担心，随着 FDI 的进入，会失去一些经济独立性。可以影响东道国经济的关键决策是由对东道国没有任何真正承诺的外国母公司作出的，东道国对其没有真正的控制。最早几个欧洲国家曾表示出这样的担心，它们担心美国 MNE 所进行的 FDI 正在威胁着它们国家的主权。现在美国对欧洲和日本的 FDI 表示出同样的担心，主要的恐惧似乎是，如果外国人拥有美国的资产，它们可能会“从经济上要挟美国”。当法国政府的官员就美国在法国的投资发出类似抱怨时，许多美国政客对其嗤之以鼻，认为这种指责太愚蠢。现在位置倒过来了，美国许多政客不再认为这种观点愚蠢了。不过，大多数经济学家认为这种担心是没有根据的，是荒谬的。政治科学家罗伯特·雷奇把这种担心说成是陈旧思想的产物，因为这种担心根本就没法解释世界经济日益增加的独立性。在所有的发达公司互相在彼此的市场的投资不断增加的世界中，一个国家不可能“从经济上要挟”别国而不伤害到自己。

第二节　对外直接投资的母国利益与成本

一、对外直接投资的母国利益

FDI 对母国带来的好处源自三点：

首先，从长期来看，海外子公司各种投资收益（包括利息、红利、专利技术使用费和服务收益等）的汇回，可以增加母国的对外支付能力，母国的国际收支经常账户将受益。同时，跨国公司海外直接投资是包括资金在内的一揽子生产要素的跨国移动，它必然会带动对母国资本设备、中间产品、配套产品等出口的需求，那么 FDI 也可以改善母国的国际收支账户状况。

其次，流出的 FDI 对母国带来的好处可以从就业效应中产生。如同改善国际收支账户一样，当国外子公司创造出对母国资本设备、中间产品、配套产品等出口的需求时，出口刺激效应、跨国公司总公司及辅助性企业效应构成了母国的“工作创造效应”。

最后，当母国的 MNE 从与外国市场的接触中学到有价值的技术并拿回国内时，也会带来好处。这意味着反向的资源转移效应。通过接触国外市场，MNE 可以学到高级的管理技术和先进的产品及其加工技术。这些资源可以转移回母国，对母国的经济增长率同样带来有利的作用。例如，通用汽车公司和福特公司在日本投资的一个原因就是了解那些日本公司明显先进的管理技术和生产工艺。如果通用汽车公司和福特把这些知识转移回它们美国的企业，其结果就是美国经济获得净收益。

二、对外直接投资的母国成本

与这些好处相对的是 FDI 给母国带来的成本，最主要的担心是流出的 FDI 对国际收支和就业的影响。如果对外投资的目的就是把在低成本的生产地生产的产品用于在母国销售，那么母国的贸易状况就会恶化。例如，当美国的一家纺织公司关闭它在南卡罗莱纳州的工厂，而像许多企业那样把它的生产挪到中美洲，美国的进口将增加，贸易状况将会恶化。如果 FDI 代替直接出口，对母国的国际收支经常账户也是不利的。因此，要是丰田在美国的装配企业打算替代从日本的直接出口，日本的经常账户状况就会恶化。

当FDI被看作取代国内生产时，会出现对就业问题最严重的担心。如果母国的劳动力市场已经很紧张了，这一担心也许并不太大。但是，如果母国存在着失业问题，对于“就业岗位输出”的担心就会上升到首要位置。例如，对美国与墨西哥、加拿大之间签订的北美自由贸易协定，美国劳工领导人常常提出反对，其中的一点就是随着美国在墨西哥的投资，利用当地廉价的劳动力，然后再出口到美国市场，美国失去了成千上万的就业岗位。

三、国际贸易理论和外国直接投资

当评估FDI对于母国的成本和利益时，要记住国际贸易理论的训诫。国际贸易理论告诉我们，母国对离岸生产给经济带来负面影响的担心是多余的。离岸生产这个词指的是所进行的FDI是服务于国内市场的。这样的FDI不仅不会减少国内就业，可能实际上还刺激了母国的经济增长（因此也刺激了就业），因为它解放了国内资源，使之集中于母国具有比较优势的生产活动。而且，如果由于FDI使某一产品的价格下降，也会使母国的消费者受益。再者，如果由于担心就业的负面影响而禁止一个公司进行这样的投资，而它的国际竞争对手却能获得低成本生产的好处，那么这个公司无疑就是把市场份额拱手让给了它的国际竞争对手。在这样的情形下，对国内经济长远的不利影响也许会远远超过离岸生产所带来的相对较小的国际收支和就业影响。

第三节　政府政策工具与FDI

一、母国政策

通过政策的选择，母国可以鼓励也可以限制本地企业的FDI。首先介绍鼓励流出的FDI政策，包括国外风险保险、资本援助、税收奖励以及政策压力。然后再看看限制流出的FDI政策。

1. 鼓励流出的FDI

许多投资者的国家都有政府支持的保险计划，包括对外投资风险的主要类别。通过这些计划可保的风险类别包括财产没收（国有化）风险、战争损失以及不能将利润转移回国的风险等。这些计划对企业进入政治不稳定的国家投资尤其有用。此外，一些发达国家还设立特别基金或银行，提供政府贷款给想要在发展中国家投资的企业。为了进一步鼓励国内企业进行FDI，许多国家还取消了对国外收入的双重税收（既在东道国又在母国缴纳所得税）。最后，也许是最有意义的一点，许多投资者国家（包括美国）通过政治影响说服东道国放松他们对FDI的限制。例如，在美国的压力下，日本放宽了在20世纪八十年代初期对入境FDI的许多正式限制。面对美国进一步的压力，日本正在放宽对入境FDI的一些非正式壁垒。这一趋势的一个受惠者就是反斗城玩具公司，在经过公司和美国政府5年的大量疏通游说后，最终于1991年12月在日本开了第一家零售商店。到2000年，反斗城玩具公司在日本已经有了超过150家的商店。它在日本的公司（拥有控股权）已经在日本股票交易所挂牌上市。

2. 限制流出的FDI

实际上许多投资者国家包括美国，对流出的FDI一直实施着许多控制。一种常用的政策是为了国家的国际收支而限制资本流出。例如，从20世纪60年代初到1979年，英国制定外汇管制条例来限制企业输出资金数量。虽然其主要用意是改善英国的国际收支，而第二个重要意图却是使英国的企业更难进行FDI。

此外，这些国家还巧妙地使用税收制度来鼓励企业在国内投资。这些政策背后的目的是要在本国而不是在其他国家创造就业。曾经有段时间，这些政策被英国所采用。英国高级公司税收系统对公司在国外的收入比在国内的收入课以更高的税率，这一税率刺激英国企业在国内投资。

最后，国家有时会出于政治上的原因禁止国内企业在某些国家投资。这些限制有的是正式的，有的是非正式的。例如，美国正式地规定禁止美国企业在诸如古巴、利比亚以及伊朗这样的国家投资，因为他们的政治思想和行为被认为是有悖于美国利益的。类似的，在20世纪80年代，美国施加压力，非正式地劝阻美国企业在南非投资，这次的情况是为了向南非施压，以改变其种族隔离法律。

二、东道国政策

东道国采取的政策是既限制又鼓励流入的FDI。正如本章一开始所注意到的，过去政治意识形态决定了这些政策的类型和范围。在20世纪的最后10年，许多国家迅速从普遍坚持某种激进态度并禁止许多FDI转向自由市场与务实的民族主义相结合的态度。

1. 鼓励流入的FDI

政府鼓励外国企业到本国来投资，这种现象越来越普遍。这种鼓励采取很多形式，但最常见的是税收减免、低息贷款以及财产转让或补贴。这些刺激行为的目的是希望从FDI的资源转移及就业效应中获益，同时也是希望吸引住FDI，使其不到其他可能的东道国去。例如，在20世纪90年代中期，英国政府和法国政府就互相竞争提供优惠，鼓励丰田到自己的国家投资。在美国，州政府常常互相竞争以吸引FDI。例如，肯塔基州向丰田提出1.12亿美元的一揽子奖励计划来说服该公司把它在美国的汽车装配厂建在该州。这一揽子计划包括税收减免、担负新建基础设施的花费以及低息贷款。

2. 限制流入的 FDI

东道国运用一系列控制手段来限制 FDI。两个最常用的方式是所有权限制和经营要求。在有些国家，外国公司被排除在某些特定行业之外。例如，在瑞典，它们就被排除在烟草、采矿行业之外，而在比利时、芬兰和墨西哥，它们不能从事某些矿产资源的开发。在另外一些行业，虽然允许外国人拥有，但要求本国投资者必须拥有外国 MNE 子公司股本的很大一部分。例如，在美国，一家航空公司的外国拥有权被限制在 25% 以下。

外国公司常常被排除在某些部门之外是基于国家安全或竞争的考虑。尤其在欠发达国家，它们似乎觉得，如果不通过进口关税和对 FDI 管制来限制外国竞争的话，本国企业就不可能发展。这实际是第 5 章所讨论的幼稚工业论点的另一种形式。

此外，所有制限制似乎是基于这样的观点：本国拥有者可以帮助使 FDI 给东道国带来的资源转移和就业效应最大化。直到 20 世纪 80 年代初以前，日本政府禁止大多数的 FDI，但允许日本企业和外国 MNE 合资，前提是如果该 MNE 有特别有价值的技术。日本政府显然相信，这样的安排会帮助加速 MNE 有价值的技术在日本经济的全面扩散。

经营要求也可以采取好几种形式。经营要求是对当地附属公司行为的控制。最常见的经营要求关系到当地产比率、出口、技术转移以及本地人员参与高层管理。如同某些所有权限制一样，经营限制的逻辑是：这样的规定有助于 FDI 对东道国的利润最大化，而使 FDI 带来的成本最小化。实际上为了适应自己的目标，所有的国家都采用某种形式的经营限制。不过，经营限制在欠发达国家比在先进的工业化国家往往更为普遍。例如，有一项研究发现，美国 MNE 在欠发达国家有大约 30% 的子公司受到经营限制，而在发达国家，只有 6% 的子公司面临这样的限制。

三、国际机构与 FDI 的自由化

直到 20 世纪 90 年代，在 FDI 的管理上还没有跨国机构的一致参与。随着 1995 年世界贸易组织的建立，这一点正在迅速地改变。相对于 GATT 而言，WTO 的作用扩大了，包括促进服务业的国际贸易。按其性质，许多服务业是自产自销，所以不会选择出口。考虑到这点，WTO 开始涉及管理 FDI 的法规制定。正如人们可能期望的那样，作为一个旨在推动自由贸易的机构，WTO 的职责一直是促进对 FDI 管理规定的放宽，尤其是在服务业方面。在 WTO 的支持下，1997 年，两个全面的多国协议达成了，放宽在电信和金融服务方面的贸易。这两个协议都包含有详细的条款，要求签约国放宽他们对流入的 FDI 的法规限制，基本上对外国电信和金融服务业开放他们的市场。

不过，在试图开始谈判以制定一套全球性的法规来促进 FDI 的放宽方面，WTO 做得还不太成功。以马来西亚、印度为首的发展中国家到目前为止仍拒绝 WTO 所作出的开始这一谈判的尝试。为了尽力在这一问题上取得一些进展，1995 年，经济合作与发展组织（Organization for Economic Cooperation and Development，OECD）开始在其成员之间进行谈判。① 谈判的目的是起草一个多边投资协定（Multilateral Agreement on Investment，MAI），按照这个协定，签约国歧视外国投资者将会是非法的，这样就放宽了 OECD 成员国之间的 FDI 管理法规限制。谈判在 1998 年年初失败，主要是因为美国拒绝在协议上签字。按照美国的说法，拟议中的协定包含太多的例外，这会削弱协定的约束力。例如，协定不禁止对外资拥有的公司歧视性税收，允许国家以保护文化的名义限制国外的电视和音乐节目。对 MAI 表示抗议的还有环保和劳工组织，他们批评拟定中的协定，理由是它没有包含具有约束力的环保和劳工协定。尽管存在这些问题，但关于修订后的 MAI 协定的谈判有可能会重新开始。此外，如前面所注意到的，随着从韩国到南非一系列国家努力鼓励外国企业到本国投资，各国继续将单方面地取消对流入的 FDI 的限制。

四、FDI 的企业行为理论

FDI 关于企业行为理论的含义是很简单的。首先，约翰·邓宁所提出的区位特有优势论点的确有助于解释 FDI 的方向。但是，区位特有优势论点并没有解释企业为什么更愿意选择 FDI，而不是许可证或出口。无论是从解释还是从商业的角度，也许最有用的理论是那些把焦点放在出口和许可证限制上的理论。这些理论有用，是因为它们能鉴别 FDI、出口以及许可证的相对可能性是如何随环境而变化的。这些理论指出，只要运输成本不高，贸易壁垒微不足道，出口就要优于 FDI。如果运输成本和贸易壁垒增加，出口就会无利可图，就要在 FDI 和许可证之间进行选择。因为 FDI 比许可证成本更高，更具风险，在其他条件相同的情况下，这些理论认为许可证比 FDI 更为有利。然而，其他条件很少相同。虽然许可证可能行得通，但当存在一个或更多下列条件时，它就不具吸引力：① 企业有价值的技术不能受到许可证合同足够的保护；② 企业需要牢牢控制一家外国实体以使其在该国的市场份额和收益最大化；③ 企业的技术和能力不适宜授予许

① OECD 是设在巴黎的“富”国政府之间的组织，其目的是向其 29 个成员国提供一个论坛，政府可以在此交流他们的经验，谈论他们共同存在的问题，寻求可适用于本国情况的解决方案。其成员包括有大多数欧盟国家以及美国、加拿大、日本和韩国。

可证。图 8 - 1 把这些考虑因素用决策图谱表示出来。

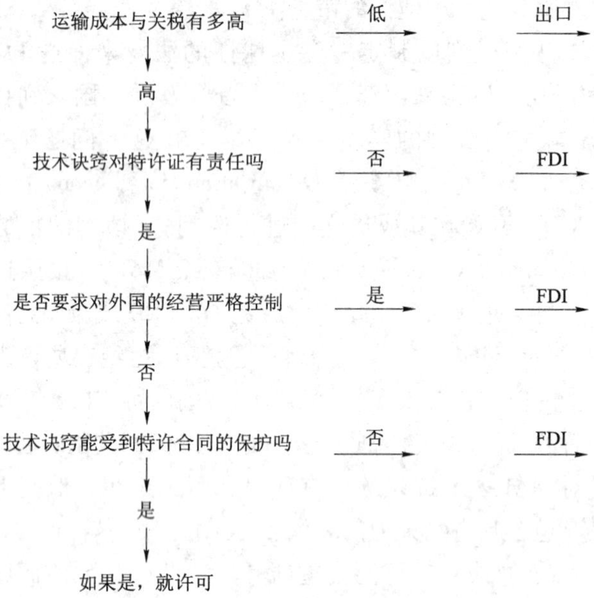

图 8 - 1　企业 FDI 决策图

不适宜把授予许可证作为最佳选择的企业往往分为 3 类行业：

（1）高技术行业。在这些行业，保护企业特有的专门知识是至关重要的，授予许可证会带来危害。

（2）全球寡头垄断。在这样的行业，竞争性依赖要求跨国企业对在外国的公司保持严密的控制，以使它们能对其全球竞争对手发起协调一致的进攻（如柯达同富士所做的）。

（3）在一些行业，巨大的成本压力要求跨国企业对其在外国的公司保持严密的控制（以便使它们能把生产分散到要素成本最有利的全球任何地方，以使成本最小化）。

虽然经验证据有限，但大多数证据似乎都支持这些推论。

许可证是其较好选择的企业，往往是条件同上述分类相反的企业。也就是说，在结构松散的低技术行业，许可证方式往往更为常见（也更能获利），在这些行业，全球分散生产不是好的选择。快餐业就是个很好的例子，麦当劳是运用特许经销权战略进行全球扩张的。特许经销权实质上是服务业的许可证形式，虽然通常它比许可证有更长的期限。使用特许经销权，企业把自己的商标名称特许给外国公司，收取特许经销者一定比例的利润作为交换。特许经销合同具体规定了特许经销方如要使用授予特许方的商标名称所需履行的条款。因而，麦当劳允许外国公司使用它的商标名称，只要他们同意完全依照麦当劳在世界上其他地方的餐店一样的方式经营快餐店。这一战略对麦当劳来说是行得通的，因为：①像许多服务业一样，快餐食品不能出口；②特许经销权方式可以减少与打开外国市场相关的成本与风险；③不像技术知识，商标名称相对较易用合同加以保护；④麦当劳没有很充分的理由要严格控制特许经销方；⑤麦当劳的技术是如何经营快餐店，易用合同文字加以规定（如合同具体规定了如何经营麦当劳快餐店的细节)。

最后，应该注意到，从企业的角度来看，产品寿命周期理论和尼可尔波克尔关于FDI的理论往往用处不大，因为这些理论是描述性的，而非分析性的。他们在描述FDI的历史演变方面做得很好，但在确定FDI、许可证以及出口的相对可能性的影响因素方面却做得相对不足。这些理论都忽略了许可证作为FDI替换选择的问题。

五、政府政策

东道国对于FDI的态度在决定在什么地方建立生产机构、在什么地方进行外国直接投资方面是一个重要变量。在其他条件相等的情况下，在对FDI采取许可政策的国家投资比在限制FDI的国家投资显然更为有利。

但仍然有许多国家对FDI采取相当实用的观点。在这种情况下，一个在考虑进行FDI的企业常常必须与国家政府谈判具体的投资条款。这种谈判集中在两大问题上。如果东道国政府试图吸引FDI，中心问题可能是东道国政府准备向MNE提供哪些鼓励措施以及企业要承诺什么作为交换。如果东道国政府对FDI的好处还不确定，并可能限制进入，则中心问题可能是企业必须作出什么样的让步以使投资能够进行。

任何谈判协定的结果都在很大程度上取决于双方相对讨价还价的能力。任何一方的讨价还价能力又取决于三个因素：各方对另一方所提的条件的评估；各方可比较选择的数量；各方的时间范围。

对于同东道国谈判投资条款的企业来说，当东道国政府对企业所提供的条件评价很高，企业可比较的选择量较大，企业有较长的时间进行谈判时，该企业的讨价还价能力就强。反之亦然，当东道国政府对企业所提供的条件评价低，企业可比较的选择量小，企业用以谈判的时间短时，则该企业的讨价还价能力就弱。

章末案例

外资掘金中国农业——山东寿光样本调查

水土渐服　洋种子难逢对手

在洋种子多年来的攻城拔寨之下，本土种子企业可以说几无还手之力。但

67岁的王荣熙一直在坚守，他创办的金田种苗有限公司主要销售本土西红柿种子。

王荣熙曾在辽宁省抚顺市顺城区园艺研究所工作过13年，1993年回到家乡山东寿光后，一直致力于西红柿种子的研究和繁育，他研制的种子风靡一时、供不应求。2000年，美国BHN种子公司找到他，希望双方各自拿出优质种子，共同研究并开拓中国市场。之后，在双方三四年时间的合作中，BHN公司的种子借助王荣熙的销售网络迅速占领了寿光市场，而王荣熙自己研发的本土种子逐步淡出。令他没有想到的是，就在这此消彼长之际，BHN公司单方面更换了中国合作伙伴，终止了与金田种苗公司的合作。如今，金田种苗公司每年在全国25个省市销售超过2 000千克的西红柿种子，在全国同行中可谓名列前茅，但对“家门口的市场”只能望洋兴叹。

金田种苗公司的遭遇正是寿光蔬菜种业过去20年的一个缩影：20世纪90年代以前，菜农自留种子；20世纪90年代初期，菜农选购国内科研单位或企业的种子；20世纪90年代后期，外资种子公司纷纷在寿光建立蔬菜品种试验示范基地。等到2000年中国颁布种子法，蔬菜花卉市场对外资全面开放，蓄势已久的外资公司逐步蚕食了这一巨大市场，本土种子公司被挤出市场。

寿光市农业局负责种子管理的主任范立国告诉中国证券报记者，寿光蔬菜种植面积为84万亩①，年产蔬菜40亿千克，在这个“中国第一菜园”，丝瓜、有刺黄瓜等蔬菜的种子仍以国产为主，而圆椒、长茄、西红柿等蔬菜品种，洋种子占据了绝对份额，甚至超过了90%。他介绍，20世纪90年代后期，瑞士先正达、荷兰瑞克斯旺、美国圣尼斯、以色列海泽拉、荷兰德瑞特、荷兰纽内姆等种业巨头纷纷在寿光布局。目前，在寿光这一兵家必争之地，设立分公司、办事机构或示范基地的外资种子企业已达30多家。

中国证券报记者调查发现，在寿光的种子市场、农产品物流园、农资市场上聚集着上百家种子销售企业，多数公司表示，其销售的主要是洋种子。寿光当地粗略统计，每年种子交易额在6亿元人民币以上，其中超过4亿元是洋种子。当地菜农显然更欢迎洋种子。在寿光纪台镇吕家村，菜农吕会顺告诉中国证券报记者，全村1 000多户，90%以上都种茄子，但几乎没有人使用国产种子，基本上都是选择荷兰瑞克斯旺公司的“布利塔”或“765”品种。吕会顺说，自己和身边不少菜农也都明白，任由洋种子占据市场并不妥当，但洋种子品质更好，菜农们也别无选择，让他们担忧的是价格上涨。当地菜农种植“布利塔”已接近10年，价格已从刚开始的每粒4毛钱涨到了现在的每粒6毛钱，可谓是“一克种子一克金”。事实上，这些洋种子大都只有研发技术属于外资，育种、分装、销售等上下游环节都在中国完成，或仅在国外完成一些简单的加工工序。由于中国内

① 1亩=666.666平方米

地人工成本较低，洋种子的育种成本并不高。王英杰介绍，一粒成本仅一分钱的种子，卖出两毛、五毛甚至一元价格是常有的事。

近两三年，寿光人也意识到了洋种子占比过高的问题，开始大力培育本土种子。中国农业大学寿光蔬菜研究院研发的辣椒种子“中寿12号”已推广了两年，逐步得到了菜农的认可。但种子研发是场“持久战”，短期内仍是洋种子处于强势，本土种子“收复失地”任重道远。事实上，蔬菜还仅仅是小面积种植作物，洋种子在大田作物上的进攻态势近来更是引起了社会高度关注。在玉米种子领域，美国杜邦先锋公司正成为中国市场最大的“赢家”，其分别和登海种业(002041)、敦煌种业（600354）成立了合资公司，前者覆盖黄淮海夏玉米区，后者则辐射东北、西北春玉米区。登海种业2009年年报显示，合资公司山东登海先锋种业有限公司的先玉335继续保持旺销态势，当年该品种实现销售收入3.18亿元，同比增长47.97%，销量完成1 502万千克，同比增加38.82%，价格较上年也有一定幅度的增长。某玉米种业公司相关负责人表示，1 500万千克销售量相当于1 100~1 200万亩的种植面积，而黄淮海地区玉米种植面积约在1.1亿~1.2亿亩，这意味着先玉335在这一地区占到了约10%的市场份额，仅次于郑单958。而在东北春玉米区，先玉335的市场份额更高，已成为第一品牌。虽然根据中国种子法规定，杜邦先锋公司只能在上述两家合资公司中占到49%的股份，但合资公司须向杜邦先锋公司缴纳特许经营费（销售额的10%），再综合考虑其在两家公司中的权益，杜邦先锋公司无疑切走了中国玉米种子市场的一块大蛋糕。目前，郑单958虽与先玉335难分伯仲，种植面积上甚至占据了上风，但面临一个竞争问题。一位业内人士坦言，总共有金博士种业、万向德农(600371)、河南农科院种业有限公司以及河南农科院粮食作物所科技有限公司4家公司可以经营郑单958，激烈的市场竞争使得郑单958的价格有时甚至只及先玉335的1/10。

蔬菜花卉市场对外资全面开放后，蓄势已久的外资公司逐步蚕食了这一市场，本土种子公司基本上被边缘化。在高盛养猪、黑石卖菜之后，又一投资基金凯雷近期宣布进军中国饲料业，外资掘金中国农业已呈全面、加速之势。“炒盘青椒肉丝也得看外国人脸色”被越来越多地当成一个“黑色幽默”来讲述。在被称为“中国第一菜园”的山东寿光，青椒种子多是洋种子；以益海嘉里为代表的外资企业控制了中国小包装食用油约40%份额；德意志银行、高盛等公司介入中国生猪养殖业一度引起轰动。洋种子攻城拔寨势头凶猛，本土种子企业可以说是全面溃败，几无还手之力。不仅如此，外资已在蔬菜等农产品流通流域深度渗透，对农产品交易议价权虎视眈眈。当地也在积极支持企业研发，与实力强大的外资企业同台竞技。一些业内专家认为，寿光可视为中国种业的一个缩影，引入外资有助于吸收国外企业的先进技术和管理经验，推进农业产业化进程，但外资操纵农产品资源和市场定价权的风险正在累积。目前，中国种业小、散、乱的局面，企业研发力量尚较薄弱等因素使得国内企业短期内难以与跨国“大鳄”们抗衡。他们建议，加强对外资进入农业领域的管理，引导国内种业重组整合，同时，鼓励和支持企业加强研发。

苦练内功　菜园子力求双赢

寿光当地政府对洋种子持理性态度：只要是诚信经营的外资种子企业，都表示欢迎而不会限制。与此同时，鼓励和支持本土科研机构和企业加紧本土种子的研发，学习“与狼共舞”。

一位玉米种业公司高管也表示，杜邦先锋的管理理念给国内企业提供了借鉴。比如说“单粒播”的销售方式就是由外方带入的，现在中方也在运用这种方式。杜邦先锋的销售基本可以做到“零库存”，国内公司暂时还做不到这一点，国内也在学习这些先进的管理方法。

东方艾格农业咨询公司首席分析师黄德钧也认为，在农产品物流行业，标准化、现代化刚刚起步，需要大量的资金投入；而全国农贸市场有几万家，有一定规模的就有4 000~5 000家，在这个行业形成垄断并不是那么容易。而在种子行业，现有的种子法对外资进入大田作物种子领域仍是有限制的。

诸多外资企业更是强调自己并非洪水猛兽。孟山都公司相关负责人表示，种子产业的自身特性决定了它是一个规模大、工序简单和可重复性强的产业。农业生产和种子生产的竞争优势不在于已有的技术和商业秘密，而在于如何不断创新，最大限度地开发种子的潜能，研发出更先进的产品。中国本土种业公司可以从外资种业公司学习更多先进的技术和管理模式，增强自身的竞争能力，或者和外资种业公司采取多种形式的合作，开发出新的适合中国的种子产品，达到双赢的目的。

但忧虑的声音从未消失。中国科学技术发展战略研究院综合发展研究所研究员赵刚、林源园在《中国种业灭顶之危》一文中旗帜鲜明地指出，种子生产周期长，如果我国种业市场由洋品种占据主导地位，将会给我国粮食安全带来很大隐患。更为严重的是，我国很多种种质资源被国外偷取和克隆以后，又反过来成为跨国公司制约我国技术发展的专利手段。跨国公司投入经费搜集发展中国家的种质资源，分离克隆有用的基因并申请专利。

一些专家建议加强对外资进入农业领域的管理，因为外资利用得好可推动地方农业产业化的进程，提高农业整体发展水平；但利用不好可能存在被外资控制农产品资源和市场定价权的风险。

农业部相关负责人曾明确表示，支持农业引进外资，但必须坚持服务和服从于确保主要农产品有效供给，维护国内农业产业安全和农民利益的基本要求。农业部正在制定有关政策和机制，加强对外资进入中国农业领域投资的管理。

黄德钧认为，要与国外种业公司抗衡，中国应引导国内种业进行重组整合。目前，全国持证种子企业多达8 000余家，但注册资本在3 000万元以上的只有

200 多家。这种小而散的局面无法与国外种子大公司竞争。中国科学技术发展战略研究院综合发展研究所 2009 年发布的一份研究报告显示，全球种业 10 强公司占全球种业市场份额的 35%，而国内种业 10 强公司占全球市场份额的比例仅为 0.8%。

李国祥表示，除了政府加强调控和管理之外，本土农业企业也应该把握政府为本土企业争取的空间，迅速成长起来。

多位业内人士表示，中国种业的一大短板在于国外种子公司都是“育繁推”一体化运作，而中国虽有不少科研机构进行研发，但其研发成果“离市场还有好一段路”。除了几家较大的种业公司，本土的诸多种业公司还受困于资金不足。

王英杰说，国外种子企业往往都储备了好几代品种，比如 2009 年寿光菜农种植的西红柿大部分因病毒而绝收，国外公司立刻就能拿出抗病毒的种子，这一品种他们实际上早就研究出来了。因此，国内研发力量要赶上外资公司需要时日，需要耐心和坚持。

事实上，一些本土科研机构和企业也正在加紧学习，与实力强大的外资企业同台竞技。在寿光，中国农业大学寿光蔬菜研究院的“中寿 12 号”辣椒种子开了个好头。中国证券报记者在“中寿 12 号”的育种基地看到，经过两年的推广，附近的菜农慕名而来。“中寿 12 号”一粒种子售价 0.38 元，一株苗售价 0.58 元，收成与价格都不逊色于洋种子。

（资料来源：《中国证券报》2010 - 10 - 21　作者：anna　笔者修改）

讨论题：

（1）假如你是山东寿光的政府官员，针对案例中的现实情况，会采取什么样的政策措施呢？

（2）洋种子公司进入中国市场时所采取的策略对我国企业走出国门对外投资的策略选择有何启示呢？

3

第三部分

国际金融市场与国际货币体系

第九章

国际金融市场

本章提要

1. 外汇市场的概念、职能、性质与特点
2. 外汇市场的运作机制
3. 关于国际货币与资本市场

关键术语：

外汇市场　汇率　即期/远期外汇交易　外汇期权　套汇　离岸金融中心　欧洲票据市场　私募　外汇管制

开篇案例

人民币国际化

在4月5日举行的新经济思维研究所（INET）“防御之变迁：新经济、新思维?”2013年度会议上，中国社会科学院世界经济与政治研究所研究员余永定指出，人民币国际化需有清晰的路线图，循序渐进地进行。

余永定指出，人民币国际化直到1999年开始才提上议程，可能来自中国决策层的四重考虑：首先，降低汇率风险；其次，中国拥有巨额外汇储备，其中多数是美国国债，为防御美元资产贬值；第三，在贸易投资中使用本币能减少交易费用；第四，将上海建立成国际金融中心。

“如果不分次序进行改革，就无法实现这些目标。”余永定说。在当前中国金融市场发展不完善，金融机构风险管理水平相对较弱，增长模式不可持续，存在资产泡沫和流动性过剩等前提下，开放短期跨境资本流动并不能实现上述目标。

资本绝对自由流动、货币完全自由可兑换，已经被证明并非最优选择。他说：“包括国际货币基金组织（IMF）等机构在内，全世界都在重新审视资本管理的目标和方式，我们同样需要谨慎，以防万一。”

2013年4月7日，澳大利亚总理吉拉德参加了博鳌亚洲论坛2013年年会，她此行还对中国进行了正式访问。澳大利亚官方和媒体透露，在吉拉德访华期间，澳中将签署货币直接兑换协议等。澳各大媒体称，吉拉德此次访问的一个重要目的就是与中国签署货币直接兑换协议。

《澳大利亚人报》5日称，去年，澳大利亚和中国签署为期3年、总值为300亿澳元的货币互换协议。此次吉拉德访华期间，澳中双方将签署货币直接兑换协议。此后，澳中贸易结算将不再需要通过美元进行转换，从而降低汇率风险、提高结算效率、促进澳中贸易进一步发展。从人民币国际化角度看，如果中澳实现货币直接兑换，澳元将成为继美元和日元之后，第三个与人民币直接兑换的货币。而这对其他发达国家以及亚太地区其他国家也都具有一定示范作用，是人民币国际化的一个重要进展。

加拿大多伦多罗德曼管理学院国际商业所共同所长温迪·多布森曾经表示，要让国际投资者将人民币作为储值工具，资本账户交易要完全地充分利用资本账户，而金融市场也需要进一步开放，减少政府干预。

她表示，国际的投资者现在也积极推动人民币国际化，希望能够持有并且投资人民币。但只有当投资者确认整个市场监管是非常好的，而且是以市场机制为主体的；必须确认能够自由地投资人民币，或者说人民币发行的这些债券、银行的贷款，能够很好地在跨境进行收益的转移，他们才会愿意将人民币作为储值工具。

温迪·多布森认为要实现这一点，资本账户交易就肯定要完全地充分利用资本账户，而且金融市场也需要进一步地开放，减少政府的干预。她表示，中国政府审慎地开放市场力量的方向是正确的，但要促进人民币的市场需求，还有很多的工作要做。除了以利率自由化为着眼点推行汇率改革，她认为还有一些基础性问题和制度性问题需要考虑。例如，对于央行来说，利率通过市场来决定的意义是什么？对于商行又有什么样的影响？对于整个工业的发展影响如何？她还认为资本市场的一些制度安排也需要进行现代化，尤其要创建比较稳健的令人信服的债券市场、更加透明的股票市场、存款保证系统及退出机制。这样才能让金融体系产生全球具有竞争力的金融产品，让资本账户最终实现可兑换性。

第一节 外汇市场

外汇市场（Foreign Exchange Market）是将一国货币兑换为另一国货币的市场，其实质是一种货币商品的交换市场，市场上买卖的是不同国家的货币。汇率（Exchange Rate）就是一种货币被兑换为另一种货币的比率。这个比率取决于交易的规模、交易者和一国的一般经济状况，有时则由政府强行规定。没有外汇市场，国际贸易和国际投资将不可能达到我们今天所看到的这个规模，公司也将不得不以物物交换的方式进行贸易。外汇市场是使以各国为基地的公司能够使用不同的货币相互进行贸易的润滑剂。

外汇市场在许多方面都与棉花、小麦等一般商品的市场相同。市场的供求决定了货币的价格，交易过程中包括买入价和卖出价。若有人询问某种货币的即期汇率，银行不清楚到底是在和一个潜在的买家还是卖家打交道，因此它会报两种汇率：买入价是它愿意买入的价格，而卖出价是它愿意卖出的价格，两个价格之间的差额就是买卖差价。一般来说，银行总是低买高卖，从差价中赚取利润，但国际贸易和投资是有风险的，其中一些风险的存在是因为不能完全预测未来汇率。一种货币被兑换为另一种货币的比率通常随时间而变化。例如，1999 年 1 月，美元兑欧元的汇率是 1 欧元 =1 美元，到了 2012 年年初，汇率升到了 1 欧元 = 1.3 美元。外汇市场的一个功能就是提供针对汇率变化所产生的风险（通常被称为外汇风险）的某种保险。尽管外汇市场的一个功能就是提供针对外汇市场的某种保险，但它不能提供完全的保险。国际企业因汇率变化无常而遭受损失的并不罕见。货币汇率的波动可以使看起来盈利的贸易与投资无利可图，反之亦然。

一、外汇市场的功能

外汇市场具有两个主要功能：第一个是将一国的货币兑换成另一国的货币；第二个是提供针对外汇风险的某种保险。外汇风险指的是汇率无法预测的变动所带来的不利结果。

1. 货币兑换（Currency Conversion）

每个国家都有自己的货币，并以这种货币来为各种商品和服务定价。在美国，货币是美元（$）；在英国是英镑（£）；在法国、德国以及其他欧元区国家，是欧元（€）；在日本是日元（¥）；等等。一般来说，在特定国家的边界之内，必须使用该国的货币。一位美国游客走进苏格兰爱丁堡的一家商店，不能用美元买一瓶威士忌。美元不是苏格兰的法定货币，游客必须使用英镑才行。幸运的是，这位游客可以到一家银行去把美元兑换成英镑，然后他就可以买到威士忌了。当一个游客把一种货币换成另一种时，他就参与了外汇市场，但游客只是外汇市场较小的参与者，从事国际贸易与投资的公司才是主要参与者。国际经济交易的结果需要债务人向债权人进行支付，若债务人以债务国货币支付，则债权人需要在外汇市场上兑换成债权国货币；若债权人只接受债权国货币支付，则债务人需要在外汇市场上兑换成债权国货币再进行支付。外汇市场对于国际企业有四种主要的用途：

第一，公司出口商品收到的付款、对外投资中所获得收入或者从授予外国企业许可合同中所得到的收入等都可能以外汇的形式出现。要在自己的母国使用这些资金，公司必须将它们兑换成本国的货币。以苏格兰的一家酿酒厂出口威士忌到美国为例，酒厂收到的付款是美元，但因这些美元不能在英国花，它们必须被兑换成英镑。类似的，当大众公司把汽车卖到美国换回美元时，它也必须把这些美元换成欧元在德国使用。

第二，国际企业在必须为一家外国公司的产品或服务按其国家的货币来付钱时会使用外汇市场。例如，戴尔公司从马来西亚的一些公司购买计算机零部件，马来西亚的公司可能要求用马来西亚货币林吉特付款，于是戴尔公司必须把钱从美元兑换成林吉特来支付给它们。

第三，国际企业有余钱并希望短期投资于货币市场时会利用外汇市场。以一家美国的公司为例，它有1 000万美元，想投资3个月。在美国它用这笔钱能赚到的最好的利率可能是4%，然而通过投资到一个韩国的货币市场账户，它可能会赚到12%。于是，这家公司可能将其1 000万美元兑换成韩元并将其投资于韩国。不过要注意的是，该项投资的回报率不仅依赖于韩国的利率，也取决于在这期间韩元兑美元的汇率变动。

第四，外币投机是外汇市场的另一种用途。外币投机（Speculation）是指根据对汇率变动的预期，有意保持某种外汇的多头或空头，希望从汇率变动中赚取利润的行为。它的主要特征是，投资者进行外汇交易，并没有商业或金融交易与之相对应。再举那家有1 000万美元要投资3个月的美国公司为例。假设公司怀疑美元相对日元汇率高估了，即公司预期美元的价值相对于日元的价值会贬值。设想当时美元/日元的汇率是1美元=120日元，公司将其1 000万美元兑换成日元，收到了12亿日元（1 000万×120=12亿）。过了3个月，美元的价值贬值到了1美元=100日元，现在公司再将其12亿日元换回美元时发现它有了1 200万美元。在这三个月该公司投资的是很有风险的买卖。公司无法确切知道汇率会发生什么变动。当投机者在他关于未来货币变动方向的投机正确时，可以赚取利润，但如果他的投机出错，则会蒙受损失。

2. 防范外汇风险的保险（Insuring Against Foreign Exchange Risk）

外汇市场的第二个功能是为了无法预料的汇率变动可能造成的不利后果（外汇风险）提供防范的保险。当一个企业为了防范外汇风险进行保险时，他们通常进行套期保值（Hedging），具体是指通过卖出或买入等值远期外汇，轧平外汇头寸来保值的一种外汇业务。

（1）现货汇率（Spot Exchange Rates）。

当双方同意交换货币并马上交割买卖时，该项交易就被称为现货交易。支配这种“当场”交易的汇率就被称为现货汇率。现货汇率是这样一种汇率，在该汇率之下，外汇交易者在一个特定的日子里将一种货币兑换成另一种货币。于是，当美国游客去爱丁堡的银行把美元兑换成英镑时，汇率就是那一天的现货汇率。

在许多财经网站上会对现汇汇率实时报道。如表9-1所示显示了2006年3月27日下午14：25在纽约外汇交易市场的一些货币的汇率。汇率可以以两种方式报价，1美元所能够买的外币数量，或一单位外币的美元价值。于是，1美元在2006年3月27日就可购买0.832 7欧元；1欧元可购买1.200 9美元。

表9－1　2006年3月27日下午14：25的现货汇率

货币	美元	日元	欧元	加元	英镑	澳元	瑞士法郎
1美元＝	1	116.68	0.832 7	1.169 4	0.572 3	1.418	1.309 2
1日元＝	0.008 57	1	0.007 137	0.010 022	0.004 905	0.012 153	0.011 221
1欧元＝	1.200 9	140.121	1	1.404 3	0.687 3	1.702 9	1.572 3
1加元＝	0.855 1	99.777 7	0.712 1	1	0.489 4	1.212 6	1.119 6
1英镑＝	1.747 5	203.880 9	1.455	2.043 4	1	2.477 8	2.287 7
1澳元＝	0.705 2	82.282 7	0.587 2	0.824 7	0.403 6	1	0.923 3
1瑞士法郎＝	0.763 8	89.119 7	0.636	0.893 2	0.437 1	1.083 1	1

（资源来源：雅虎　金融）

现货汇率不断在变，常常以分钟为基准（尽管在这么短时间内的变化量很小）。货币的价值是由这种货币的需求和供给相对于其他货币的需求和供给之间的交换作用来决定的。例如，如果许多人都想要美元，而美元的供应短缺，很少有人想要英镑但英镑的供应充裕，则把美元换成英镑的现货汇率就会变化，美元就可能相对于英镑升值（或者英镑就会相对于美元贬值）。假设当市场开盘时现货汇率是1英镑＝1.5美元，在当天交易中交易商需要更多的美元和更少的英镑，于是到交易日的最后，现货汇率可能是1英镑＝1.48美元。美元已经升值了，而英镑已经贬值。

（2）远期汇率（Forward Exchange Rates）。

现货汇率的变动对国际企业来说可能会带来麻烦。例如，从日本进口便携式电脑的一家美国公司，知道在30天后货物到达时必须为每台便携式电脑向日本供货商支付日元，每台电脑向日本供货商支付20万日元，而当前美元/日元为1美元＝120日元。按这个汇率每台计算机要花费进口者1 667美元（即1 667＝200 000/120）。进口商知道他可以在电脑到达的那一天按每台2 000美元的价格出售计算机，因而每台计算机就可产生333美元的毛利润（2 000－1 667）。然而，只有当计算机在被卖掉之后进口商才有钱付给日本供货商。如果在接下来的30天后美元出人意料地相对于日元贬值的话，比如说贬到1美元＝95日元，进口商仍将必须付给日本公司每台计算机20万日元，但是按美元计算，这将等于每台计算机要花2 105美元，就要超过他能卖出的价格。美元相对于日元从1美元＝120日元贬到1美元＝95日元，会把一桩盈利的生意变成亏损的生意。

为了对这一风险进行保险或套期保值，美国进口商可以参加到远期交易中。远期交易发生到双方同意交换货币并在未来的特定时间里交割交易时，决定着这种未来的交易的汇率就是远期汇率。对于大多数的主要货币，远期汇率都是30

天、90天和180天的行情。在某些情况下，可以得到未来好几年的远期汇率。再回到电脑进口的例子，我们假设美元兑日元30天的远期汇率是1美元=110日元，便携式电脑进口商以这个汇率和外汇交易商签订了一份30天的远期汇兑交易，保证了每台计算机的成本价不会超过1 818美元（1 818=20 000/110），这也保证了每台计算机182美元的毛利润（2 000-1 818）。从而使自己避免了美元/日元汇率出乎意料的变动将其盈利的生意变成不盈利生意的可能性。

在这个例子中，现货汇率（1美元=120日元）和30天的远期汇率（1美元=110日元）是不同的。这种差异是正常的，它反映了外汇市场对未来货币变动的预期。在这个例子中，1美元所换得的日元现汇要多于30天远期所换得的外汇的事实表明：外汇交易上预期美元在未来30天内汇兑日元贬值。当这种情况发生时，我们说美元正在30天的远期市场以折扣卖出（即它要比在现货市场中所得少）。当然，相反的情况也会发生，例如，如果30天远期利率汇率为1美元=130日元，那么1美元在远期汇率下就要比在现货汇率下换得更多的日元。在这种情况下，我们说美元正在30天的远期市场以贴水卖出。这反映了外汇交易商对美元兑日元在未来30天内将要升值的预期。

总之，当一个企业进入远期交易合约时，其实是在防范生意交割时未来汇率变动会使这桩交易出现不盈利的可能性。虽然许多企业理性进入远期交易合约以防范外汇风险，但还是有一些投机的例子，一些企业不进行保险，其损失是惨重的，如南非航空就曾经因为没有完全防范外汇风险，而让公司付出10.5亿美元的代价。

3. 货币互换（Currency Swaps）

有人根据上述关于现货和远期汇率的讨论可能会得出结论，认为选择购买远期外汇对国际贸易公司非常重要。2004年4月的数据显示，远期合约占了所有外汇交易的65%，而现货交易占35%。但是，这些远期交易的绝大部分不是我们所要讨论的那类远期交易，而是被称为货币互换的更为复杂的契约。

货币互换是指在两个不同的生效日起同时购买并出手一定数量的外汇。互换在国际企业及其银行间、银行之间以及政府之间进行，这是在短期内对出手一种货币进入另一种货币而不冒外汇风险的一种可取方法。一种常见的互换是现货对远期的互换。以苹果电脑公司为例。苹果公司在美国组装便携式电脑，但显示屏是在日本制造的。苹果公司也把一些成品电脑卖给日本。所以，像很多公司一样，苹果公司既从日本买货又向日本销售。设想苹果公司今天需要把100万美元换成日元以向供货商支付电脑显示屏的货款。苹果公司知道，90天后，购买公司成品电脑的日本进口商将要支付给它1.2亿日元，而它可能想把这些日元兑换成美元在美国使用。假定今天的现货汇率是1美元=120日元。而90天的远期汇率是1美元=110日元。苹果公司到银行卖掉100万美元得到1.2亿日元。现在苹果公司可以支付日本供货商了。同时，苹果公司同银行签订90天的远期交易合约，把1.2亿日元兑换成美元。于是，90天后，苹果公司将收到109万美元(1.2亿日元/110=109万美元)，因为日元在90天的远期市场是以升水卖出，苹果公司最后得到的美元比开始时要多（虽然相反的情况也可能出现）。互换交易一个很重要的方面就像常规的远期交易：它保证苹果公司不会遭受外汇风险。通过进行互换交易，苹果公司今天就能知道90天后它所收到的1.2亿日元的付款将会带来109万美元。

二、外汇市场的性质

外汇市场实际上是一个连接世界主要金融中心的电子网络。而每一个金融中心本身又是由外汇交易商、货币交易银行及投资公司组成的网络。

1. 交易中心

外汇市场不是固定位于任何地方的，它是一个由各家银行、经纪人和外汇交易商通过电子通信系统连接的一个全球网络系统。当有公司希望兑换货币，它们会通过银行而不是直接进入市场。近几年来，外汇市场一直以快速的步伐在增长，这反映了跨国界贸易和投资规模的普遍增长。在1986年3月，全球外汇市场平均每天的贸易总值大约为2 000亿美元。1995年4月，平均每天的贸易总值超过1.2万亿美元，而到2004年4月已达到每天1.8万亿美元。最重要的交易中心有伦敦（占交易总额的31%）、纽约（19%）、东京（8%）和新加坡(5%)。次要的交易中心包括苏黎世、法兰克福、巴黎、中国香港和悉尼。

伦敦在外汇市场上的优势来自于它的历史和地理位置两方面。作为世界最主要的工业贸易国的首都，伦敦在19世纪末已经成为世界上最大的国际银行业中心，这个位置一直保持到现在。今天，伦敦位于东方的东京和新加坡与西方的纽约之间的中心位置，这已经使它成为联结东亚和纽约市场的关键连接环节。由于时区的不同，伦敦在东京和新加坡夜间闭市不久开市，而在纽约的头几个交易小时里它仍然处于开市中。

外汇市场具有特别引人注意的两个性质，第一个是市场不会休息，东京、伦敦和纽约都关闭的时间在每天24小时里只有三个小时。在这三个小时里，交易仍然在一些较小的中心里继续，特别是在旧金山和澳大利亚的悉尼。市场的第二个性质是各个交易中心的一体化。联结全球各交易中心的高速计算机有效地创造出一个单一的市场。金融中心的整合意味着这些交易中心的汇率行情可以没有太大的差别。比如，如果日元对美元的汇率在伦敦的下午3点报价为120日元=1美元，那么在这个时候的纽约（纽约上午10点），日元对美元的汇率也是相同的。如果在纽约日元对美元的汇率是125日元=1美元的话，那么经销商就可以以低价购买货币高价卖出的形式从中套利。举个例子，如果伦敦和纽约给定的价格不同，经销商就可以在纽约用100万美元去购买125百万日元，之后他很快在伦敦市场把这 125 百万日元换成 1.046 666 万美元，最终在这次交易中获利 46 666 美元。不过，如果所有的经销商都试图抓住这种机会，那么日元在纽约市场的需求就会增加，最终导致日元相对于美元升值，以至于这种在纽约和伦敦之间汇率的价格差异很快消失。因为外汇经销商总是盯着电脑屏幕来寻找这种套利机会，所以，这种机会往往很少出现，而且会在几分钟内消失。

2. 重要货币

外汇市场的另一个性质是美元扮演着重要的角色。尽管外汇交易在理论上可以在任意的两种货币中进行，但是大多数交易都以美元作为其中一种交易货币。甚至当一个经销商想要卖出一种非美元货币并购买另一种非美元货币时也是这样。例如一个经销商希望卖掉韩元去购买雷亚尔，他通常会先卖掉韩元换成美元，然后再用美元去购买雷亚尔。尽管做这件事似乎是很迂回的过程，但是这确实比找到一个需要韩元的雷亚尔持有者来交换更容易。因为涉及美元的国际交易数量是非常巨大的，所以不难找到想要用美元换韩元或雷亚尔的经销商。

由于美元在外汇市场中所起的中心作用，它成为了一种媒介货币。在 2004 年，89% 的外汇交易都以美元作为其中一种交易货币。在美元之后，最重要的中介货币是欧元、日元和英镑——反映了这些货币所代表的贸易实体在世界经济中的重要性。欧元已经取代了德国马克成为了世界上第二大重要的中介货币。英镑曾经也是仅次于美元的最重要的货币，但是它的重要性在近年来慢慢减弱了。尽管如此，伦敦仍然在外汇市场占有最重要的地位。

三、外汇市场的机构

外汇交易市场由三个主要的市场组成：银行同业市场、证券交易市场和场外交易（又称“无柜台”）市场。

1. 银行同业市场（Interbank Market）

世界上最大型的银行正是在银行同业市场中以即期和远期汇率进行外汇交易的。公司通常会在业务往来最密切的银行办理外汇业务。在同业市场中，银行就是企业客户的代理人。除了配置和兑换货币，银行通常会提供一些交易策略方面的建议，以及一系列货币工具和其他风险管理服务。它们还通过提供有关国际管制和相关条例的信息来帮助客户管理外汇风险。

同业市场中的大型银行可以利用它们在货币市场上的影响力为客户提供比其他小型银行更有利的汇率。不过，中小型企业通常无法得到最优惠的汇率，因为它们的货币交易量太小而且交易也不频繁。因此，一些小公司从带有贴现率的国际支付服务商那儿有可能获得更好的报价。

清算机制是银行同业市场的一个重要组成部分。过去，银行之间的实际货币交易每天或每两天清算一次。目前，各国的主要清算机构通常拥有并经营支付系统，通过支付系统的运行实现清算。

2. 证券交易市场（Security Exchanges Market）

证券交易市场是专门从事货币期货和期权交易的市场。在这类市场上，货币的买卖通过证券经纪人来进行，他们通过传达或执行客户的要求来促成交易。证券交易涉及的金额通常比银行同业市场要小。芝加哥交易所是世界主要的期货和期权交易所，它提供50种不同产品的期货和期权交易。另外，芝加哥商品交易所主要进行金融期货交易。伦敦国际金融期货交易所，主要进行金融期货和期权交易。在美国，货币期权交易主要在费城股票交易所。

3. 场外交易市场（Over-the-counter Market，OTC）

场外交易市场是一种分散化的交易市场，它包括一个由外汇交易商和其他参与者组成的全球电脑系统。所有的外汇交易都可以在场外交易中进行，主要参与者是大型的金融机构和投资银行，如高盛集团等。

场外交易市场近年来发展十分迅速，因为它为商务活动提供了明显的便利。它允许客户自由寻找能提供最低交易价格的机构，而且它还为客户定制交易活动提供了更多的机会。

第二节 外汇市场的运作机制

由于外汇市场对商务交易和投资具有的重要性，商务人士必须了解货币在外汇市场上是如何标价的。企业管理者必须了解哪些金融工具可以帮助他们在国际商务活动中获得利润；他们还必须了解政府可能对货币兑换采取什么样的管制措施，并且懂得应该如何应付这些困难和障碍。

一、货币标价法

每个汇率的标价都包括两个部分：报价货币和基础货币。如果一种汇率表示的是购买1美元所需支付的日元量（￥/＄），那么这里的日元就是报价货币（Quoted Currency），美元就是基础货币（Base Currency）。在标示任何一种汇率的时候，报价货币永远是分子，而基础货币则是分母。

直接标价法，又叫应付标价法，是以一定单位（1、100、1 000、10 000）的外国货币为标准来计算应付出多少单位本国货币。就相当于计算购买一定单位外币所应付多少本币，包括中国在内的世界上绝大多数国家目前都采用直接标价法。在国际外汇市场上，日元、瑞士法郎、加元等均为直接标价法，如日元119.05即1美元兑119.05日元。

在直接标价法下，若一定单位的外币折合的本币数额多于前期，则说明外币币值上升或本币币值下跌，叫作外汇汇率上升；反之，如果要用比原来较少的本币即能兑换到同一数额的外币，这说明外币币值下跌或本币币值上升，叫作外汇汇率下跌，即外币的价值与汇率的涨跌成正比。

间接标价法又称应收标价法。它是以一定单位（如 1 个单位）的本国货币为标准，来计算应收若干单位的外国货币。在国际外汇市场上，欧元、英镑、澳大利亚元采用间接标价法，如 1 英镑 = 1.621 美元，1 欧元 = 1.266 加拿大元，1 欧元 = 1.286 美元，1 澳大利亚元 = 1.041 美元等。

在间接标价法中，本国货币的数额保持不变，外国货币的数额随着本国货币币值的对比变化而变动。如果一定数额的本币能兑换的外币数额比前期少，这表明外币币值上升，本币币值下降，即外汇汇率上升；反之，如果一定数额的本币能兑换的外币数额比前期多，则说明外币币值下降、本币币值上升，即外汇汇率下跌，也就是说外币的价值和汇率的升跌成反比。无论用的是直接标价法还是间接标价法，都可以很容易推算出另外一个：只要用数字 1 除一下就可以了。从直接标价导出间接标价的计算公式是：间接标价 = 1/直接标价；从间接标价导出直接标价的计算公式是：直接标价 = 1/间接标价。

二、即期汇率（Spot Rates）

即期汇率是即期外汇交易采用的汇率，通常指银行同业间的价格，它是其他外汇交易的基础。以直接标价法表示时——买价在前，卖价在后，而以间接标价法表示时——卖价在前，买价在后。

即期外汇交易是指交易双方以当天外汇市场的价格成交，并在当天或在两个营业日内进行交割的外汇交易形式。即期外汇交易主要有以下几种。

1. 银行同业拆放

银行为了避免经营外汇业务的风险，每天都需要轧平头寸，卖出某种外汇的多余头寸，买进某种外汇的短缺头寸。由于这种业务一般是在银行间进行的，所以称为银行同业拆放。目前银行同业拆放在即期外汇市场交易中占了很大比重。

2. 国际贸易结算

国际贸易结算主要是银行与进出口商之间因为国际贸易支付而发生的即期外汇买卖。即期外汇交易满足了机构与个人因从事贸易、投资等国际经济活动而产生的外汇的供求，它是外汇交易的重要组成部分，其交易量居各类外汇交易之首。

3. 套汇

套汇是指利用不同外汇市场的外汇差价，在某一外汇市场上买进某种货币，同时在另一外汇市场上卖出该种货币，以赚取利润。在套汇中由于涉及的外汇市场多少不同，分为两角套汇、三角套汇和多角套汇。在同一标价方法下，若汇率的连乘积等于1，说明没有套汇机会，市场价格是平衡的；反之，若汇率的连乘积不等于1，说明存在套汇机会。

三、远期汇率

1. 远期外汇交易

远期外汇交易是指交易双方按商定的远期汇率订立买卖合同，到约定的日期进行外汇交割交易。远期合同是进行远期外汇交易的买卖双方达成的协议。常见的远期外汇买卖的期限为1个月、2个月、3个月、6个月、12个月。

远期外汇交易的特点是：① 买卖双方签订合同时，无需立即支付外汇或本国货币，而是延至将来某个时间进行交割；② 买卖规模较大；③ 买卖的目的，主要是为了保值、避险或进行外汇投机。同时客户还要缴纳一定数量的押金或抵押品。

2. 升水和贴水

正如我们所讲到的，货币的远期汇率可能比现在的即期汇率更高或更低。如果货币的远期汇率高于即期汇率，我们称之为升水；如果货币的远期汇率低于即期汇率，我们称之为贴水。远期外汇交易的作用总体来说是为了规避外汇风险和进行外汇投机。具体包括以下几个方面：① 为进口商防范汇率风险。进出口商为避免汇率波动所带来的风险，在进出口业务成交和确认后，即向外汇银行签订买卖远期外汇的合同。在结算之日收付货款时，可以不受即期汇率的影响，而按约定的汇率办理交割，从而避免了外汇风险，并且有利于贸易成本的核算；② 回避外币借款风险。这指在现时就约定外汇汇率，预先确定借贷的成本，从而防范未来市场出现对自己不利的变动时使自己面临风险；③ 平衡银行外汇头寸；④ 进行外汇投机。浮动和汇率制下，汇率有可能频繁而激烈地波动，这给外汇投机者进行外汇投机创造了有利的条件。

根据交割日是否固定可以将远期外汇交易分为：固定交割日的远期外汇交易和选择外汇交割日的远期外汇交易，又称择期交易。择期交易的特点是：① 交割日期随客观形势与主观判断而转移，并不固定，它意味着客户可以在择期的第一天，也可在最后一天履行交割手续；② 银行不给这类业务活动以优惠汇率。

四、期权和期货

1. 外汇期权交易

外汇期权，亦称货币期权，是指交易双方按商定的汇率在约定的将来的某段时间内或某一天是否购买或出售某种货币的选择权预先达成一个合约。外汇期权交易以外汇期权合约为交易对象，合约买方拥有权利，即期权的买方通过支付一笔费用，将获得购买或出售某种货币的权利。外汇期权的特点：a. 外汇期权具有更大的灵活性。外汇期权交易可以使交易有效地避免因汇率波动而导致的汇率风险。外汇期权合约的买方购买的是一种权利，即选择权。b. 期权费不能收回，且费率不固定。期权费又称保险费、权利金，也是外汇期权的价格。期权交易的买方获得选择权，意味着买方出售了这种权利，所以卖方要收取一定金额作为补偿；期权费在期权交易成交时由合约买方支付给合约卖方，无论买方在有效期内是否行使期权，期权费均不能收回。期权费率根据多种因素决定，且不固定，它将随市场供求而涨跌。c. 外汇期权交易的对象是标准化的合约。外汇期权按履约方式划分为美式期权和欧式期权，美式期权自选择权合约成立之日算起，至到期日止，买方可以在此期间内的任一工作日，随时要求卖方依合约的内容买入或卖出约定数量的某种货币；欧式期权买方不得在期权合约到期日之前要求期权卖方履行合约，即仅能在合约到期日要求期权卖方履行合约。按外汇期权的性质可划分为买方期权和卖方期权，买方期权又称看涨期权，它指签约一方有权在合约期满时或在合约期满前，按规定的汇率购进一定数额的外币，这种期权之所以称为看涨期权，一般是进口商或者投资者预测某种货币有上涨的趋势，为避免支付增加或投资成本增加，按约定汇率买进外汇以避免汇率风险。卖方期权又称看跌期权，指签约一方有权在合约期满时或在此之前按约定的汇率出售一定数额的外币，之所以称为看跌期权是因为出口商或有外汇收入的投资者，在预测某种货币有下跌趋势时，为避免收入减少而按约定汇率卖出外汇以避免风险。按交易特点划分为现汇期权、外汇期货期权和期货式期权，现汇期权是指期权买方有权在到期日或到期日以前，协定汇率购入或售出一定数量的某种外汇，这种交易的对象是某种具体的外币现汇；外汇期货期权是指期权买方有权在到期日或之前，以协定的汇价购入或售出一定数量的某种外汇期货，这种交易的买卖对象是标准化的外汇期货合同，交易全部是在交易所内按照一定的规划进行的；期货式期权是指外汇期权以一种期货形式进行，这种交易也在交易所内进行，与一般期货合同相近的特点是，交易双方的盈亏取决于期权行市变动的方向，且须缴存保证金，按每天期权收市价结清，即按每天收市的期权清算价对期权合同价的变动差额进行盈亏结算。

2. 套汇交易

套汇交易是指套汇者利用不同的外汇市场上不同的货币种类和不同的交割期限的外汇在汇率的差异而进行的外汇买卖。在西方国家，套汇交易是外汇投机的方式之一，有很强的投机性。在各个不同的外汇市场上，因外汇供求或其他关系的变动，会使不同的货币汇率在信息交流不够充分的情况下出现短暂的差异。套汇者就利用这个短暂的外汇差异，在汇率较低的市场上买进一种货币，然后在汇率高的市场卖出该种货币，从中获取差价利益，套汇就由此产生了。套汇交易的结果会造成汇率低的货币求大于供，原来较低的货币汇率上涨；而汇率高的货币供大于求，原本较贵的货币汇率下跌，从而使不同外汇市场的差异很快趋于消失。一般来说，要进行套汇必须具备以下三个条件：① 存在不同外汇市场的汇率差异；② 套汇者必须拥有一定数量的资金，且在主要外汇市场拥有分支机构或代理行；③ 套汇者必须具备一定的技术和经验，能够判断各外汇市场汇率变动及其趋势，并根据预测采取行动。套汇分为两种，一种是地点套汇，一种是时间套汇。地点套汇是指套汇者利用不同地点的外汇市场之间的汇率差异，同时在不同的地点进行外汇买卖，以赚取外汇差额的套汇交易。时间套汇是指套汇者利用不同交割期限所造成的外汇汇率的差异，在买入或卖出即期外汇的同时，卖出或买入远期外汇；或在买入或卖出远期外汇的同时，卖出或买入期限不同的远期外汇，通过时间差来盈利的套汇方式。

3. 套利交易

套利交易是指利用不同国家或地区货币市场上短期利率的差异，将资金由利率低的国家或地区转移到利率较高的国家或地区进行投放，以赚取利润的外汇交易。套利交易按套利者是否做反向的交易来轧平头寸分为两种形式：抵补套利和不抵补套利。抵补套利又称为抛补套利，是指在现汇市场买进一国货币对外投资的同时，在期汇市场上出售与投资期限相同、金额相当的该国货币的远期，借以规避风险的套汇活动。不抵补套利又称非抛补套利，是指没有采取保值措施的套利交易。

第三节　国际货币市场

传统的货币市场是指一年以内到期的存款或有价证券市场。我们通常把国际货币市场称为欧洲货币市场，它是一个游离于各国货币权力机构监管之外的巨大的金融市场。

一、欧洲货币市场

欧洲货币（Eurocurrency）是指存入发行国境外的任何一种货币。例如，存入伦敦银行的美国美元可以称为欧洲美元（Eurodollar）。同样，巴黎金融机构获得的日元可以称为欧洲日元。但是欧洲（Euro）这个前缀并不意味着这些货币或存款必须是欧洲货币。例如，存入新加坡银行的德国马克也属于欧洲货币——欧洲马克。

二、欧洲货币的利率

这些境外货币账户有什么意义呢？简单地说，它们能够反映出摆脱政府各种干预和限制政策后货币的真正价值：由于各国政府无权控制欧洲货币账户（例如，英格兰银行不能控制欧洲美元账户），因此，金融机构不需要对存款提供保险，不受存款准备金要求的约束，也不受任何利率限制措施的制约。因此，可以说欧洲货币是反映这些账户利息水平最真实的指标。

全世界经常使用的利率有几百种。但是，国际金融市场所关注的是银行间利率（Interbank Interest rate），即银行同业利率。在几个主要金融中心，如伦敦、法兰克福、巴黎、纽约、东京、新加坡和香港金融市场上，通常把银行之间相互收取的银行间利率称为各市场的“利率”。国际贷款协议中最常用的是伦敦美元（欧洲美元）在银行间的欧洲货币利率，即伦敦银行同业拆借利率（London Interbank Offer Rate，LIBOR）。由于这种汇率属于欧洲货币汇率，因此可以避免政府在准备金、存款保险方面的限制或其他管制措施而自由浮动——这些限制和管制政策将会增加资本的使用成本。在其他市场上，其他各种货币之间的银行利率也采用相同的方法命名，如 PIBOR（巴黎同业利率）、MIBOR（马德里同业利率）、HIBOR（香港同业利率或赫尔辛基同业利率）以及 SNSIBOR（新加坡同业利率）。由于 LIBOR（伦敦同业利率）是卖出利率——贷款需求方获得贷款支付的成本——欧洲市场（Euromarket）的等价存款利率为 LIBID，即伦敦同业买入利率（London InterBank Bid Rate），因此其他银行的欧洲货币存款可以获得利息差。全球视角说明了低利息率是怎样产生的。

最近一段时期，日元在资本市场上的价格持续走低，其中的一个原因是：日本经济举步维艰，股票市场极其脆弱，资本可以以极低的成本获得，投资价值不断下降。“日本的金融环境较为特殊，其中一个原因在于，日元是可以自由交易的。”J·P·摩根证券亚洲公司的经济学家约瑟夫·考尔（Hesper Coll）认为，低水平的利率在很大程度上被通货膨胀所抵消，使得日元几乎成为一种毫无价值的商品。他很快又补充道：“因此，货币正在不断外流。现在我们不是正在目睹一场新的货币危机吗?”

全球视角

日本货币的“自由交易”导致日元不断下跌

在美国人担心美元价格持续坚挺的时候，让日本人头疼的问题却是日元的不断疲软。每隔几天，日本官员都会对日元的疲软发一通牢骚。1 月份（1997 年），日元对美元的上升率比去年平均上涨率增加了 1 倍。日本官员更愿意相信，投资所采取的措施不过是对日元近期疲软的短期反应：日本与美国之间的利息差导致投资者采取短期性的投资策略。经济学家认为，为扩大投资回报率，投资者在日本市场上筹集资金，然后在纽约和国外市场上大量购买股票和债券。他们来到日本举借资金，然后把借到的日元兑换成美元，当这种活动大量出现时，日元价值必将不断下滑。

利率在这里发挥了关键性的作用。由于日本官方不断下调银行利率，中央银行向商业银行收取的隔夜贷款利率达到了创纪录的低水平——0.1%，而用于购买债券的隔夜贷款利率经常会低于这个水平。因此，在日本借款不仅可以说是免费的，甚至可以说在参与分红。

（资料来源："Run on 'Free' Money in Japan Cripples the Yen." International Herald Tribune, February 22 - 23, 1997 (1)）

这些国际欧洲货币利率和银行间利率与国内利率有什么区别呢？答案是：区别并不大。它们通常会共同浮动，但是由于国内市场利率受到政策的制约，各种利率的变动百分比可能不一致。例如，由于欧洲市场不受任何限制，所以买入价和卖出价之间的差额（即贷款利率和存款利率差额）远远小于国内市场差额。这意味着国际市场的贷款利率要低于国内市场的贷款利率，国际市场的存款利率高于国内市场的存款利率。但是，国际金融贸易是一个巨人参与的游戏，只有那些资金雄厚的国际性金融公司或非金融公司才有足够的资本进入欧洲市场。我们将会看到，越来越多的公司充分利用资本流动管制放松政策带来的机会进入欧洲市场。

欧洲货币利率在外汇市场上发挥着巨大的作用。实际上，欧洲货币利率是用于计算远期汇率的基础。远期汇率是交易双方签订合同，约定在未来一定时期内，通常是 30 天、60 天、90 天、180 天或 360 天之后，用一定数量的本国货币兑换另一种货币。远期汇率以双方签订合同当天的即期汇率为基础，并参考两种货币各自的欧洲货币汇率。

例如，为计算 90 天的远期汇率，我们可以把当天的即期汇率乘以两种欧洲货币利率的比值。请注意，必须按实际交割期对利率进行调整，在这里实际的占用天数是 90 天（3 个月），全年天数为 360 天。

$$90\text{天的远期汇率} = \text{即期汇率} \times \{1 + i_{90}^{DEM} \times 90/360\} / \{1 + i_{90}^{USD} \times 90/360\}$$

可以查到即期汇率为 DEM 1.549 6/USD，两种 90 天（3 个月）的欧洲汇率（DEM 为 5・187 5%，USD 为 6.375 0%）。因此，90 天的远期汇率为：

DEM 1.549 6/USD X{1 + 0.051 875 × 90 ÷ 360} ÷ {1 + 0.063 75 × 90 ÷ 360} =
DEM 1.545 1/USD

通过计算可以看到，德国马克的远期汇率为 DEM 1.545 1/USD，"高"于当前的即期汇率。原因在于，现在我们需要用 1.549 6 马克购买 1 美元，但是在 90

天以后我们用 1.545 1 马克就可以购买 1 美元。因此，德国马克“远期卖价（Selling Forward）升水”意味着未来购买德国马克的远期汇率高于即期汇率。

为什么会出现这种情况呢？原因在于 90 天后欧洲货币对德国马克的利率要低于欧洲货币对美国美元的利率；反之，如果德国马克利率高于美元利率，那么德国马克为“远期卖价贴水”。国际外汇市场中的远期报价是国际商务活动中经常采用的汇率报价方式，它反映了两种货币之间的利率差额。

为了避免货币风险，经营者通常需要签订远期汇率合同。除了远期合同以外，公司还会采取其他财务工具和技术对汇率风险进行管理，但远期合同仍然是金融业最主要的避险工具。

第四节　国际资本市场

资本市场（Capital Market）是一个以最有效地运用债券和股票的形式来配置金融资源的体系。它的主要目的是提供一个有效地运用贷款或投资的机制。个人、企业、政府、共同基金、养老基金以及各种类型的公益组织都参与资本市场。国际资本市场是一个由个人、企业、金融机构和政府进行跨国投资和借贷活动所形成的网络。它有正式交易所（买卖双方当面进行金融工具的交易）和电子网络系统（交易以匿名方式进行）组成。国际资本市场运用各种独特、创新的金融工具来适应不同国家的投资者和借款人的相互业务需要。大型国际银行在国际资本市场中占据了核心地位。它们将世界各地投资者和储蓄者的剩余资金汇集起来，然后在全球范围内融通这些资金。

一、国际资本市场的目的

1. 为借款人扩大货币供给

国际资本市场是一个将不同国家资本市场中的借款人和贷款人聚集起来的渠道。一家无法从本国投资者那儿获取资金的公司可以在其他地方寻求资金，并得以完成在国内融资方式下根本无法开展的项目。这种走出国门向外融资的自由，对于那些本国市场规模较小或仍处于发展阶段，尤其是股票市场刚刚兴起的国家来说至关重要。如果国内资本的竞争过于激烈，扩大货币供给还可以使那些规模不大但具有潜力的企业从中受惠。

2. 为借款人降低借款成本

扩大的货币供给还可以降低借款成本。与土豆、小麦等一般商品的价格类似，货币的“价格”也是由供给和需求决定的。如果供给增加，货币价格以利率的形式表现便会下降。这就是为什么超额供给会产生买方（借方）市场，导致利率和借款成本下降的原因。那些由于预期回报较低而被认为不可行的投资项目，在融资成本下降的情况下，很可能具有可行性。

3. 为贷款人降低风险

国际资本市场扩大了可利用的贷款机会。反过来，机会的增加有助于从两个方面降低贷款人（投资者）的风险：

（1）投资者选择借款人的机会更多。他们可以通过分散投资于多种债券和股票工具来降低整个投资组合的风险。换句话说，如果一项投资亏损了，这个损失可以通过其他市场的盈利来弥补。

（2）投资者可以通过持有价格变动相互独立的不同国家的证券来降低风险。因为各国所处的经济周期不同，一些国家的经济在增长，而另一些在衰退，投资于国际证券将使投资者获利。

但小额借款人在试图获取贷款时仍面临着一些严峻的问题，特别是利率一般都很高，而且许多企业家无法提供抵押担保。

二、国际资本市场扩张的动力

以前，各国国内资本市场的运作大多是相互独立的，但是近期国际债券、股票和货币的交易额出现了大幅度的增长，这种高速增长的原因可以归结为以下三个方面：

1. 信息技术

信息是每个国家资本市场的生命线，因为投资者需要有关投资机会以及相应的风险水平的信息。过去，对信息技术领域的大量投资无论在时间还是在金钱上都大大降低了国际信息交流的成本。现在，投资者和借款人可以以最快时间对国际资本市场的最新消息迅速作出反应。新兴的电子交易方式使人们的反应更加迅速。

2. 放松管制

对国内资本市场的管制放松对于资本市场的扩张起到了至关重要的作用。20世纪70年代初，一些大国对国内市场的管制相当严格，与相对宽松的小国市场相比，它们面临着巨大的竞争压力，要求放松管制的呼声也日益高涨。之后，放松管制使竞争加剧、金融交易成本降低，并且促进了许多国家对国际融资的开放。当然，国际资本市场的持续扩张还有赖于进一步的放松管制。

3. 金融工具

银行业竞争的日益激烈增加了市场对金融工具创新的需求。这种对新型金融工具的需求带来的结果之一便是证券化（Securitization），即将很难交易的金融资产通过分类定价和重新组合，使之成为更具流动性、可转让、可交易的金融工具。例如，银行的抵押贷款是不可流通、不可转让的，因为它是银行和借款人之间签订的特定化合同，由于每笔贷款各不相同，银行不能通过变卖贷款来筹措资金、扩大投资。但是，像联邦国民抵押贷款协会等美国政府机构却可以为抵押贷款的履约提供担保，并把这些贷款聚集成组合资产，然后在资本市场上出售这些抵押组合资产担保的证券。这样，进行抵押贷款的各金融机构通过参与这个过程，就可以筹措资金、扩大投资。

三、世界金融中心

世界上最重要的金融中心分别是伦敦、纽约和东京。然而，传统交易所的官员们担心信息技术的发展将淘汰正式的股票交易市场。的确，除非他们能够继续往现代化的方向发展，减少费用，为客户提供新的服务，否则很可能会被网上交易和其他新型的电子交易方式取代。

离岸金融中心（Offshore Financial Centre），又称国际离岸金融中心，是指金融部门不受或很少受法规和税收管制的国家和地区。投资人的公司注册在离岸管辖区，但投资人不用亲临注册地，其业务运作可在世界各地的任何地方直接开展。离岸金融中心一般为离岸公司提供极低的税率、极为松散的监管等一系列优惠，世界上比较出名的离岸中心有英属维尔京群岛、萨摩亚、中国香港、开曼群岛、关岛等。国际离岸金融中心如图 9 - 1 所示。理论上主要离岸金融中心可分为三类：

图 9 -1　国际离岸金融中心地理图

1. 以伦敦为代表的伦敦型离岸金融中心

经营的货币是境外货币，市场的参与者可以经营离岸金融业务，又可以经营自由市场业务。在管理上没有什么限制，经营离岸业务不必向金融当局申请批准。

2. 以纽约为代表的纽约型离岸金融中心

经营离岸业务的本国银行和外国银行必须向金融当局申请。经营离岸金融业务可以享受免交存款准备金、存款保险金的优惠，享有利息预扣税和地方税的豁免权。离岸业务所经营的货币可以是境外货币，也可以是本国货币，但离岸业务和传统业务必须分别设立账户。

3. 避税型离岸金融中心

一般设在风景优美的海岛和港口，政局稳定、税收优惠、没有金融管制。这是我们通常意义上所说的离岸金融中心。

近年来，世界上一些国家和地区如英属维尔京群岛（BVI）等纷纷以法律手段揣摩并培育出一些特别宽松的经济区域，允许国际人士在其领土上成立一种国际业务公司。这些区域一般称为离岸管辖区或称为离岸司法管辖区，而所谓离岸公司就是泛指在离岸管辖区内成立的有限责任公司或国际商业公司。

四、国际资本市场的构成

尽管银行仍然是满足政府和商业机构国际金融需求的主要渠道，但是国际性债务凭证市场也取得巨大的发展。这个市场主要是由欧洲票据（Euronote）市场和国际债券（International Bond）市场组成。

1. 欧洲票据市场

欧洲票据市场是利用各种短期融资工具和中期融资工具进行交易的总称。最早的融资工具是票据发行工具（Note Issuance Facilities，NIF）和循环背书工具（Revolving Underwriting Facilities，RUF）。这些工具允许公司采用票据按照预先确定的利率筹集资本，这些票据通常由多家金融机构承诺回购。

在欧洲票据市场上，真正的融资来源是美国的金融出口——商业票据（CP）。商业票据为短期票据，到期日一般为30天、60天、90天或180天，通常由大公司直接向金融市场出售。这个市场起源于20世纪70年代的美国，许多大公司认识到自己的规模和信用水平已经远远高于一些贷款银行，于是它们开始直接向市场出售债务票据，从而减少了中间成本。这些票据就是我们所说的商业票据。

国际化的商业票据——欧洲商业票据（Euro Commercial Paper，ECP）来源于欧洲，20世纪80年代初获得了巨大的发展，其快速发展的根本原因在于大多数国家的国内金融市场缺乏统一性。尽管国内商业票据市场的发展并没有从欧洲商业票据市场上夺走更多资金，但是自从20世纪80年代中期以来，它仍然为多数欧洲票据市场提供了绝大部分的融资。

在欧洲票据市场上，第3种也是最后一种融资工具是欧洲中期票据（EMTN），它是美国金融市场的又一个创新。可以说，EMTN是欧洲短期与中期债券市场的翻版。但是，欧洲中期票据与发行债券不同，后者在同一时间内出售大量的长期债务，而对于中期票据来说，当公司决定需要通过债务进行融资的时候，可以向债券市场分阶段发行中期票据。这是实行架上登记（Shelf Registration）的结果，按照这种制度，政府权力部门（如美国的证券交易委员会）允许公司发行大量的债务（票据），但是公司可以把已经批准的发行权力“放在架上”，根据公司的实际需要决定是否发行债券。

2. 国际债券市场

尽管国际金融市场上有许多新的、更复杂的融资方式，债券融资仍然是最主要的融资渠道之一。

前面我们曾经讨论的4种国际债务融资分类方法同样适用于国际债券市场。国外借款者一直在发达国家，如在美国和英国的债券市场上大量筹集资金。与欧洲债券相对比，它们所发行的债券通常被称为外国债券（Foreign Bond）。每一种债券在其发行市场上都有自己的别名，例如在美国发行的外国债券被称为扬基债券，在英国发行的外国债券称之为猛犬债券，在荷兰发行的外国债券称之为瑞本债券，在日本发行的外国债券称之为武士债券。当外围借款者在这些市场上发行债券的时候，他们需要服从所有国内借款方应受到的一切制约条件。如果一家日本公司在美国发行债券，那么它就必须遵守美国证券交易委员会的规定，包括它所发行的债券必须以美元为面值。

属于第3类和第4类的债券被称之为欧洲债券（Euro Bond）。欧洲债券的最主要特征在于，它是以发行国之外的货币作为面值标价。例如，许多美国公司在国际市场上发行欧洲日元债券，这些债券在国际金融中心如伦敦、法兰克福进行销售，但这些债券以日元作为标价。由于欧洲债券分布于世界各主要市场，因此，大多数欧洲证券被称为无记名债券（Bearer Bond）。按照法律规定，无记名债券归债券的实际持有者所有。尽管政府最终需要了解债券投资的实际收入获得者，但这种债券不需要在政府管理部门进行持有者登记。无记名债券附有一系列以年度为基础的小额息票，每年从债券上撕掉或“剪掉”一张息票，呈交给债券上所标明的付款银行，银行根据持有者提交的息票向持有者支付到期利息，一般情况下，银行不需要对利息支付进行正式记录。

3. 国际股票市场

一个公司可以同时采用发行债务和股份的方式筹集资金。尽管国际债务市场在过去一直是金融市场活动的中心，但是有迹象表明，国际股票市场也开始受到越来越多筹资者的青睐。

同样，也可以采用国际筹资活动的4种分类方法。第2类交易方式即外国借款者以本国货币在当地市场上筹集资金，它是最主要的国际股票筹资活动。外国公司经常需要到国外市场上发行新股票，或在主要的证券交易所，如纽约、东京、伦敦交易所上市。在国外发行股票或股票上市的目的是为了扩大投资者的基数，从而进入对股票需求较大的资本市场。

一家外国公司如果希望在美国的证券交易所上市，那么它就必须采取美国存款凭证（American Depository Receipt）的方式。投资者可以通过银行存款凭证持有外国公司的股票。这种股权实际上是用外国货币标价，因此通过银行账户持有这些凭证或者银行存款凭证在证券交易所上市，就可以对股份按美元进行重新估价或分割，这样每股价格就更符合美国股票市场的一般惯例（一般的每股价格在20～60美元）。

欧洲股票市场在20世纪90年代获得了迅速的发展，发行欧洲股票是指在多个国家同时发行一个公司的股票，发行对象既可以是上市股票，也可以是非上市股票。股票的销售是通过投资银行进行的，大多数欧洲股票在发行之后，必须马上进入伦敦国际股票交易所（ISE）的计算机屏幕报价系统（SEAQ）。到1994年末，法兰克福证券交易所已经成为世界上全球化程度最高的大型股票交易所，在这个交易所上市的公司中有超过45%为外国公司。与此同时，伦敦证券交易所上市的18.8%的公司为外国公司，纽约证券交易所排名第3位为7.6%，东京证券交易所排名第4，外国公司的比例不到6%。

4. 私人募集

规模最大同时也是公开性最低的资本市场是私人募集（Private Placement）市场。私人募集是向大型投资者出售债券或股票，通常是采取一次性购买的方式。债券或股票的买方购买投资后一直持有到期（如果是债务）或由其他公司收购（如果是股权）。那么这种筹资方式与传统的股票和债券销售有什么区别呢？区别在于：这种股份不能在二级市场上（例如国内的股票市场或纽约证券交易所、伦敦交易所等）进行再度销售。如果股份需要公开交易，那么上市公司就必须满足管理机构规定的披露条件和登记条件。在美国，是由证券交易委员会负责这项事务。

从历史上看，私人募集股份主要是通过欧洲市场进行的，大部分资金是由瑞士的大型金融机构和其他私人投资者提供的。但是在最近几年中，随着国际金融市场的扩大以及越来越多的机构投资者（尤其是养老金和保险公司）获得投资资本的控制权，这个市场也获得了巨大的发展。

5. 进入国际金融市场

尽管国际金融市场的规模一直在不断扩大，但并不意味着这种趋势将会永远持续下去。很长时间以来，只有大型的跨国公司才有能力进入另一个国家的资本市场，其原因在于公司所具有的信息优势及其声誉。

从本质上说，金融市场是一个风险规避型的市场，投资人不愿意购买那些自己不了解的公司所发行的贷款或债券。因此，进入国际资本市场的能力取决于公司的声誉对市场的影响程度以及公司的历史记录，甚至还包括公司的忍耐力。公司必须支出大量的资本和物力用于建立起自己的声誉和形象，而一旦成功的话，公司就可以获得多种新的、规模更大的资本来源。

各种公司，无论是联合国广场上的热狗销售店，还是像日本本田这样的跨国公司，都要受到利率和国际金融市场的影响。尽管热狗店店主所面临的问题可能比汇率更重要、更紧迫，但是，对于像本田这样的公司来说，国际金融市场的每一个变动都将影响其长期竞争力。

全球视角

如何解决亚洲金融危机 如何制止亚洲货币危机
并促使亚洲经济恢复增长

1. 建立一个新的团队

建立一个由私人银行、IMF 成员以及八国集团和亚洲中央银行组成的特别工作小组。他们的使命是：制定地区性的解决方案。由亚洲人领导这个特别工作小组。该特别工作小组由 IMF 联合开展工作，在必要的情况下，也可以 IMF 代位行使小组的最高权利。

2. 信息透明

特别工作小组的首要任务是收集全部亚洲各危机发生区内有关隐性债务与破产企业的不利信息。

3. 治疗类选法

特别小组应迅速采取措施稳定各国货币币值。具体步骤如下：

(1) 协调各国制定对高利率进行处罚的政策，防止资本的进一步外逃。这只是一种短期性政策。

(2) 迅速恢复信心和流动性。最主要的步骤是汇集韩国、印度尼西亚、泰国、马来西亚和菲律宾等国家主要银行的短期债务。以附有长期还款计划的债券为这些债务提供担保。政府和其他外部机构，如 IMF，可以为利息的偿还提供担保。该解决方案必然会增加国外主要债权人的成本。

(3) 鼓励外部借款者与该地区的银行和企业单独制定解决方案。西方国家的银行可以把债权转换为股权或放松原来的还款条件。关键是速度——每个人都需要承担损失。

(4) 建立一个辅助性的稳定基金，基金价值为 1 000 亿美元，这笔资金将用于解决紧急流动性需求，资金由八国集团和发达的亚洲国家提供。

4. 新框架

西方和亚洲国家的领导人同意建立一个亚洲地区性机构以防止类似危机的出现。该机构的特点包括：

（1）在私人解决方案需要援助的时候，配备高级技术管理人员的亚洲重建基金可以出售该地区的不良资产并重建本地货币的流动性。该基金有助于加速解决方案的实施，从而改善公司的资产负债率，重新恢复该地区的资本流动。

（2）建立一个新的管理机构，该机构使用统一的地区性规则，保证各国中央银行会计报表的完整披露，及时更新各国的破产法，对银行实施有效的监管，改善该地区的会计体系和有价证券法律。

5. 建立新的合作

在当年晚些时候召开的一次 APEC 会议上，世界各国领导人一致批准了这项解决方案。作为回报，八国集团（尤其是日本）保证维持本国经济的持续增长，继续向亚洲国家开放本国的市场。

（资料来源：DATA：BUSINESS WEEK；Copyright 1998 The McGraw-Hill Companies，Inc. Afz rights reserved）

讨论题：

（1）国际货币基金组织、世界银行和联和国是为数不多的几个对世界经济和金融活动进行跟踪报道并提供国际经济与金融援助的国际性组织。通过这些组织的网页或其他渠道，可以了解到这些组织的基本情况：简要总结新兴发展中国家的主要经济概况。例如，在国际货币基金组织的主页上，可以看到世界银行出版的年度出版物，可以详细阅读《世界经济展望》（*World Economic Outlook*）的第 1 章全文。

国际货币基金组织 http：//www. imf. org/

联合国 http：//www. unsystem. org/

世界银行集团 http：//www. worldbank. org/

欧洲联盟主页 http：//europa. eu. int/

国际结算银行 http：//www. bis. org/

（2）在国际货币基金组织的网页上有很多小标题，例如，“最新概况”“基金利率”和“IMF 的国际收支统计委员会”，在这些标题下我们可以了解最新的经济和金融统计以及相关的评论。为进一步确定这些统计资料的有效性，请访问“IMF 的分发标准公告版”（Dissemination Standards Bulletin Board），具体网址如下：

IMF 的分发标准公告版 http：//dsbb. imf. org/

（3）请访问穆迪网址中有关国外货币汇率服务的网页，评价远东国家在恢复本国信用水平方面所取得的进步。Moody’s Sovereign Ceilings

http：//www. moodys. com/repIdata/ratingS/ratso ZZv. htm

(4) 美国存款凭证 (ADR) 占美国股票交易中全部股权交易的 10%。随着越来越多的非美国公司在美国市场上市，我们有必要了解每个交易日内推动 ADR 价格不断上涨的动力。根据德意志·摩根·格林菲尔 (Deutsch Morgan Grenfell) 对 ADR 运作过程的详细描述，以及目前 ADR 的交易活动，请为自己的公司设计一份简要的高级人员管理报告，鼓励公司的高级管理人员通过 ADR 实现公司资产的多元化。

(德意志·摩根·格林菲尔 http://www.adr-dmg.com/adr-dmg/welcome.htm)

第十章
国际货币体系与汇率制度

本章提要

1. 汇率与国际商务活动
2. 汇率决定的基础和影响汇率变化的基本因素
3. 汇率的预测
4. 国际货币体系的演进、现状和未来
5. 近年来发生的金融危机

关键术语：

一价法则　购买力平价理论　金本位制　布雷顿森林体系　牙买加体系　固定/浮动汇率制度　欧洲货币体系　金融危机

开篇案例

人民币走下“升”坛 长期汇率重估基本完成

经历了7年的升值长跑，人民币兑美元累计升值幅度最高超过30%，人民币在2012年来到一个历史性的关口。在汇率重估逐步到位、经济减速、金融危机后续效应等因素作用下，人民币汇率短期已经升值到位。随着经济结构调整深入和购买力平价发生变化，人民币汇率走势中期进入迂回区，具体表现为双向大幅波动将更为明显，阶段性升值和贬值都可能成为常态。

长期汇率重估基本完成

人民币7年升值的最重要背景是2005年7月汇率形成机制改革带来货币价值重估。20多年来人民币挂钩美元积累形成的货币重估压力，在几年时间里集中释放，是近年人民币快速大幅升值的重要原因。

与其他国家本币升值历史相比，人民币的升值历程，从时间跨度上基本符合其他国家的升值规律。日元从1985年到1996年，升值持续11年左右的时间，其中最快时3年升值1倍左右；德国马克从1972年到1979年，7年左右对美元升值85%；新加坡元从1985年到1995年，10年升值40%；1985年到1989年，韩币兑美元4年时间升值31%；1986年到1989年，中国台湾地区新台币兑美元4年时间升值近40%。其中，升值时间最长的日本，经济遭受最严重的损伤，新加坡也在升值之后积累了较为明显的资产泡沫，在东南亚金融危机中破裂。

人民币兑美元中间价从2005年7月21日起持续升值，每年升值幅度分别为2.6%（2005年汇改起）、3.3%（2006年）、6.9%（2007年）、6.8%（2008年）、0.1%（2009年）、3.1%（2010年）、5.1%（2011年）。2012年5月2日人民币兑美元中间价6.2670为汇改后新高，人民币对美元累计升值幅度达32%，但截至2012年7月26日，2012年人民币对美元出现0.6%的小幅贬值。此外，7年间人民币实际有效汇率累计升值28.4%，其中2012年1月实际有效汇率指数达到最高值109.58。虽然与上述国家相比人民币升值幅度并不高，但一个重要的背景是，人民币升值恰好跨越金融危机，受避险需求上升影响，美元在期间重新升值，这在一定程度上压缩和对冲了人民币升值的历程和幅度。

阶段性贬值将成常态

2011年11月和2012年7月，人民币分别经历了对美元的阶段性贬值过程。贬值与全球避险情绪、套利资金活动等因素有关，但更主要的是经济因素。

由于人民币已在短期达到均衡水平，未来一段时间，中美汇率将越来越多地受到突发事件、国际经济形势、全球金融市场等的影响。此外，在今年中国央行扩大汇率波幅之后，汇率弹性扩大，人民币连续性升值和贬值都可能得到助推和加剧，因此阶段性升值和贬值将成为常态。观察其他国家的升值历程，汇率波幅的放大一般伴随着升值逐步终结。毕竟，在单边升值预期下，盲目放大波幅，无异于加速升值。

尤其是在欧债危机的背景下，每一次主权国信用评级下调、债务问题上升、银行问题爆发，甚至经济数据弱于预期等，都有可能引发避险情绪上升，引起美元走强和人民币阶段性贬值。而美国在大选之前也可能进一步强调强势美元。QE3能否推出将对美元走势带来变数，原油、黄金的走势也会对美元产生影响。这些波动将越来越直接地传递到中国国内汇率市场上。

当然，这并不意味着人民币再也不会迎来升值。未来人民币与美元的汇率还要随着两国购买力平价的变化而变化，只不过在短期内人民币连续多年大幅升值的基础已经消失。

对于中国这样的大国来说，持续升值影响出口企业，但持续贬值将引发资金大规模外逃，更不利于经济平稳。无论中国还是任何一个非美国家，都不会希望货币持续贬值。因而人民币中间价还将继续发挥引导作用。必要的时候，所有央行都有义务和责任运用手中的外汇储备等工具干预市场，发出稳定信号。

（资料来源：中证网2012年7月27日　记者　王栋琳　笔者修改）

比利时，布鲁塞尔——2002年1月1日到来之际，世界各地的报纸头条都赫然写着“欧盟大构想”“欧元、预备，跑!”等标语。这一天正是欧元在欧洲开始流通的日子。欧盟委员会轮值主席Romano Priodi曾手抱一块巨大的欧元硬币，宣称："欧元是你们的货币，也是我们的货币！它是我们的未来。它是我们手中共有的欧洲的一部分。"

自罗马帝国以来，还没有任何一种货币能够在欧洲如此广泛地流通。希腊甚至放弃了他们使用了近三千年的货币德拉马克（Drachma）。然而，这一前所未有的各国货币的变更过程却进展得出奇地顺利。仅仅在两周之内，几乎所有的现金交易包括收款和找零都使用了欧元。两个月后，许多古老的货币已不再是市面上的法定货币。

一些公司在欧元面世之际借机推出了自己的新产品。意大利的古琦集团（www. gucci. com）抓住这个机会为意大利人设计了新钱夹，用来装比旧的里拉（Lila）更大的欧元钞票。但是，欧元的吸引力主要还在于它为欧洲经济带来的长期利益。在商务交易活动中使用一种通用货币可以降低欧元区企业所面临的汇率风险，使商务交易中的金融因素更容易预测。当然，它还可以提高企业的竞争力，因为货币统一之后企业并购活动将更加便捷，从而带来规模经济效应和经济协同作用。

2006 年年末，欧元对美元的币值非常强劲，1 欧元可以兑换 1. 28 美元。尽管美元的相对疲软并非对所有人都是好事，但这确实有助于美国的出口，并促进美国的经济增长。在阅读本章时，请思考国际货币体系中发生的主要事件是如何影响管理者的决策和公司业绩的。

本章将通过探讨汇率的决定因素和国际上各种尝试管理汇率的方法来加深大家对国际金融体系的理解。首先了解汇率变动将如何影响企业的活动，然后考察决定货币价值和汇率的因素，接下来学习预测汇率变动的不同方法，最后通过探讨国际货币体系及其表现结束本章的学习。

第一节　汇率对商务活动的影响

一种货币的汇率变动会同时影响国内企业和国际企业的商务活动。例如，汇率会影响国际市场对某公司产品的需求。当一国货币变得疲软（即相对于其他货币来说币值更低）时，该国的出口产品在国际市场上的价格会下降，而进口产品价格则会上升。较低的价格将使该国的出口产品在国际市场上更具吸引力，同时还给企业创造了从其他产品价格相对较高的企业手中夺取市场份额的机会。

此外，如果一家公司在货币坚挺（相对于其他货币来说币值更高）的国家进行销售，同时在货币疲软的国家雇佣劳动力进行生产（工人工资支出更少），这显然可以增加收益。例如，戴尔公司几乎所有的产品都是在马来西亚的槟榔屿生产的，并且所有出口产品都以美元标价。但同时，戴尔支付给马来西亚工人和供应商的却是当地货币林吉特。20 世纪 90 年代后期，马来西亚货币林吉特大幅贬值，戴尔公司从中获利匪浅，因为公司的收入是由稳步上涨的强势货币带来的，而费用却是用不断下滑的疲软货币来支付的。但是，这种情况也会产生负面作用，因为由此带来的价格优势可能会使企业在降低生产成本方面缺乏动力。一旦企业将这种汇率变化带来的短期价格优势当作永久优势，那么其长期竞争力就会受到损害。

一国政府故意调低其货币在国际市场上的价值称为货币贬值（Devaluation）。相反，一国政府故意调高其货币在国际市场上的价值称为货币升值（Revaluation）。注意不要将这两个概念与疲软货币和强势货币相混淆，尽管它们产生的效应是相似的。

货币贬值会降低一国出口产品在国际商场上的价格，同时提高进口产品的价格，因为该国货币在国际市场上的价值下降了。因此，一国政府可能会通过本币贬值来提高本国企业相对于其他企业的竞争力。但是，货币贬值也降低了消费者的购买力，而且这种做法还会使国内企业缺乏效率的现象持续下去，因为它们在降低生产成本方面的压力更小了。货币升值则会产生相反的效应：它会提高出口产品价格，降低进口产品的价格。

日元在 20 世纪 80 年代后期一直稳步下滑。到了 20 世纪 90 年代初，强势日元对日本的汽车出口业造成伤害，它使每辆销往美国的汽车平均成本上升了 3 300 美元。但是，这种情况在 90 年代中后期美元相对于日元升值时完全反了过来，日本的汽车制造商又可以对出口美国市场的汽车制定颇具吸引力的价格。美国的汽车厂商则被迫降价来保持竞争力，从而使边际利润受损。但即使美国作出了这些努力，仅 1997 年一年，日本厂商在美国的市场份额就扩大了将近 10%。与此同时，美国国内的汽车厂商也一直在试图说服政府政策的制定者们，处于相对弱势的美元对于企业的短期生存来说非常重要，因为这样可以提高进口汽车的价格。

企业也可以采取一些措施来抵消太过强势的货币对出口造成的负面影响。比如，强势美元会促使美国公司在促进出口方面变得更加主动。

外汇汇率还会影响公司从其跨国子公司处盈利的数额。跨国子公司的盈利通常要用母国货币进行折算，然后并入母公司的财务报表中。在这个过程中，将子公司的收益从相对疲软的东道国货币转换成相对坚挺的母国货币会减少以本国货币统计的收益总额。同理，将收益转换成相对疲软的母国货币会增加以本国货币统计的收益总额。例如，许多公司都在 2002 年阿根廷比索的贬值中亲眼目睹自己的收益大幅缩水。当公司将其利润转换成母国货币后，收益要远远低于比索没有贬值时应有的数额。

不利的汇率变动对于国内和国际企业来说都是一种代价。稳定的汇率可以提高金融规划的准确度，包括现金流预测。尽管确实存在一些可以避免汇率潜在的不利变动影响的方法，但这些方法对于中小型企业来说代价太过高昂。而且，随着汇率不可预测性地增加，为了避免伴随而来的风险，企业要付出的代价也会随之增加。

管理者希望汇率的变动是可预测的。可预测的汇率可以降低企业因突然性的或意料之外的汇率变动而来不及采取保值措施的可能；它还可以减少企业用于应对不确定的汇率变动的保值（通常是货币对冲）成本。与保值活动相比，如果企业可以把钱花在像开发新产品、研究更有效率的生产方法等其他生产活动上，显然可以获得更多的收益。

第二节　汇率的决定因素

为了加深对汇率决定因素的了解，要先理解两个重要的概念：一价法则和购买力平价。这两个概念中的任何一个都可以告诉我们汇率应该处在什么水平上。在讨论这些概念时，我们还将考察一些影响实际汇率水平的因素。

一、一价法则

汇率可以告诉我们要用多少某种货币才能换来一定数量的另一种货币。但是，它无法告诉我们某种具体商品在某个具体国家实际上将花费你更多还是更少的钱（和本国货币的标价相比）。出国旅游时，我们会发现本国货币的购买力比在国内时更高或更低。换言之，我们很快便知道汇率并不能保证本国货币的购买力。因此，在有些国家可能会失去一些购买力，但在另一些国家也可能获得更高的购买力。例如，你和你的朋友在法国餐馆吃一顿 60 欧元的饭，在日本可能得花上 11 000 日元（约 80 欧元），而在委内瑞拉可能只要花 22 000 博利瓦（约 30 欧元）。和在法国吃的那顿饭相比，你在日本就损失了一些购买力，而在委内瑞拉购买力又提高了。

一价法则（Law of One Price）指出，当价格以同一种货币表现时，同一种商品在所有国家都必须具有相同的价格。这条法则成立的条件是，商品在所有国家必须具有相同的品质，且必须全部在每一个国家国内进行生产。例如，假设美国和德国所开采的煤质量基本相同。进一步假设 1 千克煤炭在德国的价格是 1.5 欧元，在美国则为 1 美元。因此，根据一价法则计算得出欧元与美元之间的预期汇率就应该是 €1.5/＄。不过，我们假设货币市场上欧元/美元的实际汇率是 €1.2/＄。1 千克煤炭在美国的价格仍为 1 美元，在德国仍为 1.5 欧元。但是如果要用按汇率折算完后的美元来支付德国煤炭的话，就不能只用 1 美元去换 1 欧元，而是得用 1.25 美元（即用预期汇率除以实际汇率，€1.5/€1.2）去换 1 欧元。因此，德国煤炭的价格比美国要高。

此外，由于在本例中违背了一价法则，这就出现了套利的机会，也就是说你可以在一个国家购买商品，然后再卖到其价值更高的其他国家。例如，你可以在美国以每千克 1 美元的价格购买煤炭，然后以每千克 1.25 美元（即 1.5 欧元）的价格再卖到德国，这样就可以获利。但是要注意，当商人们在美国买进德国卖出时，需求的增加会抬高美国市场上煤炭的价格；反之，供给的增加也会压低煤炭在德国市场上的价格。最后，两国市场上的煤炭价格都会稳定在最初美国市场低价和德国市场高价之间的某个水平上。

这时，套利的机会就像它出现时一样又迅速消失了，道理是相同的，这就是问题的关键。根据一位世界顶尖的商品交易商 William Louis Dreyfus 的说法，像他那样的公司总是在发现旧的（套利）机会已经行不通时不断寻找新的机会。换句话说，套利的本质就是通过破坏自身利益来平衡过渡波动的影响。Dreyfus 说，一个套利者，“就像是一个细菌，细菌刚侵入人体时，它会存活得非常好，但最终它还是会破坏人体并导致自己的死亡。套利者正是如此，当他发现市场低效时，他就会趁机进入使它变得有效。但结果是，他的边际利润也消失了”。

二、“巨无霸”指数

一价法则的用处是它可以帮助我们判定一种货币是估值过高还是估值过低。《经济学家》杂志每年都会公布一份被称为汇率的“巨无霸”指数的数据。这个指数就是用一价法则来判定美元与其他主要货币之间的汇率应该处在什么水平而得出的结果。它将麦当劳的巨无霸汉堡作为一种同质商品来验证一价法则。为什么选择巨无霸汉堡呢？因为每个汉堡在不同国家（或地区）市场上的品质几乎相同，而且都是在销售地生产的。根据最新的“巨无霸”指数显示，一个巨无霸在美国平均要卖 3.15 美元。最便宜的是在中国大陆，相当于 1.30 美元一个；最贵的是在瑞士，每个汉堡要卖到 4.93 美元。因此，根据“巨无霸”指数，中国人民币被低估了 59%，而瑞士法郎则被高估了 57%。

考虑到以下几个原因，货币市场上的汇率与根据“巨无霸”指数预测的汇率之间会存在如此大的差别并不奇怪。食品的销售在大多数国家都会受到农产品补贴的影响，而且巨无霸的价格也可能会因为在不同国家对它采取的不同营销策略而受到影响。最后，各国可能会对餐饮业征收不同水平的营业税。

三、购买力平价理论

（一）购买力平价理论的基本思想

购买力平价理论最早是由 20 世纪初瑞典经济学家古斯塔夫·卡塞尔提出的。

简单地说，购买力平价（Purchasing Power Parity，PPP）指的是两个国家的货币在两国购买同一“篮子”商品时的相对购买力。购买力平价是国家间综合价格之比，即两种或多种货币在不同国家购买相同数量和质量的商品和服务时的价格比率，用来衡量对比国之间价格水平的差异。例如，购买相同数量和质量的一篮子商品，在中国用了 80 元人民币，在美国用了 20 美元，对于这篮子商品来说，人民币对美元的购买力平价是 4∶1，也就是说，在这些商品上，4 元人民币购买力相当于 1 美元。购买力平价实质上是一个特殊的空间价格指数，它用来比较某一时期内两个国家的综合价格水平。因此，一价法则对应某种单一的商品，而购买力平价理论则适用于一篮子商品的情况。让我们举个例子来看看为什么这样说。

假设在泰国用 650 泰铢可以买到一袋在美国价值 30 美元的货物。那么这两个数字告诉我们有关泰国人和美国人所处的经济状况的什么信息呢？首先，它可以帮助我们比较泰国消费者和美国消费者的购买能力。问题是，泰国消费者的境况与美国消费者相比是更好还是更糟呢？要回答这个问题，我们先假设每个国家的人均国民生产总值（GNP）分别为：

泰国人均 GNP = 122 277 泰铢

美国人均 GNP = 26 980 美元

同时，假设两国货币之间的汇率为 41.45 泰铢 = 1 美元。有了这个数字，就可以把 122 277 泰铢折算成美元，即 122 277/41.45 = 2 950 美元。现在的问题就变成：泰国的价格水平可以让收入为 2 950 美元的泰国消费者比收入为 26 980 美元的美国消费者买到更多还是更少的商品？

已经知道 650 泰铢在泰国可以买到在美国价值 30 美元的货物。因此，650/30 = 21.67 泰铢/美元。注意，尽管货币市场上的汇率为 41.45 泰铢/美元，但泰铢的购买力平价比率却是 21.67 泰铢/美元。现在用这个数字来计算两种货币之间的另一种相对汇率。重新计算用购买力平价表示的泰国人均 GNP，即 122 277/21.67 = 5 643 美元。可见，平均来说，泰国的消费者不如美国消费者富裕。当考虑他们用手上的泰铢可以购买到的商品和服务而不是美元的数量时可以看到，用购买力平价表示的 5 643 美元的人均 GNP 可以更准确地反映出泰国消费者的真实购买力。

这个新的计算过程在调整两种货币的相对价值时考虑到了价格水平的因素。由于我们讨论的是汇率，因此购买力平价理论的基本原则可以解释为两国货币的汇率等同于其物价水平的比率（在本例中，两国的购买力平价汇率是 21.67，而不是 41.45）。换言之，在上述例子中，购买力平价理论告诉我们，泰国的消费者需要用多少单位的泰铢来购买美国的消费者用 1 美元可以购买到的商品数量。

从上例中可以看出，购买力平价汇率（21.67 泰铢/美元）一般与金融市场上的实际汇率（41.45 泰铢/美元）不同。但是购买力平价理论也表明，经济力量会把市场的实际汇率推向购买力平价决定的汇率水平。如果没有达到这个水平，套利的机会就会出现。购买力平价理论适用于那些不受贸易壁垒限制并且具有很低甚至零运输成本的国际交易性商品。为了获利，套利者必须确保在低成本国家购买的商品，加上运输成本、关税、各种税收等费用之后，在高成本国家仍然可以以更低的价格卖出。

（二）通货膨胀和利率对汇率和购买力平价的影响

1. 汇率是如何随通货膨胀调整的

购买力平价概念的一个重要组成部分是汇率会随着不同国家通货膨胀水平的不同而进行调整，这对于维持各国之间的购买力来说非常有必要。假设年初时墨西哥比索对美元的汇率是 8 比索/美元（即 0.125 美元/比索）。同时，假设通货膨胀会使墨西哥的消费品价格平均每年增长 20%，而美国消费品价格的年均增长率仅为 3%。为了得出年底的新汇率，我们可以用下面的公式来计算：

$$E_e = E_b(1+i_1)/(1+i_2) \tag{10-1}$$

这里 E_b 是初期的汇率，i_1 是国家 1 的通货膨胀率，i_2 是国家 2 的通货膨胀率。将本例中的数字带入上式可得：$E_e = 8_{\text{比索/美元}}[(1+0.20)/(1+0.03)] = 9.3_{\text{比索/美元}}$

记住下面这一点非常重要：由于汇率表达式中的分子是比索，在计算两国通货膨胀率的相对比率时，墨西哥的通货膨胀率也要放在分子上。由此我们可以看到，汇率从 8 比索/美元调整到了 9.3 比索/美元，由于墨西哥的通货膨胀率更高，两国货币的相对价值也发生了变化。墨西哥相对较高的通货膨胀使 1 比索可兑换的美元数量减少，同时使 1 美元可兑换的比索数量增加。换句话说，年初时购买 1 美元只需要花费 8 比索，年末却得花 9.3 比索。

所以，美国的旅游者现在去墨西哥度假就更便宜了，而墨西哥人则发现去美国度假的费用变得更高。当墨西哥公司必须为美国供应的货物支付更多的比索时，美国公司却可以为墨西哥供应的货物支付更少的美元。

这一讨论至少说明了高通货膨胀率国家所面临的诸多问题之一。在价格水平快速增长的国家，消费者和企业的购买力都会下降。发展中国家和处在转型时期的国家最容易受到价格飞速上涨的危害。

2. 利率的作用

要了解利率如何影响两种货币之间的汇率，必须先回顾一下通货膨胀和利率在单一经济中的联系。首先，我们要区分两种不同的利率——实际利率和名义利率。假设你所在的当地银行给你报了一个购买新车的贷款利率，银行所收取的这个报价利率就是名义利率。它包括实际利率和为了应对通货膨胀而加征的一个费率。背后的原因非常简单，由于通货膨胀会损失货币的购买力，贷方在贷款内的这一潜在的损失必须得到补偿。

3. 费雪效应

现在换个假设：银行借钱给你买一辆家庭商务用的货车。根据你的信用等级，假定银行在正常情况下会向你收取5%的年利率。但是如果下一年的预期通货膨胀为2%，那么你要支付的年利率就等于7%，即5%的实际利率加上2%用于弥补通货膨胀损失。这个将通货膨胀与利率相联系的基本原则就称为费雪效应（Fisher Effect）——名义利率等于实际利率与某段时间内的预期通货膨胀率之和。我们可以将通货膨胀与利率的关系表示为：

$$名义利率 = 实际利率 + 通货膨胀率 \tag{10-2}$$

如果货币在国际间进行转移时可以不受任何限制自由流动，那么所有国家的实际利率都应该是相同的。要了解为什么会这样，先假设加拿大的实际利率是4%，而美国的实际利率是6%。这种情况下会产生套利的机会：投资者可以按4%的利率在加拿大借款，然后在美国按6%的利率贷出，从2%的利率差中获取利润。如果有足够多的人利用这个机会从中获利，加拿大的利率水平就会上升，因为当地的货币需求增加了；同时，美国的利率水平则会下降，因为这里的货币供给增加了。这样一来，套利的机会又会因为和它出现时相同的原因而消失。这就是各国的实际汇率在理论上应该相同的原因。

前文已经描述了通货膨胀和汇率之间的联系，费雪效应则阐明了通货膨胀和利率之间的联系。现在，让我们来研究一下汇率和利率时间的联系。为了说明这种关系，要借助国际费雪效应（International Fisher Effect）——由两国货币支持的名义利率之间的差异会使两国的即期汇率发生等量但反方向的变化。即期汇率是指在两个交易日内进行交割的汇率。

由于各国的实际利率在理论上是相同的，两国之间的利率差异必将归结为不同的预期通货膨胀率。一个国家的通货膨胀高于另一国，其货币价值应该下降。这时，汇率的调整必须反映出币值的变化。例如，假设澳大利亚的名义利率是5%，加拿大为3%，即澳大利亚当时的预期通货膨胀率比加拿大要高2%。因此，根据国际费雪效应可以预测，澳元相对于加元的币值将下降2%。

（三）对购买力平价理论的评价

购买力平价理论更适合用来预测长期（10年以上）汇率而不是短期汇率。遗憾的是，对短期汇率的准确预测对于国际管理者来说是最有价值的，因为大多数公司的未来规划都在5年以内。即便如此，多数短期计划还是会仔细考虑不同国家的未来经济和政治状况。他们考虑的因素通常包括附加成本和贸易壁垒，甚至还有投资者的心理。

1. 附加成本的影响

购买力平价理论无法准确预测汇率的原因有很多。例如，购买力平价理论假定不存在运输成本；假设同样一篮子商品在美国要花100美元，在挪威要花

1 350 克朗（即 150 美元）。看起来，一个人可以在美国买入在挪威卖出这些商品，通过套利获得利润。但是，如果把这些商品运到挪威要多花 60 美元，这批货到达挪威后的总成本就变成了 160 美元。因为加上运输成本后套利机会的总成本就变成了 160 美元。显然，没有人会这么做，因为加上运输成本后套利的机会已经不存在。这样的话，两个市场之间的价格就不会持平，价格差异将持续下去。因此，即使购买力平价理论预测挪威克朗的币值被高估了，运输成本的效应将使美元/克朗的汇率无法进行调整。总而言之，只要存在运输成本，购买力平价理论就不可能总是对汇率的变动作出准确的预测。

2. 贸易壁垒的影响

购买力平价理论还假设不存在国际贸易壁垒。但实际上，这种壁垒无疑是存在的。政府建立贸易壁垒的原因有很多，包括帮助国内企业保持竞争力和为本国居民保留就业机会等。假设在前面的例子中，挪威政府对这批价值 100 美元的进口商品征收 60% 的关税，或者规定这些商品的进口属于非法行为。这样的话，价格的拉平或汇率的调整不会发生，购买力平价理论也就无法准确预测汇率的变动。

3. 商业信心和心理的影响

最后，购买力平价理论还忽略了汇率的人为方面——人们对一国经济及其货币价值所抱的信心和信念的作用。许多国家通过进行商业信息调查来衡量人们对国内经济的信心。在日本，这类调查中规模最大的是短期调查（Tankan Survey）。它每年都会在 10 000 家企业中进行 4 次商业信心调查。

投资者对一种货币价值的信心在其汇率的决定过程中起着重要的作用。假设几个货币交易商认为印度卢比会升值，他们就会在现在的价格水平下买进印度卢比，等它升值后再抛出，这样便可以获利。但是，假设所有的交易商都抱有同样的想法，进行同样的操作，这些交易者的行为本身就足以把卢比的价格抬高，至于交易商为什么相信卢比会升值的原因并不重要。只要有足够多的人对一种货币的未来价值抱有相同的想法并采取了行动，它的价格就会发生相应的变化。

这也就是各个国家努力保持投资者、商人和消费者对国内经济信心的原因所在。丧失信心会使公司推迟对新产品和技术的投资，延迟雇用聘请更多的员工。消费者如果对经济失去信心则会增加储蓄、减少债务。诸如此类的行为都会使一国货币变得更加疲软。

第三节　汇率的预测

管理者在进行任何国际商务活动之前都必须估计未来的汇率，考虑货币价值对收益的影响。这一节我们将探讨有关利用远期汇率（即在将来某个时期进行外汇支付的约定汇率）在多大程度上能准确预测未来汇率的两种截然不同的观点。同时，还将简单了解一下预测汇率的几种不同方法。

一、有效市场说

大量的争论都是围绕着在预测汇率时市场本身是否有效这个问题而展开的。如果金融工具的价格可以迅速反映交易者得到的最新公开信息，那么这个市场就是有效的。因此，有效市场说（Efficient Market View）认为金融工具的价格可以随时反映所有可获得的公开信息，并将其运用到汇率上，也就是说远期汇率就是对未来汇率的准确预测。

远期汇率反映的是市场对两种货币未来价值的预期。在一个有效的货币市场上，远期汇率可以随时反映所有可获得的相关公开信息，它被认为是预测汇率的最佳工具。这种观点的支持者认为，不存在其他可获得的公开信息来改进远期汇率对未来汇率的预测。如果接受了这种观点，那么也就是说企业是在浪费大量的时间和金钱来收集并评价它们自认为可能会对未来汇率产生影响的信息。但是，远期汇率和实际汇率之间总是存在着一定的出入，而正是由于远期汇率的预测不够完美，企业才会不断地寻找更准确的预测方法。

二、无效市场说

无效市场说（Inefficient Market View）认为，金融工具的价格无法反映所有可获得的公开信息。支持这种观点的人认为，企业总是可以得到一些新的信息来改进对未来汇率的预测。但是进一步搜寻信息的成本不能超过发现它们所能带来的收益。

考虑到私密信息的存在，无效市场的观点自然容易让人信服。假设一个货币交易商拥有关于一国经济政策的未来变化的特许信息，并且他认为这条信息将会影响该国的汇率。由于市场还没有察觉到该信息，它并没有在远期汇率上反映出来。而这位交易商无疑将从根据其得到的私密信息而采取的行动中获利。

既然我们已经了解了与市场效率有关的两种基本观点，现在就来看看企业用于预测汇率的具体方法。

三、预测的方法

关于市场能否有效预测汇率的争论引发了一个问题，即专家们是否能在不论是有效还是无效的市场中改进对远期汇率的预测。正如我们所看到的，一些分析人士认为，汇率的预测可以通过发掘远期汇率未能反映的信息得到改进。事实上，的确存在着专门提供这类服务的公司。建立在对这种附加信息价值的肯定基础上的预测方法主要有两种：基础分析和技术分析。

1. 基础分析

基础分析（Fundamental Analysis）是指用基于基础经济指标的统计模型来预测汇率的方法。这些模型通常都相当复杂，包含许多反映不同可能经济状况的变量。模型中所使用的经济变量包括通货膨胀、利率、货币供给、税率和政府支出等因素。这类分析方法通常还会考虑一国的国际收支状况，以及政府为了影响货币价值而对外汇市场实施的干预行为。

2. 技术分析

另外一种预测汇率的方法就是技术分析（Technical Analysis）。它是一种用货币价格的历史走势图和其他因素来预测汇率的方法。分析家们利用复杂的统计模型和历史数据的趋势图来估计汇率变化期间的主要情况，并且尝试估计出未来变化的时间、程度和方向。许多预测人士都将基础分析和技术分析两种方法结合起来运用，以求得到尽可能准确的预测结果。

四、预测的困难

汇率预测的商业活动是一个快速发展的行业。这种趋势似乎也可以证明，越来越多的人相信改进远期汇率对未来汇率的预测是有可能实现的。然而，预测的困难仍然存在。尽管训练有素的分析家们掌握了许多复杂、精密的统计分析方法，但是预测并不仅仅是一门纯粹的科学。由于整个预测的过程充满了各种不可预期的变动因素，几乎没有任何一个预测者能够完全准确地预测汇率。

除了与这些技术所使用的数据有关的问题，预测活动中的人为因素也可能导致预测的失败。例如，人们可能会错误地估计市场可获得的经济新闻的重要性，或者过于强调某些因素的作用而忽略了其他因素。

第四节 国际货币体系的演进

当今国际货币体系（International Monetary System）就是各种管理汇率的协议和机构的组合。

一、早期：金本位制

在国际贸易的早期阶段，黄金是国际间所接受的用来支付货物和服务的货币。在国际贸易活动中使用黄金作为交换媒介有几个优势：第一，黄金的有限供应使其成为一种需求很高的商品；第二，由于黄金很难被腐蚀，它可能被用来交易或者存储好几百年之久；第三，由于它可被熔铸成小金币或大金条，所以大小买卖都可以使用黄金作为交换媒介。

但是，黄金在用作交换媒介时也有它的劣势：第一，它的重量使其运输变得非常昂贵；第二，当运输船只在海上沉没时，黄金也会随之沉入海底并消失不见。因此，商人们需要一种新的方法来进行国际支付，这样就不必拖着大量的黄金满世界跑。这个解决方法就是金本位制（Gold Standard），一个各国将其本国纸币的价值和黄金的特定价值进行挂钩的国际货币体系。英国是18世纪初第一个采用金本位制的国家。

1. 面值

金本位制要求一国固定一盎司黄金所对应的本国货币价值（价格）。一种货币用黄金表示的价值称为该货币的面值。每个国家必须保证每个有需要的人都可以将本国纸币按照其面值兑换成黄金。对于每种货币的面值的计算是以购买力平价理论为基础的。这种方法使得黄金在世界各地的购买力都相等，并且保持了各种货币的跨国购买力。

所有将本国货币与黄金价值挂钩的国家通过这种方式间接地将本国货币与其他国家的货币联系起来。由于金本位制将各国货币固定地与黄金价值挂钩，所以它被称为一种固定汇率制（Fixed Exchange-Rate System）。在该体系中，一种货币转换成另一种货币的汇率根据各国政府之间的协议固定不变。这个体系和面值的使用把计算任意两种货币之间的汇率变成一件很容易的事。例如，在金本位制下，美元的价值最初被固定为20.67美元/盎司黄金，英镑则固定为4.247 4英镑/盎司黄金。因此，美元与英镑之间的汇率就是4.87美元/英镑（即20.67美元/4.247 4英镑）。

2. 金本位制的优点

金本位制在其运作初期非常成功。事实上，正是早期运作的成功使得一些经济学家和政策的制定者现在呼吁将其重新启用。金本位制的如下三个主要优点是它早期获得成功的基础：

第一，金本位制使各国货币之间的汇率保持高度稳定，极大地降低了汇率风险。在这种制度下发生的汇率偏差比自由浮动的货币体系下要小得多。而汇率越稳定，企业就可以越少受到实际或潜在的汇率不利变动的影响。由于金本位制很好地降低了汇率风险，进而降低了贸易的风险和成本，所以国际贸易也随着它的出现而迅速发展。

第二，金本位制对参与到这一体系之中的所有国家都实施了严格的货币政策。回想一下，金本位制要求各国政府必须为有需要的货币持有人将本国纸币兑换成黄金。如果一国纸币的全部持有者都决定把纸币兑换成黄金，政府就必须拥有等量的黄金储备来支付。这就是为什么一国政府不能使其货币供应量的增长超过黄金储备的增长。通过限制一国货币供应的增长，金本位制有效地控制了通货膨胀的发生。

第三，金本位制还有助于修正一国的贸易失衡状况。假设澳大利亚的进口量超过了其出口量（即存在贸易赤字）。由于黄金流出澳大利亚以支付更多的进口，该国政府就必须减少国内的纸币供应，因为它不能使其纸币数量超过黄金储备。随着货币供给的减少，澳大利亚的商品和服务价格也会降低，因为货物的需求量已经下降（消费者手头上可花的钱少了）而供应量却没有改变。同时，澳大利亚生产的商品价格下降会导致其出口商品在国际市场上变得更便宜，相应地出口量就会上升，直到澳大利亚的国际贸易重新回到平衡状态。当出现贸易盈余时，情况恰好相反：黄金的流入会使纸币供应量上升，从而增加对商品和服务的需求，并导致其成本上升。更高的价格会使出口量下降，直到贸易回复平衡。

3. 金本位制的崩溃

第一次世界大战的各参战国需要为其巨大的战争支出筹集经费，于是它们便采取了发行更多纸币的方式。这显然违背了金本位制的基本原则，并且迫使各国最终不得不放弃这一制度。强行印发大量的钞票导致这些国家出现了快速的通货膨胀。当美国在 1934 年重新回到金本位制时，其纸币的票面价值由原来的 20.67 美元/盎司黄金调整到 35.00 美元/盎司黄金，这反映出通货膨胀后美元价值的下跌，也就是说美元贬值了。不过，英国恢复金本位制时其面值水平保持不变，并没有表现出通货膨胀对该国货币的影响。

由于金本位制下每种货币都与其他货币挂钩，所以一种货币相对于黄金贬值必然会影响其他货币间的汇率。当美国决定将本国货币贬值，而英国却保持币值不变时，美国出口产品在国际市场的相对价格就会下降，相反英国商品在进口到美国时价格则会上升。例如，以前兑换 1 英镑只需要花 4.87 美元，而现在却需要 8.24 美元。这就使得一套价值 10 英镑的茶具从英国出口到美国后的价格从贬值前的 48.70 美元上升到贬值后的 82.40 美元。这样，来自英国和其他国家的进口产品价格就会大幅上升，同时出口的收入则会下降。随后，由于各国都采取报复，任由本国货币贬值。由于金本位制已经再也无法准确反映货币的真实价值，人们很快对其丧失了信心。到 1939 年，金本位制被彻底抛弃。

二、《布雷顿森林协定》

1944 年，来自 44 个国家的代表们聚集在美国新罕布什尔州的风景胜地布雷顿森林，为建立新的国际货币体系奠定基础。由此产生的《布雷顿森林协定》（Bretton Woods Agreement）是各国之间达成的一份建立以美元价值为基础的新国际货币体系的协议。这一新体系建立的目标是平衡金本位制的严格要求和各国在处理临时的国内货币问题时所需的灵活性。下面简要地了解一下该体系中最重要的一些方面。

1. 固定汇率

《布雷顿森林协定》通过将美元价值直接与黄金挂钩、其他货币的价值则与美元价值挂钩的方式实现了固定汇率。当时，美元的面值被固定在35美元/盎司黄金，而其他货币的面值则由美元而不是黄金来表示。例如，英镑的面值在当时被确定为2.40美元/英镑。该协定要求各成员国货币面值的上下浮动幅度不得超过1%。《布雷顿森林协定》还把将美元兑换成黄金的权利限定于各国政府，而非任何有需要的个人，从而改进了金本位制度。

2. 内在灵活性

新体系还体现了一定程度的内在灵活性。例如，尽管竞争性的货币贬值被禁止，但是当出现被称作根本性失衡（Fundamental Disequilibrium）——贸易赤字导致一国国际收支发生永久性负增长的经济状况的极端情况时，大幅贬值也是被允许的。在这种情况下，政府可以使本国货币贬值幅度超过10%，但是这种贬值行为必须准确地反映出处在困境中的国家所发生的是持久性变化，而非暂时的失衡状况。

3. 世界银行

为了给各国的经济发展活动提供资金，《布雷顿森林协定》还成立了世界银行，官方全称是国际复兴开发银行（International Bank for Reconstruction and Development，IBRD）。创建世界银行（www.worldbank.com）的最初目的是为第二次世界大战后的欧洲重建计划提供经费。随后，世界银行将其关注的重点转向发展中国家的一般性财政需求。世界银行为非洲、南美和东南亚不同类型的众多经济发展计划提供资金。对于某些在商业渠道被视为风险过高，从而无法获得资金的国家项目，世界银行也会提供融资。世界银行经常承担建立运输网络、能源设施和农业及教育计划这类的发展项目。

4. 国际货币基金组织

《布雷顿森林协定》还建立了国际货币基金组织（IMF），作为管理固定汇率和执行国际货币体系规则的机构。IMF（www.imf.org）在其成立伊始只有29个成员，现在已发展到184个成员国。IMF的主要目的包括：

（1）促进国际间的货币协作。

（2）促进国际贸易的扩大和平衡发展。

（3）促进汇率的稳定性，保持有序的汇率制度，避免竞争性的汇率贬值。

（4）使各成员国可以临时性地使用该基金组织的资源。

（5）缩短各成员国国际收支失衡持续的时间，减轻失衡的程度。

5. 特别提款权

20世纪60年代以来，由于IMF的活动需要更多的美元和黄金，全世界美元和黄金的储备变得稀缺。为此，IMF提出了特别提款权（Special Drawing Right,

SDR)，IMF 的资产价值建立在四种货币（美元、欧元、日元和英镑）组成的“加权篮子”的基础之上。SDR 的价值每天确定一次，并且会随着它所包含的货币价值的起伏而变动。目前，IMF 拥有超过 210 亿的 SDRs，价值约为 290 亿美元（1SDR 相当于 1.48 美元）。

SDR 的重要性在于，它是 IMF 账户的记账单位。每个国家在加入 IMF 时，都会根据其经济规模分配到一个相应的份额。各国按照其份额所支付的款型为 IMF 提供向成员国发放短期贷款所需的资金。

6.《布雷顿森林协定》的瓦解

布雷顿森林体系在大约二十年的时间里运作得非常好，那是一个以汇率的空前稳定为骄傲的时代。但是，在 20 世纪 60 年代，布雷顿森林体系变得摇摇欲坠。主要问题是美国正经历贸易赤字（进口量超过出口量）和预算赤字（国际财政支出超过财政收入）的问题。持有美元的各国政府开始怀疑美国政府是否有足够的黄金储备来兑换国外持有的所有纸币。当它们开始要求将美元兑换成黄金时，随之而来的便是世界金融市场上大量抛售美元的现象。

7.《史密森协议》

1971 年 8 月，美国政府的黄金储备量还不到兑换所有流通中的美元所需的 1/4。1971 年年末，美国和其他国家达成了所谓的《史密森协议》，以重建并加强国际货币体系。《史密森协定》的三项主要成果是：① 将以黄金表示的美元价值降低到 38 美元/盎司黄金；② 提高其他国家货币对美元的价值；③ 将货币浮动幅度从原来的 1% 上升到 2.25%。

8. 最后阶段

布雷顿森林体系的成功有赖于美元保持其作为储蓄货币的坚挺。然而，高通货膨胀和持续的贸易赤字却使美元变得疲软，并由此证明了该体系所存在的根本性缺陷。美元的疲软对日本和大多数欧洲国家的中央银行维持本国货币与美元间汇率的能力提出了严峻的考验。由于这些国家的货币都与美元挂钩，美元持续下跌，其他国家货币也持续下跌。瑞士在 1973 年年初脱离了该体系。1973 年 1 月，美元再次贬值，这时币值大约只有 42 美元/盎司黄金，但即便如此仍然解决不了问题。当各国开始大规模抛售其美元储备时，为了防止进一步的卖空美元，货币市场曾一度被迫关闭。而当市场再度开放时，大部分主要货币对美元的汇率都开始浮动，以固定汇率为基础的国际货币体系的时代就此结束了。

三、有管理的浮动汇率制

布雷顿森林体系的瓦解是因为它过于依赖美元的稳定性。只要美元保持坚挺，它就会运行良好，但是一旦美元变得疲软，它也无法正常运作。最初，新的浮动汇率体系只是被看作解决《布雷顿森林协定》和《史密森协议》缺陷的临时方案，但是后来各国未能协调出新的国际货币体系。相反，倒是出现了一些相互独立的与控制汇率有关的协议。

1.《牙买加协议》

1976年1月，重新回到固定汇率体系看上去已经不可能了。因此，世界各国的领导人一起草拟了所谓的《牙买加协议》（Jamaica Agreement）——一份IMF成员之间达成的将现行的浮动汇率体系正式作为新的国际货币体系的协议。《牙买加协议》包括以下几项主要条款：第一，它认可了有管理的浮动汇率制（Managed Float System）。在该体系下，各国货币可以相对于其他货币进行浮动，同时政府应采取干预行为以保持本国货币的汇率稳定在一个目标汇率水平上。它是与自由浮动汇率制（Free Float System）相对的，自由浮动汇率下，各国货币可以在货币市场上相对于其他货币自由浮动，而无须受到政府的干预。第二，黄金不再是IMF的主要储备资产。各成员国在有需要时可以从IMF那里换回它们的黄金。第三，IMF的职责扩大了：它已不只是一个固定汇率体系的管理者，而是向有收支平衡困难的国家提供援助的“最后贷款人”。为了支持IMF扩大了的新活动，各成员国所贡献的储备资产额度也相应增加。

2. 随后的协定

1980—1985年，美元的价格相对于其他货币大幅上涨，从而抬高了美国出口产品的价格，并再次增加了美国的贸易赤字。1985年9月，当时世界上最大的五个工业化国家，即我们所知的“G5”（包括英国、法国、德国、日本和美国）达成了一项解决方案——《广场协定》（Plaza Accord）——即1985年在五大工业国之间达成的共同行动以促进美元价格下降的协定。《广场协定》使得交易者们卖出美元，美元随即贬值。

1987年2月，各工业国又开始担心美元有跌得太低的危险。“G7”（G5加上意大利和加拿大）各国的首脑们聚集在巴黎签订了一项新的协议——《卢浮协定》（Louvre Accord）——即1987年在七大工业国之间达成的一项协定，它肯定了美元的定价是合理的并且各国将干预货币市场以保持美元的当前市场价值。于是，货币市场再次作出了相应的回应，美元被稳定下来。

四、现行汇率制度

现在的国际货币体系在很大程度上保留了有管理的浮动汇率制的做法，大多数国家的货币都相对于其他货币进行浮动，并且政府可以为稳定汇率采取有限的干预措施。不过，在这个更大的货币体系下，某些国家还是想通过钉牢其他国家的货币来保持本国汇率的稳定。下面，简单介绍一下各国尝试这样做的两种方式：

1. 钉住汇率制度

你可以试着把一个国家想象成在变幻莫测的金钱之海航行的巨型油轮上所绑的一艘小救生艇。许多经济学家争论说，各发展中国家与其让它们的本国货币独自面对全球货币市场上的风浪，不如钉住其他货币更稳定的货币。钉住汇率制度就是将一国货币的价值“钉住”一种更稳定，在国际贸易活动中使用更普遍的货币。然后，国家允许汇率围绕一个中心汇率在一定的幅度内（通常是1%）上下波动。

许多小国家都将本国货币钉牢美元、欧元、IMF 的特别提款权，或者是其他单一货币的价值。实行这类政策的有巴哈马群岛、萨瓦多尔、伊朗、马来西亚、荷属安的列斯群岛和沙特阿拉伯。还有一些国家则将本国货币钉住“一篮子”货币组合的价值。例如，孟加拉国和布隆迪将其货币（塔卡和布隆迪法郎）与其各主要贸易伙伴国的货币挂钩。属于这一类的其他国家和地区还有博茨瓦纳、斐济、科威特、拉脱维亚、马耳他和摩洛哥。

2. 货币局制度

货币局制度（Currency Board）是一种对外公开承诺按一个固定汇率将本国货币兑换成某种特定的其他货币的货币制度。实行货币局的政府依法必须持有不少于本国货币数量的外汇。因为货币局制度要求政府在没有足够的外汇作为后盾的情况下不可以随意发行本国货币，它有利于控制通货膨胀。

有了货币局制度，波斯尼亚和黑塞哥维那才得以维持下去。阿根廷自1991年起一直实行货币局制度，直到2002年年初才将其放弃，而后比索汇率被允许在货币市场上自由浮动。其他实行货币局制度的国家和地区还有文莱、达鲁萨兰国、保加利亚、中国香港、吉布提、爱沙尼亚和立陶宛。

五、欧洲货币体系与欧元

1971年，在美元停止兑换黄金后的第一周里，西欧各主要国家的财政部长聚会，共同讨论如何在独立于美国美元的前提下保持本国货币的固定平价。到1972年4月，各国达成了一项协议，该协议被称之为“隧道之蛇”（Snake Within the Tunnel）。各成员国之间实行固定汇率，允许的变动幅度为2.25%。同时，各国作为一个货币集团对美国美元实行4.5%的变动限制幅度。尽管他们的本意是好的，但是20世纪70年代国际金融市场上的压力和危机严重动摇了国际经济秩序，比如1974年OPEC的价格波动，导致这一协议在很短的时间内就夭折了。

1979年，欧洲委员会各主要成员国达成了一项更为正式的框架性协议。欧洲货币体系（European Monetary System，EMS）于1979年3月正式启动，该体系再度确立了各成员国之间的固定平价汇率制度。与以前“隧道之蛇”不同的是，欧洲货币体系是一个更完善、更全面的汇率管理体系。该体系包括3个相互作用的主要元素，它们共同维护着固定平价（也称为“中心汇率”）。

首先，所有成员国必须加入汇率机制（Exchange-Rate Mechanism，ERM），采取措施保持固定的汇率。尽管从管理的角度出发，我们可以采用欧盟国家的所有货币作为计算某些重要指数的依据，但是有几个欧盟国家并没有加入ERM。ERM要求各成员国必须承担维护双边固定汇率的义务。

欧洲货币体系的第二个要素是实际的双边汇率波动不得超过一定的界限：根据《史密森协议》（Smith Sonian）和以前的“隧道之蛇”，各成员国之间的双边汇率波动不得超过中心汇率的2.25%。但是有些国家的货币，如意大利的里拉，由于其本国货币变动比较频繁，因此可以适用更宽的波动幅度（±10%）。

欧洲货币单位是欧洲货币体系各成员国货币的加权平均指数。每一种货币在欧洲货币单位的百分比取决于这个国家的贸易额和国民生产总值在欧洲共同体中的相对规模。因此，每一个国家的货币价值都可以用欧元单位来表示。欧洲货币单位可以作为欧洲货币体系各成员国的记账货币。

（一）欧洲货币一体化的概念

欧洲货币一体化，是布雷顿森林体系崩溃后国际金融一体化的突出表现与勇敢的尝试。1999年1月1日，欧洲货币一体化结出硕果，推出了统一的货币——欧元，这是20世纪70年代以来国际金融领域最为重要的事件之一，其作用与意义十分重大而深远。

欧洲货币一体化，是指欧洲经济共同体各成员国在货币金融领域进行合作，协调货币金融关系，最终建立一个统一的货币体系，其实质是这些国家集团为了货币金融领域的多方面合作而组成货币联盟。这种货币一体化有三个典型象征：

（1）汇率的统一，即货币联盟成员国之间实行固定汇率制，对外则实行统一的浮动汇率。

（2）货币的统一，即货币联盟发行单一的共同货币。

（3）机构的统一，即建立统一的中央货币机关，发行共同的货币，规定有关货币联盟的国家以及保管各成员国的国际储备。

欧洲货币一体化对本区域的国际收支、汇率制度、国际货币管理乃至经济贸易的发展都产生了重大影响。

（二）欧洲货币一体化的进程

欧洲货币一体化大致经历了以下几个演变阶段：

1. 魏尔纳计划

1970年10月，以卢森堡首相兼财政大臣魏尔纳（Werner）为首的一个委员会向欧共体理事会提交了专门报告，即魏尔纳计划。该计划建议从1971年到

1980 年分三个阶段实现欧洲货币一体化。然而20 世纪 70 年代动荡的金融形势以及欧共体国家发展程度的巨大差异，使得魏尔纳计划几乎完全落空。20 世纪 70 年代一体化取得的唯一的重大成果是创设了欧洲计算单位（European Unit of Account，EUA）

2. 欧洲货币体系（European Monetary System，EMS）

为了制止汇率剧烈波动，促进共同体国家经济的发展，在法、德两国推动下，1978 年 12 月欧共体各国首脑在布鲁塞尔达成协议，决定建立欧洲货币体系。1979 年 3 月，欧洲货币体系正式启动。其主要内容有：

（1）继续实行过去的联合浮动汇率机制。除了维持原有的 ±2.25% 波动幅度以外，还规定了汇率波动的警戒线，一旦货币波动超出此线，有关国家就要进行联合干预。

（2）创设欧洲货币单位（European Currency Unit，ECU），即埃居。ECU 实际上是由 EUA 演变而来的，是欧洲货币体系的中心。在欧共体内部，ECU 具有计价单位和支付手段的职能。

（3）成立了欧洲货币基金（European Monetary Fund，EMF），以增强欧洲货币体系干预市场的力量，为共同货币 ECU 提供物质准备以及给予国际收支困难的成员国更多的信贷支持。

3. 德洛尔报告与《关于欧洲经济货币联盟的马斯特里赫特条约》

1989 年 6 月，以欧共体委员会主席雅克·德洛尔（J. Delors）为首的委员会向马德里峰会提交了德洛尔计划。该计划与魏尔纳计划相似，规定从 1990 年起，用 20 年时间，分三阶段实现货币一体化，完成欧洲经济货币同盟的组建。1991 年 12 月，欧共体在荷兰马斯特里赫特峰会上签署了《关于欧洲经济货币联盟的马斯特里赫特条约》，简称《马约》。

《马约》的目标是：最迟在 1999 年 1 月 1 日前建立“经济货币同盟”（Economic and Monetary Union，EMU）。届时将在同盟内实现统一货币、统一的中央银行（European Central Bank）以及统一的货币汇率政策。EMU 的形成分为三个阶段。

《马约》还规定，只有在 1999 年 1 月 1 日达到以下四个趋同标准的国家，才能被认为具备了参加 EMU 的资格条件：

（1）通货膨胀率不得超过三个成绩最好的国家平均水平的 1.5 个百分点。

（2）当年财政赤字不得超过 GDP 的 3%，累积公债不得超过 GDP 的 60%。

（3）政府长期债券利率不得超过三个最低国家平均水平的 2 个百分点。

（4）加入欧洲经济货币同盟前两年汇率一直在欧洲货币体系汇率机制规定的幅度（±15%）内波动，中心汇率没有重组过。

经过不懈努力，欧共体各成员国议会于 1993 年 10 月底通过了《马约》，1993 年 11 月 1 日，欧共体更名为欧盟。1995 年芬兰、奥地利、瑞典加入欧盟，欧盟成员国增至15个。同年的《马德里决议》将单一货币的名称正式定为欧元（EURO）。欧洲货币一体化自此开始进入了稳定发展的阶段。

4.《马约》签订后的一体化进程与欧元的产生

根据《马约》规定，EMU应分三阶段实现：

第一阶段，从1996年到1998年年底。该阶段为准备阶段，其主要任务是确定首批有资格参加货币联盟的国家，决定发行欧元的合法机构，筹建欧洲中央银行。

第二阶段，从1999年1月1日起到2002年1月1日。该阶段为过渡阶段。欧元一经启动，便锁定各参加国货币之间的汇率。各国货币仅在本国境内是合法支付手段。在此阶段，没有有形的欧元流通，但新的政府公债可以用欧元发行。另外，将由欧洲中央银行制定统一的货币政策。

第三阶段，从2002年1月1日起，欧元开始正式流通。欧洲中央银行将发行统一货币的硬币和纸钞，有形的欧元问世，并且各参加国原有的货币退出流通，欧元将成为欧洲货币联盟内唯一的法定货币。欧盟数十年的宿愿也最终实现。

1996年年底，欧洲货币联盟的发展取得了重大的突破。12月13—14日，欧盟首脑会议在爱尔兰首都都柏林举行。经过各国财长的反复磋商，终于打破僵局，欧元国与非欧元国之间就建立新汇率机制、欧元使用的法律框架、货币稳定与经济增长的原则及主要内容等达成妥协，并原则同意了欧洲货币局提供的欧元纸币的“样币”。至此，都柏林首脑会议获得成功，欧洲单一货币机制框架基本形成。

欧盟首脑会议第1103号条例正式对过渡期结束后的欧元的法律地位作了规定，明确指出，1999年1月1日欧元作为成员国范围内一种具有独立性法定货币地位的超国家性质的货币，开始启用。至2002年7月1日，创始国货币全部退出流通领域，欧元正式成为唯一的法定货币。在这三年半的过渡期内，欧元以记账单位、银行贷款、债券、旅行支票、信用卡和股票等形式使用，同时，发票、工资、单据、商品目录实行欧元和本国货币的双重标准。

1997年10月2日，欧盟15国代表在荷兰首都正式签订了6月达成的《阿姆斯特丹条约》，这是一个在《马约》基础上修改而成的新欧盟条约。新条约及先前已获批准的《稳定与增长公约》《欧元的法律地位》和《新的货币汇率机制》等文件，为欧元与欧洲经济货币联盟于1999年1月1日的如期启动，奠定了坚实的基础。

1998年5月2日，欧盟15国在布鲁塞尔召开特别首脑会议，决定接受欧盟委员会和欧洲货币局的推荐，确认比利时、德国、西班牙、法国、爱尔兰、意大利、卢森堡、荷兰、奥地利、葡萄牙和芬兰等符合《马约》条件的11个国家为欧元创始国，首批加入欧洲单一货币体系。欧盟的其余4个国家，即英国、丹麦、瑞典和希腊，因暂时不愿加入欧元体系或未能达标，没有成为首批欧元国家。同时决定在原有的欧洲货币局基础上成立欧洲中央银行，由荷兰人杜伊森贝赫出任欧洲中央银行行长。欧洲中央银行行长之争由此也暂告一个阶段。1998年12月3日，首批加入欧元体系的11个国家宣布联合降息，除意大利（利率3厘半）外，其余10国均把利率降至3厘，此举显示了这些国家准时启动欧元的决心和强烈的政治意愿。

1999年1月1日，欧元准时启动。欧洲货币单位以1∶1的比例转换为欧元，欧元与成员国货币的兑换率锁定，欧洲中央银行投入运作并实施统一的货币政策，欧元可以支票、信用卡等非现金交易的方式流通，各成员国货币亦可同时流通，人们有权选择是否使用或接受欧元。从2002年1月1日起，欧元纸币和硬币开始全境流通，欧洲中央银行和成员国将逐步回收各国的纸币和硬币，届时人们必须接受欧元。至2002年7月1日，各成员国货币完全退出流通，欧盟货币一体化计划完成，欧元国际化启动，欧洲货币一体化的完成与欧元的产生，是世界经济史上一个具有里程碑意义的事件，它不仅对欧盟内部成员国的经济活动，而且对世界其他国家的经济往来以及国际金融市场、国际货币体系的运作与发展等方面，均将产生重大而深远的影响。

（三）欧元的特点及对现行国际货币体系的挑战

1. 欧元的特点

1999年1月1日起正式启动，并于2002年6月30日之后成为欧洲货币联盟范围内唯一合法通货的欧元，其特点可以概括为以下两点：

（1）跨主权国家创造的信用本位货币。其信用来自于人们对欧洲货币联盟内高效率的协调能力、其经济实力和经济增长潜力所赋予的信心。

（2）货币政策与财政政策的分离造成欧元的缺陷。一国范围内的货币政策与财政政策是有矛盾的，该矛盾对于具有第一个特点的欧元来讲显得更加突出，因为其统一的欧洲中央银行与分离的各国主权政府之间，并不能保证在必要时能够完全协调一致。因此，分离的财政政策和货币政策也可能从内部动摇欧元的生命所在——币值稳定。

2. 欧元对现行国际货币体系的挑战

欧元对现行国际货币体系的挑战具体表现在三个方面：

第一，对国际货币基金组织协调能力的挑战。从历史上看，IMF在协调其成员国缓解1973年与1979年两次石油危机对世界经济的危害、救援1982年拉美债务危机、帮助发展中国家进行结构性改革并促进其经济稳定增长方面，表现出较强的协调能力。但在特别提款权问题、南北货币关系问题以及IMF的贷款条件等问题上，其协调能力却引人质疑。可以肯定的一点是，欧洲货币联盟作为同样的跨主权国家的国际货币机构，尽管它也将面临许多困难，但在保证欧元稳定方面将发挥出更完善的协调能力。另一方面，在货币问题上以一个声音说话的欧洲，将会代替原发达国家内部美、日、德三极上德国的位置，并将大大增强这一极的力量，从而使 IMF 在协调西方发达国家内部立场的问题上难度更大。

第二，对国际储备体系的挑战。现有的多元化国际储备体系可以概括为美元主导下的美元、日元、马克、SDRs 及其他硬货币并存的体系。欧元的产生与运作，对美元在国际储备体系中的主导地位及 SDRs 作为国际储备货币的地位，无疑将带来严峻的挑战。从经济实力来看，统一货币后的欧盟国家 GDP 在 1996 年占经合组织的 38.3%，而美国只占 32.5%，日本则占 20.5%，因此，以这种经济实力为基础的欧元，在一定时期内有望在国际储备体系中挤占美元所占的一部分份额，并可能在中长期内动摇美元作为国际储备货币的主导地位，从而形成未来国际储备体系中非对称三级（美、欧两极强，日本一极弱）的局面。

同欧元一样，SDRs 也是一种国际清偿力，但 SDRs 天生就有缺陷。同样作为信用货币，欧元却在天然禀赋上优于 SDRs。这是因为：

① 从货币的价值尺度的角度考察，虽然作为篮子货币的 SDRs 的价值也很稳定，但从作为信用货币其价值所必须依靠的信用源泉来讲，统一的欧洲中央银行的作用，显然要比 IMF 在国际储备货币创造上的作用大得多。

② 从货币的流通手段的角度考察，在非官方结算之中，SDRs 的作用可以忽略不计。而欧元则不一样，它不但可作非官方结算货币，而且还可作区域内统一的流通货币，可以预见，欧元被非官方欢迎的程度将是 SDRs 无法比拟的。也可以预见，至今未达到在其创立之初所设想的成为世界主要清偿力目标的 SDRs，在欧元的挑战之下将会更加暴露出其内在缺陷性，从而动摇其作为储备货币的地位。

第三，挑战目前的所谓“非体系”，为世界货币的发展起到示范作用。汇率制度安排多样化、黄金非货币化以及国际政策协调艰难，是目前牙买加体系之所以被称为“非体系”的重要原因。欧元将以其汇率稳定、跨国界的协调及统一的中央银行对这一“非体系”直接提出挑战。并且统一的欧元将是人类历史上第一次可用于非官方结算的跨国界信用本位货币的一种创造，它的诞生及其后的发展，将为未来世界统一货币的创造提供宝贵的经验，也将为其他区域性经济合作组织货币一体化起到示范作用。

许多学者已经预言，世界货币最终的统一将建立在几大区域性国际货币基础之上，并在广泛的国际协调上与制度框架内执行其世界货币的职能。我们认为，未来 IMF 货币的改革进程将和区域内国际货币一体化发展进程相交织，并最终创造出一种完善的世界货币。尽管这个过程是漫长的，但这或许是未来国际货币体系演化的趋势。

六、近年来的金融危机

尽管国际货币体系内的各个国家都竭尽全力避免发生金融危机，但是最近几年世界还是经历了一些痛苦的危机。

1. 发展中国家的债务危机

20 世纪 80 年代初期，一些发展中国家（尤其是拉美国家）积累了巨额的应付债款，这些债务不仅来自大型的商业银行，还包括 IMF 和世界银行。1982 年，墨西哥、巴西和阿根廷宣布它们已经没有能力偿还贷款利息。与此同时，这些国家大多正在经历着不受控制的通货膨胀。非洲的许多国家也面临着同样的问题。

为了防止整个金融系统的崩溃，一些国际代理机构介入其中，提出了许多临时性的解决方案以应对危机。还款计划重新作了调整，偿还期限也被推后。随后在 1989 年，当时的美国财政部长 Nicholas Brady 公布了布雷迪计划。该计划呼吁大规模削减穷国的债务，将原来的贷款换成新的低息贷款，并且使（以这些贷款为基础）债务工具可以在世界金融市场上进行买卖。最后这项内容使债务国可以从某个机构获得贷款，然后用它在金融市场上购买一些特殊的有价证券（称为“布雷迪债券”）。这些新的贷款资金来自私营商业银行，并得到 IMF 和世界银行的支持。

2. 墨西哥的比索危机

1993—1994 年，发生在贫穷的墨西哥哈帕斯州的武装反叛以及刺杀总统候选人的事件动摇了投资者对墨西哥金融体系的信心。当时，资金大部分是以股票和债券（有价证券投资），而不是厂房和设备（外商直接投资）的形式流入墨西哥的。随着墨西哥比索的疲软以及美国利率的上升，这些证券投资开始从墨西哥流向美国。墨西哥银行毫无节制地发放贷款，再加上不健全的银行管制，这些都使得政府无法对危机采取及时的应对措施。1994 年年末，比索出现贬值，墨西哥人民的购买力下降。

为了应对此次危机，IMF 和美国的一些私营商业银行介入其中，它们提供了约 500 亿美元的贷款来支撑墨西哥经济。因此，墨西哥的比索危机对进一步扩大 IMF 的贷款起到了一定作用。此后，墨西哥提前偿还了这笔贷款，并且重新获得了大量的外汇储备。

3. 东南亚货币危机

1997 年夏天，亚洲“四小龙”和其他快速增长的经济浪潮突然平静了下来。25 年来，五个东南亚国家——印度尼西亚、马来西亚、菲律宾、新加坡和泰国的经济发展速度几乎是大多数国家的两倍，让世界称奇。即使许多分析家们认为这个地区的经济将会持续增长，而且数十亿美元投资正从西方流入此处，一些老练的投机者却对此持悲观态度。

1997 年 7 月 11 日，投资者们开始出手，他们在国际货币市场上抛售泰铢。在投机者们转向菲律宾和马来西亚之前，这一抛售行为使得泰铢的价值下降了 18%。到 11 月，泰铢又暴跌了 22%，而且这一地区其他国家的经济也都出现了衰退。这次的亚洲金融危机波及了整个世界经济。

突然间，那些被认为强劲的新兴市场经济——曾被其他发展中国家争相效仿的“四小龙”却急需数十亿美元来避免经济的崩溃。当尘埃落定时，印尼、韩国和泰国都得依靠 IMF 的资金援助。为了激励这些国家开始漫长的经济重建过程，IMF 的贷款计划带了一系列的附加条件。以印度尼西亚获得的贷款为例，为了使印尼经济建立更稳固的经济基础，IMF 为其制定了三个长期目标：① 恢复人们对国际金融市场的信心；② 重组国内金融部门；③ 支持国内管制的放松，并进行贸易改革。

那么到底是什么原因最先引起了危机的发生呢？答案取决于是站在谁的角度来提出这个问题。有些人认为危机是由亚洲任人唯亲的资本主义形式引起的。他们称导致问题的关键，包括不健全的管制、将贷款发放给信用很差的亲戚朋友的行为以及企业和银行在财务状况方面缺乏透明度。还有一些人则将矛头指向货币投机商以及恐慌的其他投资者。也有人认为，这些国家经常账户持续赤字是导致它们的货币被抛售的原因。不过，真正导致危机发生的原因很可能是以上这些因素共同作用的结果。

4. 俄罗斯的卢布危机

在 20 世纪整个 90 年代，俄罗斯经历了一系列大大小小的问题，有些是长期性的，有些是阶段性的。首先，俄罗斯未能免受 20 世纪 90 年代后期东南亚金融危机的影响。当投资者对世界其他新兴市场的潜在危机感到担忧时，俄罗斯的股票市场价值也出现了迅速下跌。另一个造成俄罗斯诸多问题的原因是油价过低。由于俄罗斯国内生产总值的很大一部分来自石油的生产，世界市场上的油价走低削减了政府的硬通货储备。另外，无效的税收体系和大规模的地下经济（这意味着大量税收无法征得），也损害了政府的收入。

当然，还有通货膨胀的问题。在本章的前面部分已经了解到，当商品供给量不变，而货币供给量增加的时候，势必会导致价格的上升。这正是 1992 年价格放开后发生在俄罗斯的情况。当时，物价飞涨，人们翻箱倒柜掏出辛辛苦苦积攒的每一分钱，却买不到任何商品。在前面还学过，通货膨胀会怎样吞噬一国货币的价值。俄罗斯的通货膨胀使得其汇率从 1992 年年初的 200 卢布/美元变成 1995 年的 5 000 卢布/美元。

随后，在 1996 年年初，货币交易商开始抛售卢布，俄罗斯政府被迫在货币市场上努力维持卢布的价值。但是政府的努力不仅徒劳无功，还将外汇储备消耗殆尽，政府只能向 IMF 求助，并且从那儿得到了 100 亿美元的援助资金。作为回报，俄罗斯承诺将减少债务（当时平均达到其国内生产总值的 7%），征收欠税，停止发行引起通货膨胀的货币，并将本币价值钉住美元。

在一段时间内，情况似乎有所好转。但到了1998年中期，俄罗斯政府发现自己不得不再次采取措施抵制货币市场上的投机行为以保护本币的价值。仅仅在一天之内，俄罗斯政府就花费了10亿美元来努力抬高卢布的价格，这导致其硬通货储蓄又缩水到仅剩140亿美元。眼看着俄罗斯政府显然即将破产，IMF迅速介入并同意再贷给俄罗斯110亿美元的资金。但是，在得知一部分IMF贷款流入离岸银行账户后，IMF停止了这笔贷款的发放。1998年8月17日，由于国内资金严重紧缺，俄罗斯政府宣布它将允许卢布到年底时贬值34%。同时，它还宣布延期90天偿付外国债券，并且对国内债券将不予偿付。8月26日，俄罗斯央行宣布它已无力支撑货币市场上的卢布。之后在不到一个月的时间内，卢布的价值下降了300%。通货膨胀率从7月份的0.2%飙升至8月份的15%，并且在9月的第一周升至30%。直到1998年年末危机结束，IMF借给俄罗斯的资金总额超过了220亿美元。

5. 阿根廷的比索危机

阿根廷在20世纪90年代初期和中期曾是拉美之星。然而，到2001年年末，阿根廷已处于经济萧条之中达四年之久。这主要是因为1999年为了降低巴西出口产品在国际市场上的价格，巴西政府将其本币贬值。而与此同时，阿根廷的产品价格却保持相对较高的水平，因为其本国货币通过货币局制度与坚挺的美元挂钩。结果，阿根廷的出口产业凋敝，经济发展大大放缓。到2002年年末，IMF已承诺提供480亿美元的资金来挽救阿根廷。

当一国开始无力偿付债务时，事态就发展到了危急的关头。阿根廷在2002年初终于无法偿还其总额为1 550亿美元的公共债务，此前还从未有哪个国家的债务达到这个数字。政府迅速抛弃了将比索钉住美元的货币局制度，而比索在货币市场的价值很快就下跌了70%。由于资金紧缺，政府控制了居民的储蓄账户，并且规定了每次取款的限额。2002年4月，IMF在发放新的贷款前，重新审阅了政府的改革措施，并且要求在政府支出方面作出更大的削减。

一些评论家指责IMF不应对阿根廷妥协，他们认为2003年9月发放给阿根廷的那些贷款比起贷给巴西或土耳其的来说条件要宽松得多。然而，IMF的支持者们却回应说，阿根廷在养老基金制度方面正实施根本性的改革，并且不会再从IMF或世界银行处得到更多的资金，IMF只会为阿根廷在未来3年内到期的债务提供援助，总额为125亿美元。他们还说，2002—2003年，阿根廷须偿付给国际金融机构的总债务为66亿美元。不过，IMF此举所冒的风险也很大，因为它借给阿根廷的资金只是阿根廷所欠债务总额的15%，切断该国的资金来源意味着将出现巨额的坏账。

这次的债务重组比以往的任何一次的国内重组计划都要复杂，它牵涉到152种不同的债券，并且要接受8个国家的司法管辖。债券持有人包括日本的退休人员、纽约的“兀鹫基金”（Vulture Bond）和阿根廷的众多机构。由于政府和其债权人之间的会谈旷日持久，国内的大型企业无法筹集资金，政府也不能实行税收改革。因此，阿根廷就变成了一个现金经济体，私人部门的债务只占国内生产总值的 8%。

七、国际货币体系的未来

国际货币体系中反复出现的危机正引起国际社会日益高涨的呼吁，要求建立一个能够应对全球经济挑战的新体系。许多人认为，布雷顿森林体系下建立的残存的国际货币基金组织已经无法再使世界经济免受在某一国家或小范围的国家集团在内出现的混乱的影响。同时，许多发展中国家和新兴工业化国家的领导人也在抱怨全球资本对它们经济所造成的影响。当时的印度总理 Bihari Vajpayee 表示：“世界正在为市场力量这只看不见的手的教条付出代价。”

尽管存在着一些取消 IMF 或是用其他机构（目前尚未明确指定）来取代 IMF 的呼声，但是更可能出现的情况是对 IMF 及其政策规定进行改革。各国已经在这方面作出了努力，例如建立国际通行的良好运行规则，这样就可以对不同国家的财政和货币运行状况进行比较；同时，鼓励各国政府在金融政策方面保持更高的公开度和透明度。IMF 自身的透明度也在不断提高以增强其作为一个领导者的公信力。另外，IMF 还加强了对其成员国宏观经济政策的监控，并且不断提高其对金融行业领域的分析能力。

不过，我们仍须寻找整合国际金融市场的有序途径，以求更好地管理风险。此外，在预防和解决金融危机的过程中还必须将私人部门考虑在内。政策制定者们对目前的投资方式表示担心：当发展中国家势头强劲时，资金就会大量涌入；而一旦出现一些问题的苗头，资金又会被迅速抽离。另外，有一些人认为因为 IMF 总是为债务国提供援助，所以私人银行在面对有风险的贷款时缺乏足够的安全意识，反正 IMF 会为债务国买单。由此看来，IMF、私人银行以及债务国之间还需要更深入的合作和理解。

近年来发生的一些金融危机，包括在墨西哥、东南亚、俄罗斯和阿根廷等地出现的危机，都强调了管理人员充分理解国际金融市场复杂性的必要性。在第 9 章、第 10 章中，我们对国际金融市场和国际货币体系进行了详细的讨论。理解这些内容可以使管理人员更好地认识国际商务活动中的金融风险。但是，必须将这些知识与对国际金融市场状况的警觉性相结合才能有效地处理全球经济业务。现在，我们来关注一下这部分内容对于国际商务活动，包括商务战略以及预测收入和现金流的主要意义。

1. 对商务战略的影响

有一些产业（包括软件、服务和娱乐业等）在其产品销售价格方面可以在很大程度上免受货币价值波动的影响。但是，一种货币汇率的变动对于大多数国内和国际企业的各种商业活动来说都会产生影响。首先，汇率会影响国际市场上对某公司产品的需求。当一国货币变得疲软（即相对于其他货币来说币值更低）时，该国的出口产品在国际市场上的价格会下降，而进口产品的价格则会上升。较低的价格将使该国的出口产品在国际市场上更具吸引力，同时还为企业创造了从其他产品价格相对较高的企业手中夺取市场份额的机会。

坚挺的货币会损害出口商的利益，因为这会提高出口商品在国际市场上的价格，并且对企业的未来生存构成严重威胁。但是，受货币升值影响的出口商可以采取以下措施来尽量克服汇率变动的负面效应：第一，企业可以通过精简人员和机构重组来提高效率、削减成本，并且寻求其他降低生产成本的方法；第二，企业可以花点工夫来提供为客户量身定做的产品，这样就可以提高产品的价值、制定较高的价格；第三，企业可以选择保持产品价格不变以缓解货币升值的影响，然后努力争取更高的销售额，靠销量的上升来赚取更多的利润；第四，企业还可以想办法说服政策的制定者们，疲软的货币对于他们的长期生存来说非常重要，并且这对于一国经济和人民生活来说也有好处。虽然一国政府可能会采取使货币贬值的方式来使国内企业在与其他国家的企业竞争时更具竞争力，但货币贬值也会降低消费者的购买力。而且，它还可能会使国内企业在缺乏效率的情况下持续下去，因为他们关心降低生产成本的压力更小了。

最后，一家公司在货币坚挺（即相对于其他货币来说币值更高）的国家进行销售，同时在货币疲软的国家雇用劳动力进行生产可以增加收益。前面提到过，戴尔公司的所有产品几乎都是在马来西亚生产的（即支付给马来西亚工人和供应商的是当地货币林吉特），然而所有出口产品却以美元标价。几年前，马来西亚货币大幅贬值，戴尔公司从中获利匪浅，因为公司的收入是由稳步上涨的强势货币产生的，而费用却是用不断下滑的疲软货币来支付。但是，企业在享受汇率变化产生的短期价格优势所带来的利益时，千万不能对其长期竞争力产生满足感。

2. 预测收入和现金流

汇率还会影响公司从其跨国子公司处盈利的数额。跨国子公司的收入通常要以母国货币计价后并入母公司的财务报表中。将子公司的收益从相对疲软的东道国货币转换成相对坚挺的母国货币会减少以本国货币统计的收益总额。同理，将收益转换成相对疲软的母国货币会增加以本国货币统计的收益总额。例如，许多公司在近年来阿根廷比索的贬值中亲眼目睹自己的收益大幅缩水。当公司将其利润转换成母国货币后，收益要远远低于比索没有贬值时应有的数额。

突然性的、不利的汇率变动对国内和国际企业来说都是一种代价。相反，稳定的汇率可以提高金融规划的准确度，包括现金流预测。虽然企业可以通过保值措施（通常是货币对冲）来避免汇率潜在不利变动的影响，但大多数的这些方法对于中小型企业来说代价太过高昂。而且，随着汇率不可预测性的增加，为了避免伴随而来的风险，企业要付出的代价也会随之增加。

管理者还希望汇率的变动是可以预测的。可预测的汇率可以降低企业因突发性的或意料之外的汇率变动而来不及采取保值措施的可能。它还可以减少企业在应对不确定的汇率变动时的保值成本。与购买保值业务相比，如果企业可以把钱花在像开发新产品、研究更有效率的生产方法等其他生产活动上，显然可以获得更多的收益。

章末案例

中国可以将减持美国国债作为谈判砝码吗?

伴随着中国外汇储备存量的飙升，从 2008 年 9 月起，中国已经超过日本，成为全球美国国债的最大持有国。2009 年年底，中国持有美国国债 8 948 亿美元，约为 2009 年年底中国外汇储备存量的 37%，以及 2009 年中国 GDP 的 18%。中国作为全球最大的新兴市场国家，一举成为了全球最大发达国家的最重要债权人。这一现象在经过媒体、分析师、经济学家和政客们的炒作和拔高后，成为诸如 G2 或“中美国”（Chimerica）等概念滥觞的重要论据。

在中国不断崛起的过程中，作为国际货币体系中心国家和全球最大发达经济体的美国，必然会持续面临中国对现有秩序造成的冲击。中美之间也必然会进行复杂而持续的博弈。所谓 G2 或 Chimerical 之类的概念，无非是对上述新格局的感知或拔高。在目前中美经济关系中，中国对美国的持续经常项目顺差是一个焦点。而导致美国经常项目赤字的根源，中国说是美国消费过度储蓄不足，美国说是中国人为操纵压低人民币汇率，双方各执一词争执不休。当美国经济从次贷危机的余波中复苏乏力，急需寻求新的经济增长动力时，这一争论更是变得白热化。美国已经对多项中国出口商品实施贸易制裁，并可能在 2010 年 4 月将中国定义为汇率操纵国，从而对中国出口商品统一征收惩罚性关税。在来自美国的逐渐增强的人民币升值压力下，有学者认为，中国可以将减持美国国债作为一项谈判砝码，与美国讨价还价，用中国继续为美国财政赤字提供融资为代价，来换取美国对中国维持现有人民币汇率的默认。甚至有外媒传言，中国军方在考虑将减持美国国债作为打击美国的“金融武器”。问题在于，中国能将减持美国国债作为谈判砝码吗?

先来看看中国减持美国国债将给美国带来什么样的影响。作为美国最大的国际债权人，一旦中国开始减持美国国债，这很可能引发其他国际债权人跟风的羊群效应，从而在美国国债市场上造成供过于求的局面，这会导致美国国债收益率急剧上升。一方面，美国国债收益率上升会造成美国政府融资成本上升，使美国政府为其财政赤字融资的难度加大；另一方面，作为金融市场的定价基准，国债收益率上升会导致金融市场利率长期上升，这会加剧美国居民、企业和金融机构的融资难度，从而对消费和投资产生显著负面影响，最后威胁到经济增长与就业。最后，如果国际投资者在抛售美国国债的过程中，集体将美元资产转换为其他币种资产，无疑将导致美元对其他主要货币的汇率显著下跌，这可能损害美元作为国际储备货币的地位。

然而，由于中国投资者持有美国国债的数量过于庞大，这决定了中国投资者不可能在一夜之间出售所有的美国国债，那么，中国投资者通过出售美国国债来打压美国的做法就会“杀敌一千，自损八百”。这是因为，一旦中国投资者抛售美国国债的行为造成美国国债收益率上升、市场价格下降，那么留在中国投资者手中、尚未来得及出售的美国国债将遭受显著的资本损失；一旦中国投资者减持美元资产、增持其他币种资产的行为造成美元汇率下跌，那么中国投资者手中尚未抛出的美国国债同样会遭受显著的资本损失。这正是萨默斯所谓“金融恐怖均衡”的含义。

此外，金融市场永远都会有买方与卖方，关键是价格。如果中国投资者抛售美国国债的行为引发美国国债市场价格下跌，当价格下跌至一定程度上，觉得有利可图的买方将会开始接盘，从而将中国抛售美国国债行为对美国金融市场的冲击稳定在一定水平上。例如，随着当前美国居民储蓄率的上升，美国国内投资者对美国国债的投资需求也在不断增强。由于美元贬值对美国国内投资者的冲击远弱于对外国投资者的冲击，所以美国国内投资者的介入将在一定程度上弱化中国投资者抛售美国国债对美国金融市场与实体经济造成的冲击。这也正是为什么克鲁格曼认为中国投资者抛售美国国债为美国居民提供了有利可图的投资机会的原因。

因此，我们得出的结论是，中国政府很难将减持美国国债作为一个有力量的、令对手信服的谈判砝码。在中国外汇储备仍在不断增长的背景下，除非中国能够找到其他可供投资的产品与领域，否则就连中国投资者不再增持美国国债的威胁都是不可置信的。

讨论题：

（1）你认为这篇文章中的视角和观点有片面或者不够恰当的地方吗？为什么？

（2）在未来的中美经济关系中，你认为我国政府应该怎样做才能扬长避短、占领先机呢？

4

第四部分

国际商务运作与管理

第十一章
全球战略与组织

本章提要

1. 企业全球化战略的实施过程
2. 企业国际化程度的测定
3. 不同国际商务战略及其优缺点
4. 国际商务的组织结构类型、文化及变革

关键术语：

目标市场　特许经营　合约管理　国际化程度　战略管理　产业结构　国际化战略　国际化公司的组织结构

开篇案例

宜家公司的全球战略

宜家这个庞大的商业机构创立于1943年。当时，年仅17岁的创始人英格瓦·坎普拉德，有着萨姆·沃尔顿（沃尔玛创始人）一样的零售天分和激情，本着“想赚点零花钱”的初衷，从邮购铅笔开始，宜家蹒跚起步。目前全球共有180家这样的宜家连锁商店，分布在42个国家，2003年它的拥有者获取了110亿欧元收入和超过11亿欧元的净利润，雇佣了7万名员工，成为全球最大的家居商品零售商，还赢得了Interbrand营销研究机构的全球100名最有价值品牌（第44名）的荣誉。宜家的采购模式是全球化的采购模式，它在全球设立了16个采购贸易区域，其中有3个在中国，分别为：华南区；华中区和华北区。目前宜家在中国的采购量已占到总量的18%，在宜家采购国家中排名第一。至2010年，宜家在中国内地的零售商场达到10家，所需仓储容量已由10万立方米扩大到30万立方米以上。中国已成为宜家最大的采购市场和业务增长最重要的空间之一，在宜家的全球战略中具有举足轻重的地位。宜家的价值已经远远不是表面看到的那些摆着精致又便宜的KLIPPAN沙发和BILLY书柜等家居商品的连锁店。它的背后是一整套难以仿制的高效精良的商业运作系统，它维持了这个机构一直高效率低成本的商业价值链条，那才是值得全球连锁零售公司学习的真实的宜家。

被英格瓦称为“世界独有”的宜家组织系统，是这个机构的核心。

设置这个复杂机构主要有两个目的，一是保证宜家不从属或受制于某个国家和政府，而是永远处于家族控制之中，即便是政变和战争阶段也是如此；二是宜家能够享受到利益的最大化（比如低税收）。为达到这个目的，一大批来自不同国家的职业律师、会计师、税务专家每天为宜家工作，调查各国的税收和贸易政策，他们会抢先在任何合适的地方注册公司，需要的时候就在那里开店。

在历史上，基于躲开政治管制特别是经济约束（比如税收政策）的原因，宜家由瑞典迁移到丹麦，后来又到了荷兰。英格瓦家族则由瑞典移民到丹麦，最后到了瑞士。如今IBM这样庞大的公司虽然在全球各地同样有投资，但它的根基在美国，还是被看作一家美国公司。但是，没有人说得清楚，宜家到底是哪个国家的公司，它在欧洲许多国家都有在资本或管理上互相牵制的机构，从这个意义上讲，宜家更像是一个“独立于任何国家的公司”。

设在荷兰的双重基金——英氏—宜家基金（Stichting Ingka Fundation），是宜家机构的后台老板，下设英氏控股集团（Ingka Holding），其中所有者基金（英氏基金）拥有英氏控股集团所有的账面价值，英氏基金由公益基金（宜家基金）管理控制，但宜家基金的资金来源却由英氏基金提供。

除英氏—宜家基金和英氏控股集团牢牢共同控制资本权力之外，两个辅助集团进行实质运作：一个是总部设在丹麦和瑞典的宜家服务集团（IKEA Service），它通过与英氏控股签署协议，执行宜家机构全球所有商店的管理业务，包括采购、销售、研发等业务；另一个是总部设在荷兰的宜家内务系统公司（Inter IKEA Systems）。

宜家机构的经营原则分为“有形的手（一切看得见的商店、商品等）”和“无形的手（经营理念和管理流程）”。宜家内务系统公司拥有宜家机构所有的商标、品牌、专利等知识产权，是宜家机构的“精神领袖”（无形的手），它可以请任何一家“不合要求”的宜家商店关门。宜家机构还通过设立瑞典宜家连锁公司、宜家龙集团和宜家企业集团把家族的资产进行分割处理。所有这些复杂的设置，很多情况下帮助公司进行合理避税和躲避某国政府控制。

这个复杂的所有权机构的设置从20世纪70年代开始实施，80年代被完善起来，它直接促成了宜家商业管理系统的成熟严密，所有的管理任务被分割得具体并且单纯，员工们只需要努力按标准执行就可以，而不是卖力地去创造“新玩意儿”。“有些时候，我们只需要站在指定的地方做指定的事情，我们的目标被确定得非常清晰！”宜家中国总经理Ian Duffy说。

因此商店开到哪里，宜家服务集团就把一整套的管理模式和组织形式拷贝到哪里。这些管理和保障职能包括财务、零售、物流、物业、风险管理、法律、社会环境、公关通信和人力资源等。宜家的商店在这个“大管家”的协助下，维持每天的运转。宜家支持机构（宜家Support Function）则为商店提供专业的服务支持，包括IT、餐厅、设备供应、原料采购、目录册、配件供应、货运方案、公务旅行等。整个组织被完全“扁平化”。如果北京的商店想改变“样板间”的设计，就要征求宜家内务系统的意见；需要法律服务则由宜家服务集团安排；需要新的产品目录册，就需要宜家支持系统帮助；需要商品，则由宜家贸易公司协助，当然这一切交易都需要支付费用。在宜家的管理系统中，设计、生产、采购、销售的每个环节，都可能发生关联的管理协议或交易，但是却被安排得井井有条。这有利于这家公司在不同的国家协调资金的周转和合理避税。

在这种极度扁平和权利分散的管理架构下，谁也休想完整地享受宜家的全部管理乐趣，更不要说控制它了。

全球化加快了各行业的公司进入国际市场的速度，并扩大了客户范围。管理者们正在完善其国际化战略，以将其组织打造成具有全球竞争力的企业。宜家集团的实例表明，管理者们正努力在全世界协调采购、生产、市场营销和其他增值活动。他们精简机构、裁减冗员，在组织范围内采用统一标准和相同生产过程。有些管理者，如宜家公司的管理者们，试图开发被全球客户认可的产品以打造全球品牌。然而，在全球范围内组织公司运营很有挑战性，因为这需要管理者进行战略定位，拥有组织能力，以在全球范围内组织具有附加价值的活动，同时，公司上下要高度协调统一，关注各市场需求并采用共同的生产过程。

第一节　目标市场选择

一、国际目标市场细分与选择

进行国际营销活动，首先必须选定目标市场。对世界各国而言，并不是每一个市场都是国际营销企业应该进入和能够进入的市场。选择目标市场可以发现潜在的市场，寻求购买者；可以充分利用资源，发挥企业营销优势；可以把市场需求与企业优势有机结合，提高营销效率。

国际市场是一个庞大的、多变的市场，不同国家的消费者对同一类产品的需求和购买行为具有一定的差异性。任何一个企业都无法满足整体市场的全部需求。因此，在进行国际目标市场选择时，首先要根据各国消费者群体的不同需求和购买行为，对国际市场进行细分。

（一）国际市场细分的标准

国际市场可按不同的标准进行细分：① 按经济发展水平，可以把国际市场细分为原始农业型、原料出口型、工业发展型和工业发达型四类市场；② 按地理位置，可以划分为北美、拉美、西欧、东南亚等市场；③ 按商品性质，可以分为工业品、消费品和服务市场；④ 按人均国民收入，可以划分为高、中、低收入三类市场。此外，还可以按家庭规模、性别、年龄、文化背景、宗教、种族、气候等标准进行进一步的细分。

（二）目标市场选择依据

在市场细分的基础上，需要决定哪些市场是企业的目标市场。选择目标市场的依据主要有以下几方面：

（1）市场规模。对于规模较小的市场，其营销发展非常有限。因此，在选择目标市场时，首先要考虑市场的规模。一个国家或地区的市场规模主要取决于人口总量和人均收入状况。

（2）市场增长速度。有的市场尽管规模不大，但潜力很大，未来市场的增长速度快，因某些条件的创造便会产生出一个巨大的市场。选择这种市场作为目标市场，其未来营销收益十分可观。

（3）交易成本。市场交易所发生的费用多少，直接关系产品成本和利润的高低。在不同市场中每项交易所发生的费用各不相同，国际营销企业往往选择那些交易成本较低的市场作为目标市场。

（4）竞争优势。国际市场竞争十分激烈，企业在选择目标市场时，要与竞争对手相比较，选择在产品质量、花色品种、企业规模、经营组织上竞争对手较弱的市场作为自己的目标市场。

（5）风险程度。国际市场营销是跨越国家的营销活动，市场风险问题十分突出。自然灾害、战争、政局不稳定、国际关系恶化、原料供求变化、货币贬值等原因，都会导致国际营销活动的终止、延误等问题。因此，从原则上说，应选择风险较小的市场作为目标市场。当然，高收益往往伴随着高风险，企业应根据实际情况而定，具体问题具体分析。

二、目标市场的估测

企业在初步选定目标市场之后，还要对目标市场进行深入的分析研究，对市场潜力、市场占有率、经营收益、投资收益以及风险进行认真估测。在综合比较、分析的基础上，选择最优化的目标市场。

（1）估计现有市场的潜力。估计现有市场的潜力，是指通过已公布的资料或企业组织调查获取的资料，对目前市场需求的状况进行估计。只有对现状有充分的分析，进入目标市场才能有的放矢，后续的营销活动才能顺利地展开。

（2）预测未来市场的潜力。未来目标市场需求的变化，对企业组合营销策略至关重要。因此，企业不仅要估计目前的市场潜力，而且要分析判断随着各国经济发展、政局变动等环境因素的变化，目标市场潜力的发展及其走向。

（3）预测市场占有率。研究目标市场的竞争状况以及有关方面可能设置的种种限制，正确判断企业在目标市场的市场份额。

（4）预测成本和利润。成本高低与进入市场的策略和方式有关。

（5）估计投资收益和风险。这是指将某一产品在国外市场的预测利润流量与投资量进行比较，并以此估计投资收益率。估计的投资收益率必须高于正常的投资收益率，并能抵消在国外市场营销可能遇到的政治风险、商业风险、货币风险以及其他各种风险。

第二节　进入国际市场的战略

一、进入国际市场的方式

企业及其产品采取什么方式进入国际市场十分重要。它不仅涉及企业产品如何跻身国际市场的问题，而且还涉及进入国际市场后如何根据实际情况的变化进行调整，从而有效地开展营销活动的问题。企业应根据本国及所进入国家的各种政治经济情况以及自身的各种资源选择适当的进入方式。

（一）贸易进入方式

贸易进入方式是企业通过向国际目标市场出口产品而进入国际市场的方式。这是一种传统的企业进入国际市场的方式，也是目前进入国际市场普遍采取的一种方式。采取这种方式时，原生产地点不变，劳动力和资本也没有在国际间流动，它具有低风险、高控制力和高灵活性的特点。贸易进入又分为间接出口和直接出口。

1. 间接出口

间接出口是指利用本国中间商向国际市场出口产品，是企业开始走向国际市场最常见的方式。

间接出口方式的优点是：① 投资少，企业不需要建立自己的国外销售机构，不需要向国际市场派遣专门的国际营销人才；② 风险小，经由国内专门的外销机构，通过这些机构积累的国际营销经验为自己服务，可减小风险，同时，由于没有为国际营销建立专门机构，也会减少损失；③ 企业可集中精力生产，不必为外销分心。但是，间接出口的缺点也是明显的：不能直接了解国际市场，难以围绕国际市场需求展开营销；过于依赖国内中间商，易造成外销失控，甚至存在被中间商抛弃的风险。

2. 直接出口

直接出口指生产企业自行承担一切出口业务。企业产品如果有外商前来洽谈购买，或企业生产规模很大并且出口额也很大时，往往采取直接出口的方式。

直接出口方式的优点是：① 可以节省国内中间环节的费用；② 可以直接面对国际市场，获取国际市场的需求变动信息，及时调整生产经营活动；③ 可以在一定程度上自主决策，控制产品外销。当然，这种方式也有其不足之处：一般需要建立产品出口的专门机构，甚至是在国外建立机构，并要聘请专门的国际营销人才，因此增加了一定的费用；需要自己承担由直接出口带来的风险。

（二）合约进入方式

合约进入是企业通过与国外签订技术转让、服务技能、管理技术、委托生产等合约而进入国际市场的方式。

合约进入又分为许可证贸易、特许经营、合约管理和合约生产等方式。

1. 许可证贸易

许可证贸易是指技术许可方将其交易标的的使用权通过许可证协议或合同转让给技术接受方的一种交易行为，又称“许可贸易”。

许可证贸易的优点：① 是避开进口国限制、作为产品出口转换形式的最佳途径；② 可大大降低或避免国际营销的各种风险；③ 可节省高昂的运销费用，提高价格竞争的能力；④ 有利于特殊技术的转让；⑤ 便于服务性质的企业进入国际市场；⑥ 使小型制造企业也能进入国际市场。许可证贸易的缺点：① 必须具备一定的条件；② 授方对目标国家的市场经营难于控制；③ 授方的纯收益可能会受到目标国家经营状况的制约；④ 授方可能在国际市场上培养了自己的竞争对手。

2. 特许经营

特许经营是指特许经营权拥有者以合同约定的形式，允许被特许经营者有偿使用其名称、商标、专有技术、产品及运作管理经验等从事经营活动的商业经营模式。

特许经营的优点：① 特许商利用特许经营实行大规模的低成本扩张；② 可以将激烈的竞争关系转化为利益分享的伙伴关系，以较低的资本迅速扩展国际市场；③ 商业风险和政治风险较小。这种方式的缺点是：① 各种方式的使用有一定的限制，特许方的工业产权及其经营体系必须有较大的吸引力；② 对特许人的控制有一定的难度。

3. 合约管理

合约管理是通过签订合约的方式，由国际营销企业向外国企业提供管理知识和专门技术，并提供相应的管理人员，参与指导外国企业的经营管理。

合约管理的优点：① 可迅速进入国际市场，开展市场营销活动；② 政治风险和商业风险较小；这种方式的不足是：① 占用优秀的管理人才；② 在合约期满后培养出自己的竞争对手。

4. 合约生产

合约生产是国际营销企业签订委托生产的合约，委托外国企业按规定的数量、质量和时间生产整个产品或零件。

合约生产的优点是：① 充分利用当地生产能力和资源优势；② 企业投资少，资源利用率高；③ 产品在当地生产，易于打开当地市场的进口壁垒。合约生产的缺点是：① 难以甄选合格的制造商；② 可能会培养出自己的竞争对手。

（三）股权进入方式

股权进入是企业通过直接投资拥有外国公司部分或全部的股权，在国外进行投资、生产、销售商品，从而进入国际目标市场的方式。股权进入一般可采取以下两种形式：

1. 合资经营

合资经营是指由两个或两个以上不同国家的投资者共同投资，共同管理，共负盈亏，按照投资比例共同分取利润的股权式投资经营方式。

合资经营的优点是：① 由于与东道国企业合资经营，政治风险比独资经营较小，并可能享受较多的优惠；② 可以利用国外合营伙伴熟悉该国政治法律、社会文化及经济状况的优势，比较容易取得当地资源并打开当地市场，实现双赢。合资经营的缺点就是，在投资各方人员的管理上难以协调，存在某些文化障碍，利润分配上也容易产生矛盾。

2. 独资经营

独资经营是指由外商自己单独投资建立企业，并自行管理经营。这种外商投资形式近几年在我国发展很快，已成为最普遍的项目形式。

独资经营的优点是：① 可获得东道国的支持与鼓励；② 可获得东道国廉价的生产要素，降低经营成本；③ 可加强对独资企业的控制，避免工业产权向本企业外转移，避免竞争对手的迅速成长。缺点是：① 易受东道国政治、经济、文化等不确定因素的影响而导致较大的经营风险；② 投资额高且周期长，成本效益差且即期利润少；③ 难以掌握当地的人文风俗并设立一套符合当地情况的营运组织和管理制度。

二、国际市场进入战略

在当今国际市场上，几乎每个产业和行业的市场都或多或少地被某些企业占领着。已被其他企业占领的市场，按其市场竞争激烈程度和顾客需要满足程度，可具体划分为追随策略、补缺策略、避开策略和创新策略四种类型，每一种类型的市场都有相应的进入策略。具体如图 11 -1 所示。

对于Ⅰ类市场，只有一个或少数几个竞争者，顾客需求也未被满足。这种市

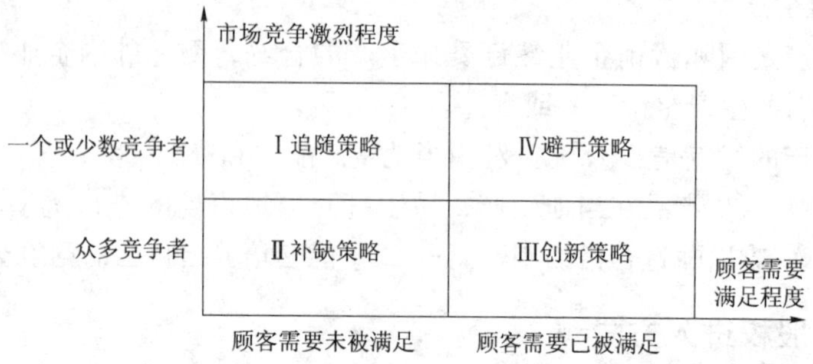

图 11－1　四种市场类型

场通常处于新开发不久的阶段，潜在需求量大。有能力进入该市场的企业可采取追随策略，尾随先期进入的竞争对手，以获取一定的市场份额。企业既可以通过模仿竞争对手的产品与营销策略的方式进入市场，也可以开发新产品，以一种新的营销组合方式进入市场。

Ⅱ类市场通常存在于营销水平不高的发展中国家。这类市场的特点是，众多竞争企业集中在少数几个大宗市场上，导致大市场面上竞争过度，而较小细分市场上的消费需求却没有得到充分满足。这时企业的进入策略就应该集中于填补这些小的细分市场需求。

Ⅲ类市场往往是存在已久的饱和市场，拥有为数众多的竞争者，可以细分的各个市场的需求已被充分满足，欲进入此类市场的企业必须采取创新策略。创新策略可具体分为部分创新和整体创新，前者是通过改进市场上的现有产品而进入市场，后者是使用新材料、新技术和新工艺开发出更新换代产品从而进入市场。

Ⅳ类市场通常比较狭小，消费需求只限于某一顾客群体，少数几家企业就能满足其市场需求，这是一种情况。另一种情况是这类市场属于垄断市场，虽然市场规模扩大，但是只能允许有限的几家企业去经营。企业在这种情况下应采取避开策略，到其他产业或行业市场去寻找投资机会。

第三节　国际商务的跨国化测度

企业国际化程度一直是很多学者及机构研究的对象，尽管至今尚未有一个被大家广泛接受的方法与指标体系，但了解这些方法对于明确企业国际化程度具有十分重要的意义。目前，具有代表性的测度方法有：联合国贸易与发展会议（UNCTD）的跨国化指数、苏利文的国际化规模水平指标和鲁桐的国际化蛛网模型。

一、联合国贸易与发展会议的跨国化指数

联合国贸易与发展会议的跨国化指数（the Transnationality Index，TNI）比较简洁，是企业海外销售额占企业总销售额的比重、海外雇员人数占总雇员的比重和海外资产占总资产比重三者之和的平均数。其计算公式为：

$$TNI = (FSTS + FETE + FATA)/3 \tag{11-1}$$

其中，FSTS（Foreign Share in Total Sales）表示海外销售额占总销售额的比重；FETE（Foreign Employment in Total Employment）表示海外雇员人数占总雇员人数的比重；FATA（Foreign Assets in Total Assets）表示海外资产占总资产的比重。

跨国化指数所涉及的数据采集比较容易，因此简单易行。但其缺陷也非常明显：第一，不适用于仅从事内向国际化经营或内、外向国际化经营兼而有之的企业国际化水平的衡量。第二，未充分考虑企业国际化的原因。第三，跨国化指数将本地或国内经营活动与海外经营活动区分开来了，却未将企业海外活动的范围包括进去，即一个跨国化指数很高的企业，也许只在一两个国家从事经营活动；而一个企业尽管在十几个甚至几十个国家从事经营活动，但其跨国化指数可能很低。

二、苏利文的国际化规模水平指标

美国学者苏利文（Daniel Sullivan）于 1994 年提出了采用由 5 种经济指标综合形成的指标——国际化规模水平（Degree of Internationalization Scale，DOI）来衡量企业的国际化程度，其计算公式为：

$$DOI—FSTS + FATA + OSTS + TMIE + PDIO \tag{11-2}$$

其中，FSTS（Foreign Share in Total Sales）表示企业海外销售占总销售的比重；FATA（Foreign Assets in Total Assets）表示海外资产占总资产的比重；OSTS（Number of Overseas Subsidiaries in Total Number of Subsidiaries）表示海外子公司占全部子公司的比例；TMIE（Amount of Top Managers' International Experience in Years of Overall Work Experience）表示高级管理人员的国际经验占其全部工作经验的比例；PDIO（An Estimate of The Psychic Despersion of International Operations）表示国际经营的心理离散程度。企业的 DOI 越高，企业的国际化程度越高。不仅如此，苏利文还使用该方法对 74 家美国制造业公司的国际化水平进行了衡量，其结果如表 11－1 所示。

表 11-1 美国公司的国际化程度

公司名称	FSTS	FATA	OSTS	TMIE	PDIO	DOI
固特异轮胎与橡胶公司（Goodyear）	0.42	0.37	0.56	0.31	0.6	2.07
魁克燕麦公司（Quaker Oats）	0.3	0.27	0.55	0.25	0.7	2.07
德雷瑟工业公司（Dresser）	0.44	0.29	0.56	0	0.5	1.78
谢夫隆公司（Chevron）	0.21	0.22	0.51	0.03	0.8	1.78
国际纸业公司（International Paper）	0.17	0.21	0.54	0	0.8	1.72
百事可乐公司（Pepsi co.）	0.19	0.23	0.75	0.05	0.5	1.72
联合技术公司（United Technologies）	0.33	0.28	0.35	0	0.3	1.26
NCR	0.60	0.42	0.41	0.05	0.60	2.07
萨拉·李公司（Sara Lee）	0.27	0.44	0.25	0	0.3	1.26
标准离差（N—48）	0.14	0.32	0.2	0.12	0.22	0.57
平均数（N—48）	0.38	0.32	0.59	0.08	0.68	2.05

（资料来源：Daniel Sullivan. Measuring the Degree of Internationalization of a Firm. Journal of International Business Studies. 1994，25（2).）

苏利文的国际化规模水平指标既考虑了研究数据的可获得性，也兼顾了评价企业国际化的不同角度，即从国际化的结构因素、经营业绩因素和参与国际竞争的意识因素衡量其发展水平。它比简单地用一两种指标衡量显然有了较大进步。然而，这个指标也不无缺陷。首先，对各个因素等量齐观；其次，忽略了不同目的的企业的国际化；再次，由于各指标之间存在互补关系，结果用该方法对一些企业的国际化水平进行检验时，可能得出相同的结论。从表 11-1 中可以看到，固特异轮胎与橡胶公司（Goodyear）与 NCR 的 DOI 相同，但前者的海外资产占总资产的比重为 42%，后者的同类指标却高达 60%；从海外子公司数目占总公司总数的百分比看，固特异轮胎与橡胶公司的远远高于 NCR 公司。

三、鲁桐的国际化蛛网模型

我国学者鲁桐在综合前人研究成果和企业调查的基础上提出了国际化蛛网模型。鲁桐认为，对企业国际化发展的衡量仅仅用个别指标是不够的，应对企业国际化经营进行数量化的结构性分析，这样才能进一步揭示不同企业国际化的不同特征。该模型从跨国经营方式、财务管理、市场营销、组织结构、人事管理和跨国化指数 6 个方面来考察企业的国际化程度（见图 11-2）。

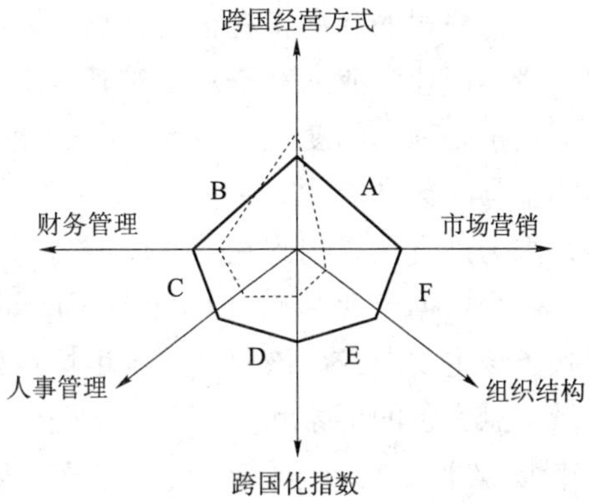

图 11－2　企业国际化蛛网模型

图 11－2 中每一支箭头的长度分别代表（企业）某一侧面的国际化程度，越靠近原点表示国际化程度越低。A，B，C，D，E，F 围成的面积是企业国际化程度的几何表现。对于一个跨国公司而言，国际化可能是均衡发展的（如图中 A，B，C，D，E，F），也可能是畸形发展的（如虚线图）。该模型的意义有两个：一是通过综合分析，可以找出企业跨国经营的优势和劣势，从而及时纠正企业发展过程的偏差，为企业今后持续稳定发展奠定基础；二是进行企业国际化的横向比较，进而预测企业跨国经营的发展方向和速度。

与联合国贸发会议的跨国化指数和苏利文的国际化规模水平指标等相比，鲁桐的国际化蛛网模型在衡量企业国际化水平方面具有以下几个优点：① 考虑因素多，共有 6 个，且对每一个因素均进行了认真的设计；② 分析面广，从企业跨国经营方式、企业管理、企业经营活动和跨国化指数 4 个方面进行分析，实际上这是前两者的一个综合指标；③ 适用范围广，理论上讲，该模型对于不同产业、不同投资动机的跨国经营活动，都可以进行测量，展示其跨国经营的特征，进而对企业发展战略的制定提供基本的分析工具。

当然，该模型仍有缺陷，主要表现为：① 该模型与苏利文国际化规模水平指标一样将各个因素等量齐观，无主次之分；② 该模型适用于衡量仅仅实施外向型国际化战略的企业，而对于实施内向型国际化的企业以及同时实施内向和外向发展战略的企业则束手无策；③ 该模型将企业组织结构作为衡量企业国际化的指标之一，可能会对实施国际化的企业的组织结构设置产生误导；④ 该模型设计的各个指标之间的关系同样存在互补关系，因此，该模型不能用于对一个企业在不同时期的国际化水平进行对比，更不能用于对不同企业的国际化水平程度进行比较。

第四节　国际商务战略

一、产业、战略和公司业绩

在学习跨国公司战略的重要性之前，需先了解战略管理的基本特点，特别是产业、战略和公司业绩的相关理念以及它们之间的相互关系。首先关注产业，因为产业对公司的利润率有很大影响。总的来说，在跨国公司面对的所有环境因素中，所属产业和业内竞争总是对其战略的制定和实施影响最大。当然，比如宝马公司也担心利率的变化、政治领导的变化和通信科技的进步，因为这些因素都会影响宝马的盈利能力，但是宝马对其同行竞争对手如丰田汽车等的行动更为敏感，因为这直接影响到它的业内排名和业绩。

一个根据产业结构（Industry Organization，IO）范式形成的杰出战略模型就反映了该主要因素。该模型假设市场竞争是完全的，在同类商品的市场中存在着大量信息完备的买家和卖家，对于企业来说没有进入或退出市场的门槛。在这样的市场结构中，产业结构模型表明风险调整回报率（Risk-adjusted Rate of Return）对所有产业和所有企业都是一样的，实际上就是说长期来看没有一个企业或产业能一直获得高于平均水平的回报。如果有的企业暂时享有高于其他企业的回报率，那么在没有进入门槛的前提下，就会不断吸引新企业加入该市场，加剧竞争，降低价格，从而降低回报率。产业结构模型将企业业绩表示为有关市场行为的函数，而市场行为又由企业所在的产业结构决定。调查研究表明，平均回报率的差异为75%左右都是因为产业因素引起。

其他研究从20世纪80年代开始陆续得出结论。一段时期以来，不同产业的不同企业保持不同的利润率，虽然这个差距不是由产业结构决定的，但是行业结构的特殊性缓和了同行业中的企业利润率差距。显然，在完全市场竞争的理论前提下，这些报告同意企业业绩在很大程度上取决于产业特点，但是现实中市场是不完全竞争的（比如，进入市场的壁垒造成新公司加入的困难和延迟、市场垄断的存在、消费者对商品价格的消极接受等），大大限制了产业结构模型的预测准确度。再者，还有研究指出一些各行业领头的公司，业绩年复一年地总是优于行业平均水平，典型的例子有经营电脑的戴尔、生产飞机涡轮的GE和生产汽车的丰田等。市场竞争不总是完全的，一些公司利润一直都超过行业平均水平。这两种例外说明产业结构并不总是决定公司业绩的唯一因素，智慧而有干劲的领导对已有的和新兴的市场中产品创新的敏锐感觉也能影响企业的表现。其实，企业利润与行业特点和领导人的能力都有关系，也就是说，不管行业结构如何，我们都应该努力寻找创新的发展战略，激励和培训管理人员为取得与保持企业竞争力而努力，就像ZARA那样，还有在本章末将提到的Ebay公司。

综上所述，战略性管理研究发现了两个重要关系。第一，尽管市场竞争不一定是完全的，但是产业结构还是直接影响着企业的业绩。第二，市场竞争的不完全为企业创造了将创新的战略转化为杰出竞争力的潜在机会。

精明的管理者能够找到一个竞争对手无法轻易复制的创造价值的方法。产业结构、战略和业绩间的紧密联系意味着管理层必须清楚什么是战略，可以利用何种工具来制定战略以及决策对企业业绩的影响。

二、战略分类

战略（Strategy）是引导某组织所属资源的流向，以使其明显有别于其他竞争对手，并完成特定的且切实可行的目标的行动计划。管理者们依据对组织在竞争和机遇中优劣势的考察结果来制定组织战略，决定目标顾客、生产线以及选择竞争对手。在作战略决策前，跨国公司会在满足竞争所需的整合—回应范畴内（全球整合是将不同的部分整合成标准化的整体；地区回应是将标准化的整体拆分成不同的部分），从国际市场寻找成长的机会、成本的降低以及风险的分散。跨国公司通过不同的角度考虑和指导公司运作，以求实现目标、战胜挑战。总的来说，跨国公司有四种基本战略选择，即国际战略（International Strategy）、多国战略（Multinational Strategy）、全球战略（Global Strategy）、跨国战略（Transnational Strategy），这些战略给公司提供进入和挑战国际市场的指导方法。每一种战略对价值创造活动的地区分配和管理方式有着本质的区别。下面将分别介绍这四种战略及其在分配和协调价值链中的应用，并讨论各自的长处和短处。

（一）国际战略

采取国际战略的公司往往期望通过向国外市场的扩张将核心竞争力最大化。麦当劳、雅虎、沃尔玛、MBNA 信用卡公司、微软等都属于国际化战略公司。这种战略模型依赖各国当地的分支机构在总部的指导下监督管理业务。有的分支机构可能还享有根据本地市场调整产品和开展小型促销活动的自由，但总部还是掌握最终的、绝对的控制权，因为它对公司核心竞争力扩张的本质和潜力最为了解。规则之一就是公司价值链的关键因素由总部集中管理，比如研发。雅虎在美国加利福尼亚州开发了其网络产品的核心结构，虽然雅虎允许各国分公司将网页的一些内容当地化，比如语言和序列，但是总公司始终是新产品、新程序、新的跨国经营方式的最终来源。

采用国际战略的公司将核心竞争力转移到尚未开发或是在该方面无竞争能力的国外市场，从而创造价值。因此，该战略极大地帮助了总公司向分公司技能、专业知识和产品的输出。总公司在关键事项上的控制力和专业水平使其处于领导者的有利地位。这种控制力和专业水平在生产活动和管理技巧中都存在，而管理技巧正是希尔顿等跨国饭店成长的秘诀。总的来说，当公司具有其他市场同类企业所没有的核心竞争力，行业条件也没有给公司施加成本控制或是地区回应的压力时，国际化战略是可行的。在这种情况下，国际化战略带来的通常是中等水平的成本和巨额的回报。

国际战略的负面影响在于总部的中央集权限制了公司当地回应的能力。总部以自我为中心的单一观察角度可能会使公司错失良机，并导致形成总部所在的国内市场永远比国际市场重要的观念。如果公司想要强调产品服务本土化，就会大大提高公司成本，例如，家乐福就因为转向实现本土化的成本过高，最后不得不停止在美国运营。

（二）多国战略

多国公司，有时也被称为本土回应公司，采用的战略允许每一个国外的分支机构自由行动，也就是说，每个分公司在各自的本地市场拥有设计、生产、营销的权利，并直接回应当地消费者偏好。强生公司就成功地使用了多国战略，将产品和服务多样化以满足当地需求，同时调整组织政策以适应不同的政府和市场需求。

使用多国战略的目的在于打造能够赋予各个分公司大量自由的价值链，从而获得对本地文化、法律政策和经济环境的有效回应能力。比如当某国政府鼓励和支持本地生产时，当地分公司就可以建造自己的厂房；如果该地区的消费者喜欢与推销员打交道而不是从媒体获得产品消息，那么当地分公司就可以建立销售队伍；如果某国的工作环境对公司生产不利，那么当地分公司可以选择从别国进口商品。从本质上来说，采用多国战略的公司根据地区的特殊需求定制不同的产品、营销和服务项目。相应地，该战略要求多国公司的总部授权到各个分公司，使地区经理有权力管理自己的地区业务。本质上，多国公司看问题的角度是多中心的（Polycentric），相信应该由在理念上、文化上、地理位置上接近市场的人来管理该市场事务。因此，新加坡背包工厂的经理最有权力决定生产哪一种背包，不管这种背包的颜色、大小和风格是否和美国、墨西哥或是德国分公司生产的大相径庭。

如果公司对快速的本地回应能力需求高，但对通过全球整合降低成本的需求较低时，多国战略非常可行。多国战略还有其他好处，比如根据当地要求运营能将政策风险最小化，对资金返回母公司的要求不高从而降低了汇率风险；本地化使公司在当地的声望更高；本地研发新产品的潜能更大；创业精神赋予公司更多的成长潜力。宝洁公司一直都采用多国战略，它在日本的研发中心为了应对当地家庭存储空间小的特点，开发出了更薄但是吸收力不变的新型尿布。该创新为宝洁日本公司创造了极大的价值，最终为全球的宝洁分公司都带来了收益。

然而这些好处同时带来了较高的成本。多国战略导致了大范围的管理、设计、生产、营销活动的重复。每个当地分公司都得建设必要的基础设施，使价值链与当地需求相吻合。因此，多国战略对于成本压力大的行业来说经常是不现实的；同时，将价值链控制权分散到当地管理者可能会使分公司过于强大、我行我素。无论什么问题，分公司都可以以本地化或适应当地市场为由拒绝听从总公司的调遣。在这种情况下，分公司实际上已经成为独立的经营体，总公司要想使其作出改变，只能采用说服而不是命令的方式。然而说服方式可能导致成本的增加，比如强生在1960年就已开始在美国生产非处方镇痛片泰诺，很快各地分公司都可以使用这一技术，但是日本分公司直到2000年才开始生产这种药品。

（三）全球战略

采取全球战略的公司选择全球整合的最大化以直接应对压力。该决定通常促使公司在所有市场生产和销售统一标准的产品，如剃须刀片，或者提供统一标准的服务，如包裹投递。全球战略激励公司为全球市场创造统一的产品，在全球规模化的指导下用少数高效的工厂统一生产，并通过一些重点营销途径将产品推向市场。因此，全球战略公司将世界看成统一的市场，认为国与国之间消费者偏好基本相似，即使有差别，消费者也可能放弃其偏好，选择价廉质高的商品。

在操作上，采用全球战略的公司通常会努力成为行业中成本最低的竞争者，如果不能做到这一点，公司竞争力就可能低于其他低成本公司。为了实现低成本目标，公司通常在全球范围内规划生产，将设备集中在低成本地区，打下高效运营的基础，比如设在越南的球鞋工厂和设在印度的服务呼叫中心。全球战略公司的价值创造强调用最低的价格创造特色产品或服务，换句话说，它们遵循成本领先战略，通过高效的运作降低成本、增加盈利。

全球战略高效的目标在价值链的分配上有显著的应用。研发、生产、市场营销等活动被分别集中在最有利的位置。它们不一定是在同一个国家，而是各得其所，使全球价值链最大化。这些分散的价值链活动之间由正式的链接协调，总部集中权力，设定统一运作和进程标准，负责确保全球系统的顺畅运行，地区分支没有或很少有决策权力。

响应现在或将来的地区偏好又带来了哪些压力呢？全球战略对价格十分敏感，实行这一战略的跨国公司很难自由地按地区需求定制产品或服务，因为这样做会在价值链的每一环节增加公司成本。不同的产品设计需要不同的原材料，生产运转时间将变短，营销方式将有所调整，新的配送渠道有待建设，而且各个市场都得组建各类组织职能部门。而全球战略公司致力于生产和销售世界统一标准的产品，使其能够将全球整合的效率转变为价格优势，从而创造更大的价值。

总的来说，最适合全球战略的行业往往强调高效率运作，而对本地回应的要求要么没有，要么可以被质量高于、价格低于当地市场的产品所中和。该状况在许多生产和服务业行业越来越普遍，比如无线通信，该行业签署的全球标准协议带来了各国对标准化全球产品的巨大需求。同样，信用卡行业建立了一系列电子支付协议标准，支持全世界的消费者和商家使用这种支付方式。在上述两个行业中，公司都采取了全球战略，比如无线通信行业的德州仪器和信用卡行业的美国特快（American Express）。全球战略同样可以利用遍布世界的配送网络、标准化的财务控制、统一的信息完成一次性的交易，比如《星球大战》第二部于同一天在9个国家首映，第二天又在另外一组国家放映，创造了电影史上第三大周末首映票房收入。然而，全球战略的使用也有局限性，许多消费品和医疗保健市场对本地回应的要求还是很高的，这限制了公司产品全球标准化的自由。

（四）跨国战略

跨国战略被证明是对不断发展的国际化进程最直接的回应。该理论认为当今相互连接的消费者、行业、市场要求跨国公司能够协调价值链活动以充分发挥核心竞争力，并保证价值链能够直接应对回应本地市场的压力。使用该战略的跨国公司能分辨各个国家之间能力和贡献的差异，探求系统学习本地经营环境的方法，最终将知识整合并应用到全球运营之中。跨国战略强调建设包含科技、金融、创新、人力资源等要素的综合框架，使其在本质上超越国际战略、多国战略和全球战略。

跨国战略的首要条件综合了多国战略和全球战略的特点，将地区市场敏感度和全球整合的高效率结合在一起。但是跨国战略也有其特殊的一面，在理论上有别于其他战略类型。具体来说，跨国战略强调互动性“全球学习”，为跨国公司发展了宝贵的技能，从而完善核心竞争力，并将创新运用到全球经营中去。在跨国战略中，创新思想的流动并不是自上而下（从总部到各国分支），也不是自下而上（从各国分支到总部），而是从发出者到接受者，没有地域或者方向的限制。

全球化学习有许多好处。通过这一方法，管理者能够提高公司自身能力以应对环境变化、平衡内部资源与外部公司网络、在不增加官僚作风的前提下整合分公司资源。最终这些能力会帮助跨国公司统一运作价值链的某些环节，达到效率最大化，同时在其他环节实现对本土市场的快速反应，使两者相辅相成。

跨国战略有效、可行吗，GE 的例子能给我们一些启示。20 世纪 80 年代，来自亚洲新兴市场的低成本竞争者迫使 GE 将产品销往国际市场，以求销售额的增长给公司带来更大的规模效应。当时杰克·韦尔奇宣称：“公司全球化是无稽之谈。业务是全球化的，但是公司不是。”1987 年，GE 重新定义了对全球化的观点，将它上升为主导战略。从 1981 年开始，GE 各业务单位的业绩衡量标准就是只做行业中的“第一或第二”，否则就停止投资。1987 年，该标准被提升到 GE 全球的商业定位。不久之后，GE 对全球化的解释由寻找新的市场转为寻找世界范围内的新资源，从而以更低的价格生产质量更高的产品。当时，杰克·韦尔奇详细描述了无国界公司的远景，将它解释为“开放、无地区限制、乐于寻找和分享任何地区产生的新思想。”杰克·韦尔奇更加具体地对其作了描述：“我们所预想的无国界公司将消除工程、制造、市场、销售和客户服务中的障碍。它不会在国内和国外市场之间划分界限——我们在布达佩斯、首尔经营与在路易斯维尔经营一样适应。”GE 很快上演了一系列无国界经营的成功事例，比如我们之前提及的家电行业，还有照明行业生产力解决方案、GE 资本高效率的交易、飞机发动机的成本控制，还有塑料产品行业的全球会计管理。同时，那些不愿意交流分享创新思想的管理者将被辞退。韦尔奇说："我们让有国界的员工失业，如果你过于自我，只求自身胜利，拒绝分享，懒于创新，那么你不属于 GE。"不久，GE 开始了第三阶段的全球进化。除了强调全球市场和资源的整合，韦尔奇还嘱咐经理"将公司的智慧全球化"，从各地、从每个员工那里寻找最佳方案和创新思想，并将它们散布到整个 GE。到 1999 年韦尔奇任期的最后阶段，GE 再次被《金融时报》评为世界最受尊敬的公司，而韦尔奇被评为 20 世纪最佳 CEO。他的继位者杰夫·伊梅尔特（Jeffrey Immelt）继续推行这些政策，他解释说，国际商务的成功"真正在于人，并不在于厂房建在哪里。要培训员工，让他们具备领导才能，最终提拔他们，这是国际化最有效的途径"。

GE 的表现体现了跨国战略的许多原则。GE 在日益扩大的国际化内涵指导下，不断地创造、更新、强化和交流想法，这就是它价值链的基础。通过这种方式，GE 证明了无论管理者身在何处，只要他们越多地将知识、想法、创新思维转化为更好的生产方法、设计、营销方式、产品质量，就能做出更多使公司盈利的决策。知识在 GE 价值链各环节、各部门间自由流动，使得整合效率更高、当地回应效率更高、新想法产生的频率也更高。

跨国战略有着诸多优势，跨国战略既协调价值链活动以发挥公司核心竞争力又关注回应当地市场的压力，但是使用起来却有诸多困难，往往会遇到严峻的挑战（尤其在价值链的协调方面），容易失败。GE 成功地实现了跨国战略，而许多如同飞利浦、松下、诺基亚和宏基那样的公司就没能成功。那么，哪种公司应该采用这种战略呢？总的来说，当公司面对成本控制和回应本地市场的巨大压力，而又有机会通过全球网络发挥核心竞争力时，跨国战略是很好的选择。在 20 世纪 90 年代，这只适用于少数公司，但是竞争形势和环境趋向越来越有力地刺激着更多的公司重新布置价值链，开始实施跨国战略。

三、跨国企业的战略联盟

战略联盟（Strategic Alliances）是指由两个或两个以上有共同战略利益的跨国企业，为达到拥有市场、共同使用资源等战略目标，通过各种协议、契约而结成的优势互补或优势相长、风险共担、生产要素水平式双向或多向流动的一种松散的合作模式。全球经济一体化为跨国公司的经营提供了很好的机会，国际战略联盟成为企业全球化发展的快捷方式之一。跨国公司通过缔结战略联盟，在从产品研发到产品销售等一系列经济活动的环节上广泛开展经营合作，以寻求自己的成长机会或巩固领导地位。

（一）战略联盟的主要类型

根据联盟成员之间的依赖程度来划分，可以把战略联盟分为非正式的国际战略联盟、正式的国际战略联盟和股权式国际战略联盟三种类型。

1. 非正式的国际战略联盟

非正式的国际战略联盟是来自两个国家或两个以上国家的公司之间的不具有法律约束力的协议。在这种类型的联盟中，尽管任何一方公司都对维持这种联系不受法律上的约束，但是，公司可以利用这种非正式的协议来实现其在比较正式的协议下进行协作的能力。如果它不能有效地进行，可以随时终止这种联盟。由于不存在来自契约方面的法律保护，所以联盟各方往往不太愿意贡献自己的优势资源来维持这种联系。因为一旦一方泄露了公司的专有优势（Know-how），例如特有的制造工艺、独特的管理方式等，那就意味着另一方可以无偿得到这种优势而没有一定要提供对等优势资源的义务。这种联盟类型主要发生在非直接性竞争的公司之间。

例如，迪斯尼、麦当劳、可口可乐三者之间就达成了非正式的联盟协议。在世界各地的迪斯尼乐园外面，温和可爱的麦当劳大叔形影相随。“巨无霸”“麦香鱼”或“麦香鸡”以及可口可乐是孩子与大人们的美餐。这真是一个绝妙的组合，然而三公司的结盟却没有任何书面协议为依据。正如可口可乐公司新董事长艾弗斯特所说，他们靠的只是“一种共识和相互信任”。如果把正式的战略联盟比作婚姻，那么采用这种非正式的国际战略联盟可以说是“婚前的自由恋爱”。

2. 正式的国际战略联盟

正式的国际战略联盟是来自两个国家或两个以上国家的公司之间的具有法律约束力的协议。要获取单个公司依靠自身无法取得的某些利益，公司通常必须让其他公司共享其所不具备的某些知识、技能或特殊资源，这意味着双方公司必须让渡某些对合作伙伴有价值的东西，以换取某些所需东西。除此之外，有了正式的联盟契约，合作伙伴之间的行为也就有了一定的法律约束。因此，这种联盟类型较难解散。

正式的国际战略联盟一般以联合研究开发和联合市场行动最为普遍。最常见的形式包括：

（1）技术性协议：联盟成员间相互交流技术资料，通过知识的学习来增强竞争实力。

（2）研究开发合作协议：分享现成的科研成果、共同使用科研设施和生产能力，在联盟内注入各种优势，共同开发新产品。

（3）生产营销协议：通过制定协议，共同生产和销售某一产品，这种协议并不给联盟内各成员带来资产、组织结构和管理方式的变化，仅仅通过协议规定合作项目、完成时间等内容。成员之间仍然保持着各自的独立性，甚至在协议之外仍然相互竞争。

3. 股权式国际战略联盟

股权式国际战略联盟是由各成员作为股东共同创立的，其拥有独立的资产、人事和管理权限。股权式联盟中一般不包括各成员的核心业务，具体又可分为交叉持股型战略联盟和国际合资企业。

交叉持股型战略联盟中联盟成员为巩固良好的合作关系，长期地相互持有对方少量的股份，与合资、合作或兼并不同的是，这种方式不涉及设备和人员等要素的合并。

国际合资企业是指合资生产和经营的项目分属联盟成员的局部功能，双方母公司各拥有 50% 的股权，以保持相对独立性。

例如美国通用汽车公司与意大利菲亚特汽车公司就同时建立了这两种形式的战略联盟。根据协议，通用汽车公司完成了对菲亚特集团麾下的菲亚特汽车公司的资本投入，得到了该公司 20% 的股票；而菲亚特也从通用汽车获得了约 3 200 万股的普通股股票，占通用汽车当前普通股的 5. 6% ，这样就建立了交叉持股型战略联盟。同时，两家公司还签署了成立双方各持股 50% 的合资企业协议，合资企业将分别从事动力总成制造和采购业务。这样就建立了国际合资企业。通过这两种类型联盟的建立，充分奠定了双方的合作基础。

战略联盟还可以根据联盟双方所从事的活动性质来划分，如把战略联盟分为纵向联盟和横向联盟。

纵向联盟是指处于产业链上下游关系的企业之间建立的联盟。这种战略联盟的关键是使处于价值链不同环节的企业采取专业化的分工与合作，各自关注自身的核心竞争能力与核心资源，利用专业化的优势与联盟的长期稳定性创造价值。纵向联盟较多采取非股权的合作方式，但有些企业（尤其是日本企业）也采取相互持股的方式。联盟使双方得到比一般的市场交易更紧密的协调，但双方又继续保持自己的独立性。纵向联盟通常意味着各公司在一项经营活动中的地位是不对称的，一方更强，另一方更弱。纵向联盟一般以长期供货协议、许可证转让、营销协议等方式出现，尽管也可能有合资形式，在这种形式中，合作一方主要提供资金。这种联盟最典型的是生产厂商同中间产品供应商的联盟，如丰田汽车公司同其零部件供应商的长期合作关系；生产商同销售商的联盟，如宝洁同沃尔玛公司的联盟。

横向联盟是指合作各方在连续不断的基础上共同从事一项活动，从而改变一项活动的进行方式。横向联盟包括 R&D 方面的联盟，生产阶段的联盟，或销售阶段的联盟。R&D 中的合作可以通过降低每一方的成本、提高效率，通过共享财务资源、获得新的财力资源或分散风险而增加规模经济。横向联盟常以合资企业的形式出现，但它们也包括技术分享、交叉许可证转让和其他合作协议。典型的例子有日本的飞机制造集团同波音公司的合作。

（二）战略联盟的动因和优势

公司进行战略联盟时，往往希望在充分利用已有资源的情况下，能够达到自己的战略目标，在增加收益的同时尽量减少风险，那么，战略联盟可以为合作各方提供怎样的优势呢？公司进行战略联盟主要有以下几个原因。

1. 提升企业的竞争力

在产品技术日益分散化的今天，已经没有哪个企业能够长期拥有生产某种产品的全部最新技术，企业单纯依靠自己的能力已经很难掌握竞争的主动权。为此，大多数企业的对策是尽量采用外部资源并积极创造条件以实现内外资源的优势相长。其中一个比较典型的做法是与其他企业结成战略联盟，并将企业的信息网扩大到整个联盟范围。借助与联盟内企业的合作，相互传递技术，加快研究与开发的进程，获取本企业缺乏的信息和知识，并带来不同企业文化的协同创造效应。战略联盟与传统的全球一体化内部生产战略和金字塔式管理组织相比，除了具有更为活跃的创新机制和更经济的创新成本，还能照顾到不同国家、地区、社会团体甚至单个消费者的偏好和差异性，有利于开辟新市场或进入新行业，因而具有更强的竞争力。

2. 获得规模经济的同时分担风险与成本

激烈变动的外部环境对企业的研究开发提出了如下三点基本要求：不断缩短开发时间，降低研究开发成本，分散研究开发风险。对任何一个企业来说，研究和开发一项新产品、新技术常常要受到自身能力、信息不完全、消费者态度等因素的制约，需要付出很高的代价。而且随着技术的日益复杂化，开发的成本也越来越高。这些因素决定了新产品、新技术的研究和开发需要很大的投入，具有很高的风险。在这种情况下，企业自然要从技术自给转向技术合作，通过建立战略联盟、扩大信息传递的密度与速度以避免单个企业在研究开发中的盲目性和因孤军作战引起的全社会范围内的重复劳动和资源浪费，从而降低风险。与此同时，市场和技术的全球化，提出了在相当大的规模和多个行业进行全球生产的要求，以实现最大的规模和范围经济，从而能在以单位成本为基础的全球竞争中赢得优势。虽然柔性制造系统可以将新技术运用到小批量生产中，但规模和范围经济的重要性对于企业的全球竞争力来说仍具有决定意义。建立战略联盟是实现规模经营并产生范围经济效果的重要途径。

3. 低成本进入新市场

战略联盟是以低成本克服新市场进入壁垒的有效途径。例如，在 20 世纪 80 年代中期，摩托罗拉开始进入日本的移动电话市场时，由于日本市场存在大量正式、非正式的贸易壁垒，使得摩托罗拉公司举步维艰。到 1987 年，它与东芝结盟制造微处理器，并由东芝提供市场营销帮助，此举大大提高了摩托罗拉与日本政府谈判的地位，最终获准进入日本的移动通信市场，成功地克服了日本市场的进入壁垒。1984 年，美国的长途电话业解除管制后，美国电报电话公司（AT&T）获得了产品经营的自由，进入了个人电脑市场。IBM 采取的反击措施是与 AT&T 在长途电话行业的主要竞争对手 MCI 结成联盟，并收购了 MCI 20% 的股份，通过 MCI 在长途电话行业的低价战略来钳制 AT&T。与此类似，日本的几家规模较小汽车公司，马自达、铃木和五十铃在进入美国市场时都采取了与美国汽车企业联营的办法，来克服进入壁垒。

4. 挑战“大企业病”

单个企业为了尽可能地控制企业的环境，必然要求致力于企业内部化边界的扩大，这一努力过程不仅伴随巨大的投入成本，为企业的战略转移筑起难以逾越的退出壁垒，而且容易出现组织膨胀带来内耗过大的所谓“大企业病”现象：由于企业规模的扩大、管理层次的增加、协调成本的上升使得一些大企业的行政效率向着官僚式的低效率迈进，致使企业决策缓慢，难以对瞬息万变的市场作出敏锐的反应。而战略联盟的经济性在于企业对自身资源配置机制的战略性革新，不涉及组织的膨胀，因而可以避免带来企业组织的过大及僵化，使企业保持灵活的经营机制并与迅速发展的技术和市场保持同步。与此同时，战略联盟还可避开反垄断法对企业规模过大的制裁。

四、展望未来新型战略类型

“国际—多国—全球—跨国”的战略以及战略联盟已经在国际商务理论中盛行了许多年。随着全球化的进一步发展，一个发人深省的问题摆在我们面前：国际化战略的下一步是什么？

一种流行的观点认为，由地点和公司组成的动态系统正推动着我们超越当地公司和跨国公司的原始划分，考虑国际商务战略的意义和可行性。这种观点看到了大范围内不同公司采取不同战略类型的现实。战略和公司的多样化逐渐创造了多层次的商业环境，参与者包括本地公司、本区域公司、在少数几个国家经营的公司、在许多国家经营的公司、中央集权的公司、公司网络。在这样的背景下，不同地点和不同类型公司的协同定位问题预示了新的战略会在公司和地点选择的互相作用中诞生。

一些人认为新兴的所谓“超国家化”（Metanational）是跨国公司的新类型，它们寻找能够被自身多方面利用或是能够弥补现有不足的独特技能或方法，不断发展。更准确地说，超国家化是指公司通过发现、评估、传播和扩大从全球各地得到的知识打造新的竞争优势。超国家化公司将通过发展价值链的三种竞争优势来征服全球市场，这三种优势是：第一，具备预测和评估全球未开发的科技和消费趋势的能力；第二，让各地分支机构分散知识实现最大程度的运用；第三，传播知识、推动创新，用全球化的规模生产、营销和运输创造价值。一些崛起的超国家化公司，如 GE、三星和资生堂等，已经显露出整合与传播分散知识的能力，并将其转化为举世无双的创新。

另一些人则预测“网络公司”（Cybercorp）将成为跨国公司的新类型。这种

"网络公司"在十年前似乎还超出人们的想象，但如今看来已是势不可挡。对于这类跨国公司来说，国界已不是划分市场、运营区域和位置选择的界限。"网络公司"的边界取决于互联网技术发展所创造的网络空间，而不是地图上的具体界限划分。在战略上，"网络公司"期望发展自身对客户、竞争、行业和环境变化即时反应的竞争力。因此，它们的视角和战略往往使价值链倾向于虚拟世界，以求灵活地将变化巨大的合作网络所赋予的竞争力动态地连接起来。因此，"网络公司"为速度而生，能够采用战略，能够按要求习得、发展和改变——本质上就是国际战略在网络空间的最大化。

哪类新型跨国公司将会出现和流行，现在还只是人们的猜测。不管是哪一类，都很有可能整合过去和未来的元素。具体地说，这类公司将会保留过去成功的战略元素，例如超额价值的创造，强大的核心竞争力以及能够清晰地解释远景和目标，能够发挥组织潜力、不断创新的优秀领导人才。

第五节　国际商务的组织结构

一、国际经营中可选择的组织安排

对进行国际化的公司来说，有 4 种典型组织结构可以选择：出口部或国际部组织结构，分权式组织结构，集权式组织结构和全球矩阵式组织结构。长期以来形成的商业主流文化认为，"战略决定组织结构"（Structure Follows Strategy）。在开展国际业务时，公司选择何种组织形式在很大程度上取决于管理者认为国际业务的重要程度，以及是采用集权式还是分权式决策方式。公司国际经营经验也影响其选择的组织结构类型。公司组织结构类型的选择往往遵循一个循序渐进的模式：随着国际业务的增多，公司会采用更加复杂的组织结构。下面来详细探讨这 4 种类型的组织结构。

（一）出口部或国际部组织结构

对于生产型公司来说，出口通常是进入国外市场的第一步战略。最初，公司很少会考虑组织结构问题，但当出口销售额占公司总销售额的比例很大时，公司高层管理者通常会建立独立的出口部（Export Department）。出口部管理者会向高层管理者或国内销售负责人、营销负责人汇报出口销售情况。如图 11－3 所示说明了出口部组织结构。

出口部是最简单的国际经营管理组织结构。随着公司出口业务的扩大，或开始实施诸如对外直接投资等更复杂的国际市场进入战略时，公司管理层通常会创建国际部组织结构（International Division Structure）——公司内部一个独立部门，

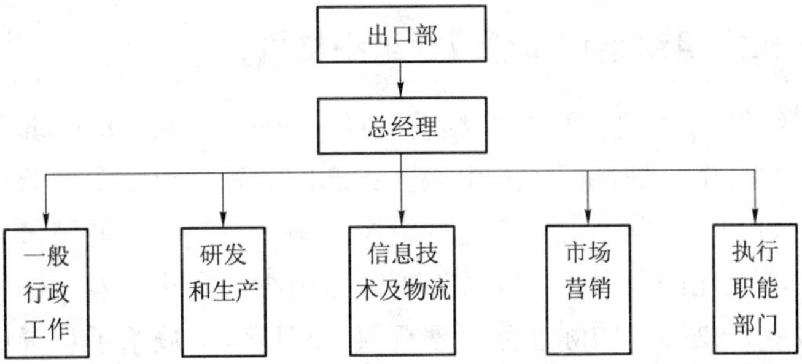

图 11-3　出口部组织结构

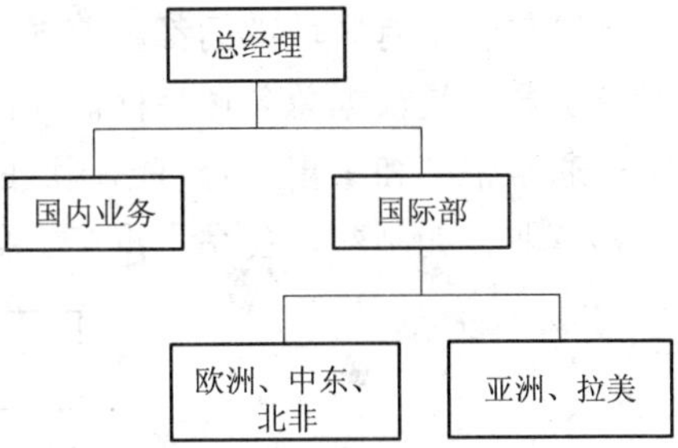

图 11-4　国际部组织结构

专门负责管理国际业务。如图 11-4 所示说明了该种组织结构。通常，公司会任命一个负责国际业务的副总经理，直接向公司的首席执行官（CEO）报告。在决定建立一个独立国际部的同时，公司通常还会对资源配置进行重大调整，从而提高对国际市场的重视程度。国际部管理者通常会对公司与国外供应商、分销商之间关系的发展与维持进行监督。该部门通常也会选择更高级的国际化，如特许经营、小规模对外投资等。

国际部能集中管理并协调国际经营活动。该部人员都是国际业务专家，他们注重在海外挖掘商机，并为海外经营提供帮助和培训。公司设立国际部则标志着公司开始致力于国际化经营，但国际部组织结构也有几个缺点。其一就是负责国内事务的部门和负责国际事务的国际部争权夺势的现象常常发生，例如双方会争夺对财务和人事的控制权。国际部内部之间或国际部与总部之间可能很少进行知识共享，研发和未来规划活动往往以国内为主，因此，产品开发仍然针对国内市场需求，国际市场需求只有在满足了国内市场需求之后才予以考虑。由于这些问题的存在，许多公司最终还是放弃了国际部组织结构。

处于国际化更高阶段的公司往往会建立更复杂的组织机构。公司之所以要选择更为复杂的组织结构，主要是为了通过大量生产范围经济获取规模经济效益——将市场营销和其他战略资源更有效地用于范围更广的产品和市场。复杂的组织结构更强调通过学习效应，汇集资源和专业知识挖掘创新潜力。这种结构的统一指挥使管理层能快速地对全球业务作出意见统一的决策。

较复杂的组织结构侧重分权式结构或集权式结构。分权式结构通常是根据地理区域设置组织机构，而集权式结构通常是围绕产品或组织功能管理结构设置组织机构。

（二）分权式组织结构（地域型组织结构）

分权式组织结构（地域型组织结构，Geographic Area Division）是将控制权和决策权下放给每个区域部门，并由该区域部门的管理者负责经营该区域业务的组织结构。如图11－5所示说明了这种组织结构。在整个区域销售相对统一的商品，且不需要本土化的公司，往往按地理区域组织国际化经营。这种结构之所以称为权力下放式，是因为国际业务管理权很大程度上下放给了负责地理区域的各区域总部。雀巢公司用的就是这种组织结构，该公司已经在其南美洲、北美洲、欧洲和亚洲等地区的区域部门设立了国际部。公司对这些包括国内市场在内的区域一视同仁。所有区域部门都朝着同一个全球战略目标共同努力，包括资本在内的所有资产都是根据总公司目标而非区域目标的最优回报率进行分配。地域型组织结构通常生产和销售适合自己区域的产品。采用地域型组织结构的公司往往从事成熟产业，如制药、食品、汽车、化妆品和饮料行业等。

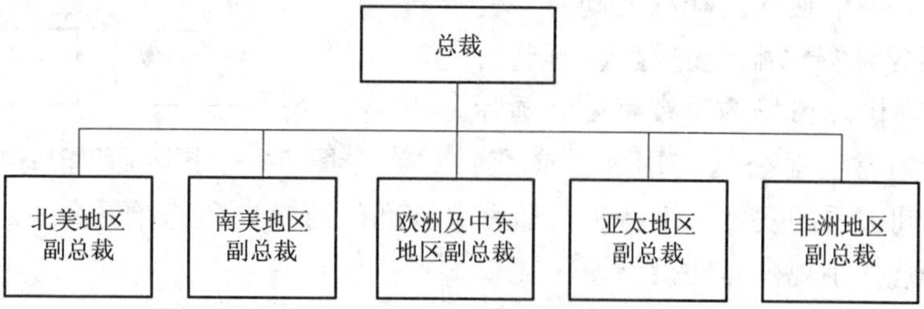

图11－5　地域型组织结构

地域型组织结构的优势之一，是能在全球整合和本土化之间保持一种平衡。区域部门负责人有权修改产品和经营策略。各区域子公司之间的沟通协调情况可能有所改进，但与其他区域部门以及总公司之间的沟通和协调情况却可能不被重视。注重区域事务可能会分散区域管理人员解决诸如产品开发和产品管理等全球性事务的精力。

（三）集权式组织结构（产品型或职能型组织结构）

集权式组织结构，又叫产品型组织结构（Product Division）是一种公司国际业务决策和公司管理围绕主要产品进行的组织结构。管理层以公司生产经营范围内的主要产品种类为基础创建一个组织结构，每个产品部门负责某种具体产品在全世界的生产和销售。例如，摩托罗拉公司按产品类别组织国际业务，这些产品类别包括手机、消费类电子产品和配件。如图11－6所示说明了产品型组织结构。每个国际产品型组织部门都作为独立的利润中心开展业务，并拥有很大自主权。它们的主要目标是在全世界实现各产品类别内部的高度协调。协调度的改善既提高了规模经济效益，又促进了产品知识和技术跨国流动状况的改善。

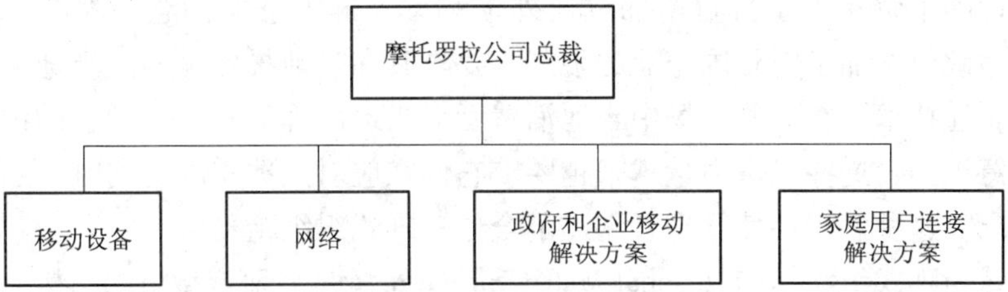

图 11－6　产品型组织结构

产品型组织结构的优点是所有支持性职能，如研发、营销和生产都侧重于产品。同时，更容易对产品进行改进，以满足具体购买者的需求。然而，产品型组织结构会造成各产品部门重复公司支持性职能，也会造成管理者倾向于将主要精力放在迅速盈利、潜力最大的子公司身上。而且，如果一个公司有几个部门向供应商和消费者了解产品情况，供应商和消费者可能会感到很迷惘。

职能型组织结构属于集权式组织结构。职能型组织结构（Functional Division）是公司国际业务管理和决策围绕职能活动（如生产和营销）进行的一种组织结构。例如，石油和矿业公司，因其勘探、钻井、运输和存储过程都会产生附加值，所以，它们往往采用这种类型的组织结构。如图 11－7 所示说明了这种组织结构。邮轮公司可能既造船，又从事客运营销——两种极特殊的职能，这就需要国际生产和国际营销两个部门对其分别负责。因此，划分不同部门，在全世界执行生产和销售职能是有意义的。职能型组织机构的优点是，总部员工较少，起加强中心控制和协调的作用，而全球战略具有高度专业知识支撑，统一且重点突出。然而，职能型组织结构在不同地域协调生产营销和其他职能时可能会效果不佳，因为总部员工缺乏有关这些地域的专业知识。而且，当公司产品系列众多时，职能型组织结构的协调职能可能不易发挥。

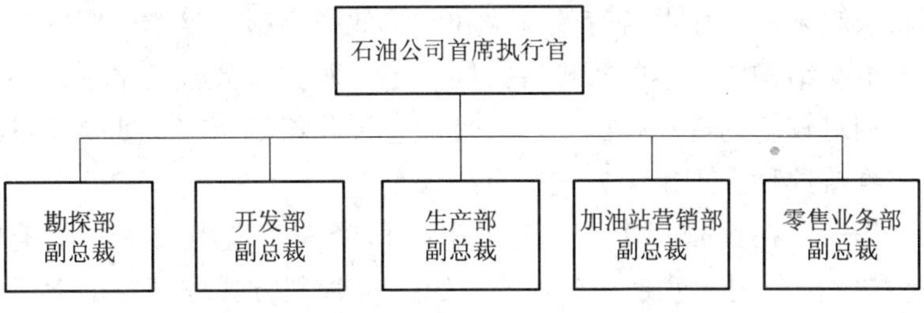

图 11－7　职能型组织结构

（四）全球矩阵式组织结构

以上讲述的组织结构在 20 世纪 70 年代和 80 年代一直运作良好。然而，进入 20 世纪 90 年代初期，随着世界经济的发展，许多经济环境开始发生变化。许多国家面临了贸易赤字日益增加以及外债利率不断上涨等问题。为应对这些问题，当地政府增加了对外国企业的限制，要求其在当地投资，满足当地需求，并向当地转让技术。在一些市场中当地消费者对当地品牌显示出一种新的偏好。公司开始意识到，这些经济力量越来越要求它们在应对全球需求的同时，还要应对当地需求。这种意识促使管理者创建了全球矩阵式组织结构。

全球矩阵式组织结构（Gobal Matrix Structure）是将地域型组织结构、产品型组织结构和职能型组织结构结合起来，利用各种全球战略的特有优势，在对本土需求作出反应的同时，最大限度地进行全球性组织学习的一种组织安排。全球矩阵式组织结构试图同时获取地域型组织结构、产品型组织结构和职能型组织结构的优点所带来的利益并将其缺点降到最少。

以上我们讨论的 4 种战略中，全球矩阵式组织结构与跨国战略联系最为密切。地域型组织结构有利于企业本土化反应，却限制了全球性规模经济的发挥，也限制了区域间知识和核心竞争力的共享。产品型组织结构能够克服这些缺陷，但在本土化反应方面很薄弱。采用全球矩阵式组织结构，某一产品的经营决策权由公司的产品型组织部门和特定的地域型组织部门共同分享。公司采用双重报告制度来实施矩阵式组织结构管理。例如，国外公司的员工可能同时向两个经理汇报工作，即当地子公司的总经理和总公司产品型组织部门经理。

在全球矩阵式组织结构管理下，各国所有子公司可以共享组织技能和最佳经营方式。该种组织结构要求管理者从以下三个主要方面中任意选择两个方面，并按这两方面的要求去思考和运作。这三个方面是：地域方面、产品方面和职能方面（职能交叉）。公司必须有能力同时开展以下三项工作：① 从全球角度对公司进行协调控制；② 对本土需求作出反应；③ 最大限度地促进组织间相互学习和知识共享。

全球矩阵式组织结构意识到本土化经营的重要性，并指明公司该如何将这些经营方式联系起来，从而保持有效竞争和经济效率。影响整个组织的决策必须由全球矩阵式组织结构中共事的管理者共同制定。对大多数公司来说，矩阵式组织结构代表了相对较新的现代跨国企业管理理念，公司如何在长期全球性经营中成功地实施和维持这种管理组织方式还有待观察。

联合利华——在食品、饮料、洗涤用品和个人护理用品等领域销售额超过 500 亿美元的欧洲公司，就是从矩阵式组织结构管理方式中获益的典型代表。联合利华公司起初由一家英国公司和一家荷兰公司合并而成。近几年间，联合利华总部在保持子公司本土化经营的同时，开始对公司经营活动进行整体协调。长期以来，公司一直实行跨国本土化战略，但随着时间的推移，这种战略越显僵化。例如在 20 世纪 90 年代末，联合利华公司采购了 30 多种香草原料用于在欧洲生产冰淇淋，而它生产的舒耐（Rexona）牌香体露有 30 种不同的包装和 48 种独特配方。广告和品牌宣传活动由当地公司负责，但往往很不专业。公司努力开发出了可以和宝洁、欧莱雅等竞争对手相抗衡的全球性产品。但这些竞争者们大多采用集权式组织结构经营，能对消费者不断变化的喜好作出更快的反应。它们可以更好地协调设在各国的子公司的经营管理活动，并与供应商签订合同，同时为多国供货，从而实现高效率。与此同时，像沃尔玛这样的大零售商也给联合利华施加降价压力。联合利华的销售总额和宝洁差不多，但其员工已经超过了23万人，是宝洁的两倍。另外，联合利华国际化经营采用的是权力下放式组织结构，不仅造成了不必要的重复，而且还妨碍了公司更有效地实施全球战略。

为了解决其自身问题，联合利华实施了大规模的重组计划，将管理权集中到总部，减少当地管理者权力。为了实现文化与组织全球化，公司放弃了数百种业务，裁员55 000人，关闭了145家工厂，取缔了1 200个品牌。目前，联合利华公司拥有约400个品牌，让跨国团队开发新产品，因为跨国团队注重挖掘主要国家市场的共同点。公司不允许当地管理者修改像多芬香皂这样全球品牌产品的包装设计、配料或广告宣传。联合利华公司的国际业务经营管理方式正在逐渐转向更平衡的矩阵式组织结构。

与其他组织结构相比，矩阵式组织结构也有缺点。例如，上级对下级的一系列指挥可能会一塌糊涂。相距数千里、拥有不同文化背景和工作经验的不同管理者很难对员工们进行有效指挥。一旦两个管理者意见发生分歧，高层管理者必须加以解决。因此，矩阵式组织结构会引起矛盾冲突、浪费管理者时间，并降低组织有效性。环境变化越来越快，需求也越来越复杂，再加上需要适应当地文化，所有这些因素让试图采用矩阵式组织结构管理方式的公司应接不暇。为此，许多采用矩阵式组织结构的公司最终还是回归到较简单的组织结构。

二、创建全球性公司

如图11－8所示说明了一个真正全球性公司必须具备的几个方面。正如前面

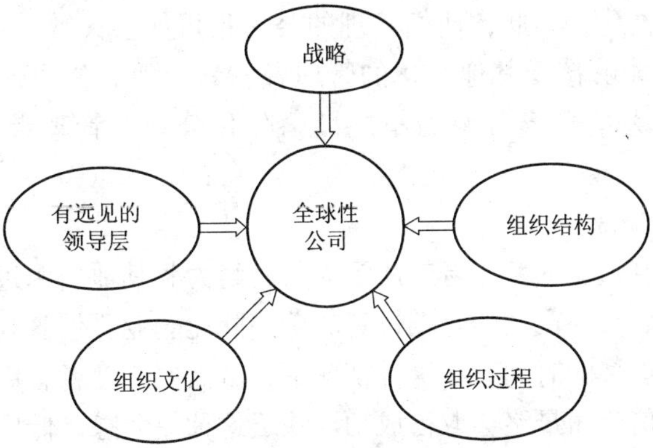

图11－8　真正全球性公司必须具备的条件

所强调的，成功的公司管理一定源于采用了合适的战略和组织结构。虽然战略和组织结构很关键，但只有这两个方面还不够，公司管理还必须在其他 3 个领域有所建树：有远见的领导层、组织文化和组织过程。接下来将探讨真正全球性公司的这 3 个方面。

（一）有远见的领导层

有远见的领导层（Visionary Leadership）是指一个组织的高级人力资本，他们对国际化公司的效率、灵活性和学习这三个战略目标提供必要的战略性指导。全球性公司的领导工作要比国内公司的领导更复杂，因为像生产能力、品牌和人力资源等有价值的组织资产分布在不同国家。对国际业务多且复杂的公司来说，拥有有远见的领导层是公司成功的关键。

以雀巢公司首席执行官彼得·包必达（Peter Brabeck）为例。包必达是一位出色的飞行员和登山运动员，酷爱哈雷·戴维森牌摩托车，说话直率。在瑞士的雀巢公司总部，他正在通过开发更健康的、附加值高的产品和服务，带领雀巢公司进军日益扩大的营养品市场。包必达察觉，消费者日益感兴趣的保健营养品市场在世界各国都存在。为了应对这一日益扩大的市场，雀巢公司最近收购了美国减肥及营养品公司珍妮·克莱格（Jenny Craig）；在德国，雀巢公司设立了营养研究所，就饮食方面的问题为消费者提供建议，每个月为 300 000 多位顾客提供营养方面的建议；在法国，包必达创建了居家服务方式，为有特殊饮食要求的病人提供营养方面的服务。雀巢公司的这些主动创新使其立足于日益扩大的全球市场，并提高了全球消费者对该公司系列保健食品的品牌忠诚度。

有远见的领导者至少具有 4 个特征：

1. *具有全球化思维模式和世界观*

有远见的领导层首先要求管理人员具有全球化思维模式（Global Mindset），即要意识到文化多样性，并能接受多样性的文化。管理层全球化观念程度的高低对公司最终能否取得成功至关重要，教条化的管理者往往观念保守、缺乏远见并且很难接受其他文化，因此，他们管理的公司很可能会失败。相反，思想开放、致力于国际化并能够接受其他文化的管理者，其管理的公司则很有可能会取得成功。对于缺乏大量有形资源的小规模国际化公司，管理者的这种姿态尤为重要。

2. *愿意配置资源*

使命感驱使有远见的领导者对所需人力、财力和其他资源进行配置，以实现公司的国际目标。国外市场的复杂性意味着国际化企业要想盈利，就要比在国内发展的企业花费更多的时间。在这种情况下，就需要管理者有更强的使命感和更坚定的信念，相信公司最终会取得成功。缺乏这种使命感，低层管理者就不能对外国市场需求作出积极反应，也无法完成确保公司成功的必要工作。员工具有高度使命感的公司可以进行系统化的国际市场扩张、必要的资源配置，并授权组织机构和组织过程，从而确保公司最终取得成功。

3. 具有全球战略眼光

有远见的领导者会充分展示全球战略眼光——公司将来想发展到什么程度，以及怎样才能达到这种程度。随着高层管理者逐渐具有战略眼光，他们会侧重制定公司理想的发展蓝图。公司所有的计划、员工工作布置及员工的行动都是围绕这个理想蓝图进行的。这近似于战略意图（Strategic Intent），战略意图是使人雄心勃勃且不断前行的目标，能够激发人们激情并提高情感和理智力量。

日本爱知电子公司（Synclayer）就是一家领导者具有战略眼光的公司。该公司的高层管理者已经意识到老年用品具有巨大市场，而且，这一市场还在不断扩大。目前，日本超过 65 岁的人口已超过 3 000 万，即每 4 人中就有 1 人超过 65 岁。爱知电子公司有雄心在国际老年用品市场上一马当先。该公司已经研制出了一种 IT 系统，使老年人在家里也可以接受基本的医疗检查，如测量血压和体温，并将这些数据发送到当地的保健数据库。爱知电子公司的发展蓝图是先在日本开发产品，然后将这些产品打入到老年人口众多的外国市场。

4. 愿意在人力资本方面进行投资

有远见的领导者必须培养人力资本，这种对任何组织来说都是最关键的资产推进全球化的核心力量是几个管理者，因为他们了解世界并准备应对公司在国际市场面临的各种复杂情况、不确定因素以及学习机会。领导层要不断努力开发人力资本。瑞坦·塔塔（Ratan N. Tata）是印度塔塔集团董事长，塔塔将印度最大的企业集团打造成在全世界开展业务的跨国公司。因为他们能够为全球性公司创立组织文化、组织战略、组织结构和组织过程，全球性公司的高层管理者采用这样的人力资源利用方式培养全球超级管理人员，如雇用外国人、促进跨国管理、进行跨文化培训和语言培训等。

例如，瑞坦·塔塔，塔塔集团的董事长，还有日产—雷诺汽车公司首席执行官卡洛斯·戈恩（Carlos Ghosn），二者都是有远见的领导者。塔塔监管着一个拥有 220 亿美元资产的家族企业集团，该集团销售的产品范围很广，大到汽车，小到手表。自 2000 年以来，塔塔集团已经跨国收购了许多公司，包括英国泰特莱茶叶公司（Tetley Tea）和总部设在伦敦的康力斯钢铁集团公司（Corus），这些收购案反映了塔塔集团的战略展望已从本国转向国际。

另一个实例是丰田汽车公司的前首席执行官张富士夫（Fujio Cho），他带领丰田公司在竞争激烈的全球汽车行业创下最高销售记录。在最近的一年，丰田公司的利润上涨了近 150% 。张富士夫强调创新、产品质量、精益求精和洞察产品未来机遇的能力，这些产品包括丰田汽车系列的普瑞斯混合动力车和面向年轻人的承传（Scion）等品牌车。

（二）组织文化

组织文化（Organizational Culture）是指员工学习并采用的、彼此认同的价值观、行为规范、制度、政策和程序。员工学习组织文化并以此来对公司面临的新问题和机遇进行观察、思考、感受并采取行动。组织文化是公司的“个性”。员工通过使用公司的共同语言和遵守公司的规定、规范来展现组织文化，如遵守预期的工作进度、工作量以及管理层和员工之间的合作程度等规定。

组织文化通常源于创始人和有远见的领导者的影响，或是源于公司特有的历史。创始人的价值观和信仰尤为重要。有远见的领导者能够改变组织文化，例如，卢·葛斯纳（Lou Gerstner）和杰克·韦尔奇（Jack Welch）就分别从根本上改变了IBM和美国通用电气公司的命运，这两家大公司曾一度因官僚作风严重而无法适应不断变化的环境。

日本电器巨头佳能公司的首席执行官御手洗富士夫（Fuiio Mitarai）则创造了一种强调科学技术的组织文化。技术重点从产品开发延伸到工厂生产货物的方式，公司的最新创新不仅大幅度地缩短了生产时间，而且还大幅度地降低了生产成本。佳能公司在研发方面投资数十亿美元，并成为美国新专利的世界第二大接受者。佳能公司的这种定位已经使其在数码照相机、复印机、打印机和平板电视等领域成为领军者。与之类似，注重产品质量是丰田公司组织文化的支柱。例如，丰田公司生产的豪华轿车雷克萨斯，其引擎盖与格栅之间的距离不允许超过一根睫毛的粗细。加拿大丰田公司的员工不断接受凌志汽车生产过程的质量培训，如果15分钟内没人解决计算机检测出的生产缺陷，计算机就会自动通知高层管理者。丰田公司在生产凌志轿车的每一阶段都对质量实行三重检查。

现在，佳能和丰田等公司的管理者都在寻求建立一种全球性的组织文化，即在制定和实施企业全球战略时起关键作用的组织环境。积极建立全球性组织文化的公司会做到以下几点：

（1）重视并推进从全球视角看待所有重大举措。

（2）重视提高员工的全球竞争力和跨文化技能。

（3）采用同一种公司语言进行商务沟通。

（4）提高总部和子公司之间的相互依存度。

（5）遵循全球公认的伦理标准。

有志实现真正全球化的公司会在它们开展业务的所有市场，力争保持较高的伦理标准。任何公司的高层管理者最终必须培养一种对社会责任欣然接受并考虑履行这种责任的组织文化。企业社会责任（Corporate Social Responsibility，CSR）为以符合或高于利益相关者（顾客、股东、员工和社会）的伦理、法律、商业和公众期望值的方式来经营企业。公司将有远见的领导层与组织文化两方面相结合来创建组织过程，用以界定公司将如何进行日常活动以实现公司目标。接下来，我们一起学习这些组织过程。

（三）组织过程

组织过程（Organizational Processes）是指使企业按计划运营的管理例程、管理行为和管理机制。国际化公司的典型组织过程包括收集战略性的市场信息、对员工进行评价和奖励，以及进行国际业务预算。

通用电气公司和丰田汽车公司重视优化价值链上的无数过程，因而取得了竞争上的巨大优势。例如，通用电气公司将所有主要文件数字化，并利用内部网和互联网将许多活动自动化，以此降低营运成本。而且，许多过程是由公司内多个职能部门共同完成的。例如，新产品开发过程就需要研发、工程、营销、财务和营业等部门的参与。全球性公司的组织过程也跨越国境，因而增加了设计运作状况良好的组织过程的紧迫性和复杂性。

三、协调的共同组织过程

当代公司往往制定并实施共同组织过程。管理者要实现全球性的协调统一，不仅要采用某一特定组织结构，如全球矩阵式组织结构，而且还要采用许多共同组织过程或全球化的运营机制。共同组织过程增强了跨国公司内部的相互联系，并顾及到了有意义且相互受益的知识交流。与此同时，当代公司还设立了强有力的媒介工具，这些重要的媒介工具有助于创建真正的全球性公司。共同组织过程包括跨国团队、全球信息系统、国际人才储备库。

（一）跨国团队（Global Team）

在越来越多的情况下，跨国团队在公司内负责解决问题并进行最佳业务实践。跨国团队是指“遍布于不同国家的一群人，由他们承担从全专角度制定或实施决策的具体任务。”团队成员来自跨国公司不同地域的子公司，可能完全通过公司内部网和视频会议进行相互交流，而不用彼此见面：跨国团队将经验丰富知识渊博、技术娴熟的员工聚集一起，解决公司面临的共同挑战。跨国团队承担的任务相当复杂，其成员来自不同国家，掌握不同领域的专业知识，遍布于世界各地。通常情况下，跨国团队有具体议程，要求在限定的时间内完成各事项的研究工作，并提出解决方案。

跨国团队的性质各不相同。负责公司战略的跨国团队确定或实行可改善公司在全球性产业定位的举措。负责公司运营的跨国团队专注于整个公司业务高效且有效地开展。通用汽车公司的全球战略董事会就是一例负责公司战略的跨国团队。该团队包括通用汽车公司负责劳资关系、设计工程、生产、营销、质量、人力资源管理和采购的行政人员。团队负责监管全球性共同组织过程的发展，在通用汽车公司全球业务经营中传播最佳业务实践方式，避免各地域子公司重复研发。

最成功的团队具有灵活性，反应迅速并富有创造力。对团队来说，要制定全球性战略，重要的一点是团队成员要具有不同的文化背景，且商业活动遍及全球。多元文化团队有 3 大重要作用：

（1）在了解当地实际情况的同时，培养公司员工具有全球视野。

（2）具有创意，在对公司全球性业务充分了解的情况下制定决策。

（3）确保团队决策在公司的全球业务中得以实施。

（二）全球信息系统

从全球角度提高效率，将冗余压缩到最低程度，这种需求促使产生创建全球协调的公司的想法。在过去，地理距离和文化差异阻碍了创建全球范围内相互联系的公司。现在，互联网和现代信息技术为全球性公司提供了网络虚拟联系方式。全球信息技术基础设施以及内部网和电子数据交换等工具使位于世界各地、相距甚远的各部门之间彼此信息共享、相互学习成为了可能。

通用汽车公司雪佛兰系列汽车雪佛兰·春分（Chevrolet Equinox）的开发就是有效利用现代信息技术和通信技术的例子。2001 年，当通用汽车公司决定开发一款运动型多功能越野车来与丰田 RAV4 和本田 CR - V 竞争时，就动用了其在世界各地的技术人员。这款运动型多功能越野车的 V6 引擎是在中国制造的，但一起合作的工程师却来自加拿大、中国、日本和美国。在多伦多的一个全球合作室，工程师们几乎每天都要与上海、东京、沃伦（美国密歇根州的一座城市）和俄亥俄州的工程师进行电话会议。他们通过交换汽车的电脑设计图，共同设计汽车外观和零部件。通用这款运动型多功能越野车的制造则是在通用汽车公司与日本铃木汽车公司合资的位于加拿大安大略省的工厂里完成的。

（三）国际人才储备库

要最终实现公司全球化的目标，则有必要培养公司的管理者和其他成员从全球角度思考问题、采取行动。国际化公司的员工包括本国人员、外国当地人员以及外派人员。外派人员（Expatriate）是指被派到国外工作、在国外通常居住一年或一年以上的员工。例如，美国一家公司可能在其法国的子公司雇佣一位德国籍或者一位美国籍的经理，那么这位德国籍或美国籍的经理就是外派人员。经验丰富的跨国公司会建立一个不分国籍的高级人才库，以管理不断发展变化的国际业务。跨国公司会建立一个公司技术员工数据库，并将其挂在公司的内部网上。以花旗银行为例，该银行的管理者可以在银行内部网上搜索符合要求的适合人选，无论该人选在公司全球网络的任何地方。这样，花旗银行就可以在全世界范围内选定并使用最佳员工来解决现有任务。

全球性公司会对其员工进行投资，培养其具有工作所需要的能力，这种能力不仅涉及技术或商务方面，而且还涉及语言、文化方面以及各种国际经验。建立国际人才库需要创立一种促进跨国合作、信息自由交换的环境，该环境还要有助于培养在世界各地都能有效履行职能、具有创造性的管理者。

四、适时改变组织结构

本章重点介绍了有助于创建真正全球性公司的组织战略、组织结构和组织过程。在全球范围内进行公司重组不是一件容易的工作，也不可能很快完成。以宝洁公司 1998 年启动的“组织 2005”计划为例。该计划要求在全世界对宝洁公司的组织结构、工作过程、公司文化以及薪酬体系进行大胆的重新设计。宝洁公司的管理层寻求创建一个全球性组织，能够同时满足各国的具体需求。公司将按地域设立 4 个商务机构变为按全球生产线设立 7 个商务机构来管理公司全球业务，由此大幅度改变公司的组织结构。宝洁公司在世界 8 个区域建立了市场开发组织，目的是按照当地市场需求改进全球营销战略。诸如人力资源管理、治安管理和财务管理等地域性业务则整合为一个公司组织，为宝洁公司全球化经营服务。

然而，“组织 2005”在许多方面遇到了问题。在宝洁公司保守的企业文化下，这种使宝洁公司成为更具灵活性的跨国公司的努力并没有得到大家的认可。管理层裁减了数千名员工，突然间将大约 2 000 人调往日内瓦、200 人调往新加坡工作。这些组织变化使主要员工产生了不满情绪，而组织结构中报告对象的重组造成了公司上下一片混乱。美国总部一些负责食品饮料的管理者不得不向委内瑞拉的子公司总经理汇报工作情况，而美国负责家居洗涤产品的管理者不得不向布鲁塞尔子公司的总经理汇报。而公司的全球营销计划因市场调查不充分而无法进行。在德国，宝洁公司突然将洗碗液从仙女牌（Fairy）改为在美国市场的黎明牌（Dawn），由于德国人并不了解黎明这个品牌，造成了该种产品在德国销量直线下跌。总之，看似前景光明的“组织 2005”计划却因调研不足而执行不利。而总公司也因此疏远了管理者，使客户和员工都很困惑，很迷茫。

从宝洁的例子可以看出，公司制定全球策略时必须非常谨慎：对许多公司来说，建立真正全球性组织仍只是一个尚未实现的梦想。要想确保公司成功地进行国际化经营，公司应该做到以下几点：① 制订一项全球战略；② 创建合适的组织结构；③ 要有有远见的领导层；④ 培养一种全球性组织文化；⑤ 完善并实施组织过程。

只有所有这 5 个组织方面相辅相成、共同促进企业达到预期效果，公司的国际化才能彻底成功实现。公司在国际市场上取得成功不是基于某一种方法或准则，而是基于一系列多层面的连贯行动。这些行动包括：打入世界所有主要市场、在可行的情况下将产品和营销方案标准化、在各国不同市场采取统一的竞争行动、将产生附加价值的活动集中于具有全球战略意义的地方、协调价值链上的活动以利用多国经营的协同优势。如果将全球战略的所有方面与产业全球化的国际力量和企业内组织资源统一起来，那么就会创造出卓越的全球业绩。

以上讲述了公司有效地进行国际化的几个基本方面。如果要成功地进行国际化经营，除了国际化经营本身的复杂性之外，还有许多变数需要考虑，例如，高层管理者应该如何进行管理，该从什么地方开始着手，公司应该采用何种组织过程，采用何种组织结构，营造何种组织文化。过于仓促或过于雄心勃勃的行动都可能导致公司转型的失败。高层管理者最好一次只侧重一个或两个方面，最好先从公司最容易改变的方面入手，以便为后面难度更大的改变做准备。

最后，公司转型为真正的全球性公司可能需要数年的时间，而且还会遇到许多困难和不确定因素。高层管理者应该向员工灌输一种紧迫感，以驱使公司朝预期的方向发展。号召员工们采取共同行动也很重要，因为这样才能确保公司关键人员和团队全心全意地参与行动，以实现公司的共同目标。

章末案例

中国国际化 30 年

回顾一下 20 世纪 80 年代以来中国企业“引进来、走出去”的复杂历程，中国企业的国际化，不应该只是看上去光彩异常的“海尔”这样的大型企业到国外设厂，它还应该包括如下多样化的事件：温州的个体户和中小企业如何不出国门而全球领先？中国企业如何在产品市场和资本市场上同时发力？如何与来到中国的外企有效合作？如何把国际化自然地纳入企业的长远发展框架内？

20 年前的国际化：出口 + 合资

当时国内产品主要通过出口的方式进入国际市场，出口创汇是国内企业参与国际贸易的方式。出于对国外资金和技术的渴望，始于 20 世纪 80 年代初期的中外合资浪潮席卷中国多个行业，成为中国企业国际化历程中的第一站。1982 年，沈飞汽车制造公司率先引进日本富士重工的客车车身制造技术，生产高中档客车及客车专用底盘。此后许多国际知名汽车企业纷纷在中国合资建厂，其中包括大众、奔驰、沃尔沃、日野、丰田、现代等公司。这应该算是中国最早一批走向国际市场的企业。

20 世纪 80 年代后半期，随着一部分企业完成了最初的资本积累，开始进入规模化、产业化阶段，迎来了 90 年代探索企业发展机制的“二次创业”。依赖进出口的国际贸易开始显现出它的弊端：企业与市场之间增加了多层中间商，同时增加了生产和运输成本。

10 年前的国际化：争形象 + 创品牌

为了塑造全球化的品牌形象，中国企业也开始注重海外的“本土化”营销推广和销售。1994年，万向美国公司成立。这是一家万向集团全资拥有的营销公司，负责开拓集团的国际市场，建立集团产品的品牌形象。到1999年年底，万向美国公司已在美、英、德、加拿大、巴西、委内瑞拉设立10家公司，建立了涵盖50多个国家和地区的国际营销网络，成为美国中西部地区最大的中资公司。

通过在技术上不断地创新，一些中国品牌已经在国际上树立起声誉，海尔更成为了美国哈佛大学商学院首个中国企业研究个案。在2002年8月美国《福布斯》杂志列出的全球白色家电前十位中，海尔居第六位，排名在惠尔浦、通用和三星之后，却位列韩国的LG和日本松下之前。然而不可否认的是，海尔的品牌价值，还不到全球最有价值品牌可口可乐（696亿美元，约为5 760亿元人民币）的十分之一。没有一个国际认可的品牌形象，产品要走向国际市场，其结果可想而知。可口可乐进入中国很大程度上得益于其贴切、易记的产品名字和品牌形象。海尔集团主席张瑞敏希望海尔能够位列全球500大企业的愿望，依然任重道远。

但是面对国际化品牌的挑战，“中国造”在很多方面存在多方面的差距。为了能在国际竞争中立于不败之地，一些有优势的本土企业走上了研发国际化的道路。有些公司重金聘请国外技术专家严把技术大关，如创维请来了日本大阪松下电视厂厂长五百井洪，帮助公司进行技术开发和管理研究；有些与国外著名开发机构和企业签订合作协议，如2000年11月美的与日本东芝签订了“面向21世纪战略合作协议”；长虹与世界知名跨国公司组建九大联合实验室（长虹一微软联合实验室）；等等。海尔则成立了中央研究院，同时整合全球技术资源，建立全球技术联盟，目前海尔在世界各地已有6个设计中心，19个合作伙伴。2002年，UT斯达康公司继在中国和美国设立6个研发中心以后，又在印度设立了第七家研发中心。

21世纪的国际化：在多个方向上涌流

2001年年底中国成功加入WTO，中国的企业也开始前所未有地向往国际化。然而“国际化”，不是“世界大同”，WTO也只是关于国际化贸易的游戏规则，商场如战场——在全球化市场中的中国企业仍然显得缺少国际贸易经验，急于求成的心态更时常引致贸易壁垒。2002年中国彩电出口美国成十几倍的增长中，一些投机型的国际中间商起了关键作用，其中APEX公司的操作手法是：大量低价购进中国家电产品，然后低价销售，DVD机竟卖到50多美元一台，致使销量暴涨。但这个过程中并不使用中国企业的品牌，实际上中国企业在出口过程中还是充当加工厂的角色。2002年，仅长虹一家出口美国的彩电就由20多万台暴涨到300多万台，但紧接着又出现长虹数亿元APEX贷款无法追回的传闻。

从国际上的一些成功经验来看，企业国际化要有一个长期的战略规划，切忌急功近利。国际市场的推广是一个长期的系统工程，许多基础工作一般是不能逾越的；在选择目标市场时，一定要找准定位，对当地市场需求和自己的比较优势有清晰的了解。有些企业在国内的经营管理就有许多问题，在基础还没有夯实的情况下，匆匆忙忙地跑到海外去，结果很可能是失败。企业的基础还不是很稳固的时候，可以先考虑借助外力，像创维、康佳那样先做 OEM、ODM，最后再过渡到自己品牌的国际推广。

伴随全球经济的疲软与中国经济的高速发展，更多的国外资本来华投资，欲将中国融为国际资本市场的一部分。大唐电信、中兴等高科技企业开始谋求海外上市。资本国际化不仅能为企业的国际化提供资金，还能为品牌国际化提供一种资金运作机制保障以及由股东背景构成的全球化资源和视野。据了解，万向美国公司当地融资的比例已是总部投入的两倍，并与花旗、美林等著名金融机构建立了长期合作关系，融资方式包括贷款、发行债券、债权抵押等。万向美国公司正在争取在美国上市，成功之后将能够更加便利地利用美国资本市场。

2002 年 11 月，中国电信分别于纽约证券交易所和香港联合交易所挂牌交易，成功在海外上市，昭示着中国企业即将进入全面国际资本化运作的时代。

2003 年 1 月，世界著名网络设备制造商思科公司状告中国最大的网络设备企业华为侵犯知识产权。事件发展颇有意味，两个月之后的 3 月 20 日，华为与美国 3COM 公司联合宣布组建合资企业——华为 - 3COM 公司。对中国而言，不管是国际化、全球化还是新的知识产权大战，将是一场充满着风险与机遇的博弈。有人把思科对华为知识产权诉讼说是华为的“成人礼”，倒不如说是走向国际化的中国企业们的“成人礼”。无论是“请进来”（资金、技术、人才引进）还是“走出去”（海外设厂、跨国经营）都不是目的，目的是发展自己、壮大自己，真正成为享誉世界的国际品牌。在众多国内企业都在为出口准备下大手笔的时候，如果单纯把国际化作为一种追求，为了国际化而国际化，无疑是本末倒置。

（资料来源：胡小娟 · 中国国际化 20 年. 互联网周刊
http：//www. ciweekly. com/article/2003/0526）

讨论题：

（1）试着预测一下我国经济全球化的未来和趋势，中国能超过美国成为世界第一经济体吗？

（2）跨国公司应如何对应国际营销中的文化风险？

第十二章
全球生产与供应链管理

本章提要

1. 国际物流的含义、发展历程和特点
2. 供应链运营：物流和信息流
3. 供应链管理：质量管理和存货管理

关键术语：

国际物流　供应链　连续改进法（改善 Kaizen）　全球采购　供应商　采购代理　零库存系统

开篇案例

新秀丽的全球供应链

Samsonite（新秀丽）——这一国际著名箱包品牌，于1910年始创于美国。从繁荣的20世纪20年代，经历了大萧条的30年代，到“喷气机时代”乃至日后，新秀丽公司始终保持对旅行者不断变化需求的敏锐洞察力及适应能力优秀而卓越的产品质量、与时代同步的设计风格、考虑周到的实用性和可靠性以及完善的售后服务，使Samsonite（新秀丽）赢得了世界各地消费者的喜爱和认同。在美国，Samsonite拥有90%的知名度，而在欧洲的知名度也高达70%。20世纪70年代起，转让、收购使得新秀丽由一个家族企业转变为由职业经理人管理的全球性跨国企业。如今，经过一个世纪的发展，新秀丽已从单纯的“旅行箱公司”升华至“充满理想的旅游解决方案”的生活方式品牌。

2002年，新秀丽在欧洲拥有6个公司所有的生产设施和一个合资生产设施，还拥有子公司、合资企业、零售特许经营商、分销商和为欧洲市场提供服务而设立的代理机构。虽然新秀丽最初以出口的方式为欧洲市场提供服务，但是由于运输成本高以及欧洲市场对箱包的需求剧增，因此1965年新秀丽决定开始在比利时生产。

最初几年新秀丽的供应链分散，这与它通过各批发层级使产品最终达到零售商的做法相适应。随着业务的增长，管理人员决定集中公司的供应链，把产品从工厂直接运到欧洲的集中仓库，然后再根据订单直接供应给零售商，以此为欧洲市场提供产品。采用这种集中的模式是为了减小对批发商的依赖。新秀丽大量投资于信息技术，将零售商和仓库间接地联系起来，从而更有效地管理欧洲分销系统。零售商向售货员或者所在地的新秀丽办事处提交订单，该订单通过调制解调器传送到仓库和运输公司。2002 年 10 月，新秀丽开设特许经营零售店，最初在安特卫普，并逐渐延伸到其他地区。

为了改进手提箱的运输和储存，新秀丽将生产设施安排在集中仓库的附近。软箱包技术上相对没有那么复杂，新秀丽通过收购比利时软箱包公司 Oda 进入该市场，然后向其他欧洲公司发放技术许可证。随着新秀丽在整个世界的扩张，它继续为其他制造商生产自己的产品和提供技术许可证，进入了亚洲和东欧转包契约市场。在欧洲，转包商提供最终产品和新秀丽工厂使用的部件，这些部件成为自己工厂产品的组成部分。

新秀丽公司是在决定怎样管理从供应商到消费者的供应链时所面对的困难的一个很好的例子。公司在地理位置上越分散，供应链管理就会变得更加困难。

第一节 国际物流概述

国际物流是指在两个或两个以上国家（或地区）之间所进行的物流。国际物流的实质是按国际分工协作的原则，依照国际惯例，利用国际化的物流网络、物流设施和物流技术，实现商品在国际间的流动与交换，以促进区域经济的发展和世界资源优化配置。国际物流的总目标是为国际贸易和跨国经营服务，即选择最佳的方式与路径，以最低的费用和最小的风险，保质、保量、适时地将商品从某国的供方运到另一国的需方。例如意大利有一家专门经营服装的公司，它有 5 000 家专卖店，分布在 60 个国家，每年销售的服装约 5 000 万件，其总部在意大利，所有的工作都通过 80 家代理商进行。若某一专卖店发现某一款式的服装需要补货，立即通知所指定的某一代理商，该代理商立即将此信息通知意大利总部，总部再把这一信息反馈给配送中心，配送中心便根据专卖店的需求在一定的时间内进行打包、组配和送货。

一、国际物流发展的历程

第二次世界大战以后，国际间的经济交往越来越频繁，越来越活跃。尤其在 20 世纪 70 年代的石油危机以后，国际间贸易从数量来讲已达到了非常巨大的数字，交易水平和质量要求也越来越高。在这种情况下，原有运送必要商品的运输观念已不能适应新的要求，系统物流就是在这个时期进入到国际领域的，提出了国际物流的概念，并越来越受到人们的重视。总的来说，国际物流活动是随着国际贸易和跨国经营的发展而发展的，国际物流活动的发展经历了以下几个阶段：

第一阶段：20 世纪 50—70 年代。在 20 世纪 50—60 年代，国际间形成了较大数量的物流，在物流技术上出现了大型物流工具，如 20 万吨的油轮，10 万吨的矿石船等。20 世纪 70 年代，国际物流不仅在数量上进一步发展，船舶的大型化趋势进一步加强，而且出现了提高国际物流服务水平的要求。大数量、高服务型物流从石油、矿石等物流领域向难度较大的中、小件杂货领域深入，其标志是国际集装箱及国际集装箱船的发展。国际间各主要航线的定期班轮都投入了集装箱船，一下子把散杂货的物流水平提了上去，使国际物流服务水平获得了很大提高。在这个阶段还出现了国际航空物流和国际联运的大幅度增加。

第二阶段：20 世纪 70 年代末期—80 年代中期。这一阶段国际物流的突出特点，是出现了“精细物流”，物流的机械化、自动化水平提高，物流设施和物流技术得到了极大的发展。建立了配送中心，广泛运用电子计算机进行管理，出现了立体无人仓库，一些国家建立了本国的物流标准化体系等。同时，伴随新时代人们需求观念的变化，国际物流着力于解决“小批量、高频度、多品种”的物流，出现了不少新技术和新方法，这就使现代物流不仅覆盖了大量商品、集装杂货，而且也覆盖了多品种的商品，基本覆盖了所有物流对象，解决了所有物流对象的现代物流问题。

第三阶段：20 世纪 80 年代中期—90 年代初。在这个阶段，随着经济技术的发展和国际经济往来的日益扩大，物流国际化趋势开始成为世界性的共同问题。各国企业越来越强调改善国际性物流管理来降低产品成本，并且要改善服务，扩大销售，在激烈的国际竞争中获得胜利。另外，伴随着国际联运式物流，出现了物流信息和电子数据交换（EDI）系统。信息的作用，使国际物流向更低成本、更高服务、更大量化、更精细化方向发展。可以说，20 世纪 80 年代、90 年代的国际物流已进入了物流信息时代。

第四阶段：20 世纪 90 年代初至今。这一阶段国际物流的概念和重要性已为各国政府和外贸部门所普遍接受。贸易伙伴遍布全球，必然要求物流国际化，即物流设施国际化、物流技术国际化、物流服务国际化、商品运输国际化、包装国际化和流通加工国际化等。世界各国广泛开展国际物流方面的理论和实践方面的大胆探索。人们已经形成共识，只有广泛开展国际物流合作，才能促进世界经济繁荣，“物流无国界”的理念被人们广泛接受。

二、国际物流特点及问题

国际物流的特点如下所述。

1. 物流环境存在差异

国际物流的一个非常重要的特点是，各国物流环境的差异，尤其是物流软环境的差异。不同国家的物流适用不同法律使国际物流的复杂性远高于一国的国内物流，甚至会阻断国际物流。不同国家不同的经济和科技发展水平会造成国际物流处于不同科技条件的支撑下，甚至有些地区根本无法应用某些技术而迫使国际物流全系统水平的下降。不同国家不同标准，也造成国际间“接轨”的困难，因而使国际物流系统难以建立。不同国家的风俗人文也使国际物流受到很大局限。

物流环境的差异迫使一个国际物流系统需要在几个不同法律、人文、习俗、语言、科技和设施的环境下运行，无疑会大大增加物流的难度和系统的复杂性。

2. 物流系统范围广

物流本身的功能要素、系统与外界的沟通就已经很复杂，国际物流再在这复杂系统上增加不同国家的要素，这不仅是地域的广阔和空间的广阔，而且所涉及的内外因素更多，所需的时间更长，广阔范围带来的直接后果是难度和复杂性增加，风险增大。

当然，也正是因为如此，国际物流一旦融入现代化系统技术之后，其效果比以前更显著。例如，开通某个“大陆桥”之后，国际物流速度会成倍提高，效益显著增加，就说明了这一点。

3. 国际物流必须有国际化信息系统的支持

国际化信息系统是国际物流，尤其是国际联运非常重要的支持手段。国际信息系统建立的难度，一是管理困难，二是投资巨大，再由于世界上有些地区物流信息水平较高，有些地区较低，所以会出现信息水平不均衡，因而信息系统的建立更为困难。

当前国际物流信息系统一个较好的建立办法是和各国海关的公共信息系统联机，以及时掌握有关各个港口、机场和联运线路、站场的实际状况，为供应或销售的物流决策提供支持。国际物流是最早发展“电子数据交换”（EDI）的领域，以 EDI 为基础的国际物流将会对物流的国际化产生重大影响。

4. 国际物流的标准化要求较高

要使国际间物流畅通起来，统一标准是非常重要的，可以说，如果没有统一的标准，国际物流水平是无法提高的。目前，美国、欧洲基本实现了物流工具、设施的统一标准，如托盘尺寸为 1 000 × 1 200 毫米，集装箱的几种统一规格及条码技术等，这样一来，大大降低了物流费用，降低了转运的难度。而不向这一标准靠拢的国家，必然在转运、换车底等许多方面要多耗费时间和费用，从而降低其国际竞争能力。

第二节　全球生产战略

在本章引例中，新秀丽最先出口产品到欧洲，但最终建立了欧洲子公司并在不同国家建立了生产设施。新秀丽在欧洲投资是因为欧洲市场特殊的位置优势

（巨大的需求）。因为它想利用其所拥有的特殊资产（极好的产品线和可靠的生产程序）以及使这些有利条件内化而不是出售给外部制造商，所以它通过国外直接投资进入市场。虽然新秀丽签订了一些许可合同并且转包部分生产，但是其绝大多数生产活动，尤其是高端硬箱包，都被公司网络所控制。

新秀丽自己控制绝大多数生产，但也转包或者外购为其他公司生产。例如耐克没有任何生产设施，但是它把生产转包给其他公司，因此耐克基本上是一家设计和营销公司。美泰儿在中国没有生产设施生产芭比娃娃，但是它把生产转包给一家在内地投资的中国香港公司。麦当劳开心乐园餐和汉堡王大餐的一些玩具也转包给一家在内地生产的中国香港公司。

全球生产战略的成功依赖于四个主要因素：生产兼容性、生产布局、协调、控制。

一、生产兼容性

这里的兼容性是指国外投资决策和公司竞争策略的连贯程度。直接生产在新秀丽的案例中有意义，但在耐克的案例中则没有意义。管理人员必须考虑的公司战略是：

（1）效率/成本——降低生产成本。

（2）可靠性——对公司产品、交货以及价格承诺的信任程度。

（3）质量——性能可靠性、服务质量、交货速度以及产品质量保证。

（4）适应能力——生产不同种类的产品和调节产出量的生产过程能力。

（5）创新——开发新的产品和提出新的创意的能力。

成本最小化策略和追求全球效率迫使跨国公司建立生产的经济规模，通常通过在低劳动成本地区生产来实现，这也是很多跨国公司在亚洲、墨西哥和东欧建立生产设施的主要原因之一。国外直接投资被认为是离岸生产（发生在母国之外的任何投资），但是很明显的是，发生在公司所在国家之外的生产都被认为是“离岸的”。随着一个又一个公司在亚洲地区，主要是中国台湾和新加坡，建立生产设施，20世纪六七十年代电子产业的离岸生产剧烈增加。由于劳动成本低、原材料和零件廉价以及市场临近，这些地方是吸引人的。甚至运动鞋的生产也离开美国登陆中国台湾和韩国，但是，随着韩国工资水平的提高，生产开始向其他低成本国家和地区——中国大陆、印度、马来西亚、泰国和越南转移。很多美国公司利用特殊的关税条款组装保税加工产业的产品。公司可以把零件运到墨西哥免税区，在和美国交界的特殊工厂中组装，然后把组装好的产品运回美国，这样就只征收在墨西哥增加的价值的税收。关税条款以及邻近墨西哥使得保税加工成为离岸生产的普遍方式。

中国在很大程度上已经成为生产的热点地区并且被《华尔街日报》称为

"世界工厂的基石"。尽管有关中国平均小时工资的可靠信息并不存在，但最近由美国劳动调查局雇用的顾问完成的一项调查得出粗略的估计是每小时 64 美分——包括收入税以及雇员福利和保险。这一工资与美国工厂工人平均 21.11 美元的收入，甚至墨西哥工人平均 2.48 美元的收入形成鲜明的对比。中国的产出如此之大、种类如此繁多，包括纺织、电视、家具、汽车部件以及移动电话等，中国现在是继美国、日本和德国之后的世界第四大工业基地。美国跨国公司 20 世纪 80 年代在中国设立经营机构以满足其巨大的日益增长的需求。现在很多公司发现，它们在中国生产产品更有效率，不仅能满足当地市场需求还可向世界其他国家出口产品。在中国拥有生产设施的公司，如通用电气、东芝、西门子、三星和通用汽车，已经将注意力从当地市场转向出口。飞利浦公司的一些产品只在中国生产，并且计划使中国成为其全球供应基地，从这里它能向世界各国出口产品。

但是使用成本最小化策略时，很多公司忽视了一些重要的因素，如运输距离、额外的存货以及熟练的受教育工人的可得性，这些因素使得它们低估了低工资国家的外部成本。一些公司已经认识到需要超越劳动力和员工福利成本。当决定在北美生产更多的汽车时，丰田选择把工厂建在和美国相对的安大略湖南部，主要基于这样一个事实，即加拿大的职工医疗成本是美国的一半。

尽管流行在低成本地区生产，但很多其他因素也要考虑。顾客对可靠性和及时交货要求的增加使得一些像戴尔这样的公司把工厂建在离顾客比较近的地方，而不是低工资国家。很多公司也对创新和质量作出反应。例如在马来西亚外购产品几年后，日本建伍公司（Kenwood）决定把生产搬回日本，主要依据为经过培训的工人和低废品率。为了维持"技术边缘"（Technological Edge），佳能仍然将其 80% 的资本留在日本。由于国家市场之间的差异，对响应或者适应能力的要求可能导致区域生产为当地市场服务。

若公司的竞争策略改变，其生产策略也会改变，而且跨国公司对不同的产品线可能采用不同的策略。例如丰田建立了一组工具，这些工具基于以新兴市场为目标的单独的低成本平台。为了保持这些工具的价格低到能够和发展中国家竞争的水平，丰田放弃了从其日本工厂获得关键部件的做法，而把生产这些部件的工厂建在低工资地区，如南美、非洲和东南亚，这些地区能够利用区域自由贸易的优势并且和目标市场离得很近。这一新策略使得丰田降低了 20% ~25% 的生产成本。但是值得关注的是，这些节省的成本是以牺牲公司被称道的质量为代价的。

二、生产布局

公司管理人员需要确定生产设施的布局。当跨国公司建立全球生产策略时会考虑三种基本的布局。第一种布局是集中生产以及向不同的市场提供标准的低价格产品。这基本上是一种生产并出口策略。刚开始出口的公司一般采用这种策略，主要通过其本国的生产设施生产产品。这对昂贵的商品也很重要，在这种情况下，生产的规模效应十分重要并且不需要使不同市场的产品差异化，如航空器。第二种布局是使用当地生产设施为某一特定地区的消费者提供服务。这正是新秀丽最初使用其在比利时的生产设施供应欧洲市场所采用的布局，也是丰田在发展中国家市场采用的布局。第三种布局是个别国家市场扩张，尤其是当这些国家的需求变得重要时，可能会赞成多本地法（Multidomestic Approach）。在这种方式下，公司在靠近其顾客的地方生产产品，使用该国特殊的生产设施来满足当地的需求。尽管新秀丽没有在出售产品的每一个国家都进行生产，但它把广阔的欧洲地区战略性地分为更小的区域，建立七个工厂为欧洲市场提供产品。除非公司在其经营的每一个国家都有生产设施，否则就必须把生产和出口结合起来。事实上，跨国公司往往会根据产品战略选择这些方法的结合体。

通常一些国家也使部件或者最终产品专业化，这一过程被认为是合乎经济原则的行为。20 世纪 80 年代，新秀丽在法国建立新的工厂生产 Prestige Attache 品牌和 Beauty 品牌的箱包。国际运营的管理使它停止了这些产品在比利时奥德纳尔德的生产，而集中于新的 Oyster 产品线。这需要新秀丽对这些产品进行专业化生产，然后再运送到欧洲的集中仓库，分销给整个欧洲的零售商。

三、协调和控制

协调和控制要一起配合好。协调是将各种活动连接或者结合到统一的系统中去，包括全球供应链从购买到存入仓库、N－N 运输的一切活动。如果建立生产布局时没有考虑这些问题，协调供应商关系和物流活动就会很困难。当在欧洲建立第二个生产工厂时，新秀丽就考虑了生产布局和协调。随着欧洲需求以及新的产品线的增加，新秀丽认为需要开设第二家工厂，但是它想维持欧洲集中仓库，因此选择了一个容许其相对容易和迅速地协调运输和存储关系的地方。

一旦公司确定了将要采用的生产布局，就必须采用控制系统来保证公司战略得以实现。控制可以是绩效评估，这样公司就能够对变化的环境作出适当的反应。控制结构的另一个方面是组织结构，新秀丽在比利时奥德纳尔德建立欧洲总部来协调其在欧洲的所有活动。

第三节　信息技术和全球供应链管理

一、全球供应链管理概述

全球经济一体化是近几年国际经济发展的一个主要趋势，这给企业带来了难得的机会与挑战，企业面临着不断急剧变化的市场需求及缩短交货期、提高质量、降低成本和改进服务的压力。企业经营环境变化，使得原来各个分散的企业逐渐意识到，要在竞争激烈的市场中生存下来，必须与其他企业建立一种战略上的伙伴关系，实行优势互补，发挥各企业的核心能力，并且在一种跨企业的集成管理模式下，使各个企业能够统一协调起来，这样才能够适应新的环境变化，供应链管理思想就是在这样的背景下产生的。

企业为了满足某个顾客的需求，必须统一集成和协调所有供应商的生产资源，使他们能作为一个整体来运作，这是供应链管理中的重要方法。公司供应链（Supply Chain）包括协调从最初的原材料供应商到最终消费者的材料、信息和资金。这是从供应商的供应商到客户的客户的增值过程管理。香港的立丰公司就是这方面的典范，它为全世界 26 个国家的 350 多个经销商生产制造各种服装。但它却没有一个车间和生产工人，只是与 7 500 个生产服装所需要的企业保持非常密切的联系。在这个过程中，立丰公司甚至还帮助欧洲的客户正确分析市场消费者的需求，对服装的设计提出建议，从而最大限度地满足订货者的需求。显然，交货期的缩短，全靠立丰公司对其所有生产厂家的统一协调和控制，使之能像一个公司那样行动。总之，它所拥有的市场和生产信息、供应厂家网络，以及对整个供应厂家的协调管理技术是其最重要的核心能力。

供应链管理的目标是以更完整的产品组合，满足不断增长的市场需求；面对市场需求多样化的趋势，不断缩短供应链完成周期；对于市场需求不确定性，缩短供给与消费的市场距离，实现快速、有效的反应；不断降低整个供应链的运营成本和总费用；建立一个和谐的供应链管理体系，在创新的管理体系中创造管理价值。

供应链管理（Supply Chain Management，SCM）是一种集成的管理思想和方法，它执行供应链中从供应商到最终用户的物流的计划和控制等职能。从单一的企业角度来看，是指企业通过改善上、下游供应链关系，整合和优化供应链中的信息流、物流、资金流，以获得企业的竞争优势。把供应商和制造商以及消费者联系起来的供应链网络有很多方面。在德勤（Deloitte Consulting）所做的一份调查中，91% 的回答者赞成供应链管理对公司将来的成功至关重要，当他们执行供应链系统时，公司期望的三个主要的好处是提高消费者服务水平、减少总的存货量和减少总的供应链成本。本节从讨论全球生产开始，然后转到供应链管理问题，分析这些不同的网络以及公司怎样最有效地管理产品到达消费者的各个环节。

全球供应链把供应商的供应商和顾客的顾客联系起来，全球供应链占据原材料和产品以及服务的最终消费者之间过程的每一阶段。供应商是生产商组织结构的一部分，垂直管理的公司就是这种情况，或者供应商与公司独立，直接供应商也有自己的网络。在全球环境下，供应商可以位于该国制造和组装地，也可以位于另一个国家，将材料运输到生产和组装国家。供应商的产品能够直接运到工厂或者中间储藏点；最终产品可以直接运到消费者或者商店网络，新秀丽就是这种情况。产品可以直接卖给最终消费者或者卖给分销商、批发商以及零售商，这些人再把产品卖给最终消费者。在供应商网络下，产品能够在国内或者国际上销售。在全球供应链管理中，我们将了解到供应网络、存货管理和运输网络等问题。

供应链的一个重要方面是物流（Logistics），有时也叫作材料管理（Materials Management）。根据美国供应链管理专家委员会的定义，"物流管理是供应链管理的这样一个组成部分，即为了满足消费者的需求，计划、实施和控制从开始到消费的商品、服务和相关信息有效向前和向后流通及储存。"材料管理包括物流管理或者生产中购买产品和材料的流动和管理。供应链管理和物流的区别只是程度，物流更加集中于材料和最终产品的运输和储存，而供应链管理超出这一范围，包括管理供应商和消费者的关系。

AMR Research完成了一份研究，提出了25个顶级供应链管理公司的名单——这些公司具有卓越的能力管理其供应链网络以及提出解决供应链问题的创新方法。该名单包括日本的佳能、法国的欧莱雅、美国的宝洁、英国的特易购（Tesco）、韩国的浦项制铁、芬兰的诺基亚以及澳大利亚的沃尔沃兹（Woolworths）。本章涉及的公司被认为是将设计者、供应商、转包商、制造商和消费者连接起来的全球网络的一部分。供应链网络十分宽泛，并且网络协调发生在网络中的公司之间的相互作用之中。综合的供应链战略应该包括以下几种基本要素：① 顾客服务需求；② 设计工厂和分销中心网络；③ 存货管理；④ 外部采购和第三方物流关系；⑤ 关键客户和供应商管理；⑥ 商业过程；⑦ 信息系统；⑧ 组织设计和培训要求；⑨ 绩效度量；⑩ 绩效目标。下面将讨论全球供应链管理系统的核心部分——信息系统。在本章的余下的部分，我们将讨论全面质量管理、存货管理以及两个关键网络：供应商网络和运输网络。全球供应链管理使公司本身之外的网络结合为一体，从而提高了顾客满意度并增加了收益。

二、与供应链相关的信息技术

设计全球信息系统的关键是信息。正如前面所提到的，新秀丽在能使它缩短向零售商交货时间的信息技术方面进行了大量投资。信息能够直接通过零售商或者售货员传递到仓库，并立即生成运输订单。很多公司运用电子数据交换（EDI）来连接供应商、制造商、顾客和中间机构，食品生产行业和汽车制造业尤其如此，这些行业的供应商数量大量增加。在全球环境下，电子数据交换已被用于连接出口商和客户，以加快处理海关表格，从而提高产品通关的速度。沃尔玛因革命性地运用电子数据交换连接其供应商和存货调整系统而广为人知。沃尔玛的信息系统是其低成本和赢得墨西哥市场份额的竞争优势之一。但是电子数据交换也有一些缺陷，其能力相对有限并且缺乏灵活性；它提供基本信息但不能轻易地适应迅速变化的市场环境，而这是全球市场的必要条件；实施起来比较昂贵，因此许多中小企业难以承担；它是基于一些人的而不是基于被广泛接受的标准的，因此这些系统只能连接供应商和顾客；它更多地集中于商业机构对商业机构的价值链而不是实际处理最终消费者的需求。

影响全球供应链的下一代技术是被称为企业资源计划（Enterprise Resource Planning，ERP）的信息技术包。像德国软件巨头思爱普（SAP）、甲骨文、巴恩以及仁科（Peoplesoft）这些公司引入软件后使公司后端办公的一切成为一个整体——处理公司自身而不处理顾客（称为前端办公）的那部分业务。美国大约27% 的小公司、57% 的大公司和 70% 具有企业规模的公司拥有 ERP 系统，还有16% 的公司现在正在考虑第一次采用 ERP。ERP 将公司内部和不同地区的信息集中起来十分关键，但是它不能和顾客结合成一体并且不能利用电子商务。

将全球供应链的不同部分连接起来的另一种技术是电子商务（Ecommerce）。举一个例子，戴尔公司在爱尔兰拥有一家工厂，向整个欧洲供应专门定制的个人计算机。消费者可以通过呼叫中心或者戴尔的网站向戴尔发出订单。公司将对零部件的需求传递给供应商，卡车把零部件运到工厂，几个小时内把组装好的计算机运出来。戴尔为其供应商建立了外部网络（Extranet）——通过国际互联网和戴尔的信息系统连接起来——这样他们就可以在必要的时候组织生产并把零部件运送到戴尔。戴尔使用国际互联网将供应商和顾客数据库连接起来，这样就能跟踪需求的变化。戴尔还使用国际互联网将顾客和订购过程连接起来，这样就允许顾客跟踪其订单从工厂到收货的过程。沃尔玛将其基于电子数据交换的基础设施从传统但是昂贵的增值链（VAN）转到了国际互联网，这对它全球 68 000 家供应商的大多数来说是好消息。它们和沃尔玛的所有交易都在网上进行，与增值链相比较，对沃尔玛和其供应商来说都真正地节约了成本。

虽然 2000 年互联网泡沫破灭，但是大多数专家仍认为国际互联网将会革新各种级别的全球供应链的通信，只是在不同的地区发生的时间不同。全球互联网的使用人数正在增加——2004 年达到 9.53 亿，2005 年这一数字超过 10 亿。同时 2001 年商业活动的互联网交易增加 73%，在线零售额增加 56%。直到现在，网上交易仍一直在持续增加。国际互联网对全球供应链管理真正的吸引力在于它不仅有助于公司内部网络（Intranet）自动化和提高公司内部生产过程的效率，而且能够向其客户和供应商的业务系统传播提高效率的方法。应用国际互联网的新技术浪潮是秘密技术交换（Private Technology Exchange，PTE），它是把生产商、分销商、增值转售者以及消费者集合起来执行商业交易和分享需求、产品、可用性以及其他更多信息的一种在线合作模式。秘密技术交换增加了供应链的效率，降低了参与者的成本。参与秘密技术合作的领先公司是哈德瓦（Ace

Hardware)、思科和福特，由于技术仍然较新潮，因此很多公司没有采用这种模式。

全球供应链管理面临的挑战是一些网络可以通过互联网管理，但另一些——尤其是新兴市场——则不能通过互联网管理，因为缺乏技术。尽管互联网增长的数字令人印象深刻，但电子商务仍然只占所有交易的 2% 。互联网在每个地区、每个行业的应用都各不相同。北美至少领先一些欧洲国家五年，尤其是东欧。计算机和电子、航空航天以及国防、汽车这些行业走在最前面，而工业设备、食品、农业、重工业以及消费品则落在后面。绝非巧合的是，电子商务的领导者是那些近年来大量投资于信息技术的行业——特别是国防和汽车产业。

第四节 质量管理

各个层次的全球供应链的一个重要方面是质量管理，并且对服务业企业和生产企业都是如此。质量（Quality）被定义为达到或者超过顾客的期望。更具体地说，它是规格、价值、使用的舒适性、支持（公司提供）以及心理感受（形象）的表现。例如没有人愿意购买有很多缺陷的计算机软件，然而需要尽快让软件上市时，可能意味着先让产品尽快上市，以后再更正错误，这里就涉及质量管理问题。对航空业而言服务就是关键，一些航空公司，如新加坡航空公司，已经建立起了全球优质服务的声誉。这是独特的竞争优势，尤其是对于商务旅行者来说。

质量对公司具有重要的影响。由于错将 Firestone 轮胎安在福特 Explorer 系列车型上，2001 年福特汽车公司大约损失了 10 亿美元。由于质量问题，福特、通用汽车和戴姆勒—克莱斯勒都密切审视日本汽车生产商更高效、更少缺陷地生产汽车的方法。正如戴姆勒—克莱斯勒所说，我们“突然袭击丰田汽车公司以寻求质量方面的专门人才”。美国汽车公司在质量方面一般落后于日本汽车公司，每年 J. D. Power&Associates 发布有关汽车的两种不同质量的排名：新车质量调查（IQS）和汽车耐用性调查（VDS）。在两种调查中，2004 年丰田都排在第一位，而且日系车在质量方面通常都超过美国和欧洲的生产商，美国汽车公司正在学习如何在组装之前根除问题，而且将每个供应商更早地融入设计过程，以期提前发现零件存在的问题。它们获得了一些成功，尤其是在国际性的工厂里。福特的巴西工厂生产出了一些质量最好的产品。

质量可以是零缺陷（Zero Defects），这是由拒绝忍受任何缺陷的日本生产商提出的。在特别强调零缺陷之前，美国公司根据质量合格标准（Acceptable Quality Level，AQL）经营。这一标准承认低品质的合格标准，认为不合格的产品可以通过修理厂和服务保证来处理。这种生产、经营模式需要缓冲存货、返修站以及监制等环节，目标是尽快完成产品上市，然后处理错误。但是很明显的是，AQL 次于零缺陷，更加认真地对待质量的公司能够击败对手。

一、全面质量管理

日本质量管理的方法是全面质量管理（Total Quality Management，TQM）。全面质量管理强调三项原则：① 顾客满意；② 员工参与；③ 持续提高质量。全面质量管理的目标是消除所有缺陷。全面质量管理常常集中于成为世界级的标准、产品和服务设计、程序设计以及购买的基准。

整个过程的中心是顾客满意，要达到这个目标可能会增加产品成本。质量合格标准和全面质量管理的区别在于对待质量的态度。在质量合格标准下，质量是达到或者超过合格标准；而在全面质量管理下，质量的意思是产品“如此之好以至于消费者不会考虑从别处购买”。

全面质量管理是任何层次的组织的一种持续提高过程——从收发室到会议室。这意味着公司做一切力所能及的事情来提高该过程每一阶段的质量，从消费者需求到产品设计、再到制造。例如，如果管理会计系统严格局限于成本，这些系统将把能够达到更高质量的方法排除在外。关键是要了解公司的总体战略。全面质量管理不使用任何具体的生产哲学或者不需要运用其他技术，如存货发出的零库存系统。全面质量管理是一种先发制人的策略。尽管基准——确定最好的公司运用的最好的方法——是全面质量管理的一个重要方面，但使用其他公司最好的标准不能成为其目标。全面质量管理是指公司试图比最好的做得更好。

采用全面质量管理零缺陷哲学的管理人员声称，随着缺陷减少，长期产品成本将会降低。连续改进法也叫作改善（Kaizen），其意思是识别问题并且召集该组织各种级别的员工帮助消除问题，关键是使持续提高成为每个员工日常工作的一部分。由于文化和环境的差异，全球环境下的全面质量管理很有挑战性。1987 年新秀丽和一家匈牙利箱包生产商达成了一项合作协议，该公司替新秀丽生产和提供低端软箱包，但是由于缺乏先进技术，该公司没能生产出质量合格的产品。新秀丽被迫对其匈牙利合作伙伴进行大量投资，使它提高到世界级水平，最终新秀丽的努力获得了成功。

后来，一种新的管理工具——六西格玛（Six Sigma）开始代替全面管理作为公司流程再造工具的选择。六西格玛是一种质量控制的高度聚焦的系统，能够仔细检查公司的整个生产系统。它的目标是消除缺陷、减少产品周期的时间以及全面削减成本。六西格玛使用数据和严格的统计分析识别生产过程或者产品的“缺陷”，降低可变性并且尽量接近零缺陷。它围绕达到任何一种方法的意思和最特别的局限的六种标准变量——从生产到交易、从产品到服务。20 世纪 80 年代，摩托罗拉最先引入六西格玛，之后很多跨国公司采用，包括通用电气、葛兰素史克和洛克希德—马丁。六西格玛是否会淘汰全面质量管理还不得而知，但是现在，考察这两种工具以决定更能提高组织质量的方法，对公司很重要。

二、质量标准

有三种不同级别的质量标准：一般标准、产业特有的标准、公司标准。第一种级别是一般标准，如戴明品质奖（Deming Award），该奖颁发给在质量方面表现突出的公司，以及马尔克姆·波多里奇国家质量奖（Malcolm Baldrige National Quality Award），该奖每年颁发给在质量战略方面取得优秀业绩的公司，但是比获奖更重要的是质量认证。

日内瓦的国际标准化组织（ISO）成立于1947年，其目标是促进国际合作和产业标准统一。从一开始它就和全球技术标准的创始者IEC（国际电工委员会）合作，同时和国际电信联盟和世界贸易组织合作。

ISO主要颁布两类标准：ISO 9000和ISO 14000。ISO 9000关注质量管理或者"该组织所做的是通过满足顾客和适当地调整要求来提高顾客满意度，并且在这一点上继续提高水平"。ISO 14000关注环境管理和公司为提高环境水平所做的工作。

ISO 9000是一套全球接受的质量保证系统的通用标准。它对任何产业、任何规模的企业采用统一的标准。最初被设计成和欧盟的技术标准一致，现在它是整个欧洲企业经营的重要部分。ISO是非营利性组织，是全球151个国家标准组织的网络。2000年ISO修改了标准，现在叫作ISO 9000：2000。

在ISO 9000：2000下，公司需要记录工人怎样完成每一个影响质量的功能，并且安装机械装置以确保他们彻底贯彻了记录的程序。ISO 9000：2000认证需要对管理系统和程序进行综合分析，而不仅仅是质量控制标准。除了判断特定产品的质量外，ISO 9000：2000还根据它所创造的20个领域的标准来评估生产过程的管理水平——从购买到设计再到培训。希望获得ISO认证的公司必须填写一份报告，然后由一组独立的审计员进行评估，这一过程花费不菲而且耗费时间。一家公司的每一个场所必须分别认证，一个场所的认证不能适用于整个公司。大多数跨国公司需要ISO认证，ISO并不是解决所有质量问题的方法。然而供应商的ISO认证能够带来更多的业务，尤其是和欧洲公司做生意时。当公司在不同的供应商之间选择时，那些拥有ISO认证的供应商会十分有优势。

在欧洲经营的美国公司正在获得ISO认证，从而维持欧洲市场的通道。当杜邦在一项巨额合同的竞争中输给一家通过了ISO认证的欧洲公司的时候，它决定获得认证，这样做，杜邦不仅能够在欧洲市场上更好地定位，而且它也能从通过ISO认证和关注组织质量的经历中受益。一些欧洲公司是如此信任ISO认证，以至于那些自己拥有认证的公司不和未通过ISO认证的供应商做生意。它们希望保证质量追溯到每一级供应链。

除了前面阐述的一般标准，还有行业特有的标准，对于需要遵循这些标准的供应商尤其如此。除此之外，个别公司建立了自己的标准，如果供应商持续为该公司供应产品，就必须达到这些标准。

第五节　供应商网络

采购（Sourcing）是公司为生产过程获取投入（原材料和零部件）的过程。经过生产过程的每一阶段（原材料和材料的来源以及最终产品的生产和组装），图 12 - 1 很好地描述了全球采购和生产战略，图中所示为基本的经营环境选择（本土和任何其他国家）。全球采购是材料管理过程的第一步，材料管理包括采购、存货管理以及在供应商、生产商和消费者之间的运输。

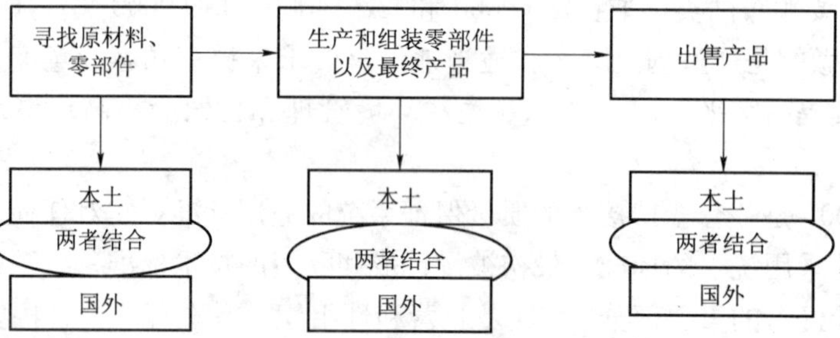

图 12 - 1　全球采购和生产战略

全球采购的一个很好的例子是起亚 Sorento 车型。这款受欢迎的运动多功能汽车由世界各地提供的 30 000 个零部件组成。这款车十分依赖于欧洲和美国的供应商，如 ZF'Sachx AG、博格华纳公司（Borgwamer Inc.）、奥托立夫（Autolive Inc.）和米其林公司（Michelin Group），这些公司有助于提升它的形象以及提高它在国外市场的吸引力。为了得到这些零件，韩国公司必须从遥远的威尔士和墨西哥将这些零件运输到韩国。如此遥远的供应商网络，Sorento 的供应链似乎容易由于自然灾害和政治动荡而中断，但是起亚多样化的零件采购、迅速转移供应路线以及转换公司策略的能力、先进的计划和订购活动以及和供应商经常联系，实际上使它对这些风险能够迅速作出反应。

公司可以在内部生产部件或者从外部（不相干的）生产商购买这些部件。新秀丽生产大多数其箱包使用的部件，但是它也从不相关的供应商那里采购一些部件，如手提箱的轮子来自于捷克的供应商。公司也可在内部组装产品或者转包给外部公司，如前面耐克、美泰和麦当劳开心乐园餐的例子所提到的生产零件和最后组装的公司可能出现在公司试图出售产品的国家或者第三方国家。

在本土采购能使公司避免很多问题，包括与语言差异、遥远的距离和漫长的供应线、汇率波动、战争、罢工、政治、关税和复杂的运输渠道相关的问题。但是，对很多公司来说，国内的资源可能不可得或者比国外的价格高。在日本，从国外采购十分关键，因为该国几乎所有的铀、矾土、镍、原油、铁矿石、铜、炼焦煤和大约 30% 的农产品都是进口的。

公司从事全球采购战略有很多原因：

（1）降低成本——因为较便宜的劳动力、较少的工作条款限制以及更低的土地和设施成本。

（2）提高质量。

（3）更多地接触全世界的技术。

（4）提高供应传输方法。

（5）用国外供应商来补充国内供应商以增强供给可靠性。

（6）进入可能由于技术规范和产品性能只能从国外获得的材料市场。

（7）进入国外市场。

（8）满足补偿需求。

（9）对竞争者离岸采购活动作出反应。

全球采购在某些方面比国内采购成本更高。例如运输和通信更贵，并且公司还必须向交易商和代理机构支付费用。由于供应线更长，因此获得国外的零部件需要更长的时间，而且订货至交货的时间更不确定。这个问题增加了存置成本，并且使将零部件及时运到生产地点变得更加困难。如果接收进口零件时发现有问题，需要返工，那么单位成本还会升高，而且有些零件可能还不得不运回供应商那里。但是一家家具企业 R. C. Willey，发现从中国进口家具到它在美国西部的商店比从美国东海岸购买家具并横跨美国运输这些产品更加便宜。

已经出现的采购的三种主要形式包括：

（1）垂直整合。

（2）通过产业群外部采购。

（3）其他外部采购方法。

当公司拥有整个供应商网络或者至少拥有其中重要的部分时才会出现垂直整合（Vertical Integration）。公司可能从外部供应商处购买原材料，但是自己生产最昂贵的部件。通过垂直整合，公司能够通过内化价值链中的不同层次来减少交易成本（如寻找供应商、出售产品、协商合同、监督合同、解决与不相关公司之间的争端）。

通过产业群外部采购是减少运输成本和交易成本的另一种方法。在产业集群下，为了便于生意往来，买卖双方相距很近。戴尔公司在临近关键供应商的马来西亚多媒体超级走廊建立组装业务就是一个例子。

日本财团是共同合作管理沿着整个增值链的商品和服务流的一组独立的公

司。丰田高度协作的供应商网络是最成功、最有名的日本财团，也是产业集群的一个很好的例子，几乎接近垂直整合，因为零部件供应商倾向于在丰田组装业务的附近建立商店，并且丰田通常拥有这些供应商的所有权。但是最近全球市场的变化以及由钢铁的高成本和日元强势产生的价格压力导致公司开始寻求它在日本紧密的供应商基础之外的供应商。为了达到削减 30% 购买汽车部件的成本的目标——在“21 世纪成本竞争架构”（Constrution of Cost Competitiveness for the 21 Century）项目中提出的目标——通过将中国的供应商定为财团供应商而获得日本本土之外的供应商，丰田正在向它的财团供应商施加压力。这使外部供应商有机会渗入世界第二大汽车制造商的供应商网络。

与产业群独立的外部采购是处理采购的第三种方法。这种方法适用于公司由于安全原因不愿靠近竞争者或者运输成本和存货管理不是主要问题的情况。

一、生产或者购买决策

跨国公司的管理者在两难困境中挣扎，哪些生产活动应该内部执行以及哪些活动应该转包给独立的公司。这就是生产或者购买决策。在转包的情况下，公司也需要确定是在本土还是在国外开展这些活动。最近一项有关通过交易利用外部采购的调查揭示了控制手段的重要性。关于扩大应用外部采购的最大障碍，埃森哲公司对财富 1 000 强公司的 150 名管理人员做了调查。几乎一半（48%）的人认为失去经营控制权是最大的障碍，其他的障碍是组织的文化障碍（19%）、成本（14%）以及长期依赖外部机构（11%）。

跨国公司在决定生产或者购买时应集中于产品的关键部件以及其非常擅长生产的部件。当供应商具有相当的比较优势，如更大的规模、更低的成本或者更强烈的生产动机时，可以从外部采购这些部件，也可以将外部采购作为对表现不佳的雇员的激励手段，如果他们不提高工作表现，公司将会把生意转移到另外的地方。

跨国公司在决定生产或者购买时，需要考虑与自身能力相比，潜在供应商的设计能力和生产能力。如果供应商具有明显的优势，管理人员要考虑追上最好的供应商需要花费多少成本以及这样做是否有意义。

讨论：

公司是否应该外部采购新技术

正方观点

应该。如果这样做能够保持经营活动的中心以及在竞争日益激烈的高科技和电子行业中有效地定位自己，公司就应该采用外部采购新技术的方法。数据表明，越来越多的公司开始认识到这样做的优势。供应商正在谈论设计和生产原型、把它们变成可以使用的产品、提升成熟产品、进行质量测试、整理用户手册以及选择部件卖主等职责。例如笔记本电脑65%的设计和掌上电脑70%的设计是外部采购的。像戴尔、摩托罗拉和飞利浦这样的公司从亚洲开发商处购买全套设计，甚至波音公司也和一家印度公司合作为7E7梦幻班机开发软件。

那些希望外部采购部分研发和技术设计产品的公司能够获得巨大的成本节约。虽然创新是保持竞争力的关键，但是越来越多的公司发现其内部研发团队没有获得与研发活动巨大的投入相适应的成果。因此，面对客户需要和无情的市场竞争，这些公司必须找到降低成本或者增加其研发效率的方法。外部采购已经被证明是一种可取的方法。简单地购买设计而不是自行开发，公司就能节约几百万美元。例如产业评估显示，使用预先设计好的手机平台能够节省最初70%的开发成本——大约1 000万美元和150个工程师。而且零售商和消费者的需求以及未来市场趋势的不确定性需要公司开发一系列产品模型，这是十分昂贵的。第三方开发商能够更好地处理这些成本，因为它们可以把这些成本分散到众多买主身上，而且他们拥有将单个基本设计开发成具有很多种模型的专门技术。外部采购也能让公司更快地从市场上获得产品，而且在电子技术产业，产品变成商品只需几个月的时间，速度成为维持竞争优势的关键因素。惠普声称，通过和设计方面的合作伙伴以及供应商合作，新的理念进入市场现在能够减少60%的时间。通过外部采购，产品的开发时间减少了几个月、缺陷数量降低了50%、总利润增加了20%。

批评者担心通过外部采购技术，公司正在从外部采购其竞争优势的来源，但是外部采购某些设计和开发方法使得这些公司更加专注于其真正的核心能力。很少有公司计划完全淘汰自己的研发力量，大多数公司强调它们将会继续从事更多专有的研发工作。将不是很重要的工作转移出去，它们能够更加专注于最新的技术。朗讯公司的一位管理人员解释说，“外部采购是在适当的时间把资源投入到恰当的地方的适应能力”。

没有哪一家公司能够自己管理所有的事情。甚至诺基亚——一家曾经为自己开发几乎所有技术而引以为荣的公司，它的首席技术官说：“没有人能够控制一切。”未来能生存下来的公司是那些能够有效控制世界各地的合作者和供应商网络的公司。

反方观点

不应该，公司不应该外部采购其研究、设计和开发功能。最近的趋势已经从外部采购关键零件变成外部采购整个产品的整条生产线的研发。很多公司坚持认为，尽管它们可能从外部采购一些设计和开发工作，但仍然自行开发关键技术，但是如何划分其中的界线？怎么确定什么是核心知识产权以及什么是商品技术？事实是外部采购使知识产权变成大多数公司能够获得的商品技术。通过和韩国芯片制造商合作开发 DRAM 记忆芯片，东芝使这些零件背后的技术变成商业技术，并且它正努力保持走在竞争者的前面。

公司的竞争优势常常依赖于能够将其与竞争对手区分开来的商业秘密。外部采购技术增加了公司将这些商业秘密和专利技术传递给供应商和合作者，从而培养出新的竞争者的风险。供应商很少只和一个客户合作，因此它们为一个客户所做的研发很容易就传递给另一个客户。日本夏普公司就是这种情况。它和供应商紧密合作开发“第六代”工厂，该工厂能够比“第五代”工厂生产大得多的电视平板。不幸的是其供应商也和夏普的对手密切合作，这些竞争对手大多数是中国台湾的公司，该工厂完工不久，竞争者也建立了自己的“第六代”生产设施。结果夏普开始采取另外的防范措施，如秘密地改写它所购买的一些设备的软件以及用自己人安装机器设备而不是让供应商来做，让买主不知道它们出售给竞争者的设备可能存在的问题。

供应商和合作者也会遇到这样的风险：共享信息和技术，但是相互间变成了竞争者。摩托罗拉公司雇用中国台湾明基公司为其设计和生产移动电话，后来，该公司开始以它自己的品牌在高度竞争的中国市场出售移动电话，迫使摩托罗拉终止了合约。

也许比引入新的竞争者更重要的是失去竞争优势和对新技术的投资动机。一些人声称，外部采购一些开发和设计工作使公司更能专注于新的创新技术。事实上，这些外部采购常常促使公司减少内部研发的数量，并且对将来突破的追求变得疯狂，它们太依赖于供应商为其工作了。波士顿咨询集团的高级副总裁吉姆·安德鲁警告说：“如果技术开始属于供应商，你就应该把自己提高到没有多少公司能够达到的水平。”

那些从外部采购技术生产过程的高科技和电子公司冒着丧失其实际业务的精髓、变成仅仅在市场方面领先于其他公司的风险。这也向投资者传递了不好的信息，这些投资者可能难以发现那些几乎没有知识产权的公司的内在价值，来自于成功产品的利润最可能以许可证费的形式支付给实际上开发了这些产品的公司。

在过去的几十年间，外部采购生产已经发生了很多起，外部采购技术对高科技公司造成了更大的威胁，这些公司把外部采购技术看成是节约成本。把当前的成本节约作为外部采购技术创新的正当理由是缺乏远见的，这样做的公司最终将破坏其竞争地位和失去作为该产业的真正参与者的生存能力。

二、供应商关系

约翰·迪尔公司（John Deere）的首席执行官罗伯特·莱恩曾经说道：“我们的供应商合作者使我们努力把巨大的价值放进产品的核心——整个世界和整个公司。与供应商和经销商一起，我们丰富了‘价值’这个词，使它同时包括最好的设计、质量、运输、程序和最低的成本。我们知道这对供应商而言并不容易，在我们的例子中，供应商必须就他们如何做生意方面作出巨大的调整。我们相当依赖于自己和其他公司，但是我相信，通过合作大量削减成本、增加质量和改善运输时间，他们已经变为更加强大的经济体，迪尔的供应商也变得更加强大。就像我们一样，为了维持长期成功，他们也需要强大的经济体。”

如果跨国公司确定必须外部采购而不是垂直整合，就必须决定如何与供应商合作。为了和不相关的生产商合作，丰田始创了丰田生产系统。丰田派遣一组生产专家到它的每一个关键供应商那里，观察供应商如何组织工厂以及如何生产部件，然后这组专家建议怎样削减成本和提高质量。每一个部件确定两个供应商并使供应商相互间激烈竞争在丰田也是很常见的事。做得最好的供应商将获得最多的业务，但是两个供应商都知道自己和丰田具有持续的关系，不会轻易被抛弃。

这是日本公司同供应商的紧密关系的一个很好的例子，这和美国公司倾向于与其供应商保持一定距离的关系非常不同。而且丰田能够减少它所开发的供应商的数量，这使它能集中于少数几个关键供应商，如果达到丰田的标准，丰田就承诺给予它们很多业务。

和供应商密切合作的承诺需要巨大的信任并且时常会陷入造成重大——有时是冒险的——变化之中，但是这些变化能够提供巨大的战略利益。J. C. Penney 和它的中国香港衬衣供应商联业制衣有限公司就是这种情况。零售商允许供应商接管自己的一些生产过程，除了对 Penney 公司发给它的订单作出回应外，联业制衣公司还直接跟踪零售商的数据，通过自己设计的计算机程序运行这些数据以决定生产衬衣的数量以及尺寸、颜色和款式。然后这些衬衣直接运输到单个的 Penney 商店，绕开零售商的货栈。这种合作导致商品周转更快而且存货实质上是零——这对零售商以前的 8 个月的存货是巨大的提高。联业制衣也被允许处理市场测试和设计新的衬衣款式，这使它拥有对顾客需求迅速有效地作出反应的能力。这样做的杠杆作用使得联业制衣能够在短短 4 个月时间内大量生产出一种新的款式。

但不是所有的客户与供应商关系都像丰田和 Penney 的供应商关系那样融洽，有时候大客户能够利用其市场地位和购买力来增加供应商的需求。很多年以来，通用汽车对其美国供应商施加压力，要求它们每年将成本降低某一规定的百分比，然后通过更低的价格把成本节约传递到通用汽车。现在，由于通用汽车打算在未来几年将重要的资源转移到海外市场，如中国、韩国和欧洲，一些和通用汽车合作的供应商和管理咨询顾问表示：“供应商为了适应通用汽车的战略可能被迫在中国建立生产设施。”

跨国公司和供应商建立起来的关系很大程度上基于自己的竞争战略、产品特性、面对的竞争环境、供应商的能力以及一起分享的经历和信任程度。当确定哪种供应商关系能够最好地满足其需求时，跨国公司必须考虑这些因素。

三、采购功能

采购代理是连接公司外部采购决策和供应商关系的纽带。正如公司经历全球化的各个阶段一样，采购代理的职责范围也要经过几个阶段。一般而言，采购代理需要经过四个阶段才能变成“全球的”：

（1）只在国内采购。

（2）基于需要的国外采购。

（3）国外采购作为采购战略的一部分。

（4）全球采购战略整合。

第四阶段出现在公司意识到在全球基础上整合和协调采购带来的利益的情况下，相对于出口商，它更适用于跨国公司。当采购变成国际化时，跨国公司常常面临中央集权/地方分权的两难困境。是应该允许每个子公司制定各自的采购决策，还是集中所有或者部分采购决策？地方分权的主要好处包括增加生产设施对采购的控制、更好地满足设备需要以及更有效地使用当地的供应商。中央集权的主要好处是增加供应商杠杆、获得更好的价格、消除重复管理、允许采购者开发采购技术的专门知识、减少订单的处理量以及使采购能够建立可靠的供应商关系。

当步入第三阶段和第四阶段时，公司执行五种主要的采购策略（国外采购作为采购战略的一部分并且是全球采购战略的整合）：

（1）为国际采购安排国内买主。

（2）利用国外子公司或者商务代理。

（3）建立国际采购办事处。

（4）将全球采购的职责分配到一个或者几个具体的业务单位。

（5）整合和协调全球采购。

这些策略从简单到复杂。公司开始时在国内采购，然后一直发展到采用整合和协调全球采购作为公司采购决策，这样国内材料来源和国外材料来源就没有区别。一些公司甚至比最后一步走得还远，它们和竞争企业配合进行全球采购。两家汽车制造商尼桑和雷诺通过相互达成联合采购协议能够节省几百万美元的生产成本。这两家公司在其汽车上使用的部件大约40%是相同的，而且它们希望将这一数字增加到70%，从而能更多地节约成本。对管理人员来说，关键是选择最好的供应商、建立稳定的关系和不断评估供应商的表现，以保证最低的价格、最好的质量和尽可能准时交货。

利用国际互联网进行采购（被称为电子化采购）变得越来越流行。基于对美国和欧洲公司的调查所做的研究发现，使用电子化采购的公司，其产品和服务成本降低14.3%，采购周期减少一半，采购管理成本降低60%以及产品上市时间周期缩短10%～15%。

第六节 存货管理

无论公司是决定从公司内部或者外部，从国内或者国外采购，都需要管理存货流动和储存。从供应商处采购的原材料和部件、制造工厂中的在产品和产成品存货以及存储在如新秀丽欧洲集中仓库这样的分配中心的产成品都需要管理存货的流动和储存。在前面起亚 Sorrento 的案例中提到，如果公司从世界各地的很多供应商处采购部件，位置、时间以及国际政治和经济环境的不确定性使得管理人员难以为生产过程确定适当的再定购时间。

一、零库存系统

当公司考虑是否从国外供应商处采购部件时犹豫的一个原因是零库存系统（Just in Time，JIT）。零库存系统集中于减少生产过程中的无效率和非生产性的时间，从而不断提高产品或者服务的生产过程和质量。零库存系统使原材料、部件和零件“准时”（Just in Time）配送给购买者使用，节约公司储存大量存货的成本。这就是戴尔在爱尔兰的工厂希望达到的目标，使部件在马上要进入生产过程时准时交货，然后产品一生产出来就出厂到达消费者。然而零库存要求必须缺陷很少并且准时交货，这就是公司需要开发稳定的供应商关系以确保使用零库存时的良好质量和交货时间以及产业集群和供应商紧密联系的原因。

国外采购为使用零库存管理的公司带来巨大的风险，因为供应链的断裂能够引起大范围的混乱。国外公司正在成为满足零库存要求的专家——需要花费两周时间横跨太平洋的轮船在预定到达时间的一个小时左右前到达码头，并且公司能够更容易地满足小额订单的需求。但是仅仅由于距离的原因，供应链就产生了越来越多的问题和延迟。像丰田这样在海外建立生产和组装设施为当地市场提供服务的公司，为了继续使用零库存方式进行生产，迫使其国内的部件供应商也转移到海外。这就是众多日本零件供应商如丰田的主要供应商 DenSo，转移到美国和墨西哥以便和它们的主要客户离得很近的原因。

公司的存货管理战略——尤其是库存规模以及是否采用零库存方式——决定了出货的频率。出货的频率越低，就越需要在某处贮藏存货。由于零库存要求存货在即将使用时出货，所以必须对那些来自于国外供应商的存货作出一定的让步，有时这意味着把到达时间调整到使用前的几天而不是几小时。美国的川崎汽车公司保有来自日本的零部件最小存货时间为三天，平均存货为五天。

存货的质量很重要，因为具有重大缺陷的存货将会对零库存造成影响。如果因为预期的缺陷使得买主不得不购买更多，不仅浪费存货而且持有成本也更高。

耐克将鞋子的生产承包给中国生产商，但是中国的工厂里也有耐克自己的工作人员，以确保高质量地生产。买卖双方地理上的距离、语言差异以及文化差异会增加指导供应商如何供应高质量产品的时间。

零库存一般意味着具体部件的独立采购，使供应商服从零库存内在的严格的出货和质量要求，但是如果这个唯一的供应商是国外的，就会承担太大的风险。那意味着培养若干供应商，其中至少一个可能是国外供应商，问题是培养若干供应商将使买方不能从供应商处获得满意的定价。一个策略是买方对所有的非关键投入使用一个供应商，然后开发稳定的二级供应商。

二、运输网络

对于一个公司而言，在全球环境下运输货物，在材料整理、运输工具（空运或者海运）的选择以及是否建立自己的运输部门或者从第三方中间机构外部采购等方面非常复杂。运输是物流系统的关键元素，一方面要把供应商和生产商连接起来，另一方面也要把生产商和最终消费者连接起来。公司必须确定其仓库将要采用什么样的结构，例如麦当劳为世界各地的特许经营店提供食品，在不同的国家建立仓库并为不同地区提供服务。在新秀丽的例子中没有讨论有关从供应商到工厂的运输和仓库储存问题，但是从工厂到零售商的货物流动也是一个重要的问题。

第三方中间机构是运输网络的重要方面。外部采购和其他供应链的功能正变得越来越流行。在最近的一份财富 500 强公司的调查中，83% 的公司承认它们从第三方中间机构外部采购一种或者更多的物流功能。

例如泛亚班拿公司（Panalpina）是瑞士一家运输和物流服务提供商，主要集中于洲际空运和海运货物。但是它专注于综合运输，意味着不是为其顾客提供有限的标准选择，而是为单个供应链网络提供全球综合的、灵活的和用户化的解决方案。利用其位于卢森堡公国的主要中心连接全世界 80 个国家的 500 个分支机构，并且与另外 60 个国家成为合作伙伴，泛亚班拿通过处理运输、分销、客户佣金、仓库储存以及存货管理寻求简化其消费者供应链的复杂性，它也提供门对门运输保险和实时跟踪查询系统。泛亚班拿的客户之一是 IBM 以及其在拉丁美洲的经营机构。通过空中货运服务机构 ASB 航空公司和当地分支机构，泛亚班拿协调交通工具装载 IBM 在欧洲的货物，将货物运到它在卢森堡公国的仓储中心。货物从这里空运到它在迈阿密的货物中心，在迈阿密，把去往南美各个地方的产品分开，重新合并到集装箱，然后直接运到泛亚班拿所属的飞机，并分发给当地分公司的仓库。仓库的职员在海关当地的办公室完成所有的关税细目，并且用当前的信息更新公司的信息系统。一旦海关手续办理完毕，电子数据交换被传输给 IBM，同时货物被运到 IBM 的仓库。通过使用电子文件以及跟踪以维持实时数据和保持通知IBM实时情况，泛亚班拿保持在整个过程中对货物的控制。在这个例子中，可以发现国际物流中十分关键的运输网络的所有基本要素。

像泛亚班拿这样的公司所从事的物流管理是细节导向的，需要具备收集、跟踪和处理大量信息的能力。为了有效运作，物流公司需要具备并实施关键技术，包括信息技术、卫星跟踪系统、条形码应用以及自动化的原料处理系统。

章末案例

丰田公司的国际物流与供应链管理

高效的供应链管理就是使用精确的成本把精确的产品用精确的时间送到精确的地方。丰田公司就是国际物流与供应链管理方面的一个典范。丰田公司的销售已经遍及了全球的160多个国家，进行生产的员工人数达到32万人，在全球很多国家和地区都有丰田公司的生产基地。

在海外当地生产之前，也就是1959年以前，丰田公司只在日本进行生产组装，并且向全世界的客户进行供应。因此，这是一个单向化的生产流动方式，但现在丰田根据客户的情况和要求开始进行了相关生产活动，开始在海外市场生产，各国之间产生了物流商品以及我们的组装、进出口情况。由于发生了这样的情况，所以关系变得非常复杂。海外当地生产方面来看，日本的生产工厂在进行生产的同时，丰田的物流系统也形成了一个完整的物流系统，也就是已经参与到真正的全球化过程当中。但是，丰田公司遇到的真正的问题是，就是如何让日本生产物流系统在当地进行应用以及如何当地化的问题。

与生产销售相联动的物流系统的优劣，也就是它的好坏，对于一个汽车生产企业来说，它与产品的生产能力、销售能力和生产系统一样都是决定与其他竞争对手相比能否占先机的重要因素。从最初客户订货到交付给客户的供应链中，丰田根据客户的订单进行部件器材的准备，在进行了部件和器材准备的基础上进行汽车的生产，在这之后将生产好的汽车交付给客户。

丰田汽车供应链的基本原则是客户至上，也就是说根据客户的要求以合理的价格和最高品质的服务将最高品质的车辆按照交货日期提供给客户。丰田的目标是，在把握上述整个供应链的基础上确保质量，使成本在最佳状态，且成本最优。将生产线设为一旦发现问题就会自动停止生产的情况，这就是丰田的基本方针。对于汽车的生产来说，这是非常必要的。也就是要根据客户的要求，有时候不可能完全及时提供客户要求的产品，所以要注意订货以及出货的及时供应。把生产线设为自动停止生产的状态，也就是尽量避免不良产品的发货。这就是丰田关于供应链的基本原则和想法。

丰田汽车在提供让客户满意的商品服务下，在中国努力实现广泛的商品生产阵线，以雷克萨斯、一汽丰田、广汽丰田三个渠道尽量提供符合客户需要的商品。接下来是关于丰田汽车在中国的物流网络，这个网络看上去有一些复杂，先看前面的情况，这里有船舶的情况。对于整车部分将其作为干线的运输，力求实现宽渠道的物流，在上海设立了中继基地向华北地区进行配送，而华北、华南分别由天津、广州进行配送。在临近的运输方面主要靠工厂间的物流和补给品进行运输工作，在卡车方面提供了直送交货、中继地交货等方式实现最优化的物流活动。同时，除了卡车运输以外在上海成都之间采用河运的方式。

讨论题：

（1）为什么客户服务水平在各个国家存在一定的差异？例如，发展中国家比工业化国家提供的客户服务水平低，这是否是民族特有的问题呢？请以辩论的形式讨论这个问题。

（2）你在一家与墨西哥边境邻近的餐饮连锁店里工作，该连锁店接到订单要出货到墨西哥。完成这些订单需要经历哪几个步骤？会出现什么国内销售当中不曾出现的问题呢？

（3）你为一家生产教育型玩具的公司工作，产品主要卖给老师，但也可以直接卖给学生家长。在9月上旬，你了解到，由于在洛杉矶码头的装运工人持续罢工，你们原本应该在下个月离开新加坡的货现在很可能要被延误了。而现在是圣诞节前的销售旺季，你能够采取什么措施减少损失呢？请为公司写一份紧急行动计划。

第十三章
国际会计与税收

本章提要

1. 国际企业会计准则的差异及趋同化
2. 国际税收的概念、分类和管辖权

关键术语：

国际企业会计准则　受托责任观　决策有用观　国际税收　双重征税

开篇案例

浙江海纳的财务危机

2005 年 4 月，浙江海纳因巨额担保、关联方占款等违规事项浮出水面，财务危机爆发。邱忠保和其控制的原公司高管人员利用控制地位违规挪用上市公司巨额资金高达 2.53 亿元，为其关联公司向银行贷款或个人借款提供连带保证担保本金总额高达 3.95 亿元。因涉嫌虚假信息披露，2005 年 4 月 14 日被中国证监会立案调查。2006 年 2 月起，邱忠保和“飞天系”高管、财会等人员相继被捕。2006 年 5 月 8 日，因最近两年连续亏损，其股票被实行退市风险警示。2007 年 4 月 23 日，因协商债务重组及资产重组等事宜，公司股票停牌。2007 年 5 月 9 日，公司接到证监会《关于对邱忠保等 3 人实施市场禁入的决定》：自证监会宣布决定之日起对公司原实际控制人邱忠保实施永久性市场禁入。2007 年 9 月 13 日，公司被债权人向杭州中院申请破产重整，10 月 24 日公司第一次债权人会议通过了《重整计划草案》；11 月 20 日法院裁定批准公司债权人会议通过的《重整计划》，终止重整程序。全国首例上市公司破产重整案在杭州市审理终结。

浙江海纳科技股份有限公司（以下简称公司或海纳）由浙江大学企业集团控股有限公司发起设立，1999 年 6 月 7 日在浙江省工商行政管理局登记注册，注册资本 9 000 万元，股份总计 9 000 万股，公司股票于 1999 年 6 月 11 日在深交所挂牌上市。主营单晶硅及其制品，半导体元器件的开发、制造、销售与技术服务等业务。公司成立之初的股本构成是法人股 6 000 万股，流通股 3 000 万股，其法人股东为浙江大学企业集团控股有限公司（以下简称“浙大企业集团”）、浙江省科技风险投资公司以及四位自然人，其中浙大企业集团持有 5 620 万股，占 62.45%。在广大投资者面前呈现的海纳曾是以浙江大学为技术依托并具良好经营业绩的高科技企业。

2003 年 2 月，浙大企业集团分别与珠海经济特区溶信投资有限公司（以下简称珠海溶信）、海南皇冠假日滨海温泉酒店有限公司（以下简称海南皇冠）签订了《股权转让协议》。根据该协议，浙大企业集团将其持有的 2 560 万股（占总股本的 28.44%）和 2 160 万股国有法人股（占总股本的 24%）分别转让给珠海溶信和海南皇冠。珠海溶信和海南皇冠的实际控制人为“飞天系”掌门人邱忠保。2004 年 3 月，股权转让完毕，海纳的实际控制人变更为邱忠保。

为控股股东多家关联企业提供担保

自邱忠保入驻海纳后，便以海纳为平台，为其多家关联企业提供担保。资料显示：2004 年 5 月，海纳为中油飞天实业投资开发有限公司的 8 000 万元银行借款提供连带责任担保；2004 年 6 月，为武汉民生石油液化器有限公司 3 000 万元的银行借款提供担保；2004 年 8 月，海纳和中油龙昌又共同为南京恒牛工贸实业有限公司 3 500 万元的银行借款提供连带责任担保；同时还为珠海溶信和海南皇冠 1.46 亿元债务承担连带责任担保等。根据浙江监管局 2005 年 4 月 5 日的《关于要求浙江浙大海纳科技股份有限公司进行限期整改的通知》（以下简称《通知》），公司违规担保涉及金额高达 2.91 亿元。

控股股东直接占用上市公司资金

根据《通知》，公司被“飞天系”直接占用的资金包括：招商银行上海大木桥支行账户余额与公司该银行存款账户余额之间的差额 20 200 万元，国债投资 1 845 万元，关联方资金拆借 8 804 万元及其在中国银行廊坊分行的银行存款 1 350 万元，金额合计 32 199 万元。从公司历年的其他应收款净额和当年度计提的坏账准备可以看到，公司的其他应收款在 2002 年以前数值较为平稳，维持在 1 100 万元左右，而在 2004 年，其他应收款高达 3 亿多元，几乎全部为关联方占用资金。

2007 年 9 月 13 日，海纳债权人向杭州中院申请破产重整。2007 年 9 月 14 日，杭州市中级人民法院依法受理了债权人申请浙江海纳破产重整一案；10 月 19 日，十五家债权人向浙江海纳管理人申报了债权；10 月 24 日，浙江海纳第一次债权人会议召开，并通过了《海纳破产重整计划（草案）》（以下简称《草案》）；11 月 21 日，浙江省杭州市中级人民法院裁定，批准浙江海纳重整计划，终止重整程序。浙江海纳成为 2007 年 6 月《破产法》颁布实施后按破产重整程序成功实施债务重整的第一家公司。《草案》提出浙江海纳的实际大股东深圳市大地投资发展有限公司（下称“大地投资”）以浙江海纳持续经营条件下的资产价值 11 072.87 万元为基数，提供等值现金，用于完成浙江海纳重整计划。其中 1 227.26 万元现金用于购买浙江海纳截至重整受理日的全部对外应收款，以提高浙江海纳的资产质量，转让价格为资产的账面价值，公司收到转让款后，优先支付重整期间发生的重整费用和共益债权 799 万元，剩余 428.26 万元全部用于清偿债权人；另外9 845.61万元现金由大地投资代浙江海纳直接用于清偿债权人，大地投资代偿后，形成对浙江海纳9 845.61万元新的债权。因此，可用于清偿债权的现金合计达10 273.87万元。普通债权人在重整计划执行期内获得上述现金一次性清偿后，免除浙江海纳剩余本金债权和全部利息债权及其他债权，免除债务近3亿元。

经专业评估机构的评估，浙江海纳债权总金额为5.42亿元，债权本金总额为4.05亿元，而其资产价值仅为1.107亿元。如果浙江海纳破产清算，其重整申请受理日的资产清算价值为99 640 667.51元，而在持续经营假设条件下，其重整申请受理日的资产价值为110 728 700.00元；破产清算条件下，浙江海纳债权人可获得的本金清偿率为19.84%，而在破产重整条件下，可获得25.35%的清偿；若浙江海纳破产清算，所有非流通股股东和所有中小流通股股东的投资权益为零，且其资产将大幅贬值，浙江海纳本部及下属企业的员工也将会失业，增加社会负担，造成社会不稳定因素，而破产重整可避免此类不良结果产生。

浙江海纳在债务重组以后，公司生产经营基本恢复正常，相应的对外违规担保、主要经营性资产的冻结及查封也得到解除，公司于2008年4月3日公布了股改说明书，正式启动股改，成为浙江省最后一家股改的公司。浙江海纳的股改方案采用了资本公积金定向转增、非流通股送股、债务豁免和定向发行股份购买资产相结合的方式：

浙江海纳以现有流通股股本3 000万股为基数，用资本公积金向股改方案实施股权登记日登记在册的全体流通股股东每10股定向转增1.6股。非流通股股东向股改方案实施股权登记日登记在册的全体流通股股东送出180万股。公司流通股股东每10股实际共获得1.61股对价安排。

根据杭州市中级人民法院（2007）杭民二初字第184－3号《民事裁定书》及（2007）杭民二初字第184－4号《民事裁定书》，大地投资通过代浙江海纳偿还对外债务方式取得和享有对浙江海纳9 844.29万元债权。大地投资将其中的2 650万元债权转让给网新教育，且大地投资和网新教育承诺豁免对浙江海纳的9 500万元债务。

为提升浙江海纳的持续盈利能力，浙江海纳拟以（定价基准日前二十个交易日股票均价）12.21元/股向浙大网新科技股份有限公司（以下简称浙大网新）发行44 724 054股收购浙大网新所持有的网新机电100%的股权（经评估机构评估价值为546 080 700.00元）。认购完成后，浙大网新持有浙江海纳32.05%的股份，成为其第一大股东，并且浙江浙大网新集团有限公司（以下简称网新集团）承诺，在2009年6月30日前将轨道交通类资产以合规、合理的方式注入浙江海纳，优化资产，提高盈利能力。

浙江海纳非流通股东浙大网新及其一致行动人还做出特别承诺：自公司非公开发行股份发行结束且股权分置改革方案实施之日起，在三十六个月内不转让所持有的公司股份。为保护浙江海纳及全体股东利益，网新集团承诺当本次与股改同步实施的非公开发行完毕后，相关财务指标不达标时追送现金1 000万元。

2009年7月16日，浙江海纳公告，公司资产重组和股权分置改革已全面完成。公司主营业务将从原来单一的半导体节能材料拓展为节能减排和轨道交通业务为主营业务方向的大机电产业。由于公司通过机电脱硫类资产经营实现的收入占公司主营业务收入的91.07%，经核准，从2009年7月16日起，公司所属行业将变更为“专用设备制造业”。同时，公司中文名称缩写由“浙江海纳”更名为“众合机电”。

第一节　跨国间主要会计差异

不同发展阶段的会计有不同的客观条件，不同阶段的客观条件孕育了不同的会计。世界各国没有完全相同的会计环境，也就没有完全相同的会计。

一、会计法律法规体系差异

在英美法系中，具体的会计准则是由民间的会计职业团体或由有关方面组成的专门机构主持制定的，它使用的范围主要为英国、美国、加拿大、澳大利亚等国家；而在大陆法系中，其特点是法律中制定有详细的规则，作任何判断都有典可查，主要应用于德国、日本、法国、中国、西班牙等国家。

作为英美法系中的重要代表——美国，是一个典型的政府间接管理会计行为的国家。在市场经济下，民间团体在“民间会计”中扮演了极为重要的角色。美国政府并不直接参与其中。

德国是典型的成文法系国家，会计记账的基本原则、财务报表的编制和审计等方面均有法律明文规定，而且相当详细。为了使纳税人能够从纳税抵免中获取最大利益，在编制报表时总是主动服从税法要求。这在德国称为“决定原则”即会计记录和报表应服从税务目的——税收决定原则。德国会计职业界的规模及力量相对来说较小。日本政府对会计各个方面都具有重要影响。

我国会计法律法规体系是以《会计法》为主法形成的一个比较完整的体系。其最大特点是各行业会计制度采用的会计处理方法和程度做到了基本统一；在会计科目使用和财务报表的项目、内容上，也尽可能做到了基本统一。

二、财务会计总体目标差异

国际上关于财务会计目标的总体描述主要有两种观点，即“受托责任观”

和“决策有用观”。美国财务会计目标主要曾是“受托责任观”，1930 年后，则逐渐转换成了“决策有用观”。德国一方面有着较完善的资本市场，另一方面其规模与其国民经济总体相比又欠发达，同时存在着多种企业形式，因此采用一种会计目标模式并不符合德国会计环境的特点。德国对于会计目标的描述用得更多的是“会计的任务”，德国经济学家将商法报表的任务分为两个方面：一是在所有者与管理者之间、所有者与债权人之间划分职责的职能；二是提供信息的职能。前者即受托责任信息，后者即一般的决策有用信息。

在日本，与企业有关的法律主要有三部，即商法、证券交易法和税法。若将企业会计的目标分为以下三类：① 明确企业管理人员的责任；② 计算股东的利润分配额及应税所得额；③ 向股东及其他利害关系人提供有助于投资决策的信息，则日本商法侧重于会计的第一个和第二个目标，证券交易法侧重于第一个和第三个目标，税法则侧重于第二个目标。

从我国制定的企业会计准则看，似乎是定位于决策有用观，但受托责任观和决策有用观是以不同的经济环境尤其是资本市场的发达程度为前提的。从我国目前的情况来看，我国的财务目标应该具有双重性。

三、财务会计要素差异

原美国会计原则委员会（APB）（1971）发布的第四号报告第一次正式提出财务报表要素有资产、负债、业主权益、收入、费用、净收益六个，而后美国财务会计准则委员会（FASB）（1990）公布的第三号财务会计概念公告中提出了十要素，即资产、负债、业主权益、收入、费用、利得、损失、全面收益、业主投资、派给业主款。德国财务会计基本要素与我国相近，分为资产、自有资本、外部资本、总收益、总费用、总成果。我国规定的财务报告要素有资产、负债、所有者权益、收入、费用、利润。日本财务报表基本要素同样为资产、负债、权益、收入、费用、利润六要素。

1. 资产

美国财务会计准则委员会（FASB）将资产定义为：“资产是特定主体由于过去的交易或事项而获得或控制的可能的未来经济利益。”德国对资产的定义有多个不同的版本，其中韦赫所下的定义是：“资产是资本在企业中的运用，或货币和物品的总和。”在日本，资产表示的是对未来收入的获得发挥作用的企业的经济资源。我国财政部发布的《企业会计准则》（2006）将资产定义为：“资产是指企业过去的交易或者事项形成的、由企业拥有或者控制的、预期会给企业带来经济利益的资源。”可见，我国和美国对资产的表述基本一致，而德国很少或几乎没有受到美国资产定义的影响。

2. 负债

美国财务会计准则委员会（FASB）将负债定义为："特定实体由于当前义务引起的经济利益未来可能的牺牲，该义务是过去交易或事项引起的，表现为转移资产或提供劳务。"德国对负债和业主权益的概念是建立在"资本"这一基础概念上的，负债即被视为"外部资本"，业主权益被视为"内部资本"。韦赫对负债的定义是："资本反映在资产负债表的负债方，它是企业主或股东提供给企业使用的所有资金和由第三者转让给企业使用的资金的综合。"日本将负债表示为使未来企业的资产发生减少的经济负担。我国对负债的定义是："负债是指企业过去的交易或者事项形成的、预期会导致经济利益流出企业的现时义务。"

3. 所有者权益

FASB 把"权益"分成了三个要素，即"权益""业主投资""派给业主款"，这主要是因为美国的所有者权益业务十分复杂，产权也比较分散，而且美国存在大量的独资和合伙企业，在权益的核算和报告上有别于公司，这些企业往往要设置"业主提款"等账户来反映业主权益的变动；还要编制"业主资本表"，反映当期业主资本的投入和提款以及期末余额。日本将所有者权益称为"资本"，它包括对企业来说的本金（即投入资本）和本金带来的成果。我国将所有者权益定义为："所有者权益是指企业资产扣除负债后由所有者享有的剩余权益。"

4. 收入

FASB 将收入定义为：收入是由于生产或制造商品、提供劳务以及其他构成企业当前主要或中心业务，而带来的资产流入或改善以及债务的清偿（或两者兼而有之）。其收入仅指正常经营活动和投资活动的收入，依据的是"流转过程收入理论"，强调收入实现的完整过程，是未来经济利益的流入。美国的"收入"仅相当于我国的"营业收入"部分，对于非正常经营收入，FASB 单独设立了"利得"要素加以反映，因为利得实质上是"偶发性""边缘性"的"净收益"。"全面收益"仅仅是将收入、费用、利得和损失定期汇总的结果。在收入概念上，德国的"收入"表示的是一个"结算过程"，是对"收款"在权责发生制基础上的扩展，它既包括了货币的增加或负债的减少（已实现的收款），也包括了应收款的增加（可能的收入），其对应的概念是"支出"而不是通常的"费用"收入。我国将收入定义为："指企业在日常活动中形成的、会导致所有者权益增加的、与所有者投入资本无关的经济利益的总流入。"因此，明确地将收入与利得加以区分。日本与我国的收入内容基本相似，但日本是按经常性与非经常性来对收入进行划分的。

5. 费用

FASB 认为费用是未来经济利益的流出，费用仅指正常经营费用或支出，依据的是配比性和应计制会计原则，强调费用产生的因果关系和费用责任的合理归属。德国费用是指企业净资产的减少，但如同其收益的范围一样，既包括销售活动产生的支出，也包括生产活动中产生的支出和资产价值因物价变动而引起的减少。我国将费用定义为："费用是指企业在日常活动中发生的、所有者权益减少的、与向所有者分配利润无关的经济利益的总流出。"它较充分地概括了费用的特征，与我国准则关于收入的定义一致。

6. 利润

FASB 与我国利润相对应的会计要素是"全面收益"，是指"企业在报告期内，从业主以外的交易以及其他事项和情况所产生的权益变动。它包括报告期内除业主投资和派给业主款外，一切权益上的变动。"在计算时涉及"利得"和"损失"两个要素："利得"是"某一主体由于主要经营活动以外或偶发性交易，以及在某一期间除了由收入或业主投资引起的影响该主体的所有交易和其他事项及情况所导致的业主权益的增加"；"损失"是"某一主体由于主要经营活动以外或偶然发生的交易，以及在某一期间除了由费用或业主派得引起的影响该主体的所有交易和其他事项及情况所导致的业主权益的减少。"对于德国损益表，利润往往称为"总成果"，总成果定义为由总收益和总费用之差。我国将利润定义为："利润是指企业在一定会计期间的经营成果，利润包括收入减去费用后的净额、直接计入当期利润的利得和损失等。"需要说明的是，还有一部分利得和损失是绕过当期利润而直接记入所有者权益的，在新准则中规定了不同的处理方式，可见我国的利润还不能说是像美国那样的"全面收益"。利润表也不是真正意义上的"全面收益表"。

第二节　处理国际会计实务

在国际商务活动中，企业必须将每笔交易记录在案，将每项业务涉及的资产和负债情况编列成表。对于跨国业务而言，制定用以识别、衡量、传递上述财务信息的会计制度尤其具有挑战性，因为跨国业务中大量存在着会计制度上的差异。例如，不同国家用以确定商品成本、资产收益、研发支出、净利润及其他结果的方法有几十种。资产负债表和损益表也存在国际差异，并主要体现在所使用或所强调的语言、货币、格式和基本会计准则上。按照一个国家的会计准则制作的财务报表，会很难与另一个国家制作的财务报表相比较。

一、财务报告的透明度

当地的会计实务决定了财务信息在报告过程中的透明度。透明度（Transparency）指公司定期披露实质性财务状况信息和会计实务信息的程度。一个国家的会计制度越透明，该国上市公司以可靠方式向债权人、股东和政府报告财务业绩就进行得越有规律、越全面。透明度指标十分重要，因为它能提高投资者准确评估公司业绩的能力，因而有助于管理者作决策。许多国家都通过营造监管环境，进而降低不确定性，吸引大量对外直接投资。智利、哥斯达黎加、匈牙利和捷克共和国就是其中很好的范例。在许多发展中经济体和新兴经济体，会计制度的透明度不高，财务报表要等到相关会计期间过去好几个月之后才能拿到，所发布的信息也是不完整和不可靠的。

美国于2002年颁布了《萨班斯·奥克斯利法案》，旨在控制上市公司和投资者之间在会计和管理职权上的滥用。该法案是紧随安然、世通、泰科等大型上市公司发生会计欺诈丑闻之后出台的。《萨班斯·奥克斯利法案》明确了公司首席执行官和首席财务官个人要为年报和其他财务数据的准确性负责。美国企业的海外附属机构和外国企业在美国的运营机构，也被要求遵守《萨班斯·奥克斯利法案》的有关规定。另外，在经历了亚洲金融危机、花旗银行在日本的问题，以及其他类似事件之后，政府机构也加强了对银行和其他金融中介的监管。全世界的银行都纷纷采取各种措施，提高财务制度的稳定性和透明度。

美国的会计改革正日益向欧洲和其他地区延伸。然而，改革也存在一大挑战，即企业需要承担合规成本。据估计，公开上市交易的大型企业需要耗费数百亿美元和数百万工时，来更换或安装内部会计监控系统。为了规避严格的财务要求，一些欧洲企业正在削减其在美国的业务，甚至有个别企业已经撤销了其在美国证券交易所的登记。不过，欧洲的立法者也在采取行动，提高他们自己会计标准的透明度和严格度。

二、会计制度的国际协调与趋同

国际贸易与国际投资的发展迫使跨国公司和国际组织，如国际会计准则理事会（International Accounting Standards Board，IASB）、联合国和欧盟对各项国际会计制度，尤其是衡量标准、披露标准和审计标准进行协调。例如，国际会计准则理事会一直致力于制定一套高标准、易理解、可实施的全球性单一会计标准，这种标准能够凸现信息的透明度和可比性。

国际会计准则理事会基于多种原因赞成对会计制度实施协调。第一，协调能够提高会计实务的可比性和透明度，进而增强国外财务报表的可靠性。第二，协调能够降低财务报表的制作成本。第三，协调能够提高多国财务报表的合并效率。第四，协调能够为投资者和管理者开展投资分析提供便利，进而减少投资者的风险，帮助管理者作出更优决策。

一些跨国公司通过在国外股票交易所挂牌上市，进而吸引潜在外国投资者。对于这类跨国公司来说，协调尤其重要。试想，你正在管理一家欧洲企业，该企业希望在纽约证券交易所挂牌上市。尽管这项构想行得通，但是会计报表的制作和报告过程却是一件成本高昂、耗时耗力、充满繁文缛节的苦差事，因为美国证券交易委员会要求企业根据美国公认会计原则（Generally Accepted Accounting Practices，GAAP）制作并报告会计报表。而在欧洲，你一直在使用现已被100多个国家采纳的国际财务报告准则（International Financial Reporting Standards，IFRS）。2007年年初发生了一件具有里程碑性质的事件，美国证券交易委员会宣布，从2009财政年度开始，不再要求外国公司遵守美国的会计制度。的确，在过去的六年间，位于大西洋两岸的两个组织——欧洲的国际会计准则理事会（IASB）和美国的财务会计准则委员会（Financial Accounting Standards Board）——始终不渝地进行着精诚合作，共同致力于实现两种会计制度的协调与趋同。下一个宏伟目标是：允许全球性运作的美国公司仅在欧洲的国际财务报告准则（IFRS）下备案。

三、合并子公司的财务报表

国际会计中的一项特殊挑战是：外汇折算（Foreigncurrency Translation）——将表示数据的货币从外国货币转化为企业的功能性货币。这项任务十分关键，因为子公司的财务记录通常使用子公司所在国的货币。将子公司的财务结算表合并、整合到总部的财务报表中去的时候，它们必须用母公司的功能性货币表示。高管层也需要进行折算，才能对海外运营活动进行规划、评估、整合和控制。

将国外货币折算为母公司的功能性货币有两种方法：现行汇率法和时态法。公司总部在合并国外财务记录时，可任选其一。采用现行汇率法（Current Rate Method），外币资产负债表和损益表所列的全部项目，均按现行汇率——当日（在资产负债表的情况下）或当期（在损益表的情况下）执行的即期汇率折算，并制作财务报表。采用这种方法折算海外子公司的业绩时，通常是将子公司视为一个独立的实体，而非母公司的一个运营机构。例如，Computer Share有限公司是一家澳大利亚企业，它通过其遍布全球的子公司网络销售财务软件。该公司就采用现行汇率法来折算子公司的财务报表，因为这些子公司均被视为独立的法人实体。以外币表示的应收账款额和应付账款额，都要以合并当日执行的汇率折算成澳元。

现行汇率法的一个特质是，折算期执行的汇率能够产生折算损益。例如，六个月前收到的外币收入，其价值可能与折算当日的价值大相径庭。对国际运营规模庞大的企业来说，会计折算方法能够深刻影响公司的业绩。如前文所述，对折算风险而言，收益或者损失都只是“账面上的”，或者说是“虚拟的”；而对交易风险而言，收益或者损失却都是实实在在的。尽管如此，账面收益或账面损失也会对一个企业的价值产生影响。

采用时态法（Temporal Method），汇率的选择要取决于根本核算方法。如果资产和负债通常按照历史成本核算，那么它们就按照历史汇率折算——也就是说，以资产获得时执行的汇率为准；如果资产和负债通常按照市场成本核算，那么它们就按照现行汇率折算。这样，现金、应收款项、应付款项等货币性项目便按照现行汇率折算，而库存与资产、工厂和设备等非货币性项目便按照历史汇率折算。

根据美国的会计标准，如果子公司的功能性货币是其经营所在地的货币（例如，如果日元是美国跨国公司在日本的子公司使用的主要货币），那么该公司就必须采用现行汇率法；如果该子公司的功能性货币是母公司所在地的货币，那么该跨国公司就必须使用时态法。选择不同的方法会导致极其不同的利润率和其他绩效，而企业还必须遵守公认的会计实务和法律。

第三节　处理国际税收实务

一、国际税收的定义与特征

人们通常所说的国际税收，是指在开放的经济条件下因纳税人的经济活动扩大到境外以及国与国之间税收法规存在差异或相互冲突而带来的一些税收问题和税收现象。国际税收问题作为开放经济条件下的种种税收现象，其背后隐含着的是国与国之间的税收关系。这种国家之间的税收关系是国际税收的本质所在。

国际税收属于税收范畴，它同样具备税收的强制性、无偿性、固定性三个基本特征。然而，国际税收作为一种特殊的税收现象，又与一国的国家税收有着明显区别。

第一，国际税收作为税收的一个分支，它与国家税收一样，都是国家凭借政治权力所进行的一种分配。然而，国际税收与国家税收是有区别的，两者不能等同。国家税收是一国的政府凭借其政治权力对其所管辖范围之内的纳税人进行的课征。它没有超越一个国家的疆界。国际税收是两个或两个以上的国家政府，对同一跨国纳税人的跨国所得或财产进行重叠交叉征税的结果。一方面，任何一个主权独立国家，都不会屈从于其他国家的政治权力，接受他国的税收管辖；另一方面，世界上不存在一个在各国之上的超国家的政治权力，能在国际范围内课征税收。从两个国家政府来讲，它们都是凭借各自的政治权力对同一跨国纳税人进行征税，两国政府重叠交叉征税的结果形成了国家之间的税收分配关系。所以，国际税收不能脱离国家政治权力而单独存在，只能在各国政治权力机构的协调下进行课征。

第二，国际税收仍然具有税收的诸要素，但其纳税人应是从事跨国经济活动的单位和个人，其征税对象主要是跨国所得和一般财产价值。其所涉及的跨国所得是指有关国家政府之间重叠交叉征税的所得，范围比较广泛。这不仅明确了国际税收是有特定范围的，而且把国际税收同国家税收区别开来。

第三，国际税收的实质仍然是一种分配关系，但它不能等同于国家税收这种分配关系，而是涉及国家与国家之间的税收分配关系。国际税收涉及的纳税人是跨国的纳税人，跨国纳税人的经济活动跨出国界，并负有对有关国家政府的纳税义务，才使相关国家之间发生税收分配方面的国际关系。这种国家之间的税收关系所引起的国家之间的财权利益关系，不可能由一国政府单独来解决，必须由有关国家通过谈判、协商，制定有关国际税收的协定条约来解决。

归纳上述分析，可以将国际税收的概念表述为：国际税收是指两个或两个以上的国家政府凭借其政治权力，对跨国纳税人的跨国所得或财产进行重叠交叉课税，以及由此所形成的国家之间的税收分配关系。这一概念包括五个方面的要点：第一，国际税收是一种税收活动；第二，国际税收是指一系列的税收活动；第三，国际税收是指由于对跨国纳税人征税而引起的一系列税收活动；第四，国际税收是指涉及两个或两个以上主权国家或地区财权利益的税收活动；第五，国际税收体现的是涉及主权国家或地区之间的税收分配关系。

二、国际税收实务

（一）国际税收的多样性

在跨国商务活动中，课税的税种包括直接税、间接税、营业税和增值税。直接税（Direct Tax）是对收入征收的税，具体说来是对商业利润、公司内部交易和资本利得征税，有时也对特许权使用费、利息和红利征税。直接税还可以因购买或者出售不动产及其他资产而征收。间接税（Indirect Tax）适用于对商品和服务实施许可或特许的企业，也适用于收取利息的企业。在实践中，地方政府通常将一定百分比的特许权使用费或一定百分比的利息，作为税收扣留下来。营业税（Sales Tax）是对商品或服务的销售额征收的税，营业税的税率统一不变，税负可以转嫁给最终用户。增值税是对商品或服务在价值链上每一环节的增值征收的税。增值税以商品卖出价和买入价之间的价差为计税依据，按价差的一定百分比征收。该税种在加拿大、欧洲和拉丁美洲十分普遍。价值链上涉及商品生产的每项业务都需要将增值税转嫁到客户身上，由客户在购买商品时缴纳，应纳税额为销项税额抵扣进项税额后的余额。计算后的净值就是对最终产品征收的增值税。

最普遍的一种直接税是公司所得税（Corporate Income Tax）。如表 13 - 1 所示提供了样本国家的公司所得税税率。企业所得税在一些地区也被称作“公司税”，该税种是制定国际性计划的一个主要考虑因素，因为它可以助长经营者以最小化公司所得税的方式组织商业运营活动。企业通常可以通过从获得的收入中扣减商业开支的办法，来减少应纳税额。因此，公司所得税能够影响企业对工厂、设备、研发、库存和其他商业资产进行投资的时机、规模和构成。正如从表获知的那样，近来许多国家有降低公司所得税税率的趋势，因为政府认识到高税率会阻碍投资。例如，全球平均的公司所得税税率为28.6%，新加坡的公司所得税税率为20%，韩国的公司所得税税率由30.8%降至25%；加拿大的公司所得税税率从36%降到了19.5%。爱尔兰的公司所得税税率最低，只有12.5%——该税率是1980—1990年爱尔兰经济复兴政策的支柱之一。

表13－1 世界各国（地区）的公司税率比较 %

国家	企业所得税	个人所得税	增值税
澳大利亚	30	9～35	21
巴西	34	7.5～27.5	17～25
加拿大	19.50	15～29	5
中国	25	5～45	17
新加坡	18	3.5～20	7
南非	28	0～40	14
俄罗斯	20	13	18
印度	30～40	10～30	12.50
日本	30	5～50	5
中国香港	17	2～17	—
爱尔兰	12.50	20～41	21.50

历史上，对于在一个以上国家获得的收益，公司需要在每一个国家就同一收益缴纳直接税。由于多重征税可能减少企业收益，甚至可能泯灭利润，所以大多数国家都与其贸易伙伴签订有税收协定，以便于确保企业缴纳适度的税款。A、B两国间签订的税收协定通常陈述为：如果企业在A国缴纳了公司所得税，那么它无需在B国重复缴纳（条件是两笔税款数额相当）；如果该企业在B国缴纳了公司所得税，那么它无需再向A国上缴。这种协定常常由外国税收抵免（Foreign Tax Credit）制度——企业在能够证明自己已经在国外缴纳了公司所得税的情况下所获得的一种税负自动抵免制度——协助完成。或者，企业也可以在每一个国家都承担纳税义务，但是纳税额要按比例分配，以使纳税总额不会超过在其中任意一个国家缴纳的最高税额。通常说来，税收协定也使签约国负有协助彼此征收税款的义务。也就是说，要确保国际性企业在一个或另一个国家缴纳了所得税。这样看来，税收协定也有助于防止偷逃税行为。

正如之前讨论过的，避税港指因收取较低的公司所得税而易于吸引企业和内向投资的国家。全世界有许多避税港，其中包括巴哈马群岛、卢森堡、摩纳哥、新加坡和瑞士。避税港之所以会存在，一部分原因在于世界各地的税收制度相差迥异。因此，跨国公司便获得了按照最小化税赋的方式组织全球运营活动的动机。跨国公司通常借助于两种途径充分利用避税港的优势：一种是在避税港建立运营机构；另一种是通过避税港为商业交易提供避税通道。例如，在数十个国家设有运营机构的埃森哲管理咨询公司，为了最小化其在美国的纳税义务，将总部移到了百慕大。同样，美国石油企业哈里伯顿公司也于2007年宣布，要将公司总部迁往迪拜——阿拉伯联合酋长国之一，它以其友好的商务环境和税收激励政策而闻名于世。尽管利用避税港是普遍合法的，但是各国政府还是通过颁布法律，限制企业对它们的利用。例如，美国政府对企业将主要运营机构转移到避税港的能力施加了限制。避税港如果运用得当，就会成为减少所得税的一种合法手段。只要国家之间税率存在显著差异的状况继续存在，避税港的使用也将长此以往。有时，企业也利用避税港，将公司收入“暂存”起来，等到其他地方出现了贸易或投资需要，使这些收入找到用武之地。

经济合作与发展组织、世界银行以及其他国际组织，通过游说各国制定透明的税收制度，防止对避税港的不正当使用。欧盟和经济合作与发展组织也敦促各国减少有害的税收竞争。例如，在欧洲，外国投资者倾向于在低税国家建立运营机构，而避免在高税国家建立运营机构：由于这种倾向会危害欧洲进一步的和谐共荣与经济发展，所以欧盟希望最小化成员国之间的税额差异，提高税收透明度。

致力于最小化税负的国际财务管理，通常说来，国内的税收制度已经十分烦琐复杂了，而同时在几个国家里处理纳税事宜就更富挑战性了。从长远来看，税收会对管理决策的影响涉及以下几个方面：对外投资的选址、采用的进入模式类型、国外运营机构的法律形式、转移定价的方法、获得资本的途径，甚至目标市场的选择。

财务经理们千方百计，力求最小化国际税赋。例如，在日本的啤酒行业，日本政府对麦芽这种关键酿酒原料征收重税。日本的麦芽税俨然成为一项世界之最，大致高出欧洲水平20倍。有鉴于此，在日本从事啤酒酿造的外国企业纷纷开始采用一种全新的蒸馏技术，完全杜绝了对麦芽的依赖。这样生产出来的最终产品尝起来很像啤酒，但实际上却是一种烈性酒。政府偶尔也会对国外收入实行税收减征（Tax Break）。例如，2005年的《美国就业机会创造法案》（American Jobs Creation Act）为美国的跨国公司提供了一个一次性机会：对国外子公司汇回母公司的收入按最高5.25%的税率而非通常的35%征收所得税。据估计，2005—2006年，有多达3 000亿~3 500亿美元被汇回美国。

（二）国际税收冲突和双重征税

在跨境交易中，纳税人必然受到不同征税主权的管辖。相对于国内贸易，跨境交易的纳税人往往要承担更高的纳税义务，最终可能导致双重征税甚至多重征税。双重征税可能是经济性双重征税，也可能是法律上的双重征税。经济上的双重征税是指两个或者两个以上的国家在同一时间段内就同一交易、同一标的物或者同笔收入课税，但是纳税主体并不相同。法律上的双重征税是指两个或者两个以上的国家在同一时间段内就同笔收入对同一法人或者自然人征税。

消除双重征税最初是通过相应的国内立法来解决的。许多国家在国内法中通过单边税收减免以最大限度地消除双重征税的影响。这些减免措施包括免税、税收抵免或者将外国已纳税额作为费用予以扣除的方法（该种方法采用最为普遍）。然而，由于各国基于不同的基本税收理念和征税主权观念，双重征税仍然不可避免。因此这些减免措施虽然有效，但是缺乏灵活性，并不能够满足需要。

许多双重征税问题是通过国际税收协定（也称“避免双重征税税收协定”或者 DTAA）解决的。这些税收协定是由主权国家根据国际公法原则和《维也纳公约》有关税收协定原则通过谈判签署的。

避免双重征税税收协定避免并减轻了法律上的双重征税。这种法律上双重征税是指“两个或者两个以上的国家对于同一纳税人就相同事项在同一时期内征税”。协定的主要目的在于避免缔约国根据其各自的国内法对同一纳税人和事项同时都能享有征税权情况的发生，并在出现双重征税时提供税收减免。在一个税收协定下，缔约各国同意分担避免双重征税的成本。缔约各国通过税收协定分配征税权。通常在双重征税产生时，由居住国承担税收减免义务。避免双重征税税收协定特别规定了由缔约国的“有权机构”来解决国际税收分歧。这些争端产生的原因多种多样，可能是由于对税收术语的不同解释、在交易中征税方式的不同或者纳税人的地位不同以及缔约国挽回其多承担的税收损失的企图。税收协定对纳税人进行保护，使其在跨境交易或投资中免遭不公正的税收歧视；同时税收协定也可以帮助缔约国征税机关之间进行情报交换，共同打击国际逃税和国际避税。税收协定实际上是两个国家通过协商来分配税收收入。除了财政收入的考虑以外，经济因素和社会因素也左右着协定的内容。例如，税收协定使得征税更具有确定性，从而达到鼓励国际贸易和国际商事活动的效果。许多税收协定都通过财政手段促进资本、劳动力和技术的流动，例如税收减免和税收抵扣。除此以外，本国依据税收协定对应纳税额的饶让抵免也可以看作是为了实现东道国税收优惠政策的特别让步。

在国际公法下，避免双重征税税收协定对主权缔约国家（并非纳税人）产生约束力。然而，一旦这些条约获得国内立法机关通过，就成为具有可执行效力的国内法的一部分。通常这些条约凌驾于国内法之上。许多国家的税收司法实践都允许纳税人在条约与国内法的条款之间选择对自己最为有利的纳税方案进行纳税。

本章描述的跨国公司内部调拨资金和公司管理汇率风险的方法，对最小化企业税负也大有裨益。例如，最小化税赋通常就是转移定价战略的主要目标。通过制定战略充分利用国家之间在税率和税收制度上的差异，跨国公司可以大获其利。跨国公司可以在特定国家建立控股公司或金融公司，还可以在政府指定的保税区（对外贸易区）开展运营。总之，跨国公司会按照最小化税负的方式组织生产和销售活动。只要税收还会降低公司的利润率，只要国家之间还存在着巨大的税收差异，企业就会制定以税负最小化为目标的各项战略。

章末案例

泰克公司的国际财务运营

泰克公司是在1963年上市的世界第一大示波仪制造商，世界第二大测试、测量装备制造商。泰克公司拥有员工数千人，遍布于世界的30个国家。公司的销售额，约有一半来自北美，25%来自欧洲，15%来自日本，其余来自其他国家。其年销售额历年来都超过10亿美元。泰克公司将其最初的成功部分归因于风险投资资本。不过，公司资本的绝大部分还是来源于股权融资，只有额外的小部分来源于债务融资。公司股票以TEK为标志，在纽约证券交易所挂牌交易。

国际运营

泰克公司于1948年在瑞典推出了自己第一个国外分销点。此后，又陆续在国外建立起许多子公司。在日本和中国，它建立的是合资公司（与索尼合作，称作“索尼－泰克”），以便在这些国家销售泰克公司的产品；在德国、意大利和马来西亚，它建立的是生产厂。但是，泰克公司约有四分之三的产品还是在美国本土生产。相比而言，泰克公司的竞争对手惠普却在约20个国家都建有生产厂。泰克公司的其他主要竞争对手——施乐、柯达和康柏——也同样建有众多遍布世界各地的生产厂。泰克公司的管理层倾向于在母国集中生产，因为这样做能优化质量控制、实现规模经济、创造生产与研发协同发展的机会。

由于泰克公司大部分的生产都集中在美国，又有一半以上的销售额来自海外，因此公司暴露在严峻的汇率风险之下。例如，自从20世纪80年代中期，多国政府对市场实施了干预，成功实现了日元的升值之后，日元对美元的汇率经历过多次大幅震荡。泰克公司销售的产品大多以当地货币标价。因此，当美元对其他货币走强的时候，泰克公司的利润在折算成美元之后就会遭受重创。如果销售时以美元标价，会让外国客户感觉价格过于昂贵，令其望而却步。泰克公司也要从国外采购许多投入品，这样又增加了应付账款的汇率风险。

此外，在财务会计方面，泰克的几乎所有的国外子公司均以当地货币为功能性货币。这就需要将资产和负债按照会计期期末的汇率折算成美元，将收入和支出项目按照会计期间的平均汇率折算成美元。为了最小化汇率风险，管理层必须积极主动地应对交易风险、折算风险和经济风险。

涉税决策

任何跨国公司都有一个目标：最小化国内、国外的税赋，与此同时，规避过多的政府监管。然而，近年来，对于跨国公司的公司内部定价政策，只要该跨国公司在税收管辖权范围内运营，国外税务当局都实施了大刀阔斧的监管，以确保相关税收能够留在其本国国内。澳大利亚、法国、加拿大、德国、日本、墨西哥以及英国等国家，都已加大了对外国企业的税务监察力度。

为应对诸如此类的涉税难题，泰克公司设计了一项长期赋税战略。将欧洲各运营机构的财务管理职能，包括现金管理、库存管理和应收账款，全部集中到泰克设在伦敦的子公司完成。这一方法可以提高泰克公司财务管理的效率，简化报税工作。另外，将对泰克公司数以千计的产品和零部件的全球定价权，统归泰克位于美国的母公司负责。这样做的目的在于降低泰克公司在世界范围内的纳税税率，过去该税率一直高达32%。这种全新的组织结构还可以增强泰克公司利用外国税收抵免（Foreign Tax Credit）的能力。

汇率风险管理

泰克公司对套期保值的运用是有选择的，并非100%采纳。财务经理只对特定汇率风险进行防范，以便最小化汇率波动带来的不利影响。但是，由于需要交纳银行手续费和利息，并非所有的风险都得到了防范。因此，泰克公司过去经历过巨大的外汇损失。为了有助于将这些损失降低到最低限度，管理层在总部建立起一个部门，专门负责评估和管理汇率风险。泰克公司的经营者获得信息的渠道是：网络和大型银行的预测部门。泰克公司为最小化风险而使用的方法有多边净额结算、现金流量抵消、集中存管、远期合约和外汇期权。

多边净额结算

泰克拥有众多子公司，在母公司与子公司、子公司与子公司之间存在许多未完成交易。企业的财务经理可以通过剔除总部与子公司之间可以相互冲抵的现金流量，战略性地减少现金在这些实体之间转移的数量。这种方法有助于降低各项交易成本，如银行手续费。泰克公司通过逐月执行多边净额结算程序来最小化风险。具体做法是：首先，所有子公司向总部汇报其所欠其他子公司、客户、供应商和公司总部的外汇款项。然后，财务经理会最小化子公司之间现金转移的次数和总额，并告知每个子公司最终需要支付给其他子公司多少金额。管理层还会为公司面临的最紧迫的汇率风险配备适当的保值工具。多边净额结算过程有助于减少因处理公司内部众多小额现金转移而产生的成本和麻烦。幸运的是，2002年欧元的发行，既大大简化了国际交易，也减少了对净经营额结算操作的需要。

现金流量抵消

只要有可能，管理层便会将应收账款和应付账款加以匹配、合并。例如，如果泰克公司欠法国供应商80万欧元，它可以通过授予某德国客户80万欧元的商业信用，将应收账款和应付账款以相同币种相互抵消。泰克公司在改变子公司和联营公司的计价货币方面也具有灵活性——例如，它可以要求日本子公司以日元而非美元开立发票。现金流量抵消也可以通过在亚洲和欧洲进行抵消性投资、转移定价和其他公司内部财务活动来实现。例如，如果总部计划耗资100万美元在欧洲新建一家子公司，它可以要求欧洲现有的各家子公司留存同等数额的欧元收入。这样，泰克公司便可以使用留存下来的欧元收入新建子公司，而无需将这些海外收入兑换成美元。

集中存管

泰克公司将管理汇率风险的职责集中在总部。尽管某些外汇管理任务被委派给地方管理者，但是美国总部要实施监督并设定基本原则，供各子公司遵照执行。管理层将资金汇集起来，存放到中央存管中心，再根据需要将这些资金划拨给子公司，或者对它们进行投资以赚取收益。管理层还将一些欧洲子公司的应收账款集中存放到一个区域性存管中心。这种做法使现金的收取和分发更易控制，使企业能够从多余现金的投资及其他使用中收获规模经济，还有助于降低一般情况下欧洲子公司的借款数量。集中管理法也可以将管理专长和金融服务集中在中心地区，为子公司提供更多利益。最后，泰克公司建立了一个发票处理中心。在向国外子公司开具发票时，以当地货币表示；但是，在收取发票时，以美元表示。

远期合约与外汇期权

泰克公司通过选择性使用远期合约，对汇率风险进行防范。这些保值工具使财务经理能够在未来某特定日期，按照协定好的汇率买卖外汇；对防范涉及大量外汇的交易风险尤其适用。这样，只要管理层对未来某项应收账款的价值心存担忧，就利用这种方法，获得确定性汇率，进而最小化汇率风险。泰克公司也使用外汇期权合约，该合约赋予外汇持有者在特定的期限以特定的汇率买卖外汇的权利。此外，泰克公司还使用有效期为1~3个月的外汇期货合约来减小汇率风险。在任何时候，泰克公司的外汇合约都超过1亿美元。因此，负面效果也不小，泰克公司必须为外汇保值活动支付巨额交易费及其他成本。

其他财务进展

几年前，泰克对公司运营机构进行了重大重组，出售了一个较大的事业部，获得了9亿多美元收入。那时，管理层必须就这些资金的去向作出决定——是将其返还给股东，还是用以偿付公司债务。泰克公司的股权融资比例远远大于债务融资比例。与总持股量相比，泰克公司基于预期现金流量考虑的债务是微不足道的，而且易于控制。管理层历来推崇较低的债权股比例（Debt-to-equity Ratio）。

20世纪90年代后期，亚洲发生金融危机，造成亚洲市场衰退，泰克公司的收益也因此大为减少。与所有国际性公司一样，泰克的销售额也受制于海外市场的经济动荡，受制于公司各种交易货币的币值波动。但是，泰克公司管理层已然表现出超凡的危机处理能力，即便遇到最难以逾越的挑战，也能化险为夷。财务运营上周密的计划与实施，将帮助公司继续占据示波仪等测试设备领域的统治地位。

讨论题：

（1）在世界经济一体化和波动频繁的背景下，跨国公司应当如何构建财务计划中的风险对应机制？

（2）国际税收竞争的实质是什么？有何积极和消极作用？国际组织和政府应如何发挥各自的作用？

第十四章
国际人力资源管理

本章提要

1. 国际人力资源管理与国际商务
2. 国际企业人员的配备策略：人力资源的跨文化管理
3. 培训与管理发展：人力资源的深化管理
4. 员工的绩效评估：人力资源的绩效管理

关键术语：

人力资源　人员配备　文化培训　跨文化管理　绩效评估体系

开篇案例

强生公司的国际人力资源管理

强生公司是一家医药保健品生产企业，旗下知名品牌云集，如邦迪（Band-Aid）、泰诺（Tylenol）、露得清（Neutrogena）、李斯德林（Listerine）、速达非（Sudafed）。2006年全球销售额超过530亿美元，其中约有一半来自北美，四分之一来自欧洲，14%来自亚太及非洲，其余来自拉丁美洲及其他地区。强生公司的员工队伍遍布于全世界250多个分支机构之中，共有员工116 000多名。

强生公司特别注重对人力资源的重视与管理。“我们的信条”（Credo）是强生公司笃信60多年的一个内部文件，其中明确表达了公司对每一位员工的承诺。“我们的信条”中有一部分这样写道：我们要对世界各地和我们一起共事的男女同仁负责。每一位同仁都应视为独立的个体。我们必须维护他们的尊严，赏识他们的优点。要使他们对其工作有一种安全感。薪酬必须公平合理，工作环境必须清洁、有序和安全。我们必须设法帮助员工履行他们对家庭的责任。必须让员工在提出建议和申诉时畅所欲言。对于合格的人必须给予平等的聘用、发展和升迁的机会。我们必须具备称职的管理人员，他们的行为必须公正并符合伦理。

芮迪·帕瑞科（Riddhi Parikh）是强生印度子公司的人力资源副经理。无论何时需要对员工行为作出反应，她都会以“我们的信条”为指南。她自己就可以对员工的出差、报销和诸多津贴做出批复，而无须获得上司的许可。芮迪可以专注于作为一名员工所希望获得的——独立自主、学习机会、升职机会和决策权力。正是由于强生公司对人力资源的高度尊重与关爱，其印度子公司的员工平均供职时间长达 15 年。更宽泛地来看，强生公司在全世界的经理人均获准在本职工作范围内作出重要决策。

强生公司声称，要雇用“最佳最优”人才，充实自己的领导梯队。所有强生的领导人都有责任为公司的全球运作培养经理人。强生公司主席在接受考评时，其培养经理人的能力被作为一项重要考核指标。强生的执行委员会把 20% 的时间花在琢磨寻觅人才、培养人才的办法上。在加拿大，强生的“领导力开发项目”（Leadership Development Program）催生了企业文化和优异的经营业绩。作为领导力开发过程的一部分，员工们常常需要学习一些全新的技能，才能跨越职能界限、承担新的国际性任务。

在薪酬包内，企业通常将“表现加薪”（Merit Increase）、“酌情奖金”（Discretionary Bonus）同经理人获得的新技能联系起来。而强生采用的是一种“整体薪酬回报”（Total Rewards）方案，这种薪酬方案要求管理层考虑职场中可以提供的所有奖励，其中包括学习与发展机会。强生在其世界各个运营机构运用一套复杂的员工评价体系，这套体系能够说明员工们会看重的薪酬包中的各项要素。

让企业引以为豪的还包括：为员工提供获得新技能的机会。例如，强生大多数单位都能够把员工送到“强生在线法律学校”（J&J Law School Online），这是一项基于因特网的学习项目。强生为期两年的“财务领导力”培训项目，（Finance Leadership Development Program）将课堂授课与有组织的现场培训结合起来，对学员进行轮训，这种有组织的现场培训能够让员工身临其境，亲自面对业务的各个部分。

强生公司还十分重视雇用过程一个不可分割的组成部分：多样性。为此，管理层的薪酬也同这一要求联系在一起，以便激励他们去雇用少数民族、女性和来自不同文化背景的人员。在多样化的全球市场里，这种努力是企业在扩大市场的过程中至关重要的一步棋。强生人力资源部副总裁凯伊·福斯特奇科（Kaye Foster-Cheek）就是一位女性，来自巴巴多斯。强生正致力于在其国际性运营单位里推行“女性领导倡议”（Women's Leadership Initiative），即便是在印度等新兴市场，也照行不误。

第一节 国际人力资源概述

人力资源在国际商务中的战略作用

如果没有员工及其掌握的知识和经验，企业的竞争力就不能持续，特别是在那些技术密集型部门，如管理咨询业、银行业、广告业、工程、建筑设计领域等尤其如此。可想而知，没有有创造性的员工、设计师、问题解决者及其他知识工人，麦肯锡、盛世长城国际广告、皮克斯、古琦、赫尔曼·米勒（Herman Miller）和诺基亚等许许多多公司，将很难生存下去。如今，企业常常将员工称作“人才”“人力资本”或“无形资产”，这些称谓昭示着企业人力资源所具有的如下两个特性：一是人力资源是一种有价值性的资源。所谓其价值性，是指在企业的生产经营过程中，人力资源能降低其生产成本或增加其收益的性质。二是人力资源是一种稀缺性的资源。人力资源的稀缺性，是指对于企业生存发展、对人力资源需求而言人力资源供应的有限性。这主要有两个方面的表现：一种是市场上一些能够影响企业盈利的关键性人才供给不足；第二种是各个企业在人力资源开发与利用上的差异导致的人力资源相对稀缺性。

看来强生公司的经理人已经认识到，员工及其掌握的知识会成为他们最重要的战略资产。对于全球性运营的企业来说，招募、管理和留住人力资源尤其富于挑战性。以德国跨国企业西门子公司的全球性组织为例，2005 年，西门子公司在大约 190 个国家拥有 568 100 名员工，其中欧洲雇员 290 500 名，南北美洲雇员 100 600 名，亚太地区雇员 58 000 名，非洲、中东和俄罗斯雇员 11 900 名。与西门子公司类似，大众汽车公司、香港和记黄埔有限公司、雀巢集团、IBM、英美资源集团（Anglo American）、联合利华、沃尔玛、德国邮政集团、麦当劳、松下、米塔尔钢铁公司也有超过 150 000 名员工就职于其母国以外的国家。在员工管理上，世界各地存在着各具特色的文化、法律框架。因此，管理层需要攻克在雇用、管理员工的过程中遇到的一个又一个挑战。国际人力资源管理（International Human Resource Management，IHRM）是在一个跨国经营企业内获得、分配和有效使用人力资源的过程。从本质上来说，国际人力资源管理与一般企业的人力资源管理并无区别，都是执行人力资源计划、招募、选拔、培训、绩效考核及报酬管理等基本职能。国际人力资源管理的主要目标是为了满足企业全球化竞争的战略需要，工作内容主要包括对海外经理人员的国别选择，对海外派遣人员的选拔、培训、评估与薪酬管理，对东道国员工的招聘、培训及报酬管理等综合性的管理活动。

当东芝开发出一款与竞争性型号相比重量更加轻便、功能更加强大、价格更加低廉的笔记本电脑之后，其他公司通常可以通过逆向工程，开发出自己的新款笔记本。但是，企业在全球价值链上招募、培训、配置人才的方略，却很难如法炮制，因而独立于竞争之外。员工的知识、技能与经验是一种极具个人特质的综合能力，能够为企业的国际运作带来无数优势。

（一）员工的三个类别

在多国设有运营机构的企业，国际人力资源经理在三个不同层次中运作。

（1）东道国员工（Host-Country Nationals，HCNs）。这些员工是跨国公司子

公司或联营公司所在国的公民。通常，东道国国民构成企业在海外招募的员工的最大比例。在企业从事制造、装配、基础服务、文案工作以及其他非管理职能的劳动力，主要由东道国国民组成。

（2）母国员工（Parent-Country Nationals，PCNs）。母国员工也被称作本国员工，他们是跨国公司总部所在国的公民。

（3）第三国员工（Third-Country Nationals，TCNs）。这些员工是母国和东道国以外的国家的公民。大多数第三国员工就职于管理层，由于拥有特殊知识或技能而得到雇用。

例如，一家中国国内的跨国公司，可以在其意大利子公司雇用意大利籍公民（东道国员工），也可以将中国公民派驻北美地区工作（母国员工），还可以委派日本籍雇员到瑞士子公司工作（第三国员工）。这样，除了被雇用的地点十分重要以外，被雇用者的国籍也十分重要，尤其在薪酬政策方面。

可以发现，在全球性企业中，跨越国界去承担他人无法完成的职责，对员工来说是一件司空见惯之事。这些被委派了国际性任务的员工习惯上被称作外派员工。外派员工指被长期（通常为一年或更长时间）派驻国外工作的员工。需要指出的是：取决于任务执行地点的不同，上述三类员工中任何一类都可能被视为外派人员。例如，被调入母国运营机构的东道国国民也被派驻在他或她的母国之外。在多数跨国公司中，尽管外派员工仅占劳工队伍的很小比例，但是他们却在海外执行着重要职能，如管理一个子公司。

对于国际人力资源经理来说，最大的挑战在于：要确保将恰当人选置于恰当场所的恰当岗位，并予以恰当的薪酬。如今，人力资源的流动性极高。例如印度南部的信息技术部门、金融服务部门以及电信部门正面临中高层管理人才短缺的困境。因此，来自东欧等遥远地区的经理人正被纷纷派往印度，他们希望利用这种机会获得优厚的待遇，那里的薪酬待遇即使按照发达经济体的标准都非常有竞争力。如今，驻国外公司总经理的薪金已然高达40万美元。

（二）国内人力资源与国际人力资源管理的差异

与国内人力资源管理相比，国际人力资源更为复杂。

（1）增加新的人力资源管理责任。在国内市场未必会遇到的几项活动包括：国际税收、国际迁置与国际入职培训、外派员工行政服务、东道国政府关系、语言翻译服务。澳大利亚籍国民作为外派员工被派驻巴西时，常常同时要向澳、巴两国政府缴税，产生双重征税问题。因此，税收平衡——确保员工不会因为外派付出额外的税收支出是加剧国际人力资源管理复杂性的一个方面。

（2）在薪酬政策中需要有更为宽泛的国际视角。要谨记：任何时候，人力资源经理面对的都是一个由东道国国民、母国国民和第三国国民构成的国籍各异的员工队伍，人力资源经理要为这样一个员工队伍提供诸如薪酬等政策上的指导方针。不论员工的国籍为何，树立一套公平、有可比性的薪酬等级，是大型跨国公司面临的一大挑战。

（3）对员工个人生活的参与度有所增加。企业的人力资源专家需要关注外派员工及其家属的福利状况，如居住安排、医疗保健、子女教育、安全安保等，鉴于世界某些地区高昂的生活费用，还要考虑给予适当的薪酬补偿。

（4）确定外派员工与当地员工的构成比例。企业在每个国家的分支机构都必须配备有来自于母国、东道国或第三国的员工。但具体员工构成比例还要取决于若干因素，其中包括企业的国际经验、国外的生活成本、当地称职人员的可获性。

（5）面临的风险增大。在国际业务中，如果员工的生产效率降到合格水平之下，如果外派员工无功而返，因此而造成的后果会更加显著。政治风险和恐怖主义也是人力资源专家的一大顾虑，这些风险可能要求提高雇员及其家属的薪酬待遇及安保措施。

（6）政府及民族文化能够产生外部影响。企业外部是更为广阔东道国环境，尤其值得注意的是政府及民族文化产生的影响。

第二节　人员配备策略

人员配备策略是为有关特定岗位选择雇员的问题。在某种程度上，这是指挑选具有某项工作所要求的特定技能的人员。在另一个层次上，人事策略可以成为培养和促进公司文化发展的一项工具。公司文化是指该组织的规范和价值体系。强有力的公司文化能够帮助一个公司追求它的战略目标。

例如通用电气公司，不只关心要雇用那些有技术、能胜任某些特定工作的人员，而且希望雇用那些在行为上、信仰和价值体系上与通用电气相一致的人。无论受雇的是美国人、意大利人、德国人或澳大利亚人，也无论欲招募人员的分公司是美国的还是外国的，这项原则总是适用的。通用的信条是如果雇员的个性类型事先就倾向于该组织的规范和价值体系，那么他们的工作业绩则会更为出色。

一、人员配备策略的种类

研究表明，国际性企业中存在着三种人员安置策略：种族中心主义、多元中心主义和全球中心主义。下文将考察每种策略并将其与公司追求的战略相联系。其中全球中心主义是最吸引人的人员安置策略，虽然它实行起来会遇到一些障碍。

（一）种族中心主义

以种族为中心的人员安置政策是指所有主要的管理职务都由母国的公民来担任。这种做法曾经十分普遍。宝洁公司、飞利浦 N V 和松下等公司开始时都采用这种作法。例如在荷兰的飞利浦公司，绝大多数外国子公司的全部重要职位曾一度全部由荷兰人担任，他们被外国同事称作“荷兰帮”。在现在的许多日本公司里，比如丰田和松下公司及三星公司，国际经营中的关键位置通常由本国国民把持。据日本海外企业联合会统计，1996 年只有 29% 的日本公司的驻外下属机构由非日本籍人把持。相反，66% 的外国公司在日本的子公司由日本人把持。

公司采取以种族为中心的人员配备方式的原因有三个：第一，公司可能认为所驻国家缺乏胜任高级管理职位的人才。当公司在欠发达国家进行经营时这一论点最常被提及。

第二，公司也许会视种族中心主义人员配备策略为保持公司统一文化的最好方法。例如，许多日本公司更愿意其国外的运作由日本外派经理人领导，因为这些经理人因其日本背景将会适应公司的文化。同样，美国的宝洁公司直到最近仍倾向于把国外分支机构的重要位置配备给美国国民，因为美国人在其美国公司工作多年后，适应了宝洁公司的文化。这一原因在公司将其文化价值看得很重要时往往显得很突出。

第三，如果公司试图通过向国外分支公司转移核心竞争力来创造价值，就像实行国际战略的公司所做的一样，公司可能认为最好的方法是将熟知这一核心竞争力的母国国民调到国外机构。试想一下，如果公司试图向国外的分支机构转移其营销方面的核心竞争力而又没有相应地调派母国的营销管理人员，那将会怎样呢？该转移也许不能产生预想的收益，因为核心竞争力的基本知识是不容易表达清楚或写下来的。这种知识通常有相当心照不宣的范畴，是要通过经验获得的，这就好比杰出的网球运动员，不能只通过写一本打球手册就能指导别人使之成为伟大的网球运动员。有市场营销核心竞争力的公司，不能仅仅通过写一本小册子来告诉国外的下属机构如何在国外的环境中打造全新的公司核心竞争力，它必须还要调派管理人员到国外的机构，向国外的经理们展示如何做好市场营销工作。向海外派遣经理人的需要不断上升，因为支撑公司核心竞争力的知识都在公司国内经理人的头脑里，他们从数年的经验中获得这一知识，而非从某本手册中读来。因此，如果公司想把核心竞争力转移到其国外机构中去，它就必须调派合适的经理人去。

尽管有实行种族中心主义的人员配备政策原理，但该政策如今在大多数国际企业中逐渐消失。这其中有两个原因。其一，种族中心主义人员配备政策限制了东道国国民的升迁机会，这会导致反感的情绪、生产效率下降及团队内部的逆反行动不断上升。如果外派经理人比本国国民工资高很多（这是常事），反感情绪会更大。

其二，种族中心主义策略会导致“文化上的短视”，即公司不能很好地理解东道国文化上的差异，而这些差异往往要求采取不同的市场营销及管理方法。外籍经理人要适应新环境需花很长时间，在此期间他们会犯很大的错误。例如，外籍经理可能不明白产品特性、分销战略、沟通战略及定价战略该如何适应东道国的条件，结果可能会是代价昂贵的大错。他们也可能因不了解所在国的文化作出有违伦理道德的决策。在美国一个广为报道的例子是三菱汽车公司被联邦平等就业机会委员会起诉，据称是因为三菱公司默认在伊利诺伊州的一家工厂广泛地、系统地存在性别歧视。该工厂的高层经理人都是日本侨民，他们否认这一指控。日本籍经理可能没有意识到这种行为在日本会被接受，而在美国则不被接受。

（二）多元中心主义

多元中心的人员配备政策（Multiple Center Staffing Policy）要求下属分支机构由东道国国民管理，而母国的国民则把持公司总部的关键位置。在许多方面，多个中心的方法是对种族中心主义方法缺点的一个回应。采取多个中心方法的一个优点是公司不太可能遭受“文化上的短视”的痛苦。东道国的经理人不可能犯那种因文化上的误解而引起的错误，而外派经理人在这一点上则易受指摘。第二个优点是，多个中心方法的花费不会很大。外派经理人需要花很多费用来维持，而启用东道国的国民则能降低价值创造的成本。

然而多个中心的方法也有缺陷。东道国国民获得其国家以外的经验的机会很有限，因而不可能在其自己分部中的高层位置上取得更大进步。正如种族中心主义政策的情况一样，这也可能引起反感。不过，也许多个中心的方法的主要缺陷是东道国经理人与母国经理人之间会形成隔阂。语言障碍、对国家的忠诚及一系列文化上的差异会使公司总部人员与国外的子公司隔离开来。母国对东道国缺乏管理转化，或反向转化，会加深这种孤立现象并导致公司总部与外国分支机构间缺乏整合。结果会是相当独立的各国单位与公司总部之间只有名义上的联系。在这个联合之内，转移核心竞争力、实现经验曲线和区位经济所要求的协调或许很难实现。因此，尽管多个中心的方法也许对采用本土化战略的公司有效，但它对其他战略不合适。

由多个中心方法导致的联合也能成为公司内部一种惯性的力量。例如，经过几十年的多个中心人员配备战略，食品和洗涤剂巨头联合利华公司发现从强调本土化的战略态势转变到跨国战略态势是很不容易的。联合利华公司的国外分支机构早已演变为半自治性的经营，各自都带有自身强烈的国家身份。这些“小王国”强烈反对公司总部限制其自治权及理顺全球制造过程的努力。

（三）全球中心主义

全球中心主义，即以全球为中心的人员配备战略（Geocentric Staffing Policy）寻求整个组织中关键工作岗位的最佳人选而不论其国籍。这一策略有若干优点。第一，它使公司能最佳地利用其人力资源。第二，或许更重要的是，全球中心主义策略使公司能建立一支在不同文化中都能自如工作的国际经理人队伍。创建这样一支队伍也许是建立一个强大且团结的公司文化及非正式管理网的重要的第一步，这两方面都是全球标准化和跨国战略所需要的。实行全球中心主义人员配备策略的公司，因为实现经验曲线与区位经济以及多方位转移核心竞争力，比实行其他人员配备政策的公司能更好地创造价值。另外，由全球中心主义人员配备策略导致的多国管理人员组成的队伍会降低文化的短视现象，且能加强地区适应性。因此，在其他条件相等的情况下，全球中心主义人员配备策略似乎最具吸引力。

有几个问题限制公司实行全球中心主义策略的能力。许多国家希望国外的分支机构雇用它们的公民，因此利用移民法，要求公司如果东道国国民在人才数量上足够，且在技能上符合的话，应优先雇用东道国国民。大多数国家（包括美国）要求公司如果想雇用外国国民而非本国国民必须提供许多文件材料。这种文件材料会很花时间、耗费钱财却往往徒劳无功。另一个问题是实施全球中心主义人员配备策略会很昂贵。从一国向另一国调动经理人使培训成本和重新安置的成本上升，公司还需要支付与标准化的国际基本工资水平相当的补贴，而这一国际基本工资水平又比许多国家的基本工资水平高。另外，经理人享有比国际标准更高的工资，这会成为公司内部怨气的来源。

二、小结

三种人员配备政策的优点、缺点在表 14－1 中总结了出来。总的说来，以种族为中心的方法与国际战略并存；多个中心的方法与本土化战略并存；而全球中心主义方法与全球标准化及跨国战略并存。同时，海外子公司管理人员的国籍组合与公司国际化程度之间也存在一定的规律性。一般来说，在国际化早期阶段，企业通过出口或许可证贸易进入国际市场，此时主要雇用东道国的人员。一旦开始进入海外直接投资，即生产阶段，则会因对技术和管理知识的需要，国际企业多采用民族中心模式，海外公司主管大多由母国人员担任。当生产过程标准化后，东道国职工经过训练后逐步担任要职，此时在国际企业的人力资源管理模式就会逐步由民族中心模式向多中心模式转变。随着产品创新和多样化，以及国际商务活动的扩展，国际企业的人力资源管理则会向成熟的混合中心模式转化，即国际企业需要大量的母国驻外人员和第三国职工，以取得技术和管理的专门知识，争取规模经济效益。此时，国际企业通过技术和操作的高度标准化，把高层决策权集中在总部，驻外人员和第三国职工则逐渐减少。

虽然在这里描述的人员配备策略是在实际操作者及国际企业的学者中广为流传并广泛使用的，但一些评论家声称这种类别划分过于简单，它会模糊国际企业中管理操作的内部差异。评论者认为在一些国际企业中，人员配备政策在不同国家的分支机构有很大的区别，有的机构用种族中心主义来管理；而有的则用多个中心的方法或全球中心主义方法来管理。还有一些评论家注意到，公司采取的人员配备策略主要被其地理视野的范围所驱动，而不是受其战略目标的影响，有广阔地理视野的公司最有可能启用以全球为中心的思维模式。

表 14－1 人员配备方式比较

人员配备方式	策略方法	优 点	缺 点
种族中心	国际	克服了东道国缺乏合格经理人的缺陷 统一的文化 有助于传递核心优势	在东道国引起反感 导致文化近视
多元中心	多国	减轻文化近视 实施费用不高	限制职业流动性 使总部与国外子公司隔离
全球中心	全球标准化和跨国	有效利用人力资源 有助于建立强大的文化和非正式的管理网络	各国移民政策可能限制其实施 费用昂贵

第三节 培训与管理开发

选择一个好的管理者仅仅是第一步。接下来应该训练这个管理者去做合适的工作。例如，一项密集的训练项目可能就是让这些外派经理人获得能够成功地完成一个外国发布的技能。但是，管理开发是一个更为宽泛的概念，它是为了使这些管理者在公司期间能够提高自身的技能。因此，作为管理开发项目的一部分，经理也许会被要求用几年的时间去处理一些国外记账问题，以此来建筑他（她）的跨文化的敏感性和经验。同时，和公司中的其他的管理者一起，他可能需要定期地参加一些管理课程项目。工作调配后的思考是，丰富的国际经验可以提高管理者和领导人决策的能力。

从历史上来看，大多数的跨国公司更多地关注培训而非管理开发。另外，他们更多地是致力于为母国的外商投资。但是，近来更加强势的国际化竞争的迁移和跨国公司的增加改变了一切。提供普通的管理开发项目和培训专业的投资人员变得更加的普遍。在许多跨国公司，这些管理开发项目的明确目的是具有战略意义的。管理开发被当作帮助公司实现它的战略性目标的工具。不仅仅是赋予这些管理者需要的技能组合，而且，强化理想的公司文化使得公司创造一种非正式的网络知识共享。

对这种培训与管理开发的区别的大致了解，我们首先介绍外派经理人员的培训，然后讨论管理开发与国际商务战略的联系。

一、外派经理人的培训

我们看到最普遍的外派失败的例子原因是管理者的配偶不能够按照预期的那样适应国外的环境和管理者本身自己不能适应国外的环境。培训可以使经理和他们的配偶克服这些问题。文化培训、语言培训和实践培训都可以减少外派失败。在这里详细讨论这些培训。先不论这些培训的用处，大量的证据证明许多经理人在他们被外送出国前没有受到过任何培训。一项研究表明，只有 30% 的接受 1 ~ 5 年的外派任务的经理人在他们离开之前接受过培训。

（一）文化培训

文化培训是为了加强对东道国文化的了解。其基本理由是相信了解东道国的文化会帮助经理人移情该文化，从而与东道国国民交往时能够加强效果。有人建议说，外派人员应该得到东道国文化、历史、政治、经济、宗教信仰和社会、商业准则等的培训。如果可能，也建议在正式调职之前进行一次旅行，熟悉东道国的文化，因为这样可以减轻文化差异所带来的冲击。考虑到配偶的适应问题，让配偶乃至整个家庭都能够参与文化培训项目是非常必要的。

（二）语言培训

尽管英语很普及，但只依赖英语削弱了外派经理人与东道国国民交流沟通的能力。主动用东道国语言进行交流沟通，即使不够熟练也能帮助外派人员与当地雇员建立和睦的关系，从而提高经理人的作用。此外，一项包含有 74 位经管人员的研究表明，只有 23 位认为了解外国语言在处理国际商务中是必要的。这些公司的确为那些相信外语能够提高在雇员中的作用和使他们能够更加轻松地接触外国文化的外派人员提供了外语培训。这使该公司在东道国国家中产生了更好的印象。

（三）实际工作的培训

实际工作的培训旨在帮助外派经理人及其家属能够很轻松地融入东道国日常的生活。日常生活熟悉得越早，外派人员及其家人成功适应的可能性就越大。一个决定性的因素是外派人员有能够相互扶持的朋友关系。在一个外派人员的团体中，公司往往花费很大的精力使新的外派人员家庭能够很快地融入这个群体。外派人员团体是一个很有用的支持和信息资源，并且在帮助这个家庭适应外国环境中的作用是无价的。

二、外派人员的召回

在培训及外派经理人开发中极其容易忽略但又非常重要的一个问题是准备让他们重返其本国机构的问题。召回应被视为完整循环过程的最后一个环节，这一过程把最初的精心挑选，对外派人员进行跨文化培训和他们完成任期重新回到本国机构这些步骤连接起来。但是，让这些雇员重返来分享他们的知识和鼓励其他有良好表现的经理人携带同样的国际职业展望，反而使这些外派人员面临着艰难的境地。比如，这些重新回来的职员需要自己去寻找索要工作，或者是公司会设置一些不需要运用这些外派经理人的技能和能力的职位，不能够很好地利用公司在个人身上所做的投资。

根据一项关于外派雇员的研究表明，有60% ~70% 的人不知道他们重返后会在怎样的职位上。同样的，有 60% 的人认为组织对于他们的新角色和他们在公司中未来的职业发展是很不明确的。被调查的人员当中有 77% 从事的是一项相比于他们的国际任务更为低水平的工作。通常，有 15% 的外派人员在重返后一年内就离开了他们原来的公司，有 40% 在三年内离开了。

解决这个问题的关键是有一个良好的人力资源计划。就像人力资源管理旨在为外派人员提供良好的选择和培训项目一样，它也需要开发良好的项目使外派人员恢复他们原本的工作生活，这是为让他们的身体能够适应发生改变的环境做准备，更好地利用他们在国外获得的知识。

三、管理开发与战略

管理开发计划是为了提高整个经理人队伍的技能水平而设计的，是通过一套综合性的不间断的管理教育及让经理人在不同工作岗位轮换以提供给他们不同的经验而实现的。管理开发计划试图提高整体的生产力及公司管理资源的质量。

国际商务越来越多地利用管理开发作为战略性的工具。这个在追求跨国战略的公司中尤为明显，正如持续上升的数字一样。这样的公司需要统一合作文化和非正式的管理关系来实现协调与控制。此外，跨国公司的经理人需要有能力去检测当地反映的压力，这要求他们能够理解东道国国家的文化。

公司内部的培训计划及场外培训期间大量的互动会强化团队的精神——共享的经验、非正式的关系网络，也许还有公司语言或行为——以及开发技术的能力。这些培训的内容通常包括歌曲、野餐及促进团队的运动项目，这些融入礼节可能包括“加入仪式”，在这样的仪式里，要去除个性化文化，穿上公司制服（如印有公司标语的T恤衫），还得承受屈辱（如往脸上扔馅饼）。这些活动的目的是加强经理人对公司的认可。

把经理人聚集在一个地方一段时间并在几个国家不同工作岗位上进行轮换，能帮助公司建立一个非正式的管理网络。这样的网络可以用作渠道，让大伙在公司里交换提高业绩的有价值的知识。瑞典的电信公司爱立信公司就是这样。公司内部单位间的合作在爱立信公司是极其重要的，尤其在从母公司向国外子公司、国外子公司向母公司及子公司之间传递技术秘诀及核心竞争力方面。为了促进合作，爱立信公司在总部与其子公司间来回转调大量的人员。爱立信公司每年或每两年把50~100名工程师和经理人从一个单位调到另一个单位，这就建立了一个人际网络。这一政策对巩固公司的共同文化及协调公司全球分散的运营都很有效。

第四节 绩效评估

绩效评估（Performance Appraisal）又称绩效评价或业绩评定，是指按照一定的标准，利用科学的方法，收集、分析、评价和传递有关员工工作行为和工作结果方面信息的过程。对海外经理人员的绩效评估是国际人力资源管理的重要内容。企业的绩效评估体系是其控制系统的一个重要元素，而控制系统是组织结构的中心组成部分。让许多国际企业感到特别棘手的问题是如何最恰当地评价外派经理的表现。在这一节，我们会探讨这一问题，并提供评价外派人员表现的一些指导。

一、绩效评估的准则

几件事情能减少绩效评估的偏见。第一，大多数外派人员似乎认为现场的经理人的评价比场外经理人的评价更重要。因为距离接近，现场的经理更能评价外派人员表现中重要的部分：软变数。当外派人员与现场的经理国籍相同时评价更有效，因为文化上的偏见减少了。在实际当中，总部经理人通常在接到现场经理的报告后写下绩效评估。在这种情况下，多数专家建议让曾在同一地区工作过的前任外派人员参与评价以减少偏见。最后的规定是由国外的现场经理人写绩效评估，但在完成最终的正式评价前应咨询一下总部的经理。这给总部经理一个机会来平衡因文化上的误解可能得出的负面评价。

二、绩效评估的类型

1. 效果主导型

考评的内容以考评结果为主，效果主导型着眼于“干出了什么”，重点在结果而不是行为。由于它考评的是工作业绩而不是工作效率，所以标准容易制定，并且容易操作。目标管理考评办法就是该类考评。它具有短期性和表现性的缺点，对从事具体生产操作的员工较适合，但对事务性人员不适合。

2. 品质主导型

考核的内容以考评员工在工作中表现出来的品质为主，着眼于“他怎么干”，由于其考评需要如忠诚、可靠、主动、有创新、有自信、有协助精神等的评价，所以很难具体掌握，操作性与效度较差，适合于对员工工作潜力、工作精神及沟通能力的考评。

3. 行为主导型

考核的内容以考评员工的工作行为为主，着眼于“如何干”“干什么”，重在工作过程。考评的标准容易确定，操作性强，适合于管理性、事务性工作的考评。

三、绩效评估的问题所在

无意的偏见的干扰使客观评价外派经理人的表现变得很困难。大多数情况下，有两组人评价外派经理人的表现：东道国经理组和本国经理组，而两组都会有偏见。东道国经理人会因他们自己文化框架下的参考标准及期望值而有偏见。如奥都及门登霍尔写的一份报告中提到：一位美国经理人在印度分公司工作期间引入了参与决策的做法。该经理人不断收到东道国经理的负面评价，因为印度存在很强的社会阶层，经理人被视为专家，不应向下属寻求帮助。当地雇员显然把美国经理人的参与式管理的尝试看成他不胜任、不了解自己的工作。

本国经理的评价会因距离太远及他们自己缺乏国外工作经验而有偏见。由于距离远而导致本国公司管理层通常不知道国外运作中发生的情况，经理人会依赖“硬”数据来评价外派人员的表现。这些数据包括下属单位的生产力、利润率或市场份额。但这些标准可能反映的是外派经理人控制之外的因素（如汇率的不利变化、经济下滑等）。而且，硬数据不能把众多不易察觉的但也很重要的“软”变数包括在内，如外派人员发展跨文化意识的能力及与当地经理人有效合作的能力。由于这些偏见，许多外派经理人认为总部的管理层对他们的评价有失公允，并不能全面地评估他们的技能及经验的价值。这恐怕是许多外派人员认为赴外任职对他们的职业没有好处的一个原因。在对美国跨国公司人事经理的一项调查中，56% 被调查的经理人声称赴外任职对其职业是不利的或不重要的。

绩效评估中管理人员容易掉入的陷阱：

（1）安排面试，却几乎不提供准备时间。

（2）得出结论太迅速。

（3）认为管理人员总是正确的。

（4）被评估者几乎没有参与的单向对话。

（5）封闭的“单方向”交流的氛围。

（6）对社团或企业的要求与约束不敏感。

四、如何成功实施绩效评估

随着市场竞争程度的空前加剧和人才争夺战的愈演愈烈，传统的人事管理显然已不再适应时代发展的需要，人力资源开发与管理被提上了日程。作为新兴的人力资源管理手段——绩效评估日益成为时下人事经理们不可或缺的重要工具。而要成功运用绩效评估这一工具并非易事，在实践中还需做到“五项注意”。

1. 要注意评估方法的适用性

运用绩效评估不是赶时髦，而是要运用科学的方法来检查和评定企业员工对职位所规定职责的履行程度，以确定其工作成绩，从而促进企业的人力资源管理，提高企业竞争力。当前，一些企业在进行绩效评估时，盲目运用所谓新兴的绩效评估方法，结果导致评估失灵。“平衡记分卡”、360°绩效考核等绩效评估方法固然有其先进性，但对于具体企业来说并不一定具有适用性。如果一知半解，盲目引入，有时未获其利而可能反受其害。任何绩效评估方法都不是十全十美的。没有最好的绩效评价工具，只有最适合企业的工具。简单实用或复杂科学，严厉或宽松，非正式的考核方式或系统性的考核方式，不同规模、不同文化和不同阶段的公司要选用不同的方式。因此，因地制宜、顺势而为，选择适合企业自己的绩效评估方法，才是明智之举。

2. 要注意评估员工的表现力

员工在企业的表现力主要体现有三：一是工作业绩。这是最为重要的，例如，销售人员业务成交次数及其替公司带来的营业收入、作业人员的错误率等都应作为绩效评估的指标。在进行这类数字考核时，要注意理解这些数字所代表的真正意义，切不可迷信于数字。例如，客服人员接听电话的次数，并不代表他的工作绩效，替顾客解决问题的比例及服务品质才是关键。二是员工在工作团队中的投入程度。可请员工为自己的工作团队打分数，以了解团队中每名成员在扮演主管、部属、同事时是否尽到应尽的责任。三是员工对顾客的贡献程度。可请顾客评估员工的表现，即使没有代表公司向外接触的员工其实一样有顾客，如为公司的另一个部门服务，另一个部门的员工就是这些员工的顾客。

3. 要注意评估标准的合理性

绩效评估标准是对员工绩效的数量和质量进行监测的准则。企业在进行绩效评估时，要充分考虑标准的合理性，这种合理性主要体现在五个方面：一是考核标准要全面。要保证重要的评价指标没有遗漏，企业制定的各种考核标准要相互补充，扬长避短，共同构成一个完整的考核体系。二是标准之间要协调。各种不同标准之间在相关质的规定性方面要衔接一致，不能相互冲突。三是关键标准要连贯。特别是关键绩效指标（KPI）应有一定的连贯性，否则不仅不利于考评工作的开展，而且可能导致员工奋斗目标的困惑。四是标准应尽可能量化，不能量化的要细化。只有科学合理的量度方法，才能让员工相信绩效评估的公正性和可行性。倘若绩效量度的内容过于笼统，量度的方法不明确，员工完全有理由认为考核结果是由考核者主观臆断而作出的判定，无任何客观标准和实际意义，只不过是形式上“走过场”，从而产生不满和抵抗情绪。五是要根据团体工作目标而非个人来制定考核标准，同时针对不同层次员工和不同年龄员工的特点来制定考核标准，使标准具有针对性。

4. 要注意提高员工的满意度

绩效评估是一把“双刃剑”，正确的绩效评估，能激起员工努力工作的积极性，可以激活整个组织；但如果做法不当，可能会产生许多意想不到的后果。绩效评估要体现公正、合理、公开，才能起到激励作用。企业在进行绩效评估时应尽力使绩效评估制度完善，令员工尽量满意。但是，员工对绩效评估或奖罚仍有可能产生不满，当员工的不满得不到舒解，就有可能引致不理想的工作态度和行为。企业的管理者在绩效评估过程中应尽力地去了解、发现员工对评估的不满，进而寻找员工不满的原因，制定措施解决不满。因此，企业应设立正式的绩效考核怨诉程序，若员工对部门考评结果不满可以上诉至企业的考评小组，为员工设置畅通的怨诉渠道。这样不但使员工可以通过正式的途径表达不满，并知道能将自己的不满上达管理层；同时亦可使管理人员积极面对工作，不作回避，以积极的态度解决问题，从而使员工的不满逐渐降低，逐步培养起员工对企业的向心力，使员工的个人目标与企业的整体目标进一步协调统一。同时作为企业更应创造条件让员工有更好的表现，把员工当作企业的合作者而不是打工者，把绩效评估同员工的生涯规划、企业的培训计划有机地结合起来，而不仅仅局限于员工的薪资、奖金和升免。

5. 要注意评估过程的完整性

完整的绩效评估过程包括事前沟通，制订考核标准，实施考核，考核结果的分析、评定，反馈和控制等五个阶段。而我们的人力资源主管们通常忽视了最前面和最后面的两个重要过程。尽管人力资源部把绩效评估系统和政策设计得比较完美，但如果事前没有和部门主管进行有效的沟通，得不到很好地理解和认同，结果肯定是白费劲。要知道绩效评估的主要执行人是各部门直接主管，而不是人力资源部。绩效评估的结果是必须让员工知道的，这就是绩效评估的反馈。如果企业作了绩效评估后，却不让员工知道评估的结果，而只作为企业对员工的奖赏或其他的决定的依据，那么这种做法就不能发挥绩效评估的应有目的，从而使得绩效评估工作前功尽弃。此外，绩效评估的效果能否充分发挥，也取决于相关的跟进措施。主要体现在：平时的目标跟进和绩效辅导是否及时？评估后能否给予相应的奖惩或改进监督？能否不顾情面明确指出下属的不足？是否建立了员工投诉渠道？评估结果能否有效地运用到培训中去？如果这些措施不完备，绩效评估效果就无法保证。

五、绩效评估流程

（1）人力资源部负责编制考评实施方案，设计考评工具，拟订考评计划，对各级考评者进行培训，并提出处理考评结果的应对措施，供考评委员会决策。

（2）各级主管组织员工撰写述职报告并进行自评。

（3）所有员工对本人在考评期间内的工作业绩及行为表现（工作态度、工作能力）进行总结，核心是对照企业对自己的职责和目标要求进行自我评价。

（4）部门主管根据受评人日常工作目标完成程度、管理日志记录、考勤记录、统计资料、个人述职等，在对受评人各方面表现充分了解的基础上，负责进行客观、公正的考核评价，并指出对受评人的期望或工作建议，交部门上级主管审核。如果一个员工有双重直接主管，则由其主要业务直接主管负责协调另一业务直接主管对其进行考评。各级主管负责抽查间接下属的考评过程和结果。

（5）主管负责与下属进行绩效面谈。当直接主管和员工就绩效考核初步结果谈话结束后，员工可以保留自己的意见，但必须在考评表上签字。员工若对自己的考评结果有疑问，有权向上级主管或考评委进行反映或申诉。对于派出外地工作的员工，反馈面谈由该员工所在地的直接主管代为进行。

（6）人力资源部负责收集、汇总所有考评结果，编制考评结果一览表，报公司考评委员会审核。

（7）考评委员会听取各部门的分别汇报，对重点结果进行讨论和平衡，纠正考评中的偏差，确定最后的评价结果。

（8）人力资源部负责整理最终考评结果，进行结果兑现，分类建立员工绩效考评档案。

（9）各部门主管就绩效考评的最终结果与下属面谈沟通，对受评人的工作表现达成一致意见，肯定受评人的优点所在，同时指出有待改进的问题和方向，双方共同制订可行的绩效改进计划和个人发展计划，提高个人及组织绩效。

（10）人力资源部对本次绩效考评成效进行总结分析，并对以后的绩效考评提出新的改进意见和方案，规划新的人力资源发展计划。

六、好的绩效评估的标准

1. 与组织战略相关

如果一个绩效评估系统无法支持组织战略甚至阻碍组织战略的实施，那么必然是没有存在的必要。另一方面，在设计绩效评估系统时，很多管理者的着眼点会无意中过于聚焦于部门或者单个岗位的功能，追求各个局部的最优，却得到了整体的次优。因此，在设计绩效评估系统时一定要注意两点：一是能促进整体组织战略的实施；二是聚焦于整体，而非局部。

2. 是否促进了所希望的绩效增长

不论是采用简单的或复杂的绩效评估方法，还是采用传统的或最新的绩效评估方法，最重要的是该方法是否促进了所希望的绩效增长，这里面的另外一个涵义是：是否正确测出了所希望的因素，或者是否正确测出了影响绩效的因素。虽然说“没有评估就不知道到哪里去”，但是如果评估导致了错误的目的地，而不进行评估只是走得慢一些，那么“不进行评估”反倒要比评估更好。

3. 符合组织文化和组织的实际状况

在一家公司成功的方法并不代表在另一家公司就能成功，例如很多公司在年终绩效评估中会采用来源于正态分布的强制比例分配方法对员工进行评定，有不少公司也取得了所希望的效果，然而 Saul W. Gellerman 在对一家以研发能力为核心的跨国公司研究中发现，在该公司实施这种强制比例分配的评定方法后导致了员工动机混乱，士气低落，产生了许多问题。在 Saul W. Gellerman 的帮助下，公司某部门主管取消了这种强制比例分配的评定方式，实施新的绩效评估方法，这明显改善了员工绩效，在该部门长达二年的实验之后，公司取消了强制比例分配的评定方法。此外，所采用的方法对于本阶段的管理人员是否可以把握也是必须考虑的。

4. 便利性

一套好的绩效评估系统可能是复杂的，但交到管理人员和员工手上时必须是足够简洁和易用的，使管理人员和员工都能够明了要求，否则一是可能消极对待；二是理解错误而产生误导。

5. 绩效评估过程重于结果

绩效评估的目的在于促进发展，根据结果来改进工作，因此绩效评估的过程控制（绩效辅导与沟通）是更加关键的。如果没有任何的过程控制而只是强调结果，以及根据没有过程控制而得到的结果进行奖惩，那么绩效评估将很可能成为花架子。缺乏过程控制的绩效评估往往会引导员工取巧从而导致在错误的目的地取得了预先期望的结果指标。

在讨论绩效评估时，在任何情境下，我们都需要明了：绩效评估根本和最终目的都在于促进组织的发展，而不是为了评估而评估。

章末案例

人与文化的和谐——西安杨森人力资源管理

西安杨森成立于1985年10月，合资中方为陕西医药工业总公司、陕西省汉江制药厂、中国医药工业总公司和中国医药对外贸易公司，以陕西医药工业总公司为代表，外方为比利时杨森制药有限公司。总投资额1.9亿元人民币，注册资本为外方占52%，中方占48%，合资期限50年。到1997年年底，杨森公司已经成功研制出新药80多种，成为世界上开发新药最多的制药公司之一。

西安杨森的领导认为，西安杨森的成功归功于它有一支高素质的员工队伍。而这支队伍则是公司高水平培训和人力资源管理与企业文化、中国文化紧密结合的结果。西安杨森的职工说，我们公司就是一所培训学校。公司每年用于培训的费用比职工工资总额还要高。1995年以后，销售队伍的培训、生产线上公认的培训、客户服务培训、秘书培训、管理人员培训、新员工培训、基本技能培训、思想业务及体能大练兵以及目的在于提高制药企业管理水平的GMP培训真是让人目不暇接。也正因为此，西安杨森赢得了“实践中的大学”的美名。

西安杨森的人力资源管理是从培训开始的，它将人力资源与文化有机结合，实现人与文化的和谐的努力也是从培训开始的。首先，它将企业文化融入培训课程之中。在培训过程中，西安杨森一方面对员工进行业务知识的培训，另一方面将这些培训与公司的企业文化融合在一起，或是在课程中穿插企业文化教育，让企业文化根植于每个参加培训的员工心目之中。培训不仅要提高员工个人的能力，而且要增强员工对公司和企业文化的认同，这样才能为公司所用。

另外，它还将它的培训服务于整个医药行业。西安杨森的企业文化中特别重视自己的社会责任，总裁罗健瑞说过：“承担社会责任，与社会共享我们成功的经验和做法，已成为西安杨森公司企业文化的组成部分。”西安杨森把本企业的培训和经验拓展到了企业之外，开展了诸多有益于整个医药事业的培训。

培训只是人力资源开发的重要手段：用人，实现人力资源的有效利用才是目的。在用人过程中，西安杨森也处处注意人力资源管理与中国文化环境和企业文化精神的有机结合。优厚的待遇是西安杨森吸引和招聘人才的重要手段，而不断丰富工作意义，增加工作的挑战性和成功的机会则是公司善于使用人才的关键所在。起初，西安杨森的工人和中层管理人员是从几家中方合资单位抽调的，由于他们在原单位形成的习惯、思想意识涣散，不适应合资企业严格的生产要求，因此，西安杨森一方面在管理上严格遵循杨森公司的标准，制定了严格的劳动纪律，对员工进行相关培训，使员工逐步适应新的管理模式，培养对企业和社会的责任感；另一方面，通过调查研究发现，在中国员工尤其是较高层次的员工中，价值取向变现为对高报酬和工作成功的双重追求。为此，他们专门制定了与此相适应的激励政策。例如，在创建之初，工资主要依靠销售代表的个人能力，四处撒网，孤军奋战。这时，公司从人员—职位—组织的匹配出发，选用的是那些具有冒险精神、勇于探索、争强好胜又认同企业文化的销售代表，即主要是医药大学应届毕业生和已有若干年工作经验的医药从业人员。这两类人文化素质较高，能力较强，对高报酬和成就都抱有强烈的愿望。此时，西安杨森对员工采用的是个人激励法，大力宣传以鹰为代表的企业文化。他们解释道："鹰是最强壮的，鹰是果敢的，鹰是敢于向山巅和天空挑战的，它们总是敢于伸出自己的颈项独立作战。在我们的队伍中，鼓励出头鸟，并且不仅要做出头鸟，还要做搏击长空的雄鹰。作为企业，我们要成为全世界优秀公司中的雄鹰。通过企业文化，使积极进取、勇于接受挑战的鹰的精神深入销售人员心中，不仅打消了他们的顾虑，而且唤起了藏在他们内心喜欢挑战性工作的意识，收到了很好的效果。"

但是，企业毕竟是一个整体，特别是企业逐渐发展壮大后，公司众多业务部门和众多员工的互相协调、帮助显得尤为重要。因而在培养销售雄鹰的同时，他们还特别注重员工队伍的团队精神建设。在1996年年底的销售会议上，他们集中学习并讨论了关于"雁的启示"：① 当每只雁展翅高飞时，也为后面的队友提供了"向上之风"。由于V字队形可以增加雁群70%的飞行范围，因此启示为："分享团队默契的人，能够互相帮助，更轻松地到达目的地，因为他们在彼此信任的基础上导航，携手前进。"② 当某只雁离队时，它立即感到孤独飞翔的困难和阻力。它会立即飞回队伍，善于利用前面同伴提供的"向上之风"继续前进。启示：我们应该像大雁一样具有团队意识，在队伍中跟着带队者，与团队同奔目的地。我们愿意接受他人的帮助，也愿意帮助别人。公司还特地解释了"鹰"和"雁"的关系：雄鹰是针对外部而言的，要求企业主要业务人员和管理人员要勇于接受有挑战性的工作，为企业的发展贡献自己特有的力量；雁是对内部而言的，号召大家要拧成一根绳，调动企业所有的资源共同促进企业的发展。

经过企业文化的大力建设，员工素质得到了不断提高，对公司产生了深厚的感情，工作开展得更为顺利。特别明显的是，在20世纪80年代后期困扰公司的员工稳定问题得到了很好的解决。当时由于观念的原因，许多员工到西安杨森工作是为了获得高收入，当自己的愿望得不到满足时就产生不满，人员流动率曾连续几年高达60%。如今，他们已使员工深深认同公司文化，喜爱公司的环境和精神。最近3年中，公司人员流动率已降至6%~10%。

西安杨森的人力资源管理实践，充满了浓厚的人情气息。逢年过节，总裁即使在外出差、休假，也不会忘记寄贺年卡，捎给公司员工一份祝福，这不只是形式上的、统一完成的纸片，而是一个充满领导个人和公司对员工的关爱的情感的载体。在员工过生日的时候，总会得到公司领导的问候。员工生病休息，部门负责人甚至总裁都会亲自前去看望或写信慰问。员工结婚或生小孩，公司都会把这视为自己家庭的喜事而给予热烈祝贺，公司还曾举办过集体婚礼。公司有些活动，还邀请员工家属参加，一起分享大家庭的快乐。公司的内部刊物，名字就叫"我们的家"，以此作为沟通信息、联络感情、互相关怀的桥梁。另外，针对中国员工福利思想相当浓厚的状况，公司一方面教育员工要摒弃福利思想；另一方面又充分考虑到中国社会保障体系不完善的现状，尽可能地为员工解决实际生活问题。经过公司的中外方高级领导之间几年的磨合，终于达成了共识。职工个人待业、就业、退休保险、人身保险由公司承担，由专门的部门负责；员工的医疗费用可以全部报销。在住房上，他们借鉴新加坡的做法，并结合中国房改政策，员工每月按工资支出25%，公司相应支出35%，建立职工购房基金。这已经超过了一般国有企业的公积金比例。如果基金不够，在所购房屋被抵押的情况下，公司负责担保帮助员工贷款。这样，在西安杨森工作4~6年基本上就可以购买房子了。

讨论题：

（1）参考美国强生和西安杨森的案例，你认为薪酬管理是国际人力资源管理最核心的要素吗？为什么？

（2）美国强生某经理现有基本薪酬水平为年薪10万美元，现在要被外派到尼日利亚的拉多斯。假设你是这个经理，请按照公司与薪酬相关的和不相关的项目为自己制作一份报酬清单。

主要的参考文献

[1] 韩玉军. 国际商务 [M]. 北京：中国人民大学出版社，2011.

[2] John J. Wild，等. 国际商务. 4 版 [M]. 韩季瀛，等，译. 北京：北京大学出版社，2009.

[3] John D. Daniels，等. 国际商务——环境与运作. 11 版 [M]. 石永恒，等，译. 北京：机械工业出版社，2008.

[4] 闫国庆. 国际商务. 2 版 [M]. 北京：清华大学出版社，2007.

[5] 塔默·卡瓦斯基尔，佳丽·奈特，约翰·雷森伯格. 国际商务. 2 版 [M]. 北京：中国人民大学出版社，2009.

[6] 王佳芥. 国际商务——结合中国企业的案例分析 [M]. 北京：中国市场出版社，2010.

[7] 海闻，P. 林德特，王新奎. 国际贸易 [M]. 上海：上海人民出版社，2003.

[8] Michael R. Czinkota，等. 国际商务基础. 1 版 [M]. 张珺，等，译. 北京：北京大学出版社，2006.

[9] Donald A. Ball，等. 国际商务——全球竞争的挑战. 8 版 [M]. 刘东明，等，译. 北京：清华大学出版社，2004.

[10] 查尔斯 W·L·希尔. 当代全球商务. 5 版 [M]. 曹海玲，刘萍，译. 北京：机械工业出版社，2009.

[11] 史蒂夫·劳伦斯. 国际比较会计 [M]. 大连：东北财经大学出版社，1998.

[12] 赵林度. 供应链与物流管理：理论与实务 [M]. 北京：机械工业出版社，2003.

[13] 吴国新. 国际贸易理论与实务. 2 版 [M]. 北京：机械工业出版社，2009.

[14] 迟国泰. 国际金融 [M]. 大连：大连理工大学出版社，1998.

[15] 杨长江，姜波克. 国际金融学. 3 版 [M]. 北京：高等教育出版社，2008.

[16] 迈克尔·A·希特（Michael A. Hitt），等. 战略管理概念与案例. 8 版 [M]. 吕巍，译. 北京：中国人民大学出版社，2009.

[17] 李金萍，张照玉. 国际贸易实务. 3 版 [M]. 北京：经济科学出版社，2011.

[18] 彼得. J. 道林. 国际人力资源管理. 5 版 [M]. 北京：中国人民大学出版社，2010.

[19] A. C. W. Chui，A. E. Lloyd，and C. C. Y. Kwok. The determination of capital

structure: Is national culture the missing piece to the puzzle? [J]. Journal of International Business Studies: 2002, 33: 99-127.

[20] Anonymous. Philips NV: China will be production Site for Electronic Razors [J]. Wall Street Journal, April 8, 2003, p B12.

[21] Behrman, J., R. E. Grosse. International business and government: Issues and institutions [M]. Columbia, SC: University of South Carolina Press, 1990.

[22] B. Einhorn. Philips Expanding Asia Connections [J]. Business Week Online, November 27, 2003.

[23] Charles, E. Hill. International Business: Competing in the Global Marketplace. 6th ed [M]. NewYork: McGraw-Hill Companies, Inc., 2007.

[24] D. J. Feils, F. M. Sabac. The impact of political risk on the foreign direct investment decision: A capital budgeting analysis [J]. The Engineering Economist, Vol 45, 2000, pp 129-134.

[25] Eichengreen. The gold standard in theory and in history [M]. London: Methuen, 1985.

[26] Eiteman, D. K., A. I. Stonehill, and M. H. Moffett. Multinational Business Finance [M]. MA: Addison-Wesley, 1992.

[27] Fayerweather J. and A Kapoor. Strategy and negotiation for the international corporation. Cambridge [M]. MA: Ballinger, 1976.

[28] Friedman, Milton and Rose Friedman. Free to choose [M]. London: PenguinG. Stalk and T. M. Hout, Competing Against Time, 1990.

[29] Hayak F. A. The fatal conceit: Errors of socialism [M]. Chicago: University of Chicago Press, 1989.

[30] Huntington, Samual P. The clash of civilizations and the remaking of the world order [M]. New York: Simon and Schuster, 1996.

[31] Songhua Hu. International Business Management [M]. Guangzhou: Sun Yat-sen University Press, 2006.

[32] R. M. Hodgetts & F. Luthans. International Management: Culture, Strategy, and Behavior [M]. Beijing: Tsinghua University, 2003.

[33] Javed Maswood. International political economy and globalization [M]. Brisbane: Griffith University, Australia, 2002.

[34] Katsikeas, L. C. Leonidou, and N. A. Morgan. Firm Level Export Performance Assessment [J]. Academy of Marketing Science 28 (2000), pp. 493-511.

[35] K. Leggett and P. Wonacott. The World's Factory: A Surge in Exports from China Jolts the Global Industry [J]. Wall Street Journal, October 10, 2002, p A1.

[36] Kogut, Bruce. Country competitiveness: Technology and the organizing of work [M]. New York: Oxford University Press, 1993.

[37] Krugman, Paul and M. Obstfeld. International Economics [M]. New York: Harper Collins, 1994.

[38] Landes, David S. The wealth and poverty of nations: Why some are so rich and some are so poor [M]. New York: W. W. Norton and Company, 1998.

[39] Levi, Maurice. International Finance [M]. New York: McGraw-Hill, 1990.

[40] Mayer, Frederick. Interpreting NAFTA: The science and art of political analysis [M]. New York: Columbia University Press, 1998.

[41] R. Colman. HR management lags behind at world class firms [J]. CMA Management, July/August 2002, Vol 76, p 9. management, October 2001, Vol 75, pp. 30 -33.

[42] Robert Gilpin. The Challenge of Global Capitalism: The World Economy in the 21st Century [M]. Princetrn: Princeton Univ Pr, 2002.

[43] Vousden, Neil. The economics of trade protection [M]. Cambridge: Cambridge University Press, 1990.

[44] World economic outlook. International Monetary Fund. Washington DC: IMF, 1998.

[45] Yoffie, David B. and Benjamin Gomes-Casseres. International trade and competition: Cases and notes in strategy and management [M]. New York: McGraw-Hill, 1994.

[46] http://baike.baidu.com/view/50386.htm

[47] http://wiki.mbalib.com/wiki/

后　记

经济全球化和我国日益深入融入到全球经济体系，从而使涉外类专业得到前所未有的快速发展，这方面的教材虽然多，但很难反映最新动态。这部教材是在宁波市应用型经管经贸专业人才基地项目的支持下完成的。

本书由钟昌标教授拟订大纲的章节目录。第 1 章至第 11 章由傅素英博士撰写，第 12 章至第 14 章由刘颖男博士撰写。

编　者